Magie

Nevill Drury

Magie

Vom Schamanismus und Hexenkult bis zu den Technoheiden

Aus dem Englischen
von Wieland Grommes

AT Verlag

Inhalt

Seiten 2–3:
Der Schamane Mongush Lazo beim Zelebrieren von *camlanie*, dem »Ritual« der Reinigung durch Feuer. Tuwa, Sibirien 2002.

Seite 4: »Liebeszauber«: Eine junge Hexe beim Anwenden magischer Salben. Flämische Schule, 15. Jahrhundert.

Die Originalausgabe erschien

Satz: EDV-Fotosatz Huber/ Verlagsservice Pfeifer
Druck und Bindearbeiten: Star Standard, Singapur
Printed in Singapur

ISBN 3-85502-930-X

www.at-verlag.ch

Einführung

Die Magie ist so alt wie die Menschheit selbst. Von den frühesten animistischen Konzepten eines von mächtigen spirituellen Kräften belebten Universums bis hin zum Auftauchen des Wiccakults und des Neuheidentums bzw. Neopaganismus unserer Tage hat die Magie dazu beigetragen, den Kosmos mit sakraler Bedeutung zu erfüllen. Dem praktizierenden Magier bieten die magischen Künste ein Gefühl von Macht, Sinn und Zweck in einer ihrem Wesen nach unerschließbaren Welt.

Die Magie verwendet heilige und persönliche Symbole, um spirituellen Sinn zu liefern. Aus magischer Sicht bilden Symbole eine sinnreiche Brücke zwischen der vertrauten Welt und der weit weniger vorhersehbaren, da von Göttern, Geistern und unsichtbaren Kräften regierten Welt. In Carlos Castanedas »Reise nach Ixtlan« erklärt der Yaqui-Schamane Don Juan Matus das Paradoxon der magischen Welt auf folgende Art: »Für mich ist die Welt unheimlich, weil sie überraschend, Ehrfurcht einflößend, geheimnisvoll, unergründlich ist.« Und doch hilft dies Don Juan auch, die Natur der magischen Herausforderung zu definieren, denn die Rolle des Schamanen besteht darin, eine Steigerung der eigenen Macht und sakralen Bedeutung in einem grundsätzlich rätselhaften Universum zu erreichen. »Was mich interessierte, war«, sagt Don Juan an anderer Stelle zu Castaneda, »dich davon zu überzeugen, dass du Verantwortung dafür tragen musst, dass du hier in dieser wundervollen Welt [...], in dieser wundervollen Zeit lebst.«

Don Juans magisch-schamanischer Ansatz unterscheidet sich erheblich von der weit verbreiteten Auffassung von Magie als einer Form von Aberglauben, als etwas, das hauptsächlich auf Unwissenheit und Angst basiert. Dem Vorbild des großen Anthropologen Sir James Frazer und seinem Werk »The Golden Bough« (1911–1915; deutsch »Der goldene Zweig«, 1928) folgend, wurde das magische Denken gemeinhin als eine Art »Vorwissenschaftliches«, aus einer früheren Phase der geistigen Entwicklung des Menschen Stammendes betrachtet. Tatsächlich wird diese Auffassung teilweise durch den Volksglauben mit seinen schwarzen Katzen und magischen Verfluchungen durch böse, zahnlose, alte Weiber noch bestärkt. Abgesehen von der archaischen Verwendung von Amuletten als Form des Schutzes hat die Art von Magie, wie sie in dem vorliegenden Buch beschrieben wird, mit Aberglauben jedoch wenig zu tun. Ich hoffe, es gelingt mir aufzuzeigen, dass in allen Epochen der Menschheitsgeschichte die Vorstellung eines magischen Bewusstseins weit eher mit der Idee von *Willen* oder *Absicht* zu tun hatte, d. h. mit dem Konzept, dass man bestimmte Wirkungen oder Veränderungen innerhalb der Sphäre des eigenen Bewusstseins erzielen kann. In den meisten Formen praktizierter Magie herrscht auch das unausgesprochene Einverständnis, dass man Magie als solche ernst nehmen und ihr mit tiefem Respekt begegnen sollte. Außerdem wurde die Magie zu allen Zeiten als eine betont *esoterische,* also geheime Tradition betrachtet, die der Erforschung verborgener oder unbekannter Potenziale des Menschen dient.

Gerade die Frage des Willens ist es, wodurch sich die Magie von der Mystik und den größeren Mainstream-Formen der Weltreligionen unterscheidet. Anders als der Mystiker oder gläubige Anhänger einer Religion schöpft der Magier weniger aus der Hoffnung auf Gnade, die von Gott gewährt wird, als aus dem Glauben oder sogar Wissen, dass man das eigene Bewusstsein durch Magie willentlich verändern kann, dass also die Götter oder Geister auf bestimmte rituelle Verfahren reagieren werden. Dabei kann es sein, dass sich der Magier auf eine zeremonielle Art kleidet, um die besondere Natur einer bestimmten Gottheit an sich zu binden und dadurch ihre sakrale oder symbolische Energie anzurufen, d.h. auf sich herab- und in sich hereinzuziehen. Unter Umständen werden dabei heilige Götternamen gerufen, wie in der Kabbala, in den heidnischen Traditionen der Hexenkunst und in bestimmten Formen der Gnosis. Hierbei ist der Grundgedanke der, dass der Name des Gottes oder der Göttin die Essenz der Gottheit selbst verkörpert und dass man durch das Anrufen der heiligen Schwingung nicht nur auf die mit diesen heiligen Wesen verbundene archetypische Bewusstseinsebene eingestimmt wird, sondern tatsächlich auch an ihrer Macht teilhat.

Der Wille ist also ganz entscheidend für die magische Haltung. Wir finden diese Erkenntnis bereits in der Welt der Antike, wo der Magier eine Statuette einer anderen Person formt und diese Figur dann mit Liebe oder Aggression traktiert, um ein konkretes, fassbares Ergebnis zu bewirken. Wir finden sie im gnostischen Transzendentalismus, wo die Kenntnis heiliger Götternamen dazu führt, dass ein bestimmter Gott oder ein Archont auf eine von dem Theurgen beabsichtigte Weise in Aktion tritt. Und wir finden sie in Berichten von schamanischen Praktiken, in denen der Magier-Lehrling sein Schwirrholz, d.h. seinen *ghost-catcher* oder »Geist-Fänger«, in der Nähe einer magischen Wasserstelle durch die Luft schwirren lässt und sich auf die »Zwischenräume« in den hervorgerufenen Lauten konzentrieren muss, um einen magischen »Verbündeten« willentlich zum Erscheinen zu zwingen. In ähnlicher Weise ist in der modernen Ritualmagie des berühmten englischen »Hermetic Order of the Golden Dawn« der Magier durch Konzentration des Willens in der Lage, durch die einzelnen Ebenen des »inneren Raumes«, d.h. durch die symbolischen und mythologischen Welt-Dimensionen des kabbalistischen Lebensbaums, »aufzusteigen«. In all diesen Fällen ist der magische Wille für die betreffende Handlung von zentraler Bedeutung.

Obwohl es stets gang und gäbe war, Magie mit Aberglauben und Unwissenheit gleichzusetzen, wurde die Magie seit der Renaissancezeit häufig auch mit einer spirituellen oder metaphysischen Zielsetzung verbunden. Gareth Knight hat in seiner »History of White Magic« (1978) die Magie sogar als ein Mittel zur Förderung der »Evolution des spirituellen Willens« definiert.[1]

All dies ist den meisten etablierten religiösen Traditionen natürlich fremd. Gebet und Anrufung, Dankopfer für einen Erlösergott und Gottesdienste in einer Kirche verfolgen in keiner Weise die Absicht, Gott oder die Götter »einzufangen«. Tatsächlich ist das Gegenteil der Fall. Die religiöse Frömmigkeit westlicher Art ist eine Geisteshaltung, in der sich die Gläubigen in der Hoffnung, er werde Gnade und Erlösung gewähren, demütig Gott unterwerfen. Dieser Akt ist nicht einmal unausgesprochen mit einem Wunsch nach Kontrolle oder Herrschaft über ihn verbunden. Der Betende wartet passiv, bis er Gnade empfängt.

Die Haltung der Magie ist dagegen eine deutlich aktivere und oft auch stärker fordernde. Magier, Schamanen und Hexen stehen im Zentrum ihres jeweils eigenen Universums. Sie glauben, dass sie in der Lage sind, mit ihren heiligen Formeln und rituellen Invokationen bzw. Anrufungen sowie mit konzentrierter Willenskraft bestimmte Mächte zum Einsatz zu bringen. Die Magier und Magierinnen glauben, dass sie willentlich Wirkungen hervorrufen können. (Die afro-karibischen Traditionen der Magie wie Voodoo, Macumba und Santería verwenden dagegen Trance-Zustände, in denen die Mitwirkenden von Göttern und Geistern besessen werden, aber selbst keine Kontrolle über das Resultat ausüben. Solche Formen der Magie haben die Tradition der westlichen Magie, die das Hauptthema dieses Überblicks ist, kaum beeinflusst.)

Im modernen Kontext wurde der »Primitivismus« dieses Ansatzes durch die existentialistische Philosophie und das Aufkommen der so genannten »Human Potential«- oder »Personal Growth«-Bewegung legitimiert. Im 20. Jahrhundert wurde es bei den Interpreten der magischen Tradition des Westens üblich, die Götter der Hohen Magie als Emanationen der schöpferischen Fantasie oder als Kräfte der transzendenten Psyche zu betrachten. Israel Regardie (1907–1985), eine Autorität auf dem Gebiet der abendländischen Magie, verwendete C. G. Jungs Modell der Archetypen des kollektiven Unbewussten, um seiner Zuhörerschaft zu erklären, was er unter der Anrufung eines Gottes verstand. Für ihn war die Invokation nichts anderes als ein rituelles Mittel, um sich in das Bewusstsein einer bestimmten archetypischen Energieform aus der universalen oder »kollektiven« Psyche einzuchanneln. Der englische Romancier und Okkultist Colin Wilson hat seine lange Beschäftigung mit dem europäischen Existentialismus in ähnlicher Weise mit einem Studium der westlichen Magie verbunden, um aufzuzeigen, dass ein solcher mehrgleisiger Ansatz ein sowohl transzendentales als auch optimistisches Ziel eröffnet – mit anderen Worten, dass die Menschen ihre Gefühle der Isolation und vielleicht die Isolation selbst überwinden können, wenn sie sich mit den Aspekten des universalen Bewusstseins und ihrer Verbundenheit mit dem Universum befassen.

Viele Magier, Hexen und Okkultisten haben zu verschiedenen Zeiten der Geschichte ihre jeweiligen Götter und Göttinnen als eigenständig existierend betrachtet, als Wesen außerhalb der menschlichen Psyche, als Wesen, die einer anderen Existenzebene angehören. Diese rituell Praktizierenden betrachten die Kunst der Magie als ein entscheidendes Mittel zur Kommunikation mit den heiligen Mächten, die das Universum zusammenhalten. So waren sich die Magier zu allen Zeiten tendenziell in einem bestimmten Punkt einig, nämlich in der Vorstellung von einer Hierarchie übernatürlicher Wesen oder Mächte, mit denen sie in Beziehung treten können. Demnach liefern diese Mächte ihrerseits ein heiliges Wissen – ein Wissen, das ihren magischen Anhängern besondere Einblicke in die Funktionsweise des Universums und der heiligen Potenziale der Menschheit gestattet. So wird die Magie insbesondere im Kontext unserer Zeit – z.B. unter den Neuheiden und den Anhängern der Göttinnen-Kulte – als Weisheitspfad betrachtet, der zu persönlicher Entwicklung und Erneuerung auf einer archetypischen oder wahrhaft universellen Seinsebene führt. Aus ihrer Sicht verwandelt die Magie die Welt

Vision der göttlichen Namen. »Faust in seinem Studierzimmer«, Radierung von Rembrandt, um 1652/53.

von einer profanierten und entwürdigten zu einer heiligen und universalen. Für sie geht es in der Magie um Vision und tiefes, einsichtsreiches spirituelles Wissen.

Wie ich in diesem Buch hoffe aufzeigen zu können, ist eines der zentralen Ziele der Magie die Suche nach persönlicher Transformation – das Streben, eins zu werden mit den Geistern, Göttern und Göttinnen der magischen Welten, um wie sie zu handeln und zeitweise ihre Macht zu teilen. Zu allen Zeiten der Geschichte haben die Magier danach gestrebt, die geheimnisvollen Kräfte des Universums »anzuzapfen« und diese Kräfte zu ihren eigenen Zwecken, sei es zum Guten oder zum Bösen, zu nutzen. In diesem Lichte besehen, ist Magie ein besonderer Ansatz, um metaphysische Herrschaft zu erlangen in einer rätselhaften und unvorhersehbaren Welt.

Kapitel 1

Schamanismus – die älteste Tradition der Magie

Der Schamanismus ist eine Jäger-und-Sammler-Tradition, eine archaische Visionspraxis, die veränderte Bewusstseinszustände nutzt, um mit jenen Geistern in Kontakt zu treten, die über die Kräfte der natürlichen Welt herrschen. Als eine Kulturform, die bis auf die Jungsteinzeit zurückgeht, kann der Schamanismus den Anspruch erheben, die weltweit älteste Tradition der Magie zu sein. Er eröffnet uns durch seine Natur per se den direkten Zugang zum Kern des magischen Universums, das belebt ist von den mächtigen Kräften des Guten und des Bösen, von Kräften der Heilung, der Zerstörung und der Erneuerung, die notwendigerweise mit visionären Kräften der Transformation verbunden sind.

Der Begriff »Schamane« erweckt gemeinhin das rätselhafte Bild eines Medizinmanns oder einer Zauberin – eines Menschen, der sich in Trance begibt, um sich auf eine Visionssuche der Seele zu begeben. Diese Suche erfordert das Reisen zu heiligen Orten und führt anschließend zu Berichten von kosmischen Inhalten.

Innerhalb einer bestimmten Gesellschaft kann der Schamane ein Heiler sein, der fähig ist, die Geister der Krankheiten zu besiegen, er kann ein Hexer oder Zauberer sein, der es versteht, sich zu magischen Zwecken mit Geistern als »Verbündeten« zu wappnen, oder er kann eine Art psychischer Detektiv sein, der im Stande ist, verlorenen Besitz wiederzufinden. Zu anderen Zeiten mag der Schamane auch einem Priester geglichen haben, d.h. einer Person von Autorität, die als anerkannter Mittler zwischen den Göttern der Schöpfung und der vertrauteren Welt der alltäglichen, häuslichen Belange fungierte. Gleichgültig, welche spezifische Rolle der Schamane oder die Schamanin[1] in der Gemeinschaft spielt, stets gebührt ihm bzw. ihr Ehrfurcht und Respekt aufgrund seiner oder ihrer Fähigkeit, andere Welten zu bereisen und mit den Offenbarungen der Götter zurückzukehren. Im 20. Jahrhundert war ein starkes Wiederaufleben des Interesses an Schamanismus und indigener[2] Spiritualität zu beobachten; mit diesem werden wir uns in Kapitel 12 eingehender befassen.

Die klassische Quellenliteratur über Schamanismus konzentrierte sich vor allem auf Sibirien, und so kam es, dass sich der Begriff »Schamane« als solcher über das Russische aus dem tungusischen Wort *saman* in unserem Sprachraum einbürgerte. In vielen Regionen der Welt sind aber auch heute noch viele schamanische Gesellschaften zu finden. Und wenn wir uns die frühesten religiösen Ausdrucksformen betrachten, so stoßen wir in verschiedenen Jäger-und-Sammler-Gesellschaften auf ein Umfeld, das das Entstehen schamanischer Praktiken ermöglichte.

Gegenüber: Der sibirische Schamane Mongush Lazo praktiziert ein Reinigungsritual, um alte Geister zu besänftigen, die durch eine archäologische Ausgrabung erzürnt wurden. Tal der Könige, Tuwa, südliches Zentralsibirien, Februar 2002.

Höhlenzeichnung: Opferung eines Bisonbullen und eines vor ihm liegenden Schamanen in Trance. Lascaux, Frankreich, ca. 13 000 v. Chr.

Wie alles begann

Erste Ansätze eines religiösen Bewusstseins wurden in Höhlen der mittleren Altsteinzeit in Europa und Zentralasien gefunden. In Teshik-Tash in Usbekistan wurden Skelettstücke eines Neandertaler-Kindes gefunden, die mit einem Kreis von Steinbockhörnern umgeben waren. Diese waren paarweise senkrecht angeordnet und mit ihren Spitzen in den Boden gesteckt. Das könnte dazu gedient haben, den Körper vor streunenden Raubtieren zu schützen, es könnte aber auch eine tiefere Bedeutung gehabt haben. An einem anderen Fundort der so genannten Neandertaler-Zeit in der Höhle von Le Moustier in Frankreich, wurde ein toter Jugendlicher in einer schlafenden Stellung beigesetzt, d.h., sein Kopf ruhte auf seinem rechten Arm, der von einem Kissen aus Feuersteinsplittern gestützt wurde. Sein Körper scheint mit rotem Ocker bestäubt worden zu sein, und rings um ihn her lagen verkohlte Tierknochen verstreut. Daher besteht die Möglichkeit, dass die Menschen der Neandertaler-Zeit an Geistwesen und an irgendeine Form des Weiterlebens nach dem Tod glaubten.

Höhlenzeichnung eines verkleideten Jägers bei der Verfolgung seiner Beute. Les Trois Frères, Frankreich, ca. 13 000 v. Chr.

Eine solche Schlussfolgerung bleibt natürlich reine Spekulation, und doch gibt es seit dem Aufkommen des Jungpaläolithikums deutliche Hinweise darauf, dass der Cro-Magnon-Mensch bereits magisch dachte. So schrieb der bekannte Gelehrte Abbé Henri Breuil im Zusammenhang mit der prähistorischen Höhlenmalerei Westeuropas: »Tiere werden von symbolischen Pfeilen durchbohrt dargestellt (in Niaux Bisons und Steinböcke; in Lascaux Pferde), Lehmfiguren sind übersät mit Spuren von Speerstichen (in Montespan ein kopfloser Löwe und ein Bär, die zu verschiedenen Zeiten offenbar neue Felle erhalten haben) – Fakten, die den Gedanken an sympathetische Magie nahe legen. Die zahlreichen schwangeren Frauen sowie Männer, die ihren Frauen dicht auf den Fersen folgen, lassen an Fruchtbarkeitsmagie denken. Die absichtliche Veränderung der Wesensmerkmale bestimmter Tiere scheint auf Tabus hinzuweisen. Menschliche Gestalten mit tierischen oder grotesken Masken erinnern an die Tanz- und Initiationszeremonien von noch heute lebenden Völkern oder stellen die Zauberer oder Götter der jüngeren Altsteinzeit dar.«[3]

Eines der charakteristischsten Beispiele magischer Höhlenkunst wurde in der Höhle Les Trois Frères in Ariège, Frankreich, entdeckt. Die auf ca. 13 000 v. Chr. datierte Höhlenzeichnung stellt einen Jäger-Zauberer, mit einem Bogen bewaffnet und als Bison verkleidet, in einer Herde von Wildtieren dar. Eine andere am gleichen Ort gefundene Zeichnung zeigt einen Zauberer, der eine mit Geweihen versehene Kopfbedeckung, vermutlich zur Täuschung seiner Beute, trägt.

Von den frühesten Zeiten an waren Religion, Kunst und Magie eng miteinander verflochten. Traditionell wurde der Jäger-Zauberer, ein Adept, der Verkleidungen benutzt und rituelle Tieropfer praktiziert, stets als Herrscher über die Wildtiere betrachtet, also als jemand, der fähig ist, ihr Schicksal kraft seiner Jagdmagie zu lenken. Schon sehr früh lernt er, die Tiere zu imitieren, und baut seine Tänze auf ihren Bewegungen auf. Möglicherweise verspürt er auch eine Art psychische Bindung zu ihnen. Somit kann der Jäger-Zauberer der jüngeren Altsteinzeit als ein Vorläufer des archetypischen Schamanen mit seinen tierischen Schutzgeistern und Clan-Totems betrachtet werden. Die starke psychische Verbindung zwischen Schamanen und verschiedenen Tierarten könnte ebenfalls zu dem Glauben geführt haben, dass manche Schamanen ihr menschliches Bewusstsein in eine tierische Form verwandeln konnten.

Animismus und Geisterglaube

Sir Edward Tylor (1832–1917), der englische Pionier der Anthropologie, gab der frühesten Phase des magisch-religiösen Denkens nach dem lateinischen Wort *anima* (»Seele«) den Namen »Animismus«. Für Tylor scheint die Vorstellung einer Seele oder des Geistes schon zu dieser Zeit universell verbreitet gewesen zu sein, und die Menschen der Vorzeit glaubten offenbar bereits, dass nicht nur sie, sondern auch Tiere und Pflanzen eine Seele haben. Steine, Waffen, Nahrung und Schmuckgegenstände konnten ebenfalls Seelen haben, und der Geist eines Menschen konnte durch einen Akt von Besessenheit in den Körper anderer Leute, in Tiere oder unbelebte Gegenstände fahren. Tylor meinte, dass der Ursprung des Animismus wahrscheinlich in Traumerfahrungen gelegen hat, die zu beweisen schienen, dass ein Mensch losgelöst von seinem physischen Körper existieren kann. Noch heute verwenden bestimmte indigene Völker ein gemeinsames Wort für »Schatten«, »Geister« und »Gespenster«, was den Glauben an die zweifache Existenz des Menschen widerspiegelt. Die Algonquin-Indianer nennen die Seele eines Menschen z.B. seinen *otahchuk* oder »Schatten«; die Quechua verwenden das Wort *natub* zur Bezeichnung von »Schatten« oder »Seele«, und die Zulus verwenden den Begriff *tunzi* für »Schatten«, »Geist« oder »Gespenst«.

Tylor nahm an, dass der logische Fortschritt bei den prähistorischen Menschen, die Vorstellung von zwei verschiedenen Ichs – dem wachen Ich und dem Phantom –, zu dem Glauben geführt haben muss, dass die Seele Geistreisen aus dem Körper heraus in ein Leben nach dem Tode unternehmen kann. Frühe Belege dafür finden sich in den Relikten von Bestattungsriten, in denen Bedienstete geopfert wurden, damit sie verstorbenen hochrangigen Würdenträgern auch im Leben nach

Geweihtragender Gott oder Schamane, in einer Hand einen Torques, in der anderen eine Schlange haltend, umgeben von verschiedenen Tieren. Detail des Kultkessels von Gundestrup, Dänemark, 1. oder 2. Jahrhundert v. Chr.

Australischer Aborigines-Kopfschmuck in Form eines Fisches, aus der Region der Torres-Straße.

dem Tod weiter dienen und dadurch die soziale Ordnung über den Tod hinaus fortsetzen konnten. Tyler glaubte auch, dass Stammesvölker – »Wilde« oder »unzivilisierte Rassen«, wie er sie abfällig nannte – einen solchen Animismus in ihrem Alltagsverhalten widerspiegeln. Der Animismus oder Geisterglaube sei das, was sie dazu führt, mit wilden Tieren Kontakt zu pflegen, sie um Verzeihung zu bitten, bevor sie sie auf der Jagd erlegen, oder was sie zu der Überzeugung bringt, dass Tiere Seelen haben können, die in einem früheren Leben in den Körpern anderer Menschen – möglicherweise von gestorbenen Freunden oder Vorfahren – gewohnt haben.

Tylors generelles Konzept steht auch heute noch in hohen Ehren, obwohl es nicht unangefochten blieb. So stellte der berühmte französische Soziologe Emile Durkheim (1858–1917) eine breit gefächerte Untersuchung kultureller Muster an und gelangte zu der Ansicht, dass die früheste Form der menschlichen Gesellschaft aus undifferenzierten Horden bestanden habe. Später hätten sich die Horden zu Clans zusammengeschlossen – einer Einheit, die Durkheim für ursprünglicher als die der Familie hielt. Er war wenig beeindruckt von Tylors im Wesentlichen psychologischer Vorstellung, dass das magische und religiöse Denken aus den Träumen hervorgegangen sei. Er glaubte dagegen, dass der Clan mit der Zeit als übergeordnete soziale Einheit betrachtet und nur deshalb »heilig« wurde, weil der Clan eine höhere, umfassendere Wirklichkeit als das Individuum darstellte. Wenn sich die Clans, so argumentierte er, Totemtiere als Unterscheidungssymbole zulegten, dann waren solche Totems sogar noch heiliger als die betreffenden Tiere selbst. Durkheim suchte nach Belegen für diese Entwicklung bei den australischen Aborigines, dem am besten dokumentierten Jäger-und-Sammler-Stammesvolk, das bis heute überlebt hat.

Nach Durkheim ließ sich bei den australischen Jägern-und-Sammlern durch das Totemtier oder die Totempflanze nicht nur der Clan identifizieren, sondern beide dienten auch zur Definition der Verwandtschaftsstrukturen, da alle Clanmitglieder glaubten, sie seien miteinander verwandt. Durkheim wies auch darauf hin, dass zentralaustralische Stämme wie die Arunta oder Aranda Ritualobjekte – *tjurunga* oder *churinga* – besaßen, die für den Clan als heilig galten und deren Namen sie Fremden gegenüber nie verrieten.

Der Unterschied zwischen Tylors und Durkheims Art, die Dinge zu sehen, besteht auch heute noch. Die Anthropologen, die den Schamanismus aus psychologischer Sicht betrachten, interessieren sich tendenziell mehr für die durch Trance erreichbaren veränderten Bewusstseinszustände, für die visionären Ursprünge der magischen und religiösen Glaubensvorstellungen der Schamanen sowie für andere Faktoren wie epileptische Anfälle, schizophrene Verhaltensmuster und die Verwendung von psychedelischen Drogen, d.h. für alle jene Phänomene, die mit dem Schamanismus verbunden sind. Die Funktionalisten dagegen neigen eher dazu, die experimentelle Seite des Schamanen und seine metaphysische Welt zu ignorieren, und konzentrieren ihr Augenmerk stattdessen auf die Rolle, die der Schamane in der Gesellschaft spielt, indem er die Stammesbräuche und -tabus interpretiert, die Glaubensvorstellungen, die die Basis der Gesellschaftsstruktur bilden, bestärkt und dem Stamm dadurch geistige Führungslinien gibt.

Mir scheint jedoch, dass die innere Dimension, die Ehrfurcht gebietende magische Welt, die im kosmologischen System des Schamanen neben der Alltagswelt einhergeht und diese mit Sinn erfüllt, nicht umgangen werden kann. Würden wir

Corroboree, heiliges »Männer-Ritual«, Zentralaustralien: eine Zeremonie männlicher Aborigines, die ihre Körper mit persönlichen Totemzeichen dekoriert haben.

Der Flug der Seele. Felszeichnung aus später Pueblo-Zeit, Idaho, USA.

die Rolle von Schutzgeistern, initiatischen Visionen, der Erfahrung von magischer Zerstückelung und Wiedergeburt sowie die transformative Bewusstseinsprojektion in andere lebende Formen wie Tiere und Vögel nicht berücksichtigen, so erhielten wir nämlich nur ein sehr einseitiges Verständnis von dem, was Schamanismus bedeutet. Dann könnten wir auch seine Mystik oder die Gründe für das nachhaltige Interesse an schamanischen Bewusstseinszuständen in der modernen »Personal Growth«-Bewegung schwerlich erklären.

Mit diesen Faktoren vor Augen können wir uns nun die Frage stellen: Was für ein Mensch ist der Schamane eigentlich, wie wird er zum Schamanen und was hat es mit der »Seelenreise« auf sich, die für die schamanische Arbeit so wichtig zu sein scheint?

Wie man ein Schamane wird

Schamanismus ist im Grunde Animismus in praktizierter Form. Da die ganze Natur von Göttern und Geistern belebt ist und alle Erscheinungsformen des Kosmos als miteinander verbunden wahrgenommen werden – denn das Universum besteht aus einem wahren Netzwerk von Energien, Formen und Schwingungen –, wird vom Schamanen verlangt, dass er als Vermittler zwischen den verschiedenen Wirklichkeitsebenen der Existenz wirkt. Die Vorstellung eines von Geistern belebten Universums findet sich etwa in den Tagebüchern des dänischen Forschers und Anthropologen Knud Rasmussen (1879–1933), der eine breit angelegte, dreijährige Reise in die arktischen Regionen Nordamerikas unternahm und dessen eigene Großmutter eine Halb-Inuk war. »Die größte Lebensgefahr«, so erklärte ihm ein Iglulik-Schamane, »droht aus der Tatsache, daß die menschliche Nahrung aus-

Die sibirische Unterwelt. Zeichnung der ostjakischen Samojeden: ein gehörnter Schamane inmitten von Vögeln und Tieren. Um 1920.

schließlich aus Seelen besteht. All die Lebewesen, die wir töten und essen müssen, all die, die wir erschlagen und vernichten müssen, um Kleidung herzustellen, haben Seelen, Seelen, die nicht mit dem Körper erlöschen, die daher versöhnt werden müssen, damit sie sich nicht dafür rächen, daß wir ihnen ihre Körper fortnehmen.«[4]

Wir können einen Schamanen als einen Menschen definieren, der fähig ist, diese Welt der Seelen, Geister und Götter wahrzunehmen, und der in einem Zustand ekstatischer Trance in der Lage ist, ihre Welt zu bereisen und besondere Kenntnisse aus der übernatürlichen Welt zu erlangen. Der Schamane oder die Schamanin hält stets ein wachsames Auge auf die Gefahren der menschlichen Existenz, d.h. auf die magischen Mächte, die darauf lauern, den Unvorsichtigen in die Falle zu locken oder Krankheit, Hungersnot oder Unglück hervorzurufen. Aber der Schamane übernimmt auch die Rolle eines aktiven Mittlers, eines Vermittlers in beiden Richtungen. »Nur der Schamane«, so bemerkt die amerikanische Anthropologin Joan Halifax, »kann sowohl als Gott wie auch als Mensch handeln, er ist gleichsam ein Mischwesen zwischen den Welten und zugleich Botschafter der Götter. Er oder sie bewirkt eine gegenseitige Durchdringung der getrennten Welten.«[5]

Zu ihrer Berufung finden Schamanen auf verschiedene Arten. In manchen Fällen hat es fast den Anschein, als hätten die Geister den Schamanen erwählt. Diese sind die »größeren Schamanen« und werden spontan durch Träume oder mystische Visionen berufen. Die »kleineren Schamanen«, diejenigen, die ihre Rolle nur geerbt haben oder die durch jemanden initiiert werden möchten, der bereits Schamane ist, genießen, vor allem bei den Völkern Sibiriens oder der nordamerikanischen Arktis, einen geringeren Status in der Gesellschaft.

Als Kinder oder junge Erwachsene zeigen Schamanen oft nervöse Veranlagungen und wirken mitunter seltsam zurückgezogen von der Gesellschaft. »Als Kind zeigt der Schamane«, so der Anthropologe Ralph Lipton, »gewöhnlich ausgeprägt introvertierte Neigungen. Wenn sich dieses Verhalten äußert, wird es von der Gesellschaft gefördert. Der werdende Schamane zieht sich oft zurück und verbringt lange Zeit allein mit sich selbst. Er ist eher antisozial und wird oft von rätselhaften Krankheiten verschiedenster Art befallen.«[6] Die Tschuktschen-Stämme Sibiriens glauben, dass man einen künftigen Schamanen am »Blick seiner Augen« erkennen kann. »Er schaut während eines Gesprächs den Zuhörer nicht direkt an, sondern scheint seinen Blick auf etwas Entferntes zu richten. Auch haben seine Augen ein seltsames Leuchten, eine besondere Helligkeit, die es ihm erlaubt, Geister und andere, gewöhnlichen Menschen verborgene Dinge zu sehen.«[7] Waldemar Bogoras, der die Tschuktschen aus nächster Nähe erforschte, liefert ein Beispiel für dieses Phänomen: »Die Berufung zum Schamanen kann während eines großen Unglücks, einer gefährlichen und langwierigen Krankheit, nach dem plötzlichen Verlust von Familie oder Besitz eintreten. Dann wendet sich der Betreffende, da er kein anderes Mittel mehr hat, an die Geister und fordert ihren Beistand.«[8]

Großes Aufsehen erregte die Ansicht, der Schamanismus entstehe aus seelischen Krisen und Krankheiten; so wurde er sogar mit Schizophrenie verglichen. Julian Silverman, ein führender Vertreter dieser Auffassung, glaubt, der Hauptunterschied zwischen Schizophrenen und Schamanen bestehe darin, dass Schamanen in ihrem Zustand geistiger Verwirrung »institutionell unterstützt« werden, während die moderne Gesellschaft Schizophrenie zumeist als mentale Aberration betrachtet:

»Die Erfahrung, die der Patient durchmacht, ist von höchst ehrfurchtgebietender, universellster Art; er scheint inmitten eines Kampfs zwischen personifizierten kosmischen Kräften des Guten und des Bösen zu leben, umgeben von animistisch belebten natürlichen Gegenständen, die sich auf eine ominös zeichenhafte Art aufführen, die er unbedingt verstehen muß – aber unmöglich verstehen kann.«[9]

Während Schamanen und Schizophrene die Fähigkeit teilen, sich zwischen verschiedenen Geisteszuständen hin und her zu bewegen, hat es der Schamane gelernt, die verschiedenen Bewusstseinswelten in sich zu vereinen. Wie der Religionshistoriker und -philosoph Mircea Eliade (1907–1986) in seinem Buch »Le Chamanisme et les techniques archaiques de l'Ekstase« (1952; deutsch »Schamanismus und archaische Ekstasetechnik«, 1957) feststellt, ist »der primitive Zauberer, der Medizinmann und der Schamane nicht einfach ein kranker Mensch; er ist vor allem ein Kranker, der sich selber geheilt hat. Oft, wenn die Berufung des Schamanen oder des Medizinmanns sich durch eine Krankheit oder einen epileptoiden Anfall offenbart, kommt die Initiation des Kandidaten einer Heilung gleich.«[10] In »Birth and Rebirth« (1964; deutsch »Das Mysterium der Wiedergeburt«) entwickelt Eliade diesen Gedanken weiter: »Die Schamanen und Mystiker der primitiven Gesellschaften werden mit Recht als höhere Wesen betrachtet; ihre magisch-religiösen Kräfte äußern sich in einer Erweiterung ihrer geistigen Fähigkeiten. [...] Der Schamane ist der Mensch, der *weiß* und sich *erinnert*, das heißt die Geheimnisse des Lebens und des Todes versteht.«[11]

Hier ist eindeutig mehr als nur psychische Aberration oder Krankheit im Spiel. Da Epilepsie und Schizophrenie in archaischen Gesellschaften als Erscheinungen der Geisterwelt betrachtet werden, ist es nicht verwunderlich, dass Menschen, die unter diesen Symptomen leiden, dort später zu bedeutenden Schamanen werden können. Aber sie sind deshalb etwas Besonderes, weil sie der Welt der Geister gegenüber offen sind, und nicht, weil sie krank sind. Das alles Entscheidende ist, die Macht zu bändigen und nutzbar zu machen – denn auf diese Weise wird die Krise oder Krankheit zu einer Initiation. Von Schamanen wird erwartet, dass sie die übernatürlichen Kräfte, die in das menschliche Leben eingreifen, unter Kontrolle haben. Dazu gehört ebenso das Herbeizaubern von Beutetieren zu Zeiten, wo die Jagd zu scheitern droht, wie das Vertreiben von bösen Geistern, das Sorgen für gutes Wetter und das Heilen von Kranken.

Mythische Zerstückelung und Wiedergeburt

In mehreren Formen des Schamanismus tritt ein initiatisches Motiv der Zerstückelung und Wiedergeburt auf und unterscheidet zuweilen in ihrer jeweiligen Gemeinschaft machtvolle Schamanen von minderen Schamanen. Eine typische Erzählung über eine mythische Zerstückelung ist bei den sibirischen Avam-Samojeden zu finden: Ein Neophyt, der Schamane werden wollte, erfuhr eines Tages, dass er seine »Gabe« von den Herrschern des Wassers empfangen würde. Zu dieser Zeit war der Neophyt an Windpocken erkrankt und »darauf wühlte die Krankheit die Wasser des Sees auf«. Da stieg der Kandidat auf einen Berg, wo er einer nackten Frau begegnete und an ihrer Brust zu saugen begann. Sie sagte, er sei ihr Kind, und stellte ihn ihrem Gemahl, dem Herrn der Unterwelt vor, der ihm darauf Tiere als Führer gab, die ihn in die unterweltlichen Gefilde geleiten sollten. Dort begegnete er den Bewohnern der Unterwelt, den bösen Schamanen und den Herrschern über die Seuchen, die ihn in die Natur der Krankheiten einweihten, die die Menschheit plagen.

Nachdem man ihm rituell das Herz ausgerissen und es in einen Kochtopf geworfen hatte, reiste der Kandidat zum Land der Schamaninnen, wo man ihm seine Kehle und Stimme kräftigte, und danach zu einer Insel, wo der Baum des Herrn der Erde bis in den Himmel ragte. Der Herrscher verlieh ihm bestimmte Kräfte, darunter die Fähigkeit, Kranke zu heilen. Darauf setzte er seine Reise fort, traf auf magische Steine, die sprechen konnten, begegnete Frauen, die ein Haarkleid wie von Rentieren trugen, und schließlich einem nackten Schmied, der tief im Innern der Erde mit dem Blasebalg ein gewaltiges Feuer schürte. Wieder wurde der Novize rituell getötet und »drei Jahre lang« in einem Kessel über dem Feuer gekocht. Dann schmiedete der Schmied auf einem der drei Ambosse (»auf dem dritten, auf dem die besten Schamanen geschmiedet wurden«) den Kopf des Kandidaten, zeigte ihm, »wie man die Buchstaben darin lesen«, d.h. auf mystische Weise ohne die Hilfe der normalen Augen sehen kann, und lehrte ihn, die Sprache der Pflanzen zu verstehen. Nachdem er die Herrschaft über diese Geheimnisse erlangt hatte und sein Körper nach abermaliger Opferung wieder zusammengefügt war, erwachte der Schamane »auferstanden« als ein wiederbelebtes Wesen.[12]

Aus dieser Erzählung wird klar, dass der Schamane der Avam-Samojeden in seiner schamanischen Funktion zugleich eine soziale und eine individuelle Rolle zu

Männer eines Aborigines-Clans beim Vollenden einer Bodenmalerei der Trittsiegel des mythischen Emus im Umkreis der Wasserstelle, die der Geburtsort des Urahnen Karora ist und den der Schamane während der Initiation betritt.

spielen hat. Seine Trance-Erfahrungen offenbaren die Quelle von Krankheit und Leid, das jeden treffen kann, aber er erlangt auch für sich selbst über den Prozess einer spirituellen Wiedergeburt beeindruckende übernatürliche Kräfte. Der Schamane wird zu einer besonderen Gestalt, da er von dem Gott auf dem Amboss neu zusammengeschmiedet wurde; seine Gabe der magischen Schau und Kommunikation stammt aus dem Himmel und nicht von der Erde. Gelegentlich demonstriert der Schamane tatsächlich die fortgesetzte Beziehung zu den himmlischen Gefilden, indem er Geisterfrauen aus dieser Dimension ehelicht. So glauben z.B. die sibirischen Burjaten, dass die Kinder aus solchen Vereinigungen halb göttlicher Art sind.[13]

Das Motiv der Zerstückelung und Wiedergeburt ist jedoch nicht nur mit dem sibirischen Schamanismus verbunden, sondern kommt z.B. auch bei den australischen Aborigines und ihren »Männern hohen Grades« vor. Im westlichen Südaustralien wird der künftige Schamane in ein Wasserloch getaucht, wo er von einer mythischen Schlange verschlungen und darauf in Gestalt eines Säuglings wieder herauswürgt wird – vielleicht als Zeichen dafür, dass der Schamane in der Geistwelt noch »neu« ist. Darauf heilt ihn der Haupt-Medizinmann wieder, aber er behandelt ihn, als ob er eine Leiche wäre, indem er ihm rituell das Genick, die Handgelenke und andere Glieder bricht. In jede Wunde, jeden Einschnitt steckt er ein *maban,* eine Leben spendende Muschel, von der geglaubt wird, dass sie zu Verjüngung führt und einem Menschen Macht verleiht. Auf diese Weise wird der »tote« Aborigine in die Welt des magischen Wissens wiedergeboren.[14]

Die Aborigines in der Gegend von Munja Cattle Station in Walcott Inlet kannten ähnliche Initiationsmuster. Träume offenbarten einem zukünftigen *doctor man,* dass der hohe Gott Unggud von ihm wünschte, ein *banman,* d.h. Schamane, zu werden. Dann wurde er von Unggud in der Nähe eines Wasserlochs »getötet«, aber darauf stand seine »Essenz« – wenn auch nur für Medizinmänner sichtbar – wieder auf. Zur gleichen Zeit erblickte er eine riesige Schlange mit Armen, Händen und einer Krone aus Federn. Dann führte Unggud ihn zu einer unterirdischen Höhle und machte sich daran, ihn in einen Mann des Wissens zu verwandeln: »Unggud gibt ihm einen neuen Verstand, führt in seinen Körper weiße Quarzkristalle ein, die eine geheime Stärke verleihen, und enthüllt ihm seine künftigen Pflichten. Er könnte für eine Weile ohne Bewusstsein bleiben, aber wenn er erwacht, hat er ein mächtiges Gefühl inneren Lichts. Er ist sich sicher, dass er Unggud ebenbürtig ist. Darauf erfolgen viele Monate, sogar Jahre der Ausbildung, Führung und Erfahrung.«[15] Nun besitzt der Schamane besondere magische Kräfte. Mit seinem inneren Auge ist er in der Lage, vergangene und zukünftige Ereignisse zu sehen, und ist ebenfalls fähig, seinen *ya-yari* oder »Traum-Verbündeten« aus seinem Körper heraus auf die Suche nach Informationen auszusenden. Nach Adolphus P. Elkin, einem Spezialisten auf dem Gebiet des Übernatürlichen bei den Aborigines, vermag »das psychische Element in diesen Begabungen deutlich alles zu durchdringen. Es wird als *miriru* bezeichnet und kommt von Unggud. Im Grunde handelt es sich dabei um die Fähigkeit, sich in einen Traum- oder Trance-Zustand mit all seinen Möglichkeiten zu versetzen. *Miriru* macht ihn tatsächlich einem Wandjina gleich, da er die gleichen Fähigkeiten wie die Helden der ›Schöpfungszeit‹ besitzt.«[16]

Zwei Inuit-Schamanen beim Wettflug: Der eine befindet sich in der Luft, der andere ist zurückgeblieben. Aus: Knud Rasmussen, »Volksmärchen der Eskimos«, 1921.

Sedna, die Göttin des Meeres und Beschützerin aller Meerestiere, ihren Kindern die Brust gebend. Inuit-Steindruck, 1961.

Die Seelenreise

Ein wesentliches Merkmal des Schamanismus aller Kulturen ist die Seelenreise. Da der Schamane in seiner Geistvision andere Welten bereisen kann, wird er als »Techniker des Heiligen« oder »Meister der Ekstase« bezeichnet. In seiner Rolle als Mittler zwischen den physischen und metaphysischen Welten erlangt er ein privilegiertes und heiliges Wissen von den Göttern oder Geistwesen, mit denen er zusammenwirkt, und seine Fähigkeit, mit heiliger Information zum Wohle der Gemeinschaft zurückzukehren, ist für diese von größter Bedeutung.

In gewissem Sinne kann man die schamanische Seelenreise als einen kontrollierten Akt geistiger Auflösung betrachten. Dieser Zustand lässt sich auf viele Arten erreichen: Manchmal wird er durch heilige psychedelische Pflanzen ausgelöst, in anderen Fällen ist die Geistsuche mit Perioden des Fastens oder der Einschränkung sensorischer Fähigkeiten, mit Gesang und Trommelschlagen oder mit einer besonderen Reaktion auf einen mächtigen visionären Traum verbunden.

Bei den Menangkabau-Völkern Indonesiens zum Beispiel herrscht der Glaube, dass die Lebenskraft oder *sumangat* in Träumen oder Krankheitszuständen den Körper verlässt und dass es dann die Aufgabe des *dunkun* oder Schamanen ist, dem feindlichen Einfluss böser Geister während des außerkörperlichen Zustandes entgegenzuwirken. Hier ruft der *dunkun* durch ein Rauchopfer freundliche Geister herbei, wobei er sich unter eine Decke auf den Boden legt, am ganzen Körper zu zittern beginnt und dann sein Bewusstsein in die Geistwelt projiziert. Auf den Mentawei-Inseln in der Nähe von Sumatra tanzen die Schamanen so lange, bis sie in einen Trance-Zustand verfallen. Dann werden sie, nach der dort herrschenden Vorstellung, in einem von Adlern getragenen Boot in den Himmel entführt, wo sie Himmelsgeister treffen und sie nach Heilmitteln gegen Krankheiten fragen.

Die traditionellen Inuit-Schamanen versetzen sich in einen Zustand der Ekstase, indem sie die Energie eines bestimmten Trommelrhythmus nutzen und Helfer-Geister anrufen. Manche Inuit binden sich Arme und Beine fest an den Körper, um die innere Lichtkraft auf dem »Geistflug« oder *ilimarneq* zu beschleunigen. In seinem »Bericht über die fünfte Thule-Expedition 1921–1925« beschrieb Knud Rasmussen eine metaphysische Reise zur Meeresgöttin. Hier bestand die Rolle des Schamanen darin, zugunsten der Gemeinschaft zu intervenieren, indem er in seinem Geistkörper auf den Grund des Meeres reist. Zu Beginn der Zeremonie versammeln sich die Mitglieder der Erwachsenengemeinschaft um den Schamanen und beobachten ihn, während er in meditativer Stille dasitzt. Schon bald fühlt er sich von Helfergeistern umgeben und erklärt, dass »der Weg offen ist« für seine Reise. Nun singen verschiedene Mitglieder des Hauses im Chor, während sich der Schamane an seine schwierige Aufgabe macht, sorgfältig drei riesigen rollenden Steinen auf dem Meeresgrund auszuweichen und vorsichtig an dem schnarchenden Wachhund der Göttin vorbeizuschleichen. »Er rutscht fast wie durch einen Schlund fallend, der seinen Körper so eng umhüllt, daß er sein Herabsinken kontrollieren kann, indem er sich an die Seitenwände stemmt und nicht mit einem Schwung in die Tiefe stürzen muß. Dieser Schlund wird für ihn von allen Seelen seines Namens offen gehalten, bis er auf seinem Weg wieder zur Erde zurückkehrt.«[17] Der Schamane trifft die Meeresgöttin, die, wie er sehen kann, an dem Schmutz der menschlichen Missetaten zu ersticken droht. Während der Schamane ihr das Haar streichelt, um sie zu besänfti-

Heilzeremonie sibirischer Schamanen. Der Schamane schlägt seine Trommel zum Zeichen, dass die Geistreise begonnen hat.

gen, teilt ihm die Meeresgöttin in Geistsprache mit, dass es unter den Frauen verheimlichte Fehlgeburten gegeben hat und dass unter Verletzung des Tabus gekochtes Fleisch gegessen wurde. Wenn der Schamane bald darauf wieder zurückkehrt, wird er seiner Gemeinschaft diese Botschaft überbringen, und die Tabubrecher werden aufgefordert werden, sich zu ihrem Fehlverhalten zu äußern.

Aus diesem Bericht ist zu ersehen, dass die Geistreise keineswegs zum Vergnügen unternommen wird. Stets geht es dabei um eine klare Aufgabe: einer Krankheit entgegenzuwirken, die Art bestimmter gebrochener Tabus zu verstehen, eine verlorene oder gepeinigte Seele wieder einzufangen oder mitzuhelfen, auf den verschiedenen Ebenen des Kosmos wieder Harmonie herzustellen. Dies ist im Wesentlichen die Funktion des Schamanen: in andere Welten zu reisen und offenbartes Wissen zu einem positiven Ergebnis zu nutzen. In dieser Hinsicht ist der Schamane ein konstruktiver Vermittler zwischen den Göttern und der Menschheit.

Relikte des traditionellen Schamanismus

Sibirien

Sibirien ist ein riesiges Gebiet. Es erstreckt sich vom Ural im Westen zum Altai-Gebirge im Süden und bis zum Arktischen Ozean im Norden, es umfasst Tundra, fruchtbare Ebenen und zerklüftete Gebirgsregionen. Hier ist der Schamane Heiler

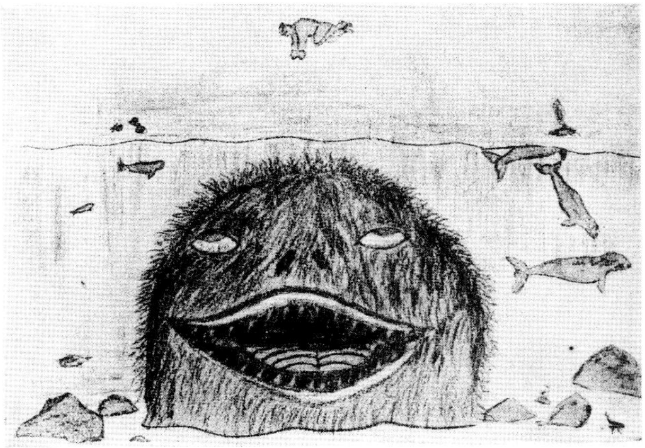

Ein Tschuktschen-Schamane taucht in das Meer hinab. Seine Aufgabe ist es, den wilden Gott Anky-Kele, den Herrn des Meeres, zu besänftigen. Nord-Sibirien, um 1945.

und Ekstatiker zugleich, einer, der sich auf die Suche nach flüchtigen Seelen, die für die Krankheiten verantwortlich sind, auf Reisen in den Himmel und in die Unterwelt begibt. Die Schamanen in dieser Region bedienen sich auch der Divination und Hellsicht und können manchmal glühende Kohlen anfassen, ohne sich zu verbrennen. In Sibirien sind verschiedene Völker beheimatet, darunter die Burjaten und Golden, die nomadischen, Rentierzucht betreibenden Tschuktschen im Nordosten; die turksprachigen Kirgisen, Jakuten, Uiguren und Altaier und schließlich die Evenken sowie andere benachbarte Stämme in der tungusischsprachigen Region an den Ufern des Jenissej und der Lena.

Die Burjaten unterscheiden zwischen »weißen« Schamanen, die Verbindung mit den Göttern pflegen, und »schwarzen« Schamanen, die Geister beschwören, während die Jakuten zwischen den Göttern »oben«, die als passiv und vergleichsweise machtlos gelten, und den Göttern »unten« unterscheiden, die engere Bindungen zur Erde haben. Die Jakuten glauben, dass sie die Herrschaft über das Feuer von Ulu-Tojan erhalten haben, der im Westen im dritten Himmel wohnt. Dieser Gott schuf auch die Vögel, die Waldtiere und die Wälder.

Der Schamane der Altaier opfert ein Pferd, spricht mit dem Meister des Feuers, räuchert seine Ritualtrommel ein, ruft eine Vielzahl von Geistern an und darauf die Markuts, die Vögel des Himmels. Nach einer komplexen Reinigungszeremonie schlägt er heftig auf seine Trommel, womit er andeutet, dass er, begleitet von der Seele des toten Pferdes, in den Himmel »aufsteigt«. Nach dem Aufstieg durch mehrere Himmel in seinem visionären Bewusstsein hält er Zwiesprache mit dem Schöpfergott Jajutsi und verneigt sich nacheinander auch vor dem Mond und der Sonne. Schließlich gelangt er zu der himmlischen Wohnstatt von Bai Ülgän, wo er Details über das künftige Wetter und den Ertrag der Ernte erfährt. Dann bricht der Schamane in einer Art ekstatischer Befreiung zusammen. Mircea Eliade vermerkt, dass Bai Ülgän ein Gott der »Atmosphäre« zu sein scheint und dass es unter indoeuropäischen Schamanen nicht ungewöhnlich ist, einem Gott des Himmels oder der Stürme ein Pferd zu opfern.[18]

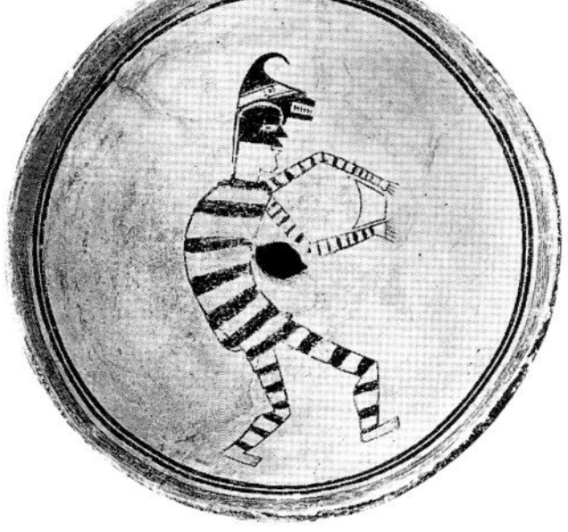

Urne aus New Mexico (um 1100–1250): maskierter Koyote-Tänzer. Durch das Loch in der Mitte kann der darin sitzende Geist »getötet« werden.

Die Tschuktschen glauben, dass man mit Geistern im Traum Kontakt aufnehmen kann und dass der Schamane sich ihrer bedienen kann, um die verlorenen Seelen von Kranken wiederzufinden. Es heißt, der Schamane könne den Schädel des Patienten »öffnen« und die Seele, die er gerade in der Gestalt einer Fliege oder Biene eingefangen hat, wieder an Ort und Stelle zurückbringen.

Die Schamanen der Golden sind dagegen auf Bestattungszeremonien spezialisiert und führen den Verstorbenen in die Gefilde der Unterwelt. Der Golden-Schamane ruft seine Helfergeister an, sie mögen die Führung übernehmen, während er den Toten, der, mit Nahrung für die Reise versehen, auf einem Schlitten aufgebahrt ist, zum Land der Verstorbenen begleitet. Danach macht der Golde Verwandte des Verstorbenen in der Unterwelt ausfindig, damit der neu Dahingeschiedene sicher und geborgen in den unterweltlichen Gefilden aufgenommen wird. Erst dann kehrt der Schamane wieder zurück.

Zuweilen verwandeln sich Schamanen in tierische Gestalt, wenn sie in ihre Geist-Vision eintreten. Holzmaske der Inuit von Nunivak, Süd-Alaska, frühes 20. Jahrhundert.

Nordamerika

Schamanismus ist in der Inuit-Gesellschaft bei den Tlingit an der Nordwestküste Alaskas, bei den Paviotso-Jägern, -Fischern und -Sammlern von West-Nevada, den Jägern der Mescalero- und Chiricahua-Apachen von Texas, Arizona und New Mexico, den Lakota-Sioux von Dakota, den Nez-Percé von New Mexico und Arizona sowie bei den Ojibwas (auch Chippewas genannt) des nördlichen Minnesota, bei den Zuni von New Mexico und Arizona und schließlich bei den Twana des Staates Washington zu finden. Schamanische Traditionen haben auch bei Stämmen der Pazifikküste wie den Pomo und Salish, den Chumash, die früher im dem Gebiet um Ojai lebten, sowie unter Stämmen wie den Yurok, Wintun und Karok von Nordwest-Kalifornien bis heute überlebt.

Schamanischer Doppelgänger (*way*) eines Maya-Herrschers. Er trägt Beinkleider aus Schlangenhaut und führt einen ekstatischen Tanz mit einer Boa constrictor aus. Vasenmalerei, Guatemala, 8. Jahrhundert n. Chr.

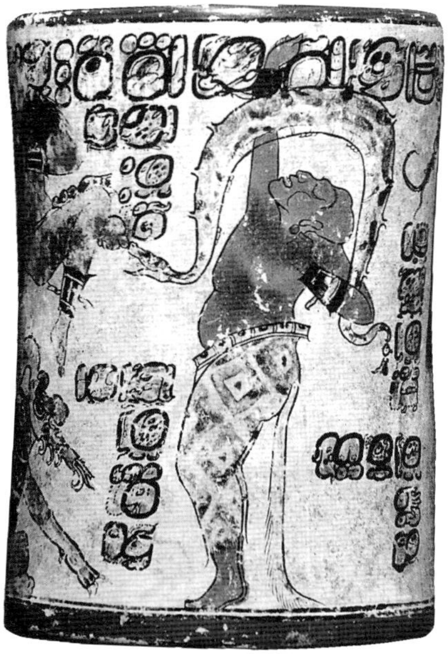

Die Paviotso-Schamanen begeben sich in Trance-Zustände und fliegen in die Geist-Vision, um verlorene Seelen wiederzufinden und Heilbehandlungen vorzunehmen. Manchmal halten sie auch Zeremonien ab, um das Wetter zu beeinflussen, d.h. je nach Notwendigkeit für Regen zu sorgen, Wolken abzuhalten oder das Eis der Flüsse zu schmelzen. Der Paviotso-Schamane Dick Mahwee hat beschrieben, wie er in einer Höhle in der Nähe von Dayton während eines Traums seine ersten schamanischen Visionen empfing, als er fünfzig Jahre alt war. In einem Zustand scheinbar »bewussten Schlafs« hatte Mahwee eine mystische Begegnung mit einem großen, mageren Indianer, der eine Adlerschwanzfeder in der Hand hielt und ihn Mittel lehrte, wie man Krankheiten heilt. Seither nutzt Mahwee Trance-Zustände in seiner schamanischen Tätigkeit: »Ich rauche, bevor ich in Trance gehe. Während ich in Trance bin, macht keiner irgendein Geräusch. Ich gehe hinaus, um nachzusehen, was mit dem Patienten geschehen wird. Sehe ich einen Wirbelwind, so weiß ich, daß er die Krankheit hervorrief. Sehe ich den Patienten auf Gras und Blumen wandeln, so heißt das, er wird wieder gesund. Bald wird er auf den Beinen sein und umhergehen. Sehe ich den Patienten zwischen frischen Blumen, und er pflückt welche, so heißt das, er wird wieder genesen. Sind diese Blumen welk oder sehen aus, als hätte sie der Frost getötet, so weiß ich, daß der Patient sterben wird. Manchmal sehe ich in einer Trance den Patienten über den

Erdboden gehen. Läßt er dabei Fußspuren zurück, so weiß ich, daß er leben wird, aber wenn es keine Spuren gibt, kann ich ihn nicht heilen. Und wenn ich aus der Trance zurückkomme, singe ich. Ich singe lauter und lauter, bis ich wieder völlig bei Bewußtsein bin. Dann stellen mich die Männer auf die Füße, und ich mache mit dem Behandeln weiter.«[19]

Mittelamerika

In Mittelamerika sind viele schamanische Kulturen beheimatet. Hier gibt es ein beachtlich hohes Vorkommen von psychedelischem Schamanismus, da diese Region besonders reich an halluzinogenen Pflanzen ist. Die Yaqui des nördlichen Mexiko rauchen rituell die gelben Blüten des Kanarischen Ginsters (*Genista canariensis*), die Cytisin enthalten, und die Huichol halten ihre Peyote-Wallfahrten auf heiligem Gebiet im Norden der zentralmexikanischen Wüste ab. Die Tarahumara-Indianer von Chihuahua mischen manchmal Stechapfel (*Datura inoxia*) in das vergorene Maisgetränk *tesguino*, und mehrere mexikanische Indianer-Stämme – darunter die Mazateken, Chinanteken, Zapoteken und Mixteken, die alle aus Oaxaca stammen – konsumieren während ihrer Visionssuche heilige Pilze.

Eine *machi* (Schamanin) hat die siebente Ebene ihres *rewe*, d.h. »gekerbten Pfahls«, erstiegen, um ihre Reise in den Himmel zu vollenden. Mit Hilfe von Schlägen auf ihre Trommel konnte sie den Weltenbaum erklettern. Aus der Gegend von Mapuche, Chile.

Rückenansicht eines Schamanen-Tänzers, der die Geistgestalt eines Jaguars angenommen hat. Er trägt Jaguarfelle und einen Kopfschmuck aus Federn.

Südamerika

In dieser Region gibt es verschiedene Heilpraktiken, die jedoch nicht alle schamanischer Art sind. Die Unterscheidung zwischen einem *curandero* und einem Schamanen ist nicht immer klar und es gibt auch verschiedene spiritistische Traditionen, die nichts mit Schamanismus zu tun haben. So hatten z.B. die Praktiken des französischen Spiritisten Alain Kardec in Brasilien ebenso großen Einfluss wie auch Macumba, eine dem haitischen Voodoo ähnliche magische Religion, die Aberglaubensformen der nativen Folklore, afrikanischen Animismus und Elemente des Christentums in sich verbindet.

Wie in Mexiko zeigt der Schamanismus in Südamerika psychedelische Tendenzen. Die dortigen Schamanen machen häufig Gebrauch von tropischen Pflanzen, die halluzinogene Alkaloide enthalten. Von den Schamanen der Regenwälder des oberen Amazonas wird weithin die Baumkletterpflanze *Banisteropsis* verwendet, da die Visionen, die sie hervorruft, so wird geglaubt, Begegnungen mit übernatürlichen Mächten darstellen. Dies gilt besonders für die Jivaro von Ecuador, die Shipibo-Conibo, Campa, Sharanahua und Cashinahua aus dem östlichen Peru und für die Sione-Indianer der östlichen Regionen von Kolumbien.

Australien

Unter vielen australischen Aborigines-Gruppen wird der Schamane oder Medizinmann *karadji,* »kluger Mann«, genannt. Die Aborigines-Kultur ist mindestens 40 000 Jahre alt und man nimmt an, dass die Aborigines aus dem Süden Indiens nach Australien kamen und Cape York über die Malaiische Halbinsel und Ostindien erreichten. Heute sind die Hauptregionen, in denen noch die traditionelle Aborigines-Religion zu finden ist, Arnhem Land im mittleren Nordaustralien sowie die zentralaustralische Wüste, obwohl es auch in anderen Gegenden verstreute Gemeinschaften gibt. Nach dem Glauben der Aborigines werden Krankheit, Tod und Unfälle durch magische oder animistische Aktivitäten verursacht. Die Magier der Aborigines verstehen sich auch darauf, einen Menschen zu Tode zu »singen« und auf ihn »mit dem Knochen zu deuten«, was eine Art projizierte Magie ist, bei der mit einem Känguruknochen oder einem sorgfältig präparierten Stock auf das beabsichtigte Opfer gezeigt wird.

Der schamanische Aspekt der australischen Aborigines-Kultur wird deutlicher, wenn wir uns die Initiation der Medizinmänner betrachten. Bei den Arunta oder Aranda tritt der Kandidat an die Öffnung einer bestimmten Höhle, wodurch er von den Geistern der Traumzeit »bemerkt« wird. Diese schleudern einen unsichtbaren Speer nach ihm, der ihm Hals und Zunge durchbohrt, und danach einen weiteren, der seinen Kopf von einem Ohr zum anderen durchstößt. Darauf sinkt er »tot« zu Boden, wird von den Geistern in die Höhle getragen, wo seine inneren Organe durch neue mit magischen Quarzkristallen ersetzt werden, von denen später seine »Macht« abhängen wird. Wenn er als »Wiedergeborener« zu seinen Stammesangehörigen zurückkehrt, besitzt er einen neuen Status als Heiler-Schamane, obwohl er noch etwa ein Jahr lang nicht auf die normale Art als *karadji* auftreten wird.

Bei den Wiradjeri des westlichen Neusüdwales stammt die Kraft der Kristalle daher, dass sie, so glaubt man dort, das Wesen von Baiame, dem Allvater oder Großen Himmelsgott der Australier, verkörpern. Die Wiradjeri-Aborigines beschreiben Baiame ehrfürchtig als einen riesigen alten Mann mit langem Bart, der mit unter sich verschränkten Beinen in seinem Lager sitzt. Eine der Sagen, die sich um ihn ranken, hat einen deutlich schamanischen Aspekt: Zwei riesige Quarzkristalle ragen von seinen Schultern bis in den Himmel über ihm und manchmal erscheint Baiame in den Träumen der Menschen dort. Er lässt einen heiligen Wasserfall aus flüssigem Quarz über ihre Körper herabstürzen, bis sie vollkommen in ihm verschwinden und ihnen an der Stelle der Arme Flügel wachsen. Später lernt der Träumende fliegen und Baiame versenkt ein magisches Quarzstück in seine Stirn, worauf er in das Innere von physischen Gegenständen hineinsehen kann. Danach bekommt der neue Schamane auch noch eine innere Flamme und ein himmlisches Seil in den Körper eingepflanzt.

Indonesien und Malaysia

Die Mengangkabau-Schamanen suchen ihre Visionen auf Reisen in die Tiefen des Dschungels oder zu den Gipfeln hoher Berge, während die Schamanen bei den Iban zu diesem Zweck fasten, neben einem Grab schlafen oder auf einen Berggipfel steigen, bis sie von einem Beschützergeist magische Kräfte empfangen. Die Iban kennen auch die Initiation von Schamanen durch einen Prozess metaphysischer »Restrukturierung«, der starke Parallelen zu den Initiationsriten der Aborigines aufweist: »[...] sie schneiden seinen Kopf auf, nehmen seine Gehirnteile heraus, waschen sie und stecken sie wieder hinein, um ihm einen klaren Verstand zu geben, der in die Geheimnisse böser Geister und die Kompliziertheiten von Krankheiten einzudringen vermag; sie streuen ihm Goldstaub in die Augen, um ihm eine Sehschärfe und -stärke zu verleihen, die stark genug ist, um zu sehen, ob die Seele entfleucht ist oder nicht; sie pflanzen ihm Haken mit Widerhaken in die Fingerspitzen, damit er die Seele ergreifen und festhalten kann; und schließlich durchbohren sie sein Herz mit einem Pfeil, um ihn sanftherzig und mitfühlend für die Kranken und Leidenden zu machen.«[20]

Schamanen-Grimoire oder »Zauberbuch« aus Sumatra, Indonesien. Das *grimoire* besteht aus gefalteten Rindenstreifen, ist in Holz gebunden und enthält geheime Rituale zur Beschwörung von Geistern und Freisetzung bestimmter Kräfte.

Auch die Dyak beziehen sich in ihren Sagen auf eine Form von Schamanenreisen in den Himmel. Eines Tages bemerkte der Gott Tupa-Jing, dass die Dyak drauf und dran waren, sich selbst auszurotten, da sie keine Heilmittel gegen Krankheit besaßen und angesichts kranker Leute nur eine einzige Lösung kannten, nämlich sie zu verbrennen. Daher errettete er eine Frau aus dem Begräbnisscheiterhaufen, während sie in den Rauchwolken aufstieg, nahm sie mit in den Himmel und lehrte sie die Künste der Medizin. Es gelang ihr, wieder auf die Erde zurückzukehren und das kostbare Wissen, das sie erhalten hatte, weiterzugeben.

Diese Begriffe von Geistern und Krankheit entsprechen denen, die auch in anderen schamanischen Kulturen zu finden sind. So glauben die Kubu von Sumatra, dass Krankheit entsteht, wenn die Seele eines Menschen von einem Geist gefangen wird. Dann werden die Schamanen, die man hier *malims* nennt, herbeigerufen, um eine Dämonenaustreibung vorzunehmen. Während der Séance tanzen die *malims* und verfallen in eine Trance, worauf der Haupt-Malim in der Lage ist, die Seele des Patienten zu »sehen« und wieder zurückzubringen. Bei den Dyak fällt der *manang* oder Heiler-Schamane während einer Heilzeremonie (genannt *belian*) in eine Trance und reist in die Unterwelt, um eine Seele, die von einem Geist gefangen wurde, zurückzuholen. Manchmal ist es aber auch notwendig, dass der *manang* den bösen Dämon in das Haus des Patienten zurücklockt und ihn tötet.

Wenn bei den Karo-Batak ein Mensch stirbt, tanzt sich dagegen eine Schamanin in einen Ekstase-Zustand und macht dann der Seele klar, dass sie den Prozess des Todes durchschritten hat. In einer späteren Zeremonie sendet sie die desinkarnierte Seele in das Land der Toten.[21]

In diesem balinesischen Tjalonarog-Tanz hat der Hexer und Medizinmann Rangda die Leiche eines Kindes ergriffen.

In Tibet eröffneten die Tänze der prä-buddhistischen Bönpo-Schamanen einen Weg in die Geisterwelt. Heute tragen Mönche bei buddhistischen Bönpo-Zeremonien der verschiedenen Jahreszeiten schmuckvolle Masken und Kostüme.

Ostasien

Hier stammt der Schamanismus und Animismus aus Zeiten vor dem Entstehen der bekannteren religiösen Hauptphilosophien wie Buddhismus und Konfuzianismus. In Tibet sprechen die Bön-Schamanen von einem heiligen Seil, das vor langer Zeit die Priester mit der himmlischen Wohnstatt der Götter verband, und noch heute wird geglaubt, dass sie ihre Trommeln benutzen, um sich durch die Lüfte zu schwingen. Heiler begeben sich auf die Suche nach der Seele des Patienten, wenn diese als eine Ursache für seine Krankheit betrachtet wird.

Die Lolo aus dem südlichen Yunnan glauben, dass die Menschen sich zu früheren Zeiten freier zwischen Himmel und Erde bewegten. Bei diesen Völkern tritt der Priester-Schamane bei Bestattungsritualen in Funktion, indem er den Verstorbenen hilft, ihren Weg über verschiedene Berge und Flüsse zum Baum des Denkens und zu anderen Regionen der Welt nach dem Tode zu finden. Beeinflusst von der chinesischen Magie, praktizieren die Schamanen von Yunnan Divination und unternehmen visionäre Reisen zu Pferde, um verlorene Seelen wiederzufinden.

Der amerikanische Anthropologe Larry Peters beschreibt in seinem 1987 veröffentlichten Bericht eine authentische Form des Schamanismus, die von den Tamang aus Nepal praktiziert wird und die, obwohl sie aus Elementen des Hinduismus und Buddhismus schöpft, offensichtlich aus einer Zeit vor der Entstehung dieser Strömungen stammt. Peters' Hauptinformant Bhirendra war der Sohn eines *bombo* bzw. Schamanen, und als er 13 Jahre alt war, verfiel er in einen spontanen Zustand dämonischer Besessenheit, was zu seinem Ruf nach Initiation führte. Unter der Anleitung seines Vaters und des Geistes seines verstorbenen Großvaters lernte Bhirendra, willentlich in Trance zu verfallen und schon bald das geistige Licht zwischen seinen Augen zu aktivieren, was eine Voraussetzung für außerkörperliche Flüge ist.[22]

Auch in abgelegenen Gegenden Japans sind Formen von Schamanismus anzutreffen, was jedoch nicht überrascht, denn es ist zu vermuten, dass im 3. oder 4. Jahrhundert v. Chr., also noch vor der Ankunft des Buddhismus, Tungusisch und Altaiisch sprechende Stämme einen kulturellen Einfluss auf Japan ausübten. Noch heute kann man weiblichen Schamanen (*miko*) – die häufiger als männliche Schamanen sind – in kleinen Dörfern begegnen, wo sie Trance, Telepathie, Mediumismus und Wahrsagerei betreiben und mit Schutzgottheiten oder Geistern von Toten kommunizieren. In den größeren Städten wurde die Rolle der Schamanin jedoch vom Shinto-Ritual absorbiert.

Schamanismus und Mediumismus

Besonders in Japan, aber im Grunde überall, wo divinatorische Praktiken zu finden sind, überschneidet sich der Schamanismus in bestimmten Bereichen mit dem Mediumismus. Beide Praktiken sind mit Trance-Zuständen verbunden, aber der Schwerpunkt ist jeweils ein deutlich anderer: Der Schamanismus tendiert zu aktivem Handeln, während der Mediumismus eher passiv ist. Im Schamanismus fährt der Geist aus dem Körper heraus, während im Mediumismus die heilige Macht in ihn hineinfährt, wie in Delphi beim Orakel der Pythia, die im Apollo-Tempel in Trance göttlich inspirierte Aussprüche von sich gab. Manche Formen des modernen Spiritualismus – der in der heutigen westlichen Kultur als *channeling* bezeichnet wird –, gehören auch zu dieser Kategorie, und hierbei treten, so glaubt man, Weise aus früheren Zeiten durch das Medium mit den Lebenden in Kontakt. Ebenfalls zu dieser Kategorie, obwohl in Inhalt und mythischer Bildsprache hiervon stark unterschieden, gehört auch der haïtische Voodoo-Kult, worin die »Göttlichen Reiter« oder *loa*-Gottheiten, so wird geglaubt, auf die in Trance befindlichen Personen während ihrer ekstatischen Tanzrituale »herabsteigen« und sie in einen Zustand inspirierter Ekstase »hineinreiten«. In allen Formen der mediumistischen Trance sind die Betroffenen jedoch rein passive *channels*, also »Kanäle«, für die Offenbarungen und können sich später an ihre visionären Szenen nicht mehr erinnern.

In den schamanistischen Traditionen behält der in Ekstase Befindliche dagegen volles Bewusstsein über seinen veränderten Zustand und übernimmt die volle Verantwortung für das, was während der visionären Reise durchsickert. Von den ältesten Zeiten bis in die Gegenwart gehörte zum Schamanismus stets das bewusste Streben nach magischen Kräften – nach Kräften, die in der Lage sind, nicht nur den Schamanen, sondern auch diejenigen, die sich in seinem Einflussbereich befinden, zu verwandeln.

Kapitel 2

Magie in der Antike

Magische Glaubensvorstellungen und Praktiken waren in der gesamten Welt der Antike weit verbreitet – als spirituelles Vermächtnis der schamanischen Überlieferung eines von feindlichen und freundlichen Mächten belebten Universums. Das Wort *Magie* stammt von altgriechisch *mageia*, das zu lateinisch *magia* wurde; es bezeichnet die Kunst des Magiers oder Magus. Diese Bezeichnungen haben ihren Ursprung wiederum in Altpersien, wo der *magos* ein Priester oder Ausübender von religiösen Ritualen war. Herodot (um 490–425 v. Chr.) bezeichnet als *magoi* jene geheime persische Gruppe, die für königliche Opferzeremonien, Bestattungsriten und die Deutung von Träumen zuständig war. In der Zeit von Platon (427–347 v. Chr.) hatte der Begriff *magoi* jedoch bereits eine negative Bedeutung und bezeichnete Bettelpriester und Wahrsager, die reiche Häuser aufsuchten und behaupteten, sie besäßen besondere, von den Göttern verliehene Heilkräfte.

Das antike Griechenland und Rom

Die altgriechischen Quellen lassen sich in drei große Gruppen unterteilen. Die erste steht im Zusammenhang mit der homerischen Dichtung, die zweite mit der hellenistischen Periode, d.h. dem Zeitraum der drei letzten vorchristlichen Jahrhunderte, und die dritte mit der römischen Kaiserzeit, einer Epoche von stark synkretistischen, d.h. verschiedenste Einflüsse verschmelzenden und sehr verschiedenartigen Formen der Magie.

Odysseus mit der berühmten Zauberin Kirke, die in ihrem Kessel einen Zaubertrunk zubereitet. Boötische Schwarzfiguren-Vasenmalerei, Theben, 5. Jahrhundert v. Chr.

Der früheste in griechischer Sprache abgefasste Hinweis auf eine magische Handlung ist im X. Gesang von Homers »Odyssee« (spätes 8. Jahrhundert v. Chr.) zu finden. Odysseus begegnet auf seiner Heimkehr vom Trojanischen Krieg der Kirke, einer betörend schönen Zauberin, die auf der Insel Aiaia lebt. Sie war die Tochter des Sonnengottes Helios und der Perseis und wurde nach Aiaia verbannt, nachdem sie ihren Gemahl ermordet hatte. Sie ist heute noch berühmt für ihr Wissen auf dem Gebiet der Magie und der giftigen Pflanzen und konnte auch die Zukunft voraussagen. Obwohl Kirke in der Lage ist, die Gefährten des Odysseus in Schweine zu verwandeln, hat sie jedoch keine Macht über Odysseus selbst, denn dieser ist durch ein magisches Kraut namens *Moly* geschützt, das ihm Hermes gegeben hatte. Und doch wird Odysseus von Kirkes Reizen verführt und sie bringt einen von ihm gezeugten Sohn zur Welt. Im XI. Gesang der »Odyssee« folgt Odysseus Kirkes magischen Anweisungen, gräbt eine Grube und bringt aus Honig, Milch, Wasser und Wein ein Opfer für die Toten dar. Dann schlachtet er zwei schwarze Schafe, fängt ihr Blut in der Grube auf, was die Geister der Toten

Der angebliche Thraker Orpheus singt und spielt auf seiner Lyra vor einer Gruppe mit typisch thrakischen Unhängen und Hauben aus Fuchsfell. Attische Rotfiguren-Vasenmalerei, um 440 v. Chr.

anlockt. Wenn diese das Blut trinken, können sie für einen kurzen Moment mit den Lebenden kommunizieren.

Im 6. Jahrhundert v. Chr. finden wir Hinweise auf verschiedene *magoi* bzw. Wunderwirker, die für ihre magischen Kräfte berühmt waren und noch sind. Einer von ihnen war eine historische Figur, der Mathematiker und Metaphysiker Pythagoras. Ein anderer war Orpheus, eine halbmythische Figur und eine Art später Schamane. Seine mythischen Ursprünge reichen weit vor die Zeit seiner ersten Erwähnung zurück, aber er inspirierte vor allem die heute noch berühmten Orphischen Mysterien, einen Kult, der im 6. Jahrhundert v. Chr. florierte.

Orpheus wurde in Sagen und Dichtungen sowie auf Vasenmalereien als ein Sänger porträtiert, der auf einer Lyra spielt, die ihm von Apoll geschenkt worden war. Seine Lieder waren so bezaubernd, dass Flüsse zu fließen aufhörten und wilde Tiere sich in Frieden zueinander gesellten, ja, die gesamte Natur wurde von ihm verzaubert. Ob Orpheus auf eine historische Figur zurückgeht, wissen wir nicht genau; in den griechischen Sagen wird er als der Sohn von Apollo und Kalliope (der Muse der epischen Dichtung) beschrieben. Wie ein Schamane auf einer Geistreise wagte sich Orpheus in die Unterwelt hinab, um seine geliebte Gemahlin Eurydike zurückzuholen. Von seinem traurigen Lied gerührt, erklärte sich der Unterweltherrscher Hades einverstanden, sie mit Orpheus zurückkehren zu lassen, sofern er sich während ihrer Rückreise nicht nach ihr umblickt. Orpheus sah sich aber um, womit Eurydike für ihn für immer verloren war. Der Sage nach wurde Orpheus darauf von anderen Frauen in bacchanalischer Ekstase in Stücke gerissen und sein Kopf in den Fluss Hebros geworfen, nur seine Lyra wurde von Zeus in den Himmel gebracht. Die Initiierten der Orphischen Mysterien behaupteten, die menschliche Seele sei göttlicher Natur, und glaubten, die Befreiung des Geistes könne durch asketische Praktiken und Reinigungsriten erreicht werden.

Pythagoras wurde um 569 v. Chr. auf der Insel Samos geboren. Einigen Quellen zufolge besuchte er um 535 Ägypten, wo er mit verschiedenen Priestern gelehrte Gespräche geführt und möglicherweise auch sein Wissen auf dem Gebiet der Geometrie erlangt haben soll. Um 518 siedelte er in die griechische Stadt Kroton in

Das Orakel sprechende Haupt des Orpheus trieb den thrakischen Fluss Hebros hinunter und erreichte, immer noch singend, die Insel Lesbos. In dieser Darstellung in Rotfigurenmalerei auf einer attischen Trinkschale betrachtet Apoll die Aufzeichnung der Prophezeiung. Um 400 v. Chr.

Bronzekopf, angeblich Pythagoras. Römische Kopie eines griechischen Originals von ca. 300 v. Chr., gefunden in der Villa dei Pisoni, Herculaneum.

Süditalien über und gründete dort eine Philosophenschule. Er vertrat die These, dass alle Aspekte der Wirklichkeit grundsätzlich mathematischer Natur seien, dass Philosophie ein Vehikel für die Reinigung des Geistes sei und dass die menschliche Seele eine Vereinigung mit dem Göttlichen erreichen könne. Der innere Kreis seiner Anhänger nannte sich *mathematikoi* und folgte einem Gesetz der Verschwiegenheit. Nachdem seine Gruppe in Kroton im Jahr 508 angegriffen wurde, zog Pythagoras weiter nach Metapontion, wo er, wie vermutet wird, um 497/96 starb.

Vermutlich in der Absicht, ihn als übernatürliche Gestalt zu präsentieren, wurden Pythagoras verschiedene Wunder oder mystische Kräfte zugeschrieben. So wurde behauptet, er sei bei einer bestimmten Gelegenheit an zwei verschiedenen Orten gleichzeitig gesehen worden. Außerdem wurde gesagt, er habe einen goldenen Oberschenkel besessen und habe behauptet, er sei in einem früheren Leben König Midas gewesen. Sodann soll er einen wilden Bären zu vegetarischer Kost bekehrt haben; ein Fluss soll ihm »Heil dir, Pythagoras!« zugerufen haben, und er soll vorausgesagt haben, dass man auf einem Schiff, wenn es in einen Hafen einlief, einen Toten finden würde. Bei einer anderen Gelegenheit soll er eine Giftschlange totgebissen haben. Pythagoras wurde zweifellos als »göttlicher Mann«, *theios aner*, betrachtet, als ein menschliches Wesen mit magischen Kräften, dazu fähig, die normalen Beschränkungen von Zeit und Raum zu überwinden.

Vieles von unserem detaillierten Wissen über magische Praktiken stammt jedoch aus jüngerer Zeit. Fragmente von Zauber-Rezeptbüchern aus dem griechisch-römischen Ägypten, manche davon Lehrtexte über die Vorbeugung gegen und die Behandlung von Krankheiten, haben überlebt und wurden übersetzt. Fast wie moderne Starköche bewahrten praktizierende Magier ihre sorgfältig gesammelten Geheimnisse in eigenen privaten Notizbüchern auf, die spezielle Rezepte, Hinweise, Notizen und Gedanken enthielten – manches davon ausgeborgt und abgewandelt, anderes selbstständig entwickelt. Jedes Rezept wurde erst getestet und dann verbessert, worauf seine Formel niedergeschrieben wurde. Eine Schlüsselsammlung solcher Zauberbücher sind die von Preisendanz herausgegebenen »Papyri Graecae Magicae«, die von verschiedenen Gelehrten als ebenso bedeutend wie die gnostischen Schriften von Nag Hammadi (siehe Kapitel 3) betrachtet werden. Die »Papyri Graecae Magicae« stammen aus dem 2. Jahrhundert n. Chr., aber viele dieser Texte dürften wesentlich ältere Geheimschriften gewesen sein, die vom Vater an den Sohn weitergegeben wurden.

Manche Fachleute glauben, dass diese griechischen Zauber-Papyri aus der ägyptischen Religion abstammen, doch Fritz Graf, der sich intensiv mit der altgriechischen Religion befasst hat, ist der Ansicht, dass die ägyptische Religion im 2. Jahrhundert n. Chr. bereits in dem umfassenderen Geflecht des »graeco-römischen Paganismus« aufgegangen ist. Außerdem glaubt Graf, dass dieser auf viele Quellen, nämlich auf griechische, jüdische, assyrische, babylonische und sumerische zurückgeht und dass sie alle mit der Zeit zu einem von ihm so genannten »spätpaganen Synkretismus« verschmolzen.[1]

Nach Graf herrschten im antiken Hellas und in Rom wechselnde Ansichten über den Magier. Die als *magos* bezeichnete Figur ist auch mit der des *goes* verbunden. Dieser war eine Art ritueller Ekstase-Heiler oder Wahrsager, der als Vermittler zwischen den Göttern und der Menschheit betrachtet wurde und an den traditionellen Schamanen erinnert. Aus dem Begriff *goes* entwickelte sich später das Wort *goetia*, mit dem im Mittelalter speziell Schwarzmagie assoziiert wurde.

Aber sogar im antiken Griechenland wurden bereits einige Magier angeklagt, sie würden die Geister von Toten anrufen und mit ihren magischen Zaubersprüchen Menschen verhexen. Platon betrachtete Magier und Zauberer als gefährlich, da sie eine Bedrohung für »das rechte Verhältnis, das normalerweise Menschen und Götter vereint«, seien, und er machte einen wesentlichen Unterschied zwischen Magie, die dazu diene, die Götter zu einer bestimmten Handlung zu überreden, und Religion, die den Göttern freie Entscheidung lasse. Nach Graf erlangte das Wort *magos* erstmals zu Beginn des 5. Jahrhundert v. Chr. weit verbreitete Verwendung, aber zu dieser Zeit sei es auch gebraucht worden, um zu beschreiben, was er als »Außenseiter-Aktivität« bezeichnet. Als Außenseiter seien Magier höchstwahrscheinlich eher in den Reihen der Feinde als in denen der Freunde eines Menschen zu finden gewesen, und sie sollen für alle möglichen unerwünschten Ereignisse des Alltagslebens verantwortlich gemacht worden sein. In der hellenischen Welt war es ganz üblich, dass man seine Nachbarn bezichtigte, sie würden Zauberei betreiben.

Ähnlich herrschten auch im alten Rom unterschiedliche Ansichten über den »Magier«. In der republikanischen Zeit wurde der Begriff *goes* allgemein für Seher und Wahrsager verwendet, und als *magus* wurde nicht jemand bezeichnet, der Magie praktizierte, sondern ein Vertreter der persischen Priesterschaft mit ihren traditionellen Riten und Divinationen. So hielt z.B. Cicero (106–43 v. Chr.) die Magi schlicht für die weisen Männer und Gelehrten aus Persien, die die Träume des Königs Kyros gedeutet hatten, obwohl er durchaus wusste, dass es Leute gab, die Nekromantie, d.h. die Beschwörung der Geister von Toten, betrieben. In dieser Zeit verfügten die Römer bereits über Gesetze gegen das, was man später als schwarze Magie bezeichnen sollte – es war z.B. verboten, die Ernte des Nachbarn

Die Magi (mit ihren phrygischen Mützen) folgen einem leuchtenden Stern am Himmel und führen Gold, Weihrauch und Myrrhe mit sich. Mosaik in der Kirche Sant' Apollinare, Ravenna, 5./6. Jahrhundert n. Chr.

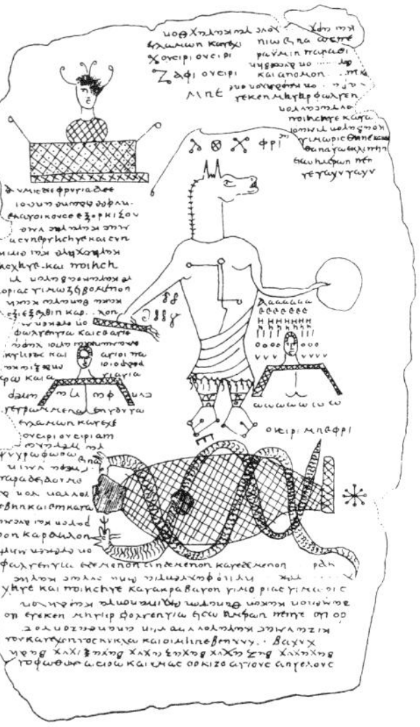

Zeichnung einer römischen *defixio,* »Fluchtafel«. Die zur Mumie verschnürte, von zwei sich windenden Schlangen angegriffene Gestalt ist das beabsichtigte Opfer dieser Verzauberung, in diesem Fall der Konkurrent eines Pferderennens. Spätes 4. Jahrhundert n. Chr.

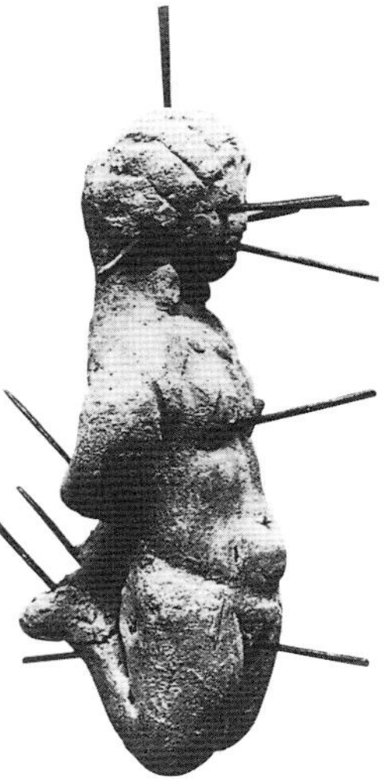

Zauberfigurine, zusammen mit einer *defixio* in einem Lehmkrug in Ägypten gefunden. Die bezweckte Absicht war, die dargestellte junge Frau durch all ihre Sinne in Liebe zu binden. 3./4. Jahrhundert n. Chr.

mit *mala carmina* oder bösen Zaubersprüchen zu verfluchen –, und sie erkannten die Heilkräfte von positiven *carmina,* »Inkantationen«, an. Erst unter der Herrschaft des Augustus (des ersten römischen Kaisers ab 27 v. Chr.) wurde mit *magus* konkret ein Hexenzauberer assoziiert.

Ein Jahrhundert nach Cicero machten sich jedoch recht andere Verhaltensweisen gegenüber den magischen Künsten bemerkbar. So sprach Plinius der Ältere in seiner umfangreichen, nach seinem Tod im Jahr 79 n. Chr. veröffentlichten »Naturgeschichte« vom »eitlen Glauben an Magie« und dabei setzte er die Magie deutlich mit Täuschung und Betrug gleich. Plinius erkannte zwar die Wirksamkeit von Geistheilung an, die er als *medicina* bezeichnete, aber Heilmethoden, die behaupteten, sie seien heiligen Ursprungs, stand er wie Platon kritisch gegenüber, und auch die Magie schien für ihn zu dieser Kategorie zu gehören. Plinius führte die Ursprünge der Magie auf das Persien der Zeit des Propheten Zoroaster bzw. Zarathustra (6. Jahrhundert v. Chr.) zurück und erachtete Magie als etwas ausgesprochen Unrömisches. Für Plinius war die definierende Eigenschaft von Magie Wahrsagerei. Hieraus wird ersichtlich, dass sich die römische Auffassung von Magie in zwei Phasen entwickelte. Während der republikanischen Zeit erkannten die Römer die Existenz von rituellen Inkantationen an, aber sie bezeichneten sie nicht als Magie im spezifischen Sinn. Später, zur Zeit des Plinius, umfasste der Begriff *magia* sowohl Heilkunst als auch Astrologie und andere divinatorische Praktiken.

Betrachten wir uns die pragmatischeren und stärker zwingenden Aspekte der antiken Magie, so wird deutlich, dass die so genannten Bindungs- oder Fluchtäfelchen lange Zeit ein typisches Element magischer Praxis waren. Diese Täfelchen scheinen eine spezifisch griechische Erfindung zu sein, die bis auf das 5. Jahrhundert v. Chr. zurückgeht und sich allmählich auch in anderen Gegenden des Mittelmeerraums verbreitete. In Griechenland als *katadesmoi* und in Rom als *defixiones* bekannt, waren die ersten Bindungstäfelchen dünne Bleiplättchen, in die der Name des ausgewählten Opfers eingeritzt wurde. Diese wurden anschließend zu dem Zweck, das Schicksal des Opfers verschiedenen Dämonen oder den Geistern der Toten auszuliefern, in Gräber, Gruben oder Brunnen geworfen. Die Verfluchungs- und Bindungstäfelchen enthielten zunehmend längere Texte und immer ausgefeiltere Formen. Auch ihre Herstellung wurde von komplexen Ritualen begleitet, in denen Lehm-, Wachs- oder Bleipuppen gefesselt, durchbohrt oder verbrannt wurden, um die beabsichtigte Wirkung auf das Opfer zu simulieren.

Im Wesentlichen dienten *katadesmoi* und *defixiones* dazu, einen anderen Menschen dem eigenen Willen oder den eigenen Wünschen zu unterwerfen. Manchmal wurden Bindungstäfelchen dazu verwendet, um wilde, erotische Liebe in der ausgewählten Person zu entfesseln, während andere sich an gerichtliche oder wirtschaftliche Konkurrenten richteten. Sogar bei Wagenrennen wurde aggressive Magie angewendet. So entdeckten Archäologen in einem antiken Stadion von Carthago Fluchtäfelchen, die etwa einen Meter tief unter der Rennbahn vergraben waren. Sie bestanden aus Bleistreifen, in die ein Fluch eingeritzt war; jeder war gefaltet und mit einem langen Nagel in die Erde getrieben worden. Eines dieser Täfelchen versuchte, einen Wagenlenker mit Blindheit zu schlagen, ein anderes, ein Pferd mit Gicht niederzustrecken. Sehr wahrscheinlich werden bei solchen Sportveranstaltungen nur wenige Rosselenker zum Rennen gestartet sein, ohne ihrerseits Gegenzauber im Boden vergraben oder zumindest Amulette getragen zu haben, um die unter der Rennbahn vergrabenen Fluchtäfelchen unwirksam zu machen.[2]

Magische Figuren waren in der Antike, angefangen vom klassischen Hellas bis in die spätägyptische Zeit, ebenfalls gang und gäbe. Manchmal wurden die Figuren entstellt, ihre Köpfe oder Füße nach hinten verrenkt, und zuweilen wurden sie mit Nadeln durchstochen. Denn die Person, von der sie geschaffen wurde, das geformte Bild (auch wenn es keine naturgetreue Darstellung war) und die dargestellte Person waren nach der damaligen Vorstellung ein und dasselbe, und man glaubte, dass der Schaden, den man der Figur zufügte, eine Auswirkung auf den Betreffenden hatte, den sie symbolisierte.

Amulette dienten dagegen zum Schutz. Sie sind eine sehr alte Tradition und wurden häufig auf dem Körper getragen oder in die Nähe anderer Gegenstände platziert, um die verschiedensten Formen des Bösen abzuwehren. So gut wie alles konnte als Amulett dienen: ein rotes um das Handgelenk gewickelte Band, ein in einem kleinen Beutel um den Hals getragener Stein oder ein am Bett befestigtes Stück Eisen.

Ägyptische Amulette und Magie

Die meisten Formen der ägyptischen Magie, die uns überliefert sind, dienten dem Schutz und der Heilung.[3] Ägyptische Amulette waren in der ganzen Welt der Antike berühmt und wurden weithin exportiert und kopiert. Permanente Amulette wurden als Schmuck getragen und ein dauerhafter Favorit war das berühmte *wedjat*, das »Horus-Auge«. In der ägyptischen Kosmologie war Thoth derjenige, der Horus sein Auge wieder zurückgab und es dadurch zu einem Symbol der Ganzheit und Gesundheit machte. Aufgrund von Artefakten, die sich heute im Kelsey Museum der University of Michigan befinden, wissen wir, dass um 250 n. Chr. eine Ägypterin namens Helena einen auf Papyrus geschriebenen Zauber in ein kleines Metallröhrchen steckte. Dieses Röhrchen wurde vermutlich an einem Band am Körper getragen. Auf dem Papyrus steht: »Heile Helena von aller Krankheit und allem Zittern und [Fieber], vorübergehend, täglich, dreitägig, vier[tägig].«[4] Ein anderes ägyptisches Zauberamulett derselben Sammlung und aus der gleichen oder etwas späterer Zeit bestand aus rötlichem Blutjaspis und war von einer Frau getragen worden, um göttlichen Beistand bei der Empfängnis oder der Geburt zu erhalten. Das Amulett enthielt das Motiv eines Gottes, der als Symbol seiner Macht einen Schlüssel hält, um den Mutterleib der Frau sicher zu »öffnen« und zu »schließen«.

Oben: Zeichnung von Abraxas, einer gnostischen Gottheit. – Unten: Amulett mit der Zauberformel »Abracadabra«, die von dem Namen »Abraxas« abstammt.

Die hahnenköpfige und schlangenbeinige Gottheit Abraxas, die persischen Ursprungs war und die ab dem 2. nachchristlichen Jahrhundert ausschließlich auf Amuletten aus Ägypten und dem Nahen Osten dargestellt wurde, und Amulette ähnlicher Art wiesen häufig eine ganze Reihe kultureller und sprachlicher Einflüsse auf. So war es nicht ungewöhnlich, wenn z.B. ein Amulett, das Abraxas darstellte, diesen Gott in eine römische Tunika gewandet und umringt von einem ägyptischen Uroboros – einer Schlange, die ihren Schwanz verschlingt, ein Symbol von Regeneration und Ewigkeit – zeigte. Solche Amulette konnten auch mit diversen griechischen Buchstaben sowie mit den Namen der jüdischen Erzengel Michael, Raphael, Gabriel und Uriel beschriftet sein. Abraxas (auch »Abrasax«

Oben: Ägyptische Amulette in Form des *wedjat* bzw. Horus-Auges. Frühes 1. Jahrtausend v. Chr.

Rechts: Bestattungspapyrus (um 1350 v. Chr.) mit Darstellung des verstorbenen Hunefer, den Anubis in die Halle des Gerichts führt, wo sein Herz gegen die Feder der Wahrheit der Göttin Ma'at gewogen wird.

genannt) war eine auf Amuletten beliebte Bindegottheit, denn die Summe der Buchstaben seines Namens ergab, jeweils in numerische Werte umgewandelt, die Zahl 365, also die Anzahl der Tage des Jahres, und daher sollten »Bindungs«-Riten den Lauf der Zeiten überdauern, möglichst sogar ewig währen. Vermutlich entwickelte sich das magische Wort »Abrakadabra« aus Beschwörungsformeln, in denen dieser Göttername angerufen wurde.

Die »Kraftworte«, die auf diesen Amuletten standen, waren natürlich von zentraler Bedeutung für ihre Wirkung. In den ägyptischen »Pyramidentexten« und den späteren Grabinschriften, die auch unter dem Sammelbegriff »Ägyptische Totenbücher« bekannt sind, bezeichnete der Begriff *hekau* gewöhnlich einen »Magie-Besitzer«, aber das Wort wurde auch zur Bezeichnung von magischen »Kraftworten« selbst verwendet. Texte wie das »Pfortenbuch« oder »Buch Amduat« waren Beschreibungen jener Unterweltregionen, die die Seele nach dem Tod unter Begleitung des Sonnengottes Ra durchreiste. Die Kenntnis des Sonnengottes von *hekau* garantierte, dass die Mächte des Lichts über das Böse und die Finsternis siegen würden. Daher ist es nicht verwunderlich, dass solche »Kraftworte« auf zahlreiche Schutzamulette gelangten und seither in der Ritualmagie des Abendlandes stets eine wichtige Rolle spielten.

Magie in Mesopotamien

Obwohl die alten Griechen und Römer Persien und Ägypten als die Wiege des speziell magischen Wissens betrachteten, halten heute verschiedene Fachleute Mesopotamien für die Hauptquelle der Bindungsmagie, die Figuren verwendet. Das Verbrennen oder Einschmelzen von Figuren war dort eine übliche magische

Bemalte Terrakotta-Platte der babylonischen Göttin Lilitu und Vorform der hebräischen Lilith. Lilitu, die Göttin der Dämonen, brachte kleinen Kindern den Tod. Amulette schützten vor ihr. Mesopotamien, frühes 2. Jahrtausend v. Chr.

Babylonische Schutzfiguren, eingelassen in Wände und Böden.

Praxis. Im Allgemeinen waren sie aus Lehm oder Materialien wie Talg, Wachs, Zedernholz oder Teig hergestellt und häufig waren Dinge in sie eingearbeitet, die dem Opfer gehörten, auf das man es abgesehen hatte, z.B. Haarsträhnen, Speichel- oder Spermatropfen, Gewandfetzen oder sogar Staub aus ihren Fußspuren.[5] Oft wurden diese Kleinfiguren in einem Ofen verbrannt, in Wasser aufgelöst, mit den Füßen zertrampelt oder an einem Ort zurückgelassen, wo sie dem Einfluss gefährlicher Dämonen ausgesetzt waren wie etwa in einem Friedhof oder einem verschmutzten Abwassergraben. Magische Figuren zu verwenden, um »einen Menschen dem Dämon Lamastu auszuliefern, der kleine Kinder mit Krankheit schlägt, oder ihn Ereskigal, der Königin des Totenlandes, oder dem Feuergott zu überantworten«, so bemerkte Marie-Louise Thomsen in einem Aufsatz zu diesem Thema, »war in jedem Fall nur eine Metapher [...], die andeutete, dass sich das, was mit einer Figur geschah, auf die Person übertragen würde, die sie darstellte«.[6]

Natürlich war es notwendig, sich gegen solch mächtige Zauberei zu schützen: Zu diesem Zweck verwendeten die Mesopotamier magische Amulette. Es wurden Amulette gefunden, die Ninurta, die mesopotamische Entsprechung des Sirius anriefen, um Säuglinge vor Dämonen zu schützen. Sie wurden dem Kleinkind um den Hals gelegt oder am Kopf seines Betts aufgehängt.

Amulette konnten aber auch eine vorauswirkende Funktion haben, und es war allgemein der Brauch, Liebeszauber zu verwenden. Ein junger Mann beispielsweise konnte beim Aussprechen seiner Beschwörungsformeln die Frau seiner Sehnsüchte mit der großen Göttin Inanna vergleichen und konnte sich auch eine Figur der Angebeteten herstellen. Erhaltene Textfragmente liefern Hinweise, wie man dabei vorging: »Wenn diese Frau nicht kommt, nimmst du *tappinnu*-Mehl [und] wirfst [es] zu König Ea in den Fluss; dann nimmst du Lehm von den Ufern der zwei Flüsse, von der fernen Seite [des Tigris] und der fernen Seite [des Euphrat]; dann formst du eine Figur von jener Frau, schreibst ihren Namen auf ihre linke Schulter. Mit Blick gen Samas gerichtet, sprichst du die Beschwörungsformel ›Die wunderschöne Frau‹ über sie. An der äußeren Pforte des Westlichen Tors vergräbst du sie. [...] Auf diese Weise wird sie darüber hinwegschreiten. Du sprichst die Beschwörungsformel ›Die wunderschöne Frau‹ drei Mal [und] jene Frau wird zu dir kommen [und] du kannst mit ihr Liebe machen.«[7]

Divination und Orakel

Bindungszauber und Verfluchungen konzentrieren sich auf das Erreichen bestimmter Resultate und auf das Gewinnen von Macht über eine andere Person oder Situation. Akte der Divination oder Weissagung suchen dagegen Informationen über zukünftige Ereignisse, ohne auf das, was später eintreffen wird, im eigentlichen Sinn manipulierend einzuwirken.

Homers »Ilias« und »Odyssee« liefern uns die frühesten Hinweise auf Orakel und Divination in der antiken Welt, und sie beschreiben die Deutung von Verhalten, Flug und Rufen von Vögeln sowie die Deutung von Träumen. Tatsächlich blieb von Homer bis in die christianisierte Welt der Spätantike die Traumdeutung eine Hauptquelle der Information über die Ratschlüsse der Götter und den Verlauf künftiger Ereignisse. So berichtet uns Homer im XIX. Gesang der »Odyssee«, dass Visionen durch die Pforten aus Elfenbein und Horn aus der Unterwelt zu den Menschen gelangen. Träume, die durch die »elfenbeinerne« Pforte kommen, werden geschickt, um uns als »Täuschungen nur und trügerische Gebilde« zu narren, aber diejenigen, die durch die »hornene« Pforte kommen, verweisen auf Ereignisse, die tatsächlich stattfinden werden.

Heilige Botschaften von Zeus konnten auch durch Orakel empfangen werden. Die älteste uns bekannte Orakelstätte stammt aus dem 8. Jahrhundert v. Chr. und befand sich in Dodona in nordwestlichen Griechenland. Hier, so hieß es, habe Zeus aus seiner heiligen »hochbelaubten Eiche« Rat gegeben. Bei diesen Orakeln scheinen auch Priesterinnen, die Pleiaden, eine Rolle gespielt zu haben, zu deren Aufgaben auch das Verkörpern von Tauben gehört hat.

Der Tempel und das Orakel von Delphi genossen in der Antike jedoch den größten, nicht zu überbietenden Ruf. Hier suchte Themistokles göttliche Führung vor der Schlacht bei Salamis und hier erkundigte sich König Kroisos, ob er gegen Persien in den Krieg ziehen solle. Die Orakel wurden von Apoll durch die Pythia übermittelt, wobei Apoll selbst als das Sprachrohr seines Vaters Zeus galt. Das pythische Orakel von Delphi war stets eine Frau »jenseits des Alters für das Kindergebären«[8]. Ihre Rolle bestand im Betreten des inneren Heiligtums, des *adyton*, wo sie auf die gleiche Art, wie Apoll es getan haben soll, auf einem dreifüßigen Hocker (»Dreifuß«) zu sitzen pflegte. Der Ratsuchende hatte eine bestimmte Gebühr zu entrichten und dann einen Ziegenbock zu opfern, der nur dann als akzeptabel erklärt wurde, wenn er in dem Moment zitterte, in dem er mit Wasser übergossen wurde. Dann wurde im weiteren Verlauf der Séance die konkrete Frage schriftlich niedergelegt oder ausgesprochen, die Pythia verfiel in einen Trance-Zustand, und ihre Lautäußerungen wurden

Das früheste uns bekannte Orakel aus dem 8. Jahrhundert v. Chr. befand sich in Dodona, Nordwest-Griechenland. Dort kommunizierte Zeus, der Vater der Götter und Herrscher des Olymps, durch seine heilige Eiche mit den Sterblichen. Bronzestatue des Zeus, Dodona, um 470 v. Chr.

Attische Rotfiguren-Vase, um 440 v. Chr., mit einer Darstellung des pythischen Orakels in Delphi. Pythia sitzt auf ihrem »Dreifuß«, hält in einer Hand einen dem Gott Apoll geweihten Lorbeerzweig und in der anderen einen Teller. Die schwarzen und weißen Bohnen darin entscheiden über »Ja« und »Nein«.

Apoll greift die Pythonschlange an, um in den Besitz des pythischen Dreifußes zu gelangen. Silbermünze, Kroton, um 420 v. Chr.

anschließend durch den ihr assistierenden Priester gedeutet und in Hexameterverse übersetzt. Eine aus der Zeit um 440 v. Chr. stammende attische Vase zeigt die Pythia, wie sie auf dem Dreifuß sitzt, in eine flache Schale blickt und in der rechten Hand einen Lorbeerzweig hält. Die Schale enthielt Lose – schwarze und weiße Bohnen –, die die Pythia dazu zu verwenden pflegte, um ein »Ja« oder »Nein« anzudeuten. Orakelantworten konnte man am siebten Tag jedes Monats erhalten, außer in den drei Wintermonaten, denn in diesen, so glaubte man, war Apoll abwesend. Je nach Bedarf waren manchmal zwei Pythias in dem Tempel beschäftigt, wobei die eine als Reserve diente. Die Griechen und Römer des späten 4. Jahrhunderts v. Chr. gelangten zu der Überzeugung, dass die Besessenheit der pythischen Priesterin in Delphi durch Dämpfe erzeugt wurde, die aus Spalten im Gestein aufstiegen, aber es gibt keinerlei geologische Indizien dafür, dass das dortige Kalkgestein solche Dämpfe hervorgerufen haben könnte, und es wurde auch nie eine wie auch immer geartete Steinspalte gefunden.

Wie man ein Magier wird

In der Welt der Antike wie in unserer Zeit gehörte zu den mächtigsten Formen der Magie das Erlangen eines Zugangs zu geheimen Kraftquellen. Mit wohlformulierten Ritualen und der Kenntnis von geheimen barbarischen Namen ließen sich zwar die geringeren Götter zu Gunsten des Magos beeinflussen, aber um ein echter Magier zu werden, bedurfte es zuallererst einer Initiation, und diese wurde für

Zeus zielt mit einem Blitz auf Typhon, den Dämon des Wirbelsturms und Gegenpart von Seth, dem ägyptischen Gott des Chaos. Zeichnung nach einer Bronze-Schildplatte aus Olympia.

sich bereits als ein Geschenk der Götter betrachtet. Als die Magier in der Antike immer kundiger wurden, waren sie nicht nur bestrebt, sich eine wirksame Sammlung von Bindungs- und Verfluchungszaubern, sondern auch eine fundierte Kenntnis der Namen jener Gottheiten zu erwerben, die sich um ganz konkrete Formen des Beistands anrufen ließen. Den geheimen Namen eines Gottes zu kennen bedeutete, an der Macht dieses Gottes teilzuhaben, denn auch der heilige Name als solcher wurde als ein Attribut der Gottheit betrachtet. Es war streng verboten, Einzelheiten über das, was während der Initiationsrituale geschah, an die Öffentlichkeit zu bringen, und so wurde die Kenntnis von Geheimnissen mehr und mehr zum Kennzeichen des Magiers.

Von manchen Formen der griechischen Magie wurde geglaubt, dass sie dem Magier einen *parhedros* als übermenschlichen oder göttlichen Beistand, vergleichbar mit dem magischen »Verbündeten« des traditionellen Schamanen, verschafften. Irenäus, der christliche Bischof von Lyon (130–202), behauptete, der Gnostiker Markion habe einen solchen besessen und dieser Dämon habe ihm bei seinen Prophezeiungen geholfen. Ein *parhedros* bzw. magischer Verbündeter konnte dazu verwendet werden, um »Träume zu senden, Frauen und Männer [...] miteinander zu verbinden, Gegner umzubringen, verschlossene Türen zu öffnen und in Ketten Gebundene zu befreien, die Angriffe von Dämonen oder wilden Tieren aufzuhalten, die Giftzähne von Schlangen zu brechen, Hunde einzuschläfern, [...] Wasser, Wein, Brot, Öl, Essig herbeischaffen«, ja sogar ganze »Bankettsäle und Decken aus Gold und Silber entstehen [zu] lassen.«[9] Der hellenische Philosoph Kelsos (um 170 n. Chr.) hielt Jesus für einen Magier, da er zu einigen der genannten Dinge fähig gewesen sei.

Bei manchen magischen Ritualen ging es jedoch weniger um das Erzielen bestimmter pragmatischer Ergebnisse als um die spirituelle Transformation des praktizierenden Magiers selbst. Ein als *Sustasis to Helios* bekanntes Ritual verwandelte den Menschen, so glaubte man, in einen »Herrn von göttlicher Natur« und es lässt sich etwa so beschreiben: »Bei Sonnenaufgang steigt der zukünftige Magier auf den höchsten Punkt seines Hauses und entfaltet ein reines Tuch aus weißem Leinen. Am Mittag bekränzt er sich mit schwarzem Efeu, entkleidet sich, läßt sich die Augen mit einem schwarzen Band bedecken und hüllt sich wie eine Mumie in das Leinentuch, mit geschlossenen Augen, doch das Gesicht zur Sonne gewandt, dann betet er zu Seth-Typhon [...]. Darauf wird ein Seefalke erscheinen und ihn mit seinem Flügel am Geschlecht berühren: das ist das Hauptritual. Dann erhebt sich der Magier, zieht ein weißes Gewand an, bringt ein Räucheropfer mit Weihrauch dar, dankt dem Gott und steigt von Dach.« [10]

Nach Fritz Graf nimmt der Magier, der sich diesem Ritual unterzieht, die Rolle von Seth-Typhon an, der in diesem Kontext eine Form des Sonnengottes ist, um auf rituelle Art Tod und Wiederauferstehung zu erleben, ein Motiv, dem wir auch bei unserer Untersuchung der modernen westlichen Magie begegnen werden. Das Dach wird benutzt, da es der Sonne näher ist; das weiße Leinenlaken repräsentiert den gereinigten Raum, der für ein magisches Ritual notwendig ist; das Sicheinhüllen und der schwarze Efeu symbolisieren den Tod; die Wiederauferstehung folgt auf den Kontakt mit dem Göttlichen, dargestellt durch den Flügel des Falken; und die frischen Gewänder sind ein Zeichen des Eingeweihten.[11]

Mithras beim Schlachten des Stiers. Mithras stammte, wie seine Mütze andeutet, ursprünglich aus Persien und war ein Gott des Lichts und der Fruchtbarkeit. Er wurde mit dem Sternbild Stier assoziiert, in das die Sonne bei Frühlingsbeginn eintritt. Rom, frühes 2. Jahrhundert n. Chr.

Antike Mysterienkulte

Das Zelebrieren von Mysterienkulten wurde in verschiedenen Regionen des Mittelmeerraums ab dem 6. Jahrhundert v. Chr. nachgewiesen[12], und dabei scheint es Überschneidungen mit magischen Arten der Initiation gegeben haben. Magie ist jedoch im Wesentlichen eine individuelle Sache: Hier ist es der Magos selbst, der die Vorgänge initiiert. Mysterien waren dagegen etwas Gemeinschaftliches: geheime religiöse Versammlungen, bei denen die Teilnehmenden in die heiligen Attribute eines Gottes oder einer Göttin eingeweiht wurden. Die Mysterien feierten nicht nur Gottheiten aus dem griechischen Pantheon, sondern auch aus anderen Kulturen, darunter die Götter aus Ägypten, Syrien, Anatolien und Persien. Das griechische Wort *mysterion* stammt von dem Verb *myein* (»Lippen und Augen verschließen«), und die in die Mysterien Eingeweihten durften die Geheimnisse, die ihnen offenbart wurden, nicht öffentlich verbreiten. Die meisten Initiierten (*mystoi*) hielten sich an ihren Eid des Stillschweigens, weshalb wir von diesen Zeremonien nur wenige Einzelheiten kennen. Es ist jedoch wahrscheinlich, dass in den meisten Mysterienkulten bestimmte Aspekte des zentralen Mythos in dramatisierte Aufführungen umgesetzt wurden und dass die Initiierten Masken und Kostüme trugen, um die Leiden und Triumphe der männlichen oder weiblichen Kultgottheit darzustellen. Speisen und Getränke gehörten ebenfalls zu der Feier.

Demeter und ihre Tochter Persephone senden der Menschheit das Geschenk des Getreides. Attische Trinkschale, um 490–480 v. Chr.

Die berühmten Mysterien von Eleusis waren der Demeter und ihrer Tochter Persephone (auch *Kore*, »Tochter«, genannt) gewidmet, die als Getreidegöttinnen verehrt wurden. Die dem Dionysos geweihten Mysterien feierten die Kräfte der Natur in herangezüchteten Früchten wie etwa den Trauben sowie die wilde Vegetation der Wälder und Gebirge. Die Mysterien der Hera, die von der syrischen Göttin Atargatis abstammt, verehrten die Fruchtbarkeit in gleicher Weise, wie die Mysterien des ägyptischen Gottes Osiris sich auf die Lebenszyklen in der Natur und die Verbindungen zwischen Wiedergeburt und Fruchtbarkeit konzentrierten.

Im landwirtschaftlich geprägten Hellas verkörperte die Muttergöttin die Fruchtbarkeit der Erde und die universelle Quelle des Lebens, und es ist kaum daran zu zweifeln, dass die der Demeter, Hera und Isis geweihten Mysterien in gewissem Maße eine Protestbewegung gegen die olympische Obermacht des Zeus waren. Es gab in der Antike aber auch rein maskulin geprägte Mysterien. Der Mithras-Kult initiierte nur Männer und zog viele römische Soldaten und Offiziere an. Seine Initiationsgrade waren *Miles* (»Soldat«), *Leo* (»Löwe«) und schließlich *Pater* (»Vater«) und in den initiatischen Wettkämpfen wurden die männlichen Tugenden von Mut und Tapferkeit gefeiert.[13]

Ein charakteristisches Motiv der Mysterienkulte war das des Todes und der Wiedergeburt. Zur Initiation gehörte das »Sterben« der bisherigen Identität, um wiedergeboren zu werden in eine durch göttliche Geheimnisse und mystisches Wissen bereicherte Welt. Wie Marvyn W. Meyer, Historiker und Herausgeber des Buches »Ancient Mysteries« (1978), feststellt, nahmen »Pflanzen und Tiere an einem Kreislauf des Todes und des Lebens teil – und so auch die Menschen. Der Tod suchte alle göttlichen Formen der Natur heim – Kore, Dionysos, Adonis, Attis, Osiris, den Mithras-Stier –, aber letztlich siegte das Leben. Kore kehrte aus dem Reich des Hades zurück, Dionysos gab seinen Anhängern neue Lebenskraft, Adonis stand von den Toten auf, Attis vermittelte eine Einweihung in ein neues Leben, Osiris herrschte als König der Unterwelt, und der Stier bescherte die Welt mit Leben. Wenn Menschen fähig waren, sich die Kraft zu Eigen zu machen, die das Leben über die Welt der Natur triumphieren ließ, dann müssten sie auch in der Lage sein, auf eine vollkommenere Art zu leben«.[14]

Die Eleusinischen Mysterien feierten die heiligen Aspekte der zyklischen Erneuerung, verbunden mit der Kornernte und den Jahreszeiten, und sie widmeten sich Themen der Unsterblichkeit und spirituellen Wiedergeburt. Eleusis, wo Persephone der Sage nach wieder ihrer Mutter zurückgegeben wurde, liegt in der Rharischen Ebene unweit von Athen und hier wurde zum ersten Mal Ackerbau betrieben.[15] Die archäologischen Funde in dem Initiationstempel lassen darauf schließen, dass die für Mysterienkulte charakteristischen Theateraufführungen

Feier der Mysterien des griechischen Wein- und Fruchtbarkeitsgottes Dionysos. In diesem Kult symbolisierten Masken die Aufgabe der Identität. Berauschte Feiernde rissen dabei Wildtiere in Stücke und verzehrten sie roh, da sie glaubten, sich dadurch den Gott und seine Macht einzuverleiben.

Persephone und ihr Gemahl
Aidoneus (Hades),
der Herr der Unterwelt.
Attische Rotfiguren-Schale,
um 430 v. Chr.

hier kein zentrales Merkmal der Riten bildeten. Wir wissen aber, dass die Teilnehmer dabei ein Getränk zu sich nahmen, das Gerstenwasser und Pfefferminze enthielt. Laut R. Gordon Wasson scheinen die Kornernten auf den Feldern der Umgebung von Eleusis von Mutterkorn, einer Pilzkrankheit des Getreides, befallen gewesen zu sein. Dies könnte durchaus zu visionären Halluzinationen wie bei der Einnahme von LSD geführt haben, das ebenfalls ein Derivat von Mutterkorn ist. Nach Wasson war »das, was man hier zu sehen bekam, kein von Schauspielern aufgeführtes Bühnenstück, sondern es waren *phantasmata*, geisterhafte Erscheinungen, vor allem des Geistes der Persephone persönlich«. Wasson stützt seine Analyse auf den Homerischen Demeter-Hymnos, der beschreibt, wie die Teilnehmer angesichts der in dem verdunkelten Initiationsraum erschienenen Vision das Gefühl von »Furcht und Gliederzittern, Schwindel, Übelkeit und kaltem Schweiß« überkam.[16]

Direkte Begegnungen mit den Göttern und Göttinnen waren nun zu einem zentralen Merkmal von Mythos und Magie geworden, und Initiierte und Magier suchten in gleicher Weise engeren Kontakt zu den Göttern sowie nach Mitteln und Wegen, um sie direkter in ihr Alltagsleben einzubinden. Außerdem erforschten sie in zunehmendem Maße visionäre und meditative Techniken, um in den Raum des Heiligen vorzudringen. Die Magie, in der es um persönliche Begegnungen mit den Göttern geht, wird als Theurgie bezeichnet, und ihre Frucht ist die *gnosis*, das »heilige Wissen«. Die Gnosis ist seit der Antike bis heute der eigentliche Kern der magischen Tradition des Westens geblieben.

Kapitel 3

Gnosis und Kabbala

Wo die Ursprünge der gnostischen Mystik liegen, ist nach wie vor umstritten, aber man ist sich weitgehend darüber einig, dass der Gnostizismus als historische Bewegung parallel zum Aufkommen des frühen Christentums entstand. Manche Gelehrte sahen in der Gnosis Relikte des vorchristlich persischen Dualismus, während andere glauben, dass er sich als Reaktion auf das Scheitern der apokalyptischen Erwartungen des Judentums entwickelte, und seine Ursprünge um 70 n. Chr., d.h. zeitgleich mit der zweiten Zerstörung des Jerusalemer Tempels, ansetzen.[1] Wieder andere betrachten die Gnosis als die Folge davon, dass sich frühchristliche Gläubige, als die Wiederkehr des Messias ausblieb, von der Religion abwandten und nach innerem spirituellem Wissen suchten.

Das gnostische Denken war im 2. Jahrhundert n. Chr. bereits fest etabliert, und während der Herrschaft der römischen Kaiser Hadrian und Antonius Pius war der syrische Gnostiker Basilides als einflussreiche intellektuelle und spirituelle Kraft in Alexandria anerkannt. Der ägyptische Gnostiker Valentinos (110–175 n. Chr.), Autor des »Evangeliums der Wahrheit«, wirkte ebenfalls in der Mitte des 2. Jahrhunderts. Er kam um 140 aus Alexandria als Kandidat für die Wahl zum Bischof von Rom in die Heilige Stadt. Wäre sie für ihn erfolgreich ausgegangen, so hätte die Christenheit ihren ersten gnostischen Papst erhalten, und die Bewegung, die schon bald als häretisch erklärt wurde, hätte sich stattdessen als Hauptströmung etabliert.

Auch der libertinäre Lehrer Karpokrates war während der Herrschaft des Kaisers Hadrian aktiv, und im 3. Jahrhundert trat Mani, der Begründer des Manichäismus, eines faszinierenden Amalgams aus Christentum und palästinisch-gnostischem Dualismus, in Erscheinung, woraufhin sich seine Lehren nach Syrien, Palästina, Nordafrika und sogar bis nach Zentralasien und China verbreiteten.[2] Daneben gab es verschiedene andere bedeutende gnostische Sekten wie die Kainiten, die Sethianer, die Ophiten oder die Eboniten. Von vorrangigem Interesse ist für uns jedoch die zentrale gnostische Haltung gegenüber der Natur von Gut und Böse und die Suche nach *gnosis* oder spirituellem Wissen.

Eine Entdeckung in der Nähe der Stadt Nag Hammadi in Oberägypten im Jahr 1945 brachte reichhaltiges Material über die gnostischen Philosophien ans Licht. Bis dahin bezog sich die Forschung zum größten Teil auf andere überlieferte gnostische Kommentare, die, von Kirchenvätern wie Irenäus, Clemens und Hyppolytos verfasst, den gnostischen Lehren entschieden kritisch gegenüberstanden. Das Faszinierende an den Nag-Hammadi-Codices – einer ophitisch-sethianischen Sammlung von in koptischer Sprache verfassten Texten – war die Tatsache, dass sie den synkretistischen Charakter des Gnostizismus offenbarten, der Elemente aus dem Christentum, dem Judentum, dem Neuplatonismus und den griechischen Mysterien-Religionen wie auch Einflüsse aus Ägypten und Persien in sich zu vereinen schien. Aber im Wesentlichen war der Gnostizismus ein Ruf nach Transzendenz, ein Streben nach Rückbesinnung auf das Geistige inmitten des alles durchdringenden Bösen der materiellen Welt.

James M. Robinson, der Herausgeber der englischen Übersetzung der Nag-Hammadi-Bibliothek, erklärt die gnostische Philosophie folgendermaßen: »Im Prinzip, wenn auch nicht in der Praxis, ist die Welt gut. Das Böse, das die Geschichte durchdringt, ist eine negative, destruktive Macht, die der Welt als solchen aber letztlich fremd bleibt. Und doch hegten manche zunehmend düsterere Ansichten über das Leben; bereits die Entstehung der Welt an sich wurde als schrecklicher Fehler betrachtet, und dem Bösen wurde der Rang des höchsten Herrschers der Welt und nicht nur eines Usurpators der Macht verliehen. Daher schien die einzige Hoffnung in der Flucht zu liegen. [...] Und für manche wurde eine mystische Innerlichkeit, die von äußeren Faktoren nicht abgelenkt wurde, zu dem einzigen Weg, um die Ruhe, den Überblick, das Einswerden mit dem All zu erlangen, das die Bestimmung des Funkens der Göttlichkeit im einzelnen Menschen ist.«[3]

Gnostische Kosmologien

Obwohl der Gnostizismus betonte, dass es notwendig sei, die höchste Realität des Göttlichen zu erfahren, wichen seine kosmologischen Lösungen schon bald von denen der frühen Kirchenväter ab. In manchen Fällen unterschied sich die

William Blake, »The Ancient of Days« (»Der Urahne der Zeiten«). Aquarellierte Radierung, 1794. Nach Basilides war diesem Allvater oder Demiurgen sein niedriger Rang in der Hierarchie der Götter unbekannt. Auch William Blakes Werke waren durchdrungen von gnostischem Geist.

Gnosis nur unwesentlich von der aufkommenden christlichen Orthodoxie, aber in anderen waren die Unterschiede extrem. Einige frühchristliche Gläubige verfügten bereits über ein erhebliches gnostisches Wissen. So hielt sich Markion von Sinope, der gegen Ende des 1. Jahrhunderts in der Nähe der Schwarzmeerküste geboren wurde, zwar für einen Christen, aber er betrachtete Jesus als den Sohn des »Guten Gottes« des Heiligen Geistes und nicht als den Sohn des alttestamentarischen Schöpfergottes (des Demiurgen). Markion lehnte das Alte Testament sowie den meisten Teil des Neuen Testaments ab, aber er sah Jesus Christus als eine Erlöserfigur. Die Ebioniten waren eine Gemeinschaft Griechisch sprechender jüdischer Christen, die den Apostel Paulus ablehnten, aber dem Matthäus-Evangelium folgten. Zur gleichen Zeit traten Basilides, Valentinos, Karpokrates und Mani als bedeutende Figuren in Erscheinung, deren Kosmologien und mystische Perspektiven eine konzeptionelle Basis für die spätere magische Tradition des Westens liefern.

Basilides

Basilides sah ein Universum mit 365 Himmeln und schlug eine Hierarchie »göttlicher Emanationen« vor, ein spirituelles Schöpfungsmuster, das später mit der mittelalterlich-jüdischen Kabbala verknüpft werden sollte – jenem Symbolsystem, das das moderne magische Denken zutiefst beeinflusste. Im System des Basilides ist die höchste Realität die des »ungezeugten« oder »nichtseienden« Gottes, mitunter gedacht als ein Samenkorn oder Ei, obwohl es dennoch das Nichts symbolisierte. Dieser »nichtseiende« oder »nichtmaterielle« Gott ist wiederum eine Emanation der Vernunft (*nous*), des Wortes (*logos*), des Denkens (*phronesis*), der Weisheit (*sophia*) und der Kraft (*dynamis*). Aus der Weisheit und der Kraft gingen die Archonten und Engel hervor, die den ersten Himmel bildeten. Jeder Himmel erzeugte einen anderen, bis es insgesamt 365 waren. Das Jahr wurde als aus 365 Tagen bestehend definiert, da dies die Zahl der Himmel widerspiegelte. Die Engel des letzten Himmels erschufen die Welt, wie wir sie kennen. Das letzte dieser Schöpferwesen war der Gott der Juden, und dieser beschloss, dass sein Volk eine auserwählte Rasse auf Erden sein würde. Nach Basilides war dieser Allvater oder Demiurg ein Archont, der sich seiner vergleichsweise niedrigen Position in der himmlischen Hierarchie nicht bewusst war, weswegen Chaos auf der Welt herrschte. Daher war der Allvater gezwungen, seinen Sohn, Jesus, zu entsenden, auf dass er Wunder wirke auf Erden. Nach Basilides musste Christus am Kreuz nicht leiden, da sein Geist bereits befreit war. Die physische Tod Christi blieb ohne Folgen. Für Basilides galt, wie ein gnostischer Gelehrter schrieb, »allein die Erlösung der Seele«.[4]

Gegenüber: Gustave Dorés Radierung: eine Illustration von Dantes »Visionen des Paradieses« aus dem 19. Jahrhundert, könnten als Darstellung des gnostischen Konzepts von Archonten und Engeln als Emanationen der Weisheit und der Macht dienen.

Valentinos

Das System des Valentinos betrachtet die Schöpfung in ähnlicher Weise als einen Prozess, der sich aus einem Zustand göttlicher Immaterialität entfaltet. Der gnostische Traktat »Das Valentinische System des Ptolemaios« (spätes 2. Jahrhundert), verfasst von Valentinos' führendem Schüler,[5] beginnt mit den Worten: »In unsichtbaren und unnennbaren Höhen gibt es einen vollkommenen, präexistenten Aion, den sie [die Gnostiker] auch Proarche (Voranfang), Propater (Vor-

vater) und Bythos (Abgrund) nennen. Er ist unfaßbar und unsichtbar, ewig und unerzeugt, und verharrte in Ruhe und tiefer Einsamkeit unermeßliche Aionen hindurch.«[6] Wie im System des Basilides beginnt dieses »unerzeugte« Gefild heiliger Formlosigkeit darauf nacheinander verschiedene Ebenen des *Seinenden* zu emanieren. »Mit ihm ist Ennoia (Gedanke), auch Charis (Gnade) und Sige (Schweigen) genannt. Einmal nun wollte Bythos (Abrund) einen Anfang von allem aus sich emanieren, und diese beabsichtigte Emanation sollte wie ein Same sein, den er in die Sige (Schweigen), die mit ihm war, wie in einen Mutterschoß zu legen gedachte. Die Sige (Schweigen) empfing diesen Samen, wurde schwanger und gebar den Nous (Vernunft), der ähnlich und gleich war dem, der ihn emaniert hatte, und der allein die Größe des Vaters begriff. Dieser Nous heißt auch Monomenes (Eingeborener), Pater (Vater) und Arche (Anfang) von allem. Zusammen mit ihm wurde Aletheia (Wahrheit) emaniert, und dies ist die erste und ursprüngliche pythagoräische Tretraktys (Vierheit), die sie [die Gnostiker] auch die Wurzel von allem nennen: Wahrheit und Schweigen, hierauf Vernunft und Wahrheit.«[7]

Hier ist die Vernunft männlich (griech.: *nous*), der Gedanke aber ist weiblich (*ennoia*) und ist die Schöpfer-Mutter, die sowohl den Urmenschen als auch Gott, den Schöpfer des Himmels und der Erde, gebiert. Sie wird ebenfalls gleichgesetzt mit Sophia, der Göttin der Weisheit, einer bedeutenden Figur des gnostischen Denkens. In dieser Kosmologie gebiert Sophia einen Demiurgen, der annimmt, er sei der höchste Gott. Nach Valentinos ist er jedoch unwissend. Ihm fehlt die *gnosis* bzw. das spirituelle Wissen, das zu seiner Erlösung erforderlich ist.

Karpokrates

Auch Karpokrates bedeutete eine Provokation für die entstehende christliche Orthodoxie. Er behauptete nicht nur, das Universum sei von vergleichsweise niederen Mächten geschaffen worden – »von Engeln, die weit unterhalb des unerzeugten Vaters stehen«, wie der Kirchenvater Irenäus (I,25,1) es darstellte –, sondern er bestritt auch den göttlichen Ursprung Christi. Er glaubte, dass Jesus schlicht der Sohn von Joseph, also einem Erdenmenschen, gewesen war, obwohl er ihm ein geheimes Wissen zusprach, das er seinen Jüngern in Form einer tieferen und symbolischeren esoterischen Lehre weitergegeben habe.

Karpokrates und sein Sohn Epiphanes erweiterten die zentrale gnostische Lehre dahin gehend, dass die Seele weit wichtiger als der Körper sei, weshalb sie für sexuelle Freizügigkeit plädierten und glaubten, dass die Menschen sämtliche Aspekte des Lebens voll auskosten sollten, um die Beschränkungen der physischen Existenz zu transzendieren. Karpokrates folgte Platon darin, dass er den Körper als ein Gefängnis der Seele betrachtete, aber seine libertinäre Philosophie bedeutete eine radikale Abkehr vom platonischen Denken und machte ihn zu einer leichten Zielscheibe der frühen Kirchenväter, die den Gnostizismus heftig kritisierten. Tatsächlich kann man Karpokrates als einen Wortführer der hedonistischer Mystik, ja sogar als einen Vorläufer vieler moderner Okkultismusgruppen und der freizügigeren Seiten der amerikanischen Gegenkultur sowie des »Personal Growth Movement« betrachten.

Mani

Mani taucht aus der gnostischen Bewegung als ein feinfühliger und vielschichtiger Denker auf, dem es vielleicht sogar gelungen wäre, die endgültige Vorherrschaft des christlichen Denkens ins Wanken zu bringen.

Er erhielt, ganz wie Jesus, tiefe archetypische Visionen aus der spirituellen Welt und betrachtete sich schließlich als einen Apostel Gottes. Der Manichäismus hat uns ein reiches Erbe mystischer Literatur hinterlassen. Nach dem Religionswissenschaftler Kurt Rudolph müsste er als eine bedeutende Weltreligion auf gleicher Ebene wie der Buddhismus, das Christentum und der Islam betrachtet werden.[8]

Angebliches chinesisches Porträt von Mani und seinen Jüngern. Khocho (Turfan).

Seinen eigenen Angaben nach, die von dem arabischen Gelehrten Al-Biruni aufgezeichnet wurden, soll Mani im Jahr 216 n. Chr. in dem Dorf Mardinu in Nordbabylonien geboren worden, aber in einer Mandäer-Gemeinde aufgewachsen sein. Mit zwölf Jahren empfing Mani eine spirituelle Offenbarung, inspiriert vom »König des Paradieses des Lichts«. Von da an entsagte er der Gemeinde seiner Herkunft und wurde zu einer Art spirituellem Apostel. Nach der manichäischen Schrift »Kephalaia« soll Mani ein »Zwilling« des Heiligen Geistes geworden sein und gesagt haben, »da kam [...] der lebendige Paraklet zu mir herab und sprach mit mir. Er offenbarte mir das verborgene Mysterium, das den Aionen und Generationen verborgen war: das Mysterium der Tiefe und der Höhe; er offenbarte mir das Mysterium des Lichtes und der Finsternis, das Mysterium des Kampfes und des Krieges und des Großen Krieges.«[9]

Wie Mohammed, der seine Offenbarungen auf ähnliche Weise in Visionen von Engeln empfing – wurde Mani zu einem »Abgesandten« oder Propheten Gottes bestimmt. Nachdem er seinen Vater und andere Familienmitglieder bekehrt hatte, machte sich Mani auf, seine Lehre zu predigen, wobei er in die persischen Provinzen Turan und Markan reiste und auch den nordwestlichen Teil Indiens besuchte. Später kehrte er nach Babylonien zurück. Es scheint, als sei Mani während seines Besuchs in Indien stark vom Buddhismus beeindruckt worden, aber seine Religion ist in erster Linie eine gnostische Synthese aus Christentum und persischen Glaubensinhalten. Wie in der klassischen Gnosis unterscheidet Mani zwischen Gott und Materie, aber er durchsetzt dies mit persischem Dualismus des ewigen Konflikts zwischen Ohrmazd/Ahura Mazda (der das Gute symbolisiert) und Ahriman/Ahra Mainyu (dem Bösen). Im Manichäismus ist das Gute jedoch inhärent dem Bösen überlegen und triumphiert am Ende.

Zu Manis Zeit herrschte eine Form des Zoroastrismus, wonach Ohrmazd und Ahriman von einem göttlichen, androgynen Urwesen, genannt Zervan, gezeugt worden waren. Der Zervanismus beeinflusste den Mithraismus, die Mysterien-Religion, die im antiken Rom populär wurde, und man vermutet, dass Zervan mit der kosmischen Wesenheit Abraxas in Verbindung steht, die in der Kosmologie des Basilides als der Große Archont auftritt, der über 365 Himmel herrscht. Das zervanitische Konzept, worin sich die Mächte des Guten und Bösen innerhalb

Ahura Mazda/Ohrmazd, der höchste Gott des Zoroastrismus. Hier opfert ihm der assyrische König Sargon II. einen Ziegenbock. Relief aus dem Palast von Khorsabad, 742–705 v. Chr.

desselben Pantheons archetypischer Wesen wie »Brüder« zueinander verhalten, lehnte Mani ab. Stattdessen beschrieb er eine Kosmologie, in der die höchste spirituelle Realität die von »Gottvater des gesegneten Lichts« ist, der in seiner heiligen Form die göttlichen Prinzipien Licht, Kraft und Weisheit verkörpert. Darauf »ruft« Gottvater die »Mutter des Lebens« ins Leben, und sie wiederum »ruft« den Urmenschen, der dann ihr Sohn ist, ins Leben. Diese drei bilden die Dreieinigkeit der Manichäer.

Der Urmensch kämpft gegen die Mächte des Bösen und der Finsternis und gewinnt am Ende die Oberherrschaft. In einer manichäischen Sage wird er jedoch zuerst vom Fürsten der Finsternis besiegt und verliert seine Rüstung; in einer anderen werden seine fünf Söhne von Dämonen gefressen. Schließlich kehrt der Urmensch ruhmbedeckt aus den Tiefen der Finsternis in das »Paradies des Lichts« zurück, wo seine Mutter den Verlorengeglaubten in die Arme schließt und küsst. Der Urmensch symbolisiert, so betont der Gnosisforscher Geo Widengren in seiner Studie über Mani, den Erlöser, der auch selbst der Erlösung bedarf, und dies wurde zum zentralen gnostischen Mythos.[10] Der Urmensch muss zuerst die grauenhaften Hindernisse in der Finsternis überwinden, um sein wahres »Selbst« oder seine »Seele« wiederzuerlangen. Seine Rückkehr in das himmlische Heim repräsentiert die Befreiung der Seele und ihre Rückkehr in die Welt des Lichts.

Dies ist in hohem Maße eine Botschaft der *gnosis*, der Rückkehr des »göttlichen Funkens« in das Reich des heiligen Geistes, aus dem er gekommen war. Es ist das Motiv der »ewigen Wiederkehr«, dem wir auch in der hermetischen Tradition, der mittelalterlichen Kabbala und der esoterischen Tradition der hohen Magie des Westens begegnen. Und es findet sich in ähnlicher Form auch in den Lehren von Plotin, dem neuplatonischen Philosophen aus dem 3. Jahrhundert, der zur Zeit der Renaissance weit verbreitete Anerkennung fand.

Im gnostischen System des Valentinos gebiert Sophia, die Göttin der Weisheit, sowohl den Urmenschen als auch den Demiurgen, den Schöpfer von Himmel und Erde, und bildet mit ihnen zusammen die gnostische Deieinigkeit. Wandgemälde aus dem Gewölbe der Aurelii-Mausoleums, Rom, 3. Jahrhundert n. Chr.

Plotin

Plotinos (204–270 n. Chr.), ein heidnischer Anhänger Platons, war ein hellenisierter Ägypter, der die meiste Zeit seines Lebens in Rom verbrachte. Seine 54 Schriften (zusammengefasst in sechs Bücher mit je neun Texten, weshalb sie als »Enneaden« bezeichnet werden) beeinflussten zahlreiche frühchristliche Theologen, und seine Kritik am Gnostizismus rückt ihn in die Nähe der Kirchenväter Irenäus, Hippolytos und Clemens von Alexandria. Plotin lehnte die gnostische Idee ab, wonach die Menschen in eine feindselige Welt, geschaffen von einem bösen Schöpfer-Demiurg, hineingeboren werden. Auch der Anrufung der Götter durch heilige Inkantationen stand er ablehnend gegenüber, obwohl er akzeptierte, dass die Sterne eine symbolische, esoterische Bedeutung hatten und von göttlicher Art waren. Plotin war grundsätzlich optimistisch, während die Gnostiker ein Gefühl tiefer Entfremdung von der sie umgebenden Welt verspürten. Seine mystische Kosmologie ist jedoch der der Gnostiker ähnlich, und seine Konzepte der spirituellen Realität scheinen den gnostischen Prinzipien näher zu stehen als der Hauptströmung des christlichen Denkens.

Wie die Gnostiker glaubt Plotin, dass die höchste spirituelle Realität ein Zustand undifferenzierten Einsseins ist. Dies ist die Welt des Einen. Wenn die menschliche Seele schließlich in ihr spirituelles Heim zurückkehrt, geht sie in diesem Einen auf, denn dieses ist die Quelle allen Seins. Die Welt ist eine Emanation des Einen, aber dieser Schöpfungsakt erzeugt nicht etwas »Anderes«, denn in diesem Prozess gibt es keinen Dualismus. Die erste Emanation ist die Vernunft (*nous*), die zweite ist die Seele. Die Seele emaniert wiederum die Materie, die am dunkelsten ist, da sie am weitesten von der spirituellen Sonne entfernt ist.

Als Vertreter der geistigen Visualisierung lehrte Plotin seine Schüler, »ihre Augen zu schließen und zu einer anderen Art des Sehens zu erwachen«. Die Seele

Frontispiz von Marsilio Ficinos Werk »Leben und Werke des Plotin«, Florenz, spätes 15. Jahrhundert

erkennt die Präsenz des Lichts und wird immer mehr eins mit ihm, indem sie die Dualität von Gut und Böse solange verdrängt, bis nur noch das Gewahren des Einen bestehen bleibt.

Nach Plotin vollzieht sich der mystische Aufstieg zur Gottheit über verschiedene Stadien der Vollkommenheit. Wie bei den Gnostikern ist dies im Wesentlichen ein Akt der Transzendenz und führt zu einem »Leben der Götter und göttlicher, seliger Menschen, [einem] Abscheiden von allem andern, was hienieden ist, ein[em] Leben, das nicht nach dem Irdischen lüstet, [einer] Flucht des Einsamen zum Einsamen.«[11]

Die mittelalterliche Kabbala

Die mittelalterliche Kabbala führt die von den Gnostikern entwickelte Emanations-Kosmologie fort. Der berühmte Kabbala-Forscher Gershom Scholem (1897–1982), der als Professor für jüdische Mystik an der Hebräischen Universität Jerusalem lehrte, hat die esoterische Tradition der Kabbala sogar als eine Form jüdischen Gnostizismus betrachtet.[12]

Traditionell wird die Kabbala als ein mystischer Kommentar des Pentateuch, der schriftlichen Tora oder der 5 Bücher Mose, aufgefasst. Das Wort *Kabbala* selbst bedeutet »das Empfangene« und bezieht sich auf eine mündliche mystische Überlieferung. Fachleute sind der Ansicht, dass die geheimen mystischen Lehren zuerst mündlich von Meister zu Schüler vermittelt und auf kleine Kreise von Gläubigen beschränkt wurden. Tatsächlich hat die Kabbala unverkennbar wesentlich frühere Vorläufer, als ihr mittelalterlicher Kontext vermuten lässt. Daniel C.

Melchizedek, der König der Rechtschaffenheit und Priester des Allerhöchsten Gottes, initiierte Abraham in die heiligen Weisheitslehren über die Menschen, das Weltall und die Natur Gottes. Aus dieser Tradition entstand die Kabbala. Altarplatte von Nicolas de Verdun, Klosterneuburg (Österreich), 12. Jahrhundert

Die heiligen Buchstaben des jüdischen Alphabets – die Bausteine der Schöpfung.

Matt, ein Kommentator der jüdisch spirituellen Traditionen, glaubt, dass die Kabbala innerhalb des Judentums als Antwort auf das Bedürfnis nach unmittelbarem Kontakt mit dem Göttlichen entstand und dass dies bereits in einem der frühesten jüdischen Schriften, nämlich im Buch Exodus deutlich wird. »Als Moses an dem brennenden Dornbusch Gott begegnet, ist er überwältigt: ›sich davor fürchtend, Gottes Angesicht zu schauen‹, verbirgt er sein Gesicht. Schon bald offenbart Gott seinen göttlichen Namen, ›Ich bin der Ich bin‹, wodurch er ankündigt, was am Ende zu dem mystischen Refrain werden sollte: Gott lässt sich nicht definieren.«[13]

Obwohl die Kabbala bis zum Mittelalter nicht in schriftlicher Form existierte, ist anzunehmen, dass der »Sefer Jezira«, das »Buch der Schöpfung«, in Wirklichkeit bereits zwischen dem 3. und 6. Jahrhundert n. Chr. in Palästina verfasst wurde. Hier erfahren wir, wie Gott die Welt mit Hilfe der 22 Buchstaben des hebräischen Alphabets und der 10 *sefiroth* – ein Begriff, der hier erstmals in der hebräischen Literatur auftaucht – schuf.[14] Die 10 Sefiroth des Lebensbaums sollten sich zum symbolisches Zentralmotiv aus der Kabbala entwickeln.

Ein anderer früher kabbalistischer Text, der »Sefer ha-Bahir«, das »Buch Bahir«, tauchte in der Provence auf, wo es zwischen 1150 und 1200 eine jüdische Gemeinde gab. In der Folgezeit breitete sich das Interesse an der Kabbala über die Pyrenäen nach Katalonien und dann nach Kastilien aus. Darauf begann um 1280 ein spanisch-jüdischer Mystiker namens Mose ben Shem Tov de León (1238–1305) eine Reihe kleiner Schriften unter seinen Kabbalistenkollegen in Umlauf zu bringen. Diese Texte waren in aramäischer Sprache abgefasst, und León behauptete, er habe sie aus einem alten Weisheitsbuch transkribiert, das im Kreise des Rabbi Sim'on bar Jochaj, einem berühmten Schüler des Rabbi Akiba, der im 2. Jahrhundert in Palästina lehrte, verfasst worden sei. Diese Schriften wuchsen mit der Zeit zu dem Text zusammen, der heute unter dem Namen »Ha-Sohar-ha-Qadosh« bekannt und gewöhnlich der »Sohar«, das »Buch des Glanzes«, genannt wird. Obwohl Moses de León möglicherweise aus früherem Material geschöpft hatte, das er durch geheime mündliche Überlieferung erhielt, nimmt man heute an, dass er vermutlich selbst der Verfasser des Sohar war.

Worte in Engelsschrift und hebräischer Entsprechung in dem kabbalistischen »Buch des Engels Raziel«, einem berühmten magischen Traktat. Amsterdam 1701.

Dem Sohar zufolge lehrte Gott die Kabbala zuerst einer kleinen Schar von Engeln. Nach der Erschaffung des Gartens Eden ließen diese Engel Adam an den geheimen Lehren teilhaben. Darauf gingen sie an Noah und in der Folgezeit an Abraham über, der sie mit nach Ägypten nahm. Moses wurde in Ägypten, dem Lande seiner Geburt, in die Kabbala initiiert, und König David und König Salomo wurden ebenfalls eingeweiht. Vor Rabbi Shimon ben Jochaj wagte es jedoch niemand, sie schriftlich aufzuzeichnen.

Heute als der zentrale Text der kabbalistischen Überlieferung geltend, weist der Sohar deutliche spirituelle Verbindungen zu früheren Schulen der Gnosis und des Neuplatonismus auf. In allen drei Geistesströmungen finden wir nämlich das Konzept heiliger Emanationen des Göttlichen, die Idee der Präexistenz der Seele und ihres Herabstiegs in die Materie sowie Anspielungen auf die heiligen Namen Gottes. In allen dreien finden wir Verweise auf archetypische Mächte – Archonten, Engel, Demiurgen und verschiedene patriarchalische Gottheiten –, die die

In der kabbalistischen Tradition repräsentiert Adam Kadmon, der archetypische Mensch, die physische Gestalt Gottes. Das nebenstehende Gebet aus dem 13. oder 14. Jahrhundert wurde in der Form des Adam Kadmon gesetzt, um den intimen Zugang zu dem Göttlichen zu ermöglichen.

Schöpfung gestalteten, und in allen dreien gibt auch Hinweise auf den weiblichen Aspekt des Göttlichen – die Sophia oder Weltmutter –, aus deren Schoß alle Formen geboren werden. Der manichäische Urmensch hat seine Entsprechung in der Gestalt des Adam Kadmon, der die archetypische Form des Menschen darstellt und der auch den Körper Gottes symbolisiert. Und schließlich finden wir in allen drei Traditionen auch ein Interesse an der zyklischen Reise der Seele durch eine Folge von Existenzen, während sie sich stetig auf die Vereinigung mit der Quelle allen Seins zubewegt.

Der kabbalistische Lebensbaum

In der Kabbala haben alle Aspekte manifestierter Form, inklusive die heiligen Archetypen der Gottheit, ihren Ursprung im *En Sof Aur,* dem »grenzenlosen Licht« oder »Unendlichen«, einer Welt völlig außerhalb aller Form und Vorstellung, die »weder Eigenschaften noch Attribute hat«. In der kabbalistischen Kosmologie offenbaren die Emanationen aus diesem unermesslichen Mysterium, das die Sphären auf dem Baum des Lebens, *Ez Chaijim,* darstellen, verschiedene Erscheinungsformen des heiligen Universums – und doch sind sie Teil einer göttlichen Ganzheit. »En-Sof«, so schreibt Gershom Scholem, »erscheint also der Intuition des Kabbalisten unter zehn verschiedenen Aspekten oder Manifestationen, die aber in Wirklichkeit unendlich viele Schattierungen und Abstufungen in sich selber haben.«[15] Da diese Emanationen eine Einheit widerspiegeln und da die Form des Menschen »nach dem Bilde Gottes« geschaffen ist, sind die Emanationssphären auf dem Baum des Lebens auch spirituelle Zentren innerhalb des Körpers von Adam Kadmon. Die mystische Selbsterfahrung wird zu einer Reise

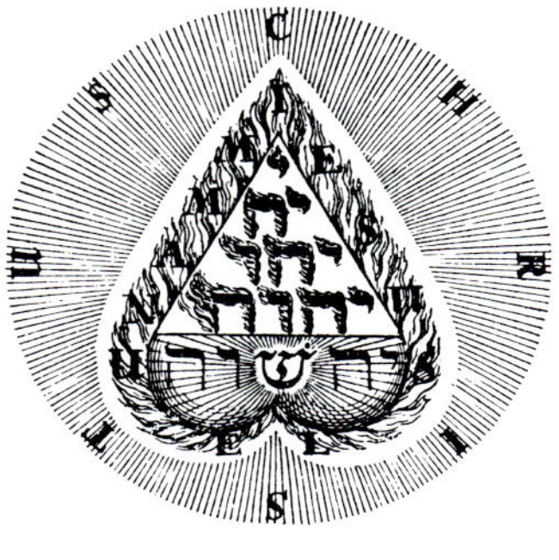

Das Tetragrammaton – der heilige Name Gottes JHVH, gewöhnlich transkribiert als »Jahwe« – in einem umgekehrten Herzen. Aus Jakob Böhme, »Libri apologetici«, nach einer Ausgabe von 1764.

mit dem Ziel, wieder zu undifferenziertem Einssein mit dem Göttlichen zu gelangen.

Im Sohar ist zu lesen: »Am Anfang, als der Wille des Königs zu wirken begann, grub er Zeichen in die himmlische Aura, die ihn umstrahlte. Eine dunkle Lohe entsprang im allerverborgensten Bereich aus dem Geheimnis des Unendlichen, *En-Sof*, wie ein Nebel, der sich im Gestaltlosen bildet, eingelassen in den Ring jener Aura, nicht weiß und nicht schwarz, nicht rot und nicht grün, und von keinerlei Farbe überhaupt. Als aber jene Flamme Maß und Ausdehnung annahm, brachte sie leuchtende Farben hervor. Ganz im Innersten der Flamme nämlich entsprang ein Quell, aus dem Farben auf alles Untere sich ergossen, verborgen in den geheimnisvollen Verborgenheiten des *En-Sof*. Der Quell durchbrach und durchbrach doch nicht ganz die ihn umgebende ätherische Aura. Er war ganz unerkennbar, bis infolge der Wucht seines Durchbruchs ein verborgener höchster Punkt aufleuchtete. Über diesen Punkt hinaus ist auch nichts erkennbar, und darum heißt er *Reschith*, Anfang, das erste Wort der Schöpfung von allem.«[16]

In der Kabbala entströmen alle Erscheinungsformen der Schöpfung der Entfaltung von Gottes Willen, so wie sie aus ihm emaniert und sich auf diese Weise in vielerlei Stadien und Stufen offenbart. Das mystische Universum wird dann von dem Aussprechen der heiligen Namen und den zehn auf dem Baum des Lebens repräsentierten Emanationen getragen. Diese Sefiroth sind nichts anderes als »die schöpferischen Namen, die Gott in die Welt hineinrief, mit denen er sich selbst benannte«.[17]

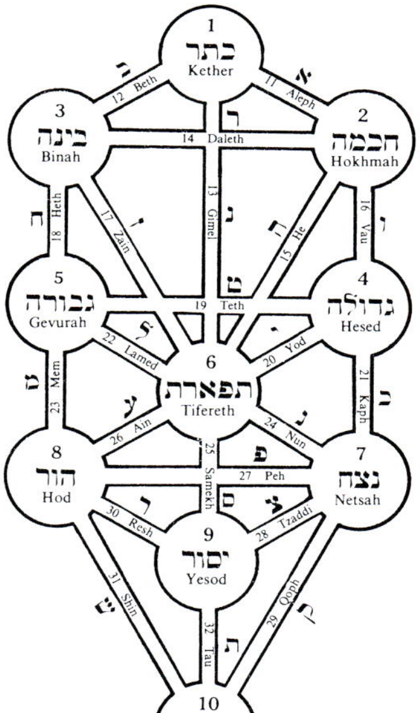

Der kabbalistische Baum des Lebens mit seinen zehn *sefiroth*, den heiligen Emanationen und den hebräischen Buchstaben, die jeweils den verbindenden Pfaden auf dem Baum entsprechen.

Die zehn Sphären auf dem Baum des Lebens

Kether	»Krone« oder erster Schöpfungspunkt, Gottes Wille
Chokmah (Hochmah)	Weisheit (der Vater)
Binah	Einsicht, Vernunft (die Mutter)
Chesed (Hesed)	Liebe, Barmherzigkeit
Geburah (Gevura)	Macht, Herrschaft, Stärke
Tiphareth (Tif'eret)	Schönheit oder Harmonie
Netsach (Netzah)	Sieg, Ausdauer oder Ewigkeit
Hod	Herrlichkeit oder Ruhm
Yesod (Jessod)	Gründung, Zeugung
Malkuth (Malkut)	Königsherrschaft oder die Welt (die Tochter)

Von den meisten Kabbalisten, so schreibt Gershom Scholem, wurde nicht Kether, die Krone, die normalerweise als die erste Emanation auf dem Baum des Lebens betrachtet wird, sondern Chokmah, der Große Vater oder die Weisheit, für den »Urpunkt« gehalten. In der kabbalistischen Kosmologie vereint sich die Energie des Großen Vaters mit der von Binah, der Großen Mutter, der Einsicht oder Vernunft, und ihrem Schoß entstammen alle archetypischen Formen. Die sieben nachfolgenden Emanationen unterhalb der Dreiheit von Kether, Chokmah und Binah bilden die sieben Tage der Schöpfung.

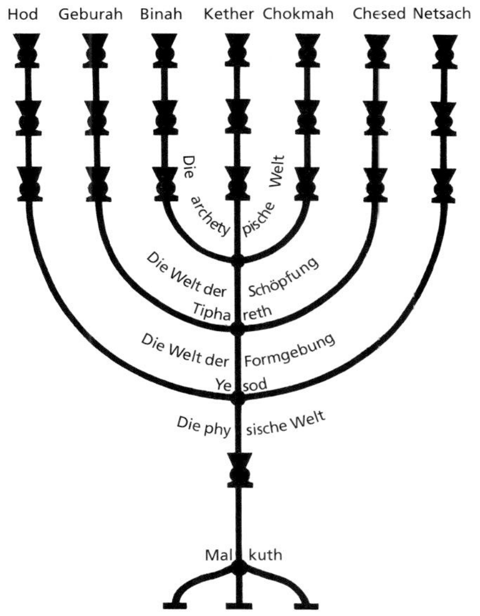

Diagramm der symbolischen Verbindungen zwischen der Kabbala und der Menora, dem siebenarmigen goldenen Leuchter, der im jüdischen Gottesdienst verwendet wird. Die Menora dient auch als Hilfe bei der Meditation über die jüdische esoterische Tradition.

Die vier Welten

Die Kabbalisten stellten sich »vier Welten« vor, die vier voneinander unterschiedene Manifestationsstadien der Schöpfung repräsentieren. In jeder dieser vier Welten ist Gott gegenwärtig, und diese Welten sind wiederum Spiegelungen des Tetragrammaton, des heiligen Namens JHVH (*Jod, He, Vau, He,* gewöhnlich übersetzt als »Jehovah«, »Jahwe« oder »Herr«).

Aziluth, die archetypische Welt,

die Ebene der Existenz, die der geheimnisvollen, unmanifestierten Welt des *En Sof Aur* am nächsten ist und nur eine *sefirah,* nämlich Kether, enthält; sie wird beschrieben als »das Verborgene des Verborgenen. Sie ist das Auftauchen von Gottes Willen, Seinem schöpferischen Drang. Sie ist das Unendliche, die Initiation von allem, was sein kann und sein wird. Sie ist die Unendlichkeit.«[18]

Bria, die Welt der Schöpfung,

enthält zwei Sefiroth, Chokmah und Binah, die den Großen Vater und die Große Mutter repräsentieren und die höchste Ausdrucksform des heiligen männlichen und weiblichen Prinzips widerspiegeln. Aus ihrer Vereinigung entsteht die Welt der Formgebung.

Jezira, die Welt der Formgebung,

enthält die Sefiroth Chesed, Geburah, Tiphareth, Netsach, Hod und Yesod. Yesod liefert buchstäblich die »Gründung« von allem, was ihr im Prozess der heiligen Emanation aus den höchsten Welten vorausgegangen war.

Assija, die physische Welt,

ist die abschließende Materialisation (»Ausgestaltung«) von Gottes Willen in der Sphäre von Malkuth und wird repräsentiert durch die Tochter – Schechina –, die als »die Braut des Göttlichen Sohns in Tiphareth«, »die Braut von Kether« und die »Tochter von Binah« genannt wird. Schechina ist die Personifikation des göttlichen Weiblichen auf Erden.

Jede Sefira soll, so heißt es, auch selbst einen ganzen Lebensbaum enthalten. Die Sphäre »Malkuth« der ersten Sefira emaniert die Sphäre »Kether« der folgenden Sefira und so weiter durch alle zehn Emanationen hindurch. Somit ist in jeder Sphäre des Lebensbaums implizit eine Konnotation des heiligen Auftauchens enthalten und jede Sphäre des Baums ist ein Spiegel des Göttlichen.

Gnostizismus und Kabbala

Der Hauptunterschied zwischen der Gnosis und der Kabbala besteht darin, dass es in Ersterer eine dualistische Unterscheidung zwischen Gottheit und Materie gibt, während die Kabbala auf der Vorstellung einer heiligen Einheit gründet. Das Judentum ist jedoch streng monotheistisch; daher existiert hierin nichts außer Gott.

In Kapitel 8 werden wir eingehender darstellen, wie die Symbolik des kabbalistischen Lebensbaums einen zentralen Stellenwert im modernen magischen Denken erlangte und wie seine ursprünglich monotheistische Struktur so weit ausgedehnt wurde, dass sie das Pantheon aller Götter und Göttinnen der okkulten Vorstellungswelt erfasst.

Mesusa: Gebetskapsel aus Elfenbein mit Darstellung der »vier Welten« der schöpferischen Manifestation aus der Gottheit. Italien, 16. Jahrhundert.

Kapitel 4

Magie im Mittelalter und die Hexenprozesse

Im Mittelalter und in der Renaissance reichte die Praxis der Magie in Europa von niederer Zauberei und Verhexung bis zu transformatorischer, spirituell orientierter »hoher Magie«. Im Spätmittelalter entwickelte sich die Magie ansatzweise zu einer Wissenschaft, und viele frühe wissenschaftliche Forscher in Sachen ›Magie‹ wurden von ihren Kollegen als Magier betrachtet.

Gegen Ende des 11. Jahrhundert war das Christentum in Westeuropa die etablierte Religion. Der Feudalismus war die herrschende gesellschaftliche Ordnung; sein hierarchisches Prinzip spiegelte sich in der christlichen Religion wider. Im mittelalterlichen idealen Universum thronte Gott über allem, und unterhalb von ihm befand sich die Hierarchie der Engel, der gewöhnlichen Menschheit sowie die Reiche der Tiere, Pflanzen und Mineralien. Wie Thomas von Aquin in seiner »Summa Theologica« (1265–73 verfasst) klar und deutlich feststellte, würde diese Ordnung so lange vorherrschen, wie jede Komponente des göttlichen Plans ihren eigenen, der rechten Vernunft gemäßen Platz einhält. Zur gleichen Zeit brachten der zunehmende Handel und die Kreuzzüge eine gewisse Unruhe in das mittelalterliche Europa, und die Kirche wurde allmählich immer weltlicher. Manche Menschen begannen ihr persönliches Heil mehr im Hinblick auf Christus und die Jungfrau Maria als in Bezug zur etablierten Kirche zu bestimmen. Als die christlichen Autoritäten ihr ideales Universum zunehmend von Häretikern und Dissidenten bedroht sahen, fassten sie ihr Konzept strenger Orthodoxie immer enger, bis sie schließlich Ketzer und Hexen als ein und dieselbe Gefahr betrachteten.

Hexerei und Ketzerei

Lange bevor das Christentum zur etablierten Religion in Westeuropa wurde, waren die katholischen Bischöfe streng darauf bedacht, die Einheit der christlichen Lehre und des christlichen Glaubens zu sichern. Bereits im Jahr 382 belegte ein Gesetz von Theodosius I. Ketzerei mit der Todesstrafe. Dies wurde zu einem mächtigen Instrument gegen umherziehende gnostische Sekten und die Anhänger von Mani, die im 10. Jahrhundert in neuer Gewandung auf dem Balkan als Bogomilen und im späten 12. und 13. Jahrhundert als Katharer in Südfrankreich auftauchten.

Im Jahr 1022 eröffnete König Robert II. in Orléans einen Ketzerprozess. Eine Gruppe reformistischer Geistlicher wurde angeklagt, nächtens geheime Sexorgien abzuhalten, die Namen von Dämonen zu singen und die Kinder, die während dieser Zusammenkünfte gezeugt und später geboren wurden, zu verbrennen. Ferner wurden sie angeklagt, in Gegenwart des Teufels christliche Sakramente zu entweihen und von ihm Geld zu empfangen. Obwohl sie eindeutig keine Hexer waren, gaben diese Häretiker zu, Visionen von Engeln empfangen und das Gefühl gehabt zu haben, sie seien von einer übernatürlichen Kraft von Ort zu Ort getragen wor-

Im ständigen Kampf christlicher Orthodoxie gegen Irrlehren disputiert der hl. Domenicus mit Ketzern, wobei er die Argumente an seinen Fingern aufzählt. Wandfresko von Andrea da Firenze, Florenz, frühes 14. Jahrhundert.

den. Dieser früheste Hinweis auf eine dämonische oder »englische« Luftreise im Zusammenhang mit Anklagen der Ketzerei wurde zu einem Phänomen, das auch in den späteren Hexenprozessen ständig beschrieben wurde. Es versteht sich von selbst, dass die Ketzer von Orléans den Flammen übergeben wurden.

Das erste ständige Tribunal, das sich mit Ketzerei befasste, wurde 1230 von Papst Gregor IX. in Toulouse eingerichtet. Die Inquisition (auch »Heiliges Officium« genannt) wurde von Dominikaner-Fratres geleitet und hatte zum Ziel, die Ungerechtigkeiten abzuschaffen, zu denen es angeblich aufgrund der verwirrenden früheren Rechtsprechung auf dem Gebiet der Ketzerei gekommen sei. Anstatt solche Ungerechtigkeiten abzuschaffen, begann die Inquisition sie jedoch noch auszuweiten. Schon bald war es ihre Hauptaufgabe, jedes Anzeichen von Ketzerei ausfindig zu machen und auszumerzen, bevor diese eine Möglichkeit fand, Wurzeln zu schlagen und sich auszubreiten. Im Jahr 1231 bestimmte Papst Gregor IX., dass alle verurteilten Ketzer auf dem Scheiterhaufen zu verbrennen seien.

Während des Mittelalters wurde bösartige Magie als *maleficium* bezeichnet, womit jedoch jede Art von Verbrechen oder Übeltat gemeint sein konnte. Zur gleichen Zeit gingen die Kirchenoberen von der Annahme aus, dass sich jede Art von Magie der Hilfe von Dämonen bediente und dass infolgedessen alle Formen von Magie von Natur aus teuflisch waren. Zur Rechtfertigung ihrer Verfolgungen führten die Inquisitionsbeamten die Bibelstelle Exodus 22,17 an, worin es auch noch nach der deutschen Einheitsübersetzung heißt: »Eine Hexe sollst du nicht am Leben lassen.«

Daher meinte die Inquisition schon bald, mit den verschiedenartigsten Formen von Hexerei zu tun zu haben. Zu diesen gehörten Kindermord und Kannibalismus, Gestaltverwandlung (die Fähigkeit, auf magische Weise seine Gestalt zu verändern), die Fähigkeit, nächtens durch die Luft zu Versammlungen, so genannten Hexensabbaten, zu reiten, den Teufel zu verehren, Dämonen anzurufen und an Sexorgien sowie an Akten teilzunehmen, in denen christliche Sakramente entweiht wurden. In manchen Teilen Europas wurde auch Anklage gegen Anbeter der Diana und anderer heidnischer Fruchtbarkeitsgottheiten erhoben – ein Hinweis auf das fahrende Volk und unterschwellige schamanische Aspekte bestimmter Formen der Hexenkunst.

Die Katharer

Der Satansglaube erhielt im 12. Jahrhundert weiteren Nährstoff durch eine andere Gruppe von Ketzern: den Katharern. Die Katharer waren gnostische Christen: Sie glaubten, dass der Geist des Bösen die menschliche Seele »in einen Käfig aus Fleisch« eingekerkert hatte und dass der Gott des Alten Testaments daher der Teufel war. Außerdem glaubten sie, dass alle Hauptfiguren des Alten Testaments sowie Johannes der Täufer im Neuen Testament Dämonen waren. Christus sei als reiner Geist auf die Welt gekommen, um seinen Jüngern zu zeigen, wie die Grenzen der physischen Welt überwunden werden konnten. Ihrer Ansicht nach war die katholische Kirche vom Teufel errichtet worden, um die Gläubigen von der wahren spirituellen Erlösung abzuwenden.

Ein Beispiel anti-katharischer Propaganda (ca. 1230): Katharer (in blauen Gewändern) beim Verderben von Gläubigen. Sie werden als unsittliche Verführer dargestellt, obwohl sie glaubten, fleischliche Lust sei ein Werk des Teufels.

Wie bei den Manichäern und anderen gnostischen Gruppen spiegelte der katharische Dualismus einen inneren Konflikt zwischen Materie und Geist. Die Katharer glaubten, dass ein heiliger Christ keine fleischliche Form annehmen konnte, und sie lehnten auch die Vorstellung ab, dass irgendwelche physischen Gegenstände irgendeine Verbindung mit der Dimension des Geistes haben konnten. Daher lehnten sie alle katholischen Sakramente und Hilfsmittel des Gottesdienstes wie Taufwasser, die Verwendung von Brot und Wein während des Abendmahls sowie das Kruzifix ab.

Der Katharismus unterschied zwischen der reinen Elite (*perfecti* oder *boni homines*) und den gewöhnlichen Gläubigen (*credentes*). Die Perfecti wurden initiiert, indem sie ein Sakrament empfingen, das *consolamentum* (»Tröstung«) genannt und durch Handauflegen vollzogen wurde. Die Katharer bezeichneten dies als *haeretication*. Die Perfecti hatten eine Anzahl von Disziplinen zu akzeptieren, darunter einen konsequent enthaltsamen Lebenswandel, strenge Ernährungsregeln und permanenten Zölibat. Nur wenige erhielten daher das Consolamentum, während sie noch am aktiven Leben teilnahmen, und die Credentes empfingen es erst, wenn der Tod nahte.[1]

Aufgrund dieser antikatholischen Position glaubte man vor allem in der Zeit zwischen 1140 und 1230, der Katharismus fördere in großem Umfang die Entwicklung von Dämonenglauben und Hexerei.[2] Diese Schlussfolgerung ist umso

Hexen fliegen nächtens durch den Himmel. Holzschnitt aus Ulrich Melchior, »Tractatus von den Bösen Weibern«, spätes 15. Jahrhundert.

überraschender, da der Teufel von den Katharern ebenso sehr gehasst wurde wie von den konventionellen Christen. Und doch bleibt die Tatsache bestehen, dass sich die von der offiziellen Kirche verfolgte Hexerei in jenen Gebieten, wo das Katharertum am stärksten ausgeprägt war, nämlich in der Lombardei, im Rheinland und in Südfrankreich, am weitesten verbreitet hatte. Die Kirche betrachtete die katharische Häresie als ebenso große Bedrohung wie den Islam, und im Jahr 1208 rief Papst Innozenz III. zu einem Kreuzzug gegen die Albigenser – so benannt nach der Stadt Albi, einer Hochburg der Katharer – auf. Um 1230 waren sie praktisch besiegt.

Nach diesem Kreuzzug lebte die Katharer-Bewegung noch in versteckten Winkeln weiter, wurde aber durch die Inquisition zunehmend geschwächt. Die gleichen Beschuldigungen der Ketzerei, die die Inquisition gegen die Katharer erhob, sollten später gegen die Hexen ins Feld geführt werden, nämlich Entweihung des christlichen Kreuzes und der christlichen Sakramente, Kannibalismus, geheime nächtliche Versammlungen und Teilnahme an Sexorgien.

Hexenzauberer

Ursprünglich wurde die Inquisition eingeführt, um mit Häretikern bzw. Ketzern fertig zu werden, aber um das Jahr 1326 autorisierte Papst Johannes XXII. sie dazu, auch gegen Hexenzauberer vorzugehen, da sie seiner Ansicht nach einen »Pakt mit der Hölle geschlossen« hatten. Durch Exkommunizierung sämtlicher Hexenzauberer definierte er sie automatisch als Ketzer. Bernard Gui schlug in seinem einflussreichen, um 1320 verfassten Handbuch für Inquisitoren vor, dass die Inquisition auch gegen Frauen, »die nächtens ausreiten«, ermitteln solle. Ein etwa zur gleichen Zeit von einem englischen Franziskaner verfasstes Traktat liefert faszinierende Details über die visionäre Welt, mit der diese Frauen angeblich Kontakt pflegten: »Aber ich frage: Was ist von jenen abscheulichen und abergläubigen Personen zu halten, welche behaupten, dass sie bei Nacht höchst zauberhafte Königinnen sehen sowie andere Königinnen und Jungfraun, welche mit Frau Diana herumtanzen und die Reigen mit der Göttin der Heiden anführen, jene Wesen, welche man in unsrer gewöhnlichen Sprache *Elves* [Elfen] nennt, und die glauben, dass letztere Männer und Weiber in andre Gestalt verwandeln und sie nach *Elvelond* [Elfland] führen, allwo heute, wie sie behaupten, jene mächtigen Helden Onewone und Wade leben, während sich's bei alledem doch nur um Gespenster, dargestellt von einem bösen Geiste, handelt? Denn wenn der Teufel irgendjemands Hirn einem solch ungeheuerlichen Glauben unterworfen hat, so verwandelt er sich zuweilen selbst, bald in die Gestalt eines Engels, bald eines Manns, bald eines Weibs, bald zu Fuß, bald als Ritter in Turniern und Tjosten, bald, wie gesagt, in Tänze und andre Kurzweil. Als Ergebnis all dieser Dinge narrt ein Lump jener Species sein eignes Hirn.«[3]

Hexerei im 15. Jahrhundert

Gegenüber: Hexe, auf einem Bock zum Sabbat reitend. Kupferstich von Albrecht Dürer, 1501/2.

Im 15. Jahrhundert entstand eine wahre Flut von Literatur über Hexerei und Hexenprozesse. Nach 1427 nahmen Traktate gegen Hexenzauber sprunghaft zu, und Jahr 1487 wurde in Deutschland der berüchtigte »Malleus Maleficarum« oder »Hexenhammer« aus der Feder der Inquisitoren Henricus Institoris (Hein-

»Osculum obscoenum«: Ketzer beim Küssen des Teufels. Hier werden die Waldenser mit Hexen gleichgesetzt. Frontispiz der französischen Übersetzung des »Traktatus contra Sectum Valdensium« von Johannes Tinctor, 15. Jahrhundert.

rich Kramer) und Jakob Sprenger veröffentlicht. Später erschien er auch in Frankreich, Italien und England.

Als höchst einflussreiches Werk half der Malleus Maleficarum das Hexenwesen in einer Art zu definieren, die während der folgenden Jahrhunderte gültig bleiben sollte. Darin hieß es, die Hexerei sei das schlimmste von allen Verbrechen und die abscheulichste aller Ketzereien: Als typische Kennzeichen wurden ihr Abkehr vom christlichen Glauben, Opferung ungetaufter Kleinkinder an Satan, die Hingabe des Körpers und der Seele an das Böse sowie sexuelle Beziehungen mit Incubis – bösen Dämonen bzw. Geistern – zugesprochen.

Hexen, so hieß es, würden zu Dienerinnen des Teufels, indem sie einen Pakt mit ihm schlössen und sich in ritueller Kopulation mit ihm vereinten. Sie wären fähig, ihre Gestalt zu verwandeln, und ließen sich mit Hilfe von Dämonen durch die Lüfte tragen.

Während dieser Zeit begann die Inquisition die Macht über die Hexenprozesse zu erlangen. In einer Reihe von Bullen befahl Papst Eugenius IV. (1431–47) der Inquisition, gegen Magier jeglicher Couleur vorzugehen, da er sie beschuldigte, Dämonen anzubeten, das Kruzifix zu entweihen und Pakte mit dem Teufel zu schließen. Papst Eugenius' Nachfolger Nikolaus V. (1447–55) gab klar zu verstehen, dass es für die Inquisition zulässig sei, Hexenkünstler selbst dann zu verfolgen, wenn ihre Verbindung zur Ketzerei zweifelhaft war. Darauf veröffentlichte Papst Innozenz VIII. (1484–95), übrigens auf Ersuchen der Verfasser des Malleus Maleficarum, im Jahr 1484 eine berühmte Bulle mit dem Titel »Summis desiderantes affectibus«. Diese bestätigte die volle päpstliche Unterstützung für die Maßnahmen der Inquisition gegen Hexerei und »öffnete den Blutbädern des folgenden Jahrhunderts Tor und Tür«.[4]

Grauenhafte Anschuldigungen prägten die Hexenprozesse der kommenden Jahre. In einem berühmten Traktat von 1460 beschuldigte Johannes Tinctoris die Hexen, sie würden eine Salbe herstellen, zu der sie das Fleisch von Kröten, Blut geschlachteter Kinder, Knochen von ausgegrabenen Leichen sowie Menstruationsblut verwendeten und dann »gut vermischten«. Der Hexenbrauch des Teufelskusses (*osculum obscenum*) soll im Küssen von Gesäß, Anus oder Genitalien des Höllenfürsten bestanden haben. Häufig erschien der Teufel in Gestalt eines Ziegenbocks, dessen Hinterteil »stinkend, kalt und entweder widerwärtig weich oder abstoßend hart« gewesen sein soll. Es wurde behauptet, der Teufel drücke seinen Anhängerinnen auch sein Siegel auf, indem er sie mit einem Finger oder einer Zehe berührte. Dieses »Teufelsmal« war blass, rot, etwa erbsengroß und konnte auf dem Arm, der Schulter oder unter der Körperbehaarung – insbesondere im Genitalbereich – gefunden werden. Auch verkrüppelte Finger oder andere Entstellungen wurden zuweilen als Indiz für ein Teufelsmal betrachtet.

Der deutsche Jesuiten-Bischof und Dämonologe Peter Binsfeld (um 1540–1603) listete in seinem Werk »Tractatus de confessionibus maleficorum et sagarum« (1589; »Traktat über die Bekenntnisse der Zauberer und Hexen«) sieben Hauptteufel auf und setzte sie in Relation zu den »sieben Todsünden«:

Luzifer	Hoffart
Mammon	Geiz
Asmodeus	Unkeuschheit
Satan	Zorn
Beelzebub	Unmäßigkeit
Leviathan	Neid
Belphegor	Trägheit[5]

Unten und gegenüber: Mittelalterliche Teufel verkörperten die »sieben Todsünden«. Illustrationen von Jakob Knoff aus dem »Weingartenspiel«, Zürich 1539.

Binsfelds Buch wurde über ein Jahrhundert lang von Katholiken wie von Protestanten gleichermaßen in ganz Deutschland zitiert und hatte einen gewaltigen Einfluss auf die Ausbreitung des Hexenwahns.

In seiner Schrift »Admirable Histoire de la Possession et Conversion d'une Pénitente« (1612; »Wunderbare Geschichte der Besessenheit und reumütigen Umkehr einer Bußfertigen«) identifizierte der gefeierte Großinquisitor und Exorzist Pater Sébastien Michaëlis eine Reihe von Hauptteufeln, die, so behauptete er, die spezifischen Gegner der drei Hauptordnungen der Engel – Seraphim, Cherubim und Throne (nach der im 14. Jahrhundert aufgestellten Hierarchie) – waren, und stellte eine Liste christlicher Heiliger auf, die ihre Bekämpfer seien. Diese Information hatte Michaëlis angeblich von Balberith, einem jener Teufel erhalten, von denen Schwester Madeleine in Aix-en-Provence besessen war.

Oft wurden Hexen beschuldigt, sie besäßen Schutzgeister wie Hunde, Kröten und Katzen, die ihre Herren und Herrinnen begleiteten und ihnen magische Kräfte verliehen. Kolorierte Zeichnung aus »A Discourse on Witchcraft«, England, 1621.

Der Höhepunkt des Hexenwahns 1560–1660

Der Kulminationspunkt des europäischen Hexenwahns wurde zwischen 1560 und 1660 erreicht. Unzweifelhaft waren die zunehmenden Spannungen zwischen Katholiken und Protestanten und die daraus folgenden Kriege eine Hauptursache des gesellschaftlichen Aufbegehrens, das dazu beitrug, den Glauben an die Hexenkunst zu nähren. Die protestantische Reformation des 16. Jahrhunderts strebte zwar eine Rückkehr zu den apostolischen Zeiten an, brachte aber in ihrer Folge wenig Toleranz gegenüber den Hexen auf. Sogar Luther argumentierte, dass Hexen, da sie ja einen Pakt mit dem Teufel geschlossen hatten, als Ketzerinnen verbrannt werden sollten. Um 1580 wurde Hexen sogar die Schuld an schlechtem Wetter sowie an Mäuse- und Heuschreckenplagen gegeben. In allen Ländern außer England (und später den amerikanischen Kolonien), wo sie erhängt wurden, richtete man die Hexen durch Verbrennen hin. In Italien und Spanien wurden sie bei lebendigem Leib verbrannt. In Schottland, Deutschland und Frankreich galt der Rechtsbrauch, die Hexe zuerst entweder durch den Strick bzw. die Garrotte zu erwürgen, bevor man den Scheiterhaufen entfachte, wobei jedoch stets vorausgesetzt wurde, dass die Hexe das Geständnis, das sie unter der Folter gemacht hatte, nicht widerrief. Für Widerspenstige wurde der Scheiterhaufen aus noch frischem Holz errichtet, um den Todeskampf zu verlängern. Solche grausamen Praktiken wurden von dem französischen Rechtsgelehrten Jean Bodin, dessen Werk »Demonomanie« (1580) als Standardwerk Autorität besaß, recht nachsichtig beurteilt: »Jedwede Bestrafung, die man wider die Hexen auch anordnen mag, sei es durch Braten oder auch Schmoren auf kleiner Flamme, ist in Wahrheit recht wenig und nicht so arg wie die Pein, welche Satan ihnen auf der Welt hienieden angetan, ganz zu schweigen von den Todesqualen, welche in der Hölle ihrer harren, denn das Feuer alldorten kann nicht länger als etwa eine Stunde währen, bis dass die Hexen ihr Leben aushauchen.«[6]

Das 17. Jahrhundert war nicht weniger grausam als das 16. Das Jahrhundert der religiösen Konflikte, die im Dreißigjährigen Krieg von 1618 bis 1648 gipfelten, verwüstete ganz Deutschland und zog den meisten Teil Europas in Mitleidenschaft. Besonders grausam waren die Verfolgungen von 1625 bis 1636 in Köln und von 1623 bis 1633 in Bamberg, wo Bischof Johann Georg II. mindestens 600 Hexen verbrennen ließ. Die Hysterie gegen Hexen weitete sich auch auf eine Reihe von Klöstern aus, so etwa auf das von Loudun und von Aix-en-Provence in Frankreich.

Die Ereignisse in Aix-en-Provence im Jahr 1611 konzentrieren sich besonders auf zwei Mitglieder des kleinen exklusiven Ursulinen-Konvents. Schwester Madelaine de Demandolx de la Palud, die als Zwölfjährige in das Kloster eintrat, bekam dort Depressionen und wurde darauf wieder zurück nach Marseilles nach Hause geschickt. Die freundliche Zuneigung, die Pater Louis Gaufridi, ein humorvoller älterer Freund der Familie, ihr entgegenbrachte, erfüllte die Äbtissin des Ursulinen-Konvents von Marseilles mit solcher Besorgnis, dass sie Madeleine als Novizin in ihrem Konvent aufnahm. Da beichtete Madeleine, dass sie mit Gaufridi intimen Verkehr gepflegt hatte, und wurde zurück nach Aix verbracht.

Madeleine bekam immer häufiger Schüttelanfälle und starke Krämpfe und hatte Visionen von Teufeln. Die Hysterie griff auch auf die fünf anderen Nonnen über, von denen eine – Louise Capeau – in der Intensität ihrer Visionen mit Madeleine zu rivalisieren versuchte. Nun trat der Großinquisitor Sébastien Michaëlis auf den Plan und ließ die beiden jungen Frauen in den Königlichen Konvent St. Maximin bringen, um sie dort von einem Exorzisten behandeln zu lassen. Die dämonischen Visionen hielten weiter an, Louise behauptete, von drei Teufeln besessen zu sein, und beschuldigte Madeleine, sie sei von Beelzebub, Balberith, Asmodeus, Ashtaroth und mehreren tausend anderen bösen Geistern besessen.

Später wurde Pater Gaufridi hinzugezogen, um gemeinsam eine Teufelsaustreibung zu versuchen. Madeleine verhöhnte ihn mit teuflischen Beleidigungen, und als sie von weiteren Visionen heimgesucht wurde, wieherte sie wie ein Pferd und erzählte fantastische Geschichten von Sodomie und Hexensabbaten, worauf Gaufridi von der Inquisition eingehend verhört wurde. Im April 1611 wurde er der Magie, der Hexerei und »Fornikation« für schuldig befunden, zum Tode verurteilt und öffentlich verbrannt. Am folgenden Tag schien Madeleine von dämonischer Besessenheit befreit. Louise dagegen hatte weiterhin Visionen von Hexen und Teufeln. Ähnliche Ausbrüche von Hysterie wurden auch im Kloster Ste-Claire in Aix und im Kloster Ste-Brigitte in Lille vermeldet. Im Jahr 1642 wurde Madeleine erneut der Hexerei angeklagt. Sie wurde zwar freigesprochen, aber eine weitere Anklage zehn Jahre später führte zur Entdeckung von Hexenmalen an ihrem Körper. Den Rest ihres Lebens verbrachte sie im Kerker.

Im Jahr 1633 verschworen sich Nonnen des Ursulinen-Konvents von Loudun, um einen Priester namens Urbain Grandier in Misskredit zu bringen, nachdem er ein illegitimes Kind gezeugt und sich eine Mätresse genommen hatte. Um ihre

Die öffentliche Verbrennung des Pater Urbain Grandier, der beschuldigt wurde, mit einer Gruppe von Dämonen einen Pakt geschlossen zu haben. Loudon (Frankreich), 1634.

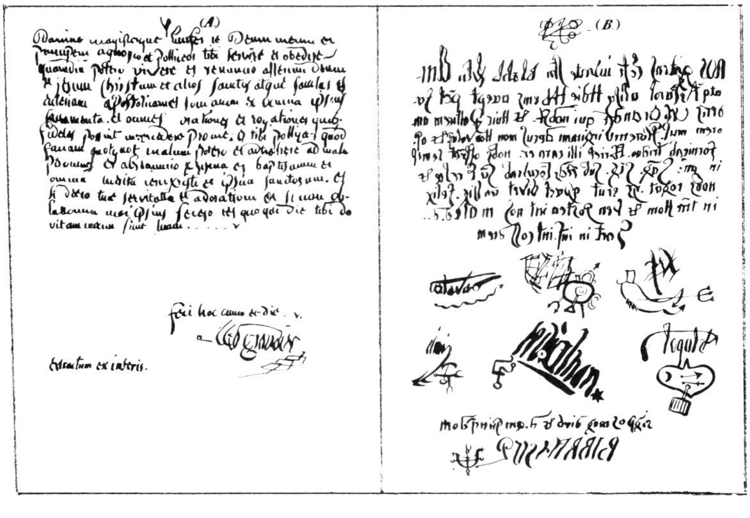

Angeblicher Pakt zwischen Pater Urbain Grandier und den Höllenmächten, unterschrieben von Luzifer, Beelzebub, Satan, Elimi, Leviathan, Ashtaroth und Balberith. Loudon, 1634.

Behauptung zu stützen, dass Grandier sie »verhext« habe, zeigten die Nonnen ein abnormes erotisches Verhalten sowie Anfälle von Atemnot und krampfartigen Zuckungen. Die Mutter Oberin Jeanne des Anges benannte Grandier und eine Gruppe von Teufeln, darunter Asmodeus, Ashtaroth und Zabulon als die Ursache einer »Geist-Besessenheit« in ihrem Konvent. Zuerst wurde von Kardinal Richelieu eine Untersuchungskommission gebildet, dann wurde Grandier vor Gericht gestellt. Ein höchst zweifelhaftes Dokument, von dem behauptet wurde, es sei ein Pakt, den Grandier und diverse Geister mit ihrem Blut unterzeichnet hätten, wurde als Beweisstück vorgelegt – mit einer äußerst nachteilhaften Wirkung, denn in einem farcenhaften Gerichtsverfahren wurde Grandier für schuldig befunden, er praktiziere Magie, und darauf für seine »Verbrechen« bei lebendigem Leibe verbrannt.

Die Ereignisse in Loudun und Aix-en-Provence liefern vielsagende Einblicke in die Rechtsverdrehungen, zu denen der Hexenwahn führte. Fast dreihundert Jahre inquisitorischer Anklagen forderte einen ungeheuren Tribut. Die Verfolgungen in Europa führten zu etwa 200 000 Hinrichtungen, mindestens die Hälfte davon in Deutschland. Dabei wurden mindestens doppelt so viele Frauen wie Männer wegen Hexerei verurteilt.[7]

England und Schottland

Auf dem europäischen Kontinent waren Anklagen wegen Hexerei häufig eng mit Anklagen wegen Ketzerei verflochten. In den englischen und schottischen ging es dagegen mehr um niedere Magie und Hexenzauber – und um Verfluchungen, die sich gegen kleine Kinder oder das Vieh in Stall und Hof richteten, sowie um Zauber, die Schaden oder Krankheit bewirken sollten. Daneben wurden auch häufig Frauen beschuldigt, sie würden sich Hexenschutzgeister halten. Es gab Prüfungen zum Nachweis, ob man eine Hexe vor sich hatte, darunter das »Schwämmen«, wobei die Hexe an Händen und Füßen gefesselt in tiefes Wasser gestoßen wurde: Ging sie unter, so war dies der Beweis dafür, dass Gottes Wasser sie akzeptiert hatte, und sie wurde wieder an Land gezogen, doch meistens ertranken die Frauen bei diesem Verfahren; trieb sie dagegen auf dem Wasser, so war sie schuldig. Eine andere Methode war das »Kneifen«: Die Hexe wurde an allen Stellen des Körpers mit Zangen gezwickt, um »Teufelsmale« zu entdecken, denn solche Stellen waren, wie es hieß, unempfindlich für Schmerzen.

Der Brauch des »Schwämmens« einer angeklagten Hexe. Wenn sie unterging, war sie unschuldig, konnte dabei aber ertrinken; wenn sie auf der Wasseroberfläche trieb, war sie schuldig. Holzschnitt, 16. Jahrhundert.

Während der Herrschaft von Queen Elizabeth II. (1558–1603) wurde das Interesse an Hexerei eher abgedämpft. Der Astrologe John Dee genoss beträchtlichen Einfluss bei Hofe und war beauftragt worden, ein günstiges Datum für die Krönung der Königin zu berechnen. Dessen ungeachtet wurde von Elizabeth im Jahr 1563 ein Statut erlassen, das für Hexen und Zauberer die Todesstrafe befahl. Nach diesem Gesetz war es ein Verbrechen, zu egal welchem Zweck und unabhängig davon, ob daraus irgendein Schaden entstand, böse Geister anzurufen. Die Betreffenden wurden nach zivilem und nicht nach kirchlichem Recht angeklagt und, im Falle der Verurteilung, erhängt, also nicht verbrannt. In dieser Zeit endeten in

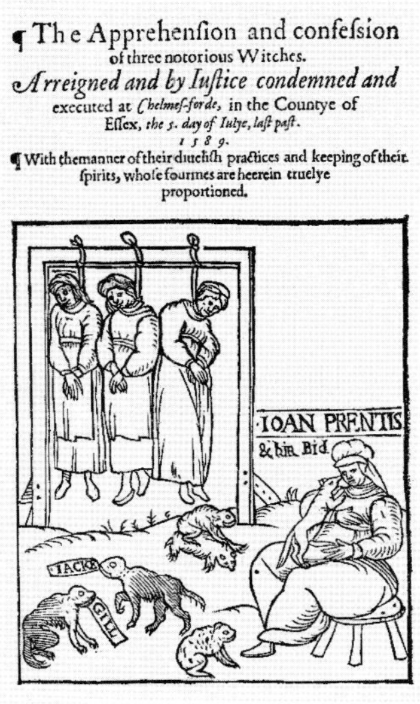

Erhängte Hexen nach einem Prozess im Jahr 1589 in Chelmsford, Essex, einem Zentralort des Hexenwahns in England.

England etwa 1000 Hexen am Galgen. Der erste bedeutende Prozess aufgrund dieses Erlasses fand 1566 in Chelmsford, Essex, statt.

Während des 16. und 17. Jahrhunderts hielten die Schwurgerichte in Chelmsford vier bedeutende Hexenprozesse ab. Im ersten wurden drei Frauen angeklagt: Elizabeth Francis, Agnes Waterhouse sowie deren Tochter Joan Waterhouse, alle aus dem Dorf Hatfield Peverell. Es wurde behauptet, ihr weiß gefleckter Kater Sathan sei ein Hexenschutzgeist, er könne sprechen und sei vom Teufel besessen. Elizabeth Francis gestand, dass sie von ihrer Großmutter, Mother Eve, in der Hexenkunst unterwiesen worden sei. Diese habe sie gelehrt, Gott abzuschwören und ihr Blut dem Teufel zu schenken. Ferner gestand sie, William Augers Baby verhext zu haben, das daraufhin »siech« wurde. Elizabeth wurde mit einem Jahr Kerker bestraft. Agnes Waterhouse legte Zeugnis ab, sie habe eine Person namens William Fyness verhext, der infolgedessen gestorben sei, und sie habe ihrer Katze befohlen, das Vieh und die Gänse ihres Nachbarn zu vernichten. Joan Waterhouse wurde unterdessen angeklagt, sie habe ein zwölfjähriges Mädchen namens Agnes Brown verhext, das daraufhin an ihrem rechten Arm und Bein »siech« geworden sei. Joan wurde freigesprochen, aber ihre Mutter wurde der »Verhexung zum Tode« schuldig befunden und – als erste Frau, die in England wegen Hexerei hingerichtet wurde – am 29. Juli 1566 erhängt.

Im zweiten und dritten Prozess von Chelmsford im Jahr 1579 wurden vier Frauen der Hexerei angeklagt: Eine davon war wieder Elizabeth Francis. Die Anklagepunkte umfassten zwei Fälle von Verhexung mit Todesfolge für einen Menschen und eine Anklage der Verhexung eines Wallachs und einer Kuh, die beide daran eingegangen seien. Drei der vier Hexen, darunter Elizabeth Francis, wurden erhängt.

Der vierte bedeutende Hexenprozess in Chelmsford im Jahr 1645 wurde von dem »Hexenfinder« und Puritaner Matthew Hopkins angeregt. Frontispiz des Traktats »Discoverie of Witches«, 1647.

Im Prozess gegen die Hexen von North Berwick wurden die Angeklagten dem König James VI. von Schottland (und späteren König James I. von England) vorgeführt. Holzschnitt aus »Newes in Scotland«, 1591.

Der vierte große Prozess von Chelmsford im Jahr 1645 wurde durch den berüchtigten »Hexensucher« und Puritaner Matthew Hopkins angeregt, der seinen Lebensunterhalt damit verdiente, dass er durch die Lande zog, den Hexenwahn schürte und für jede erfolgreiche Hexenverurteilung von den örtlichen Gemeinden eine Prämie einforderte. Hopkins wurde so zu einem der gefürchtetsten Männer in den östlichen Grafschaften und lieferte »mehr Hexen an den Galgen, als all die anderen Hexenjäger in den 160 Jahren erhängten, in denen diese Verfolgung in England blühte«.[8] Hopkins schenkte König James VI. von Schottland Glauben, der in seiner Schrift »Daemonologie« (1597) behauptete, das wichtigste Indiz für eine Hexe bestehe darin, dass sie sich »Schutzgeister« hielte und durch ein »Hexenmal« an ihrem Körper säugte. Wie viele Menschen Hopkins in Chelmsford zur Anklage brachte, ist nicht bekannt, aber der Gefängniskalender sowie die nach den Prozessen verbreiteten Flugschriften listeten 38 Männer und Frauen auf, wovon nach Hopkins' Behauptung 29 verurteilt wurden.[9]

James VI. (ab 1603 auch König James I. von England) hatte sich zu einem versierten Wortführer des Hexenwahns entwickelt, nachdem ihn ein Prozess in den Jahren 1590-92 davon überzeugt hatte, dass er ein Opfer von Hexerei geworden war. Der Prozess gegen die so genannten Hexen von North Berwick ist einer der am besten bekannten Hexenprozesse der schottischen Geschichte. Gillis Duncan, die bei einem David Seaton in der Stadt Tranent in Dienst stand, war eines Tages plötzlich von wunderlichen Heilkräften besessen und pflegte sich nächstens aus dem Haus ihres Herrn zu schleichen. Seaton argwöhnte, dass der Teufel ihr ihre Kräfte verliehen habe, und ließ sie der Folter unterziehen. Als sie dennoch nicht gestand, eine Hexe zu sein, brachte eine Untersuchung ihres Körpers an ihrer Kehle ein »Teufelsmal« ans Licht. Darauf gestand sie, mit dem Teufel im Bunde zu sein.

Gillis Duncan wurde ins Gefängnis geworfen und ermuntert, andere zu verraten. Sie nannte die Namen mehrere Männer und Frauen, darunter eine wohl bekannte »weise Frau«, Agnes Sampson, sowie ehrbare Bürger wie John Fian, Euphemia Maclean und Barbara Napier. Agnes Sampson wurde vor König James und einen Rat der Nobilität gebracht, aber sie weigerte sich, zu bekennen, dass sie eine Hexe war. Man unterzog sie der schweren Folter und entdeckte an ihren Genitalien ein Teufelsmal. Darauf bekannte sie sich der 53 gegen sie erhobenen Anklagepunkte schuldig. In den meisten davon ging es um Diagnose und Behandlung von Krankheiten durch Hexerei.

Nach dem Buch »Newes from Scotland, Declaring the Damnable life of Dr. Fian, a Notable Sorcerer« (1591) gestand Agnes Sampson, dass sie mit rund 200 Hexen an Allerheiligen (31. Oktober) einem Sabbat beigewohnt und dort mitsamt ihren Hexenschwestern nach allerhand »fröhlichem Treiben und Umtrunk« des Teufels Gesäßbacken geküsst hatte. Sie schilderte auch, wie sie einmal für einen Hexenzauber eine schwarze Kröte an den Fersen aufgehängt und das Gift, das ihr aus dem Maul troff, in einer Austernschale aufgefangen hatte. Sie gestand dem König höchstpersönlich, wie sie zusammen mit einem Hexen-»Coven« versucht hatte, ihn

The Wonders of the Invisible World.

OBSERVATIONS

As well *Historical* as *Theological*, upon the NATURE, the NUMBER, and the OPERATIONS of the

DEVILS.

Accompany'd with,

I. Some Accounts of the Grievous Molestations, by DÆMONS and WITCHCRAFTS, which have lately annoy'd the Countrey; and the Trials of some eminent *Malefactors* Executed upon occasion thereof: with several Remarkable *Curiosities* therein occurring.

II. Some Counsils, Directing a due Improvement of the terrible things, lately done, by the Unusual & Amazing Range of EVIL SPIRITS, in Our Neighbourhood: & the methods to prevent the *Wrongs* which those *Evil Angels* may intend against all sorts of people among us, especially in Accusations of the Innocent.

III. Some Conjectures upon the great EVENTS, likely to befall, the WORLD in General, and NEW ENGLAND in Particular; as also upon the Advances of the TIME, when we shall see BETTER DAYES.

IV. A short Narrative of a late Outrage committed by a knot of WITCHES in *Swedeland*, very much Resembling, and so far Explaining, *That* under which our parts of *America* have laboured!

V. THE DEVIL DISCOVERED: In a Brief Discourse upon those TEMPTATIONS, which are the more Ordinary *Devices* of the Wicked One.

By Cotton Mather.

Boston Printed by *Benj. Harris* for *Sam. Phillips*. 1693.

Titelseite eines Hexenjagd-Pamphlets von Cotton Mather, worin die Prozesse von Salem beschrieben werden. Boston, Mass. 1693.

im Jahr 1589 auf hoher See zu ertränken, indem sie einen Sturm entfesselten, als er gerade mit seiner Braut, Prinzessin Anna von Dänemark, von Oslo nach Schottland segelte. Sein Schiff bleib zwar unbeschadet, doch ein anderes Boot sank im Sturm. James war sichtlich überzeugt, als Agnes Sampson auch noch ein privates Gespräch wiedergab, das er mit Anna während ihrer Hochzeitsnacht geführt hatte.

Zum Abschluss schilderte Agnes Sampson noch einen weiteren Hexensabbat in der Kirche von North Berwick, dem über hundert Männer und Frauen beigewohnt hatten. Die Hexen hätten dem Teufel das Zeichen ihrer Ehre erwiesen, und nachdem sie die Kirche mehrmals von außen *widdershins* (gegen den Uhrzeigersinn) umschritten hätten, hätte Fian allein mit seinem Atem die Kirchentore aufgeblasen. Umgeben vom Licht schwarzer Kerzen hätte der Teufel die Kanzel bestiegen, eine Predigt gehalten und die Mitglieder seiner Versammlung ermahnt, »des Teufels nicht zu schonen; dem Essen, Trinken und fröhlichen Treiben zu frönen, denn er werde sie am jüngsten Tage wieder in Herrlichkeit auferstehen lassen«. Dann seien die Mitglieder des Hexenzirkels zum Friedhof hinausgezogen, wo der Teufel ihnen gezeigt hätte, wie man mithilfe magischer Zauber Leichen zerfleddert.

Insgesamt wurden während der Prozesse von North Berwick 70 Personen der Hexerei angeklagt. Viele wurden in den Kerker geworfen. Agnes Sampson, John Fian und Euphemia Maclean gehörten zu denen, die wegen praktizierter Hexerei und Nekromantie hingerichtet wurden.

Die amerikanischen Kolonien

In den amerikanischen Kolonien erregte das Hexenwesen bis zur Mitte des 17. Jahrhunderts kein größeres Interesse. Die erste Hexenerhängung fand 1647 in Connecticut statt, und 1662 erfolgten ähnliche Hinrichtungen in Providence, Rhode Island.[10] Die am besten dokumentierten Hexenprozesse in den amerikanischen Kolonien waren jedoch die von Salem im Jahr 1692.

In Salem Village (heute Danvers, Massachusetts) begann die neunjährige Betty Parris und ihre elfjährige Cousine Abigail Williams zusammen mit anderen Mädchen mit Wahrsagerei zu experimentieren. Sie versuchten einander ihre Zukunft und die Berufe ihrer künftigen Ehemänner vorauszusagen und hatten sich dazu mit einem in einem Glas Wasser schwimmenden Eiweiß eine primitive Kristallkugel hergestellt. Als Erste wurde Betty Parris von Entsetzen ergriffen, dann auch die anderen, und sie begannen nervöse Symptome zu zeigen. Bettys Vater, Reverend Samuel Parris, rief Dr. William Griggs herbei, der jedoch keinerlei physische Ursache für diese Symptome finden konnte und vermutete, die Mädchen könnten vielleicht Opfer einer Verhexung sein. Bald darauf begannen sie in konvulsivische Krämpfe zu verfallen.

Drei Frauen wurden beschuldigt, die mysteriösen Symptome verursacht zu haben: Sarah Good, Sarah Osborne und eine westindische Sklavin namens Tituba. Sarah Good und Sarah Osborne stritten die Beschuldigungen ab, aber Tituba gestand, dass sie Kontakt mit dem Teufel gehabt habe und auf einem Stock durch die Luft zu »Hexenversammlungen« geritten sei. Sie behauptete auch, dass es in Massachusetts einen Hexen-Coven gab, dessen Oberhaupt ein großer weißhaariger, in Schwarz gekleideter Mann sei, der sie gezwungen habe, sich mit ihrem Blut in sein Teufelsbuch einzutragen.

Unten: Mutterkorn-»Hahnensporne« an infiziertem Roggen. Von dieser Krankheit befallenes Getreide führt beim Verzehr zu epileptischen Symptomen und Halluzinationen.
Oben: Dies könnte die Ursache der zahlreichen Ausbrüche von »Veits-Tänzen« wie auf der Zeichnung von Pieter Brueghel d. Ä. aus dem 16. Jahrhundert gewesen sein.

Als die Hysterie zuerst in Salem Village und dann in Salem Town weiter um sich griff, wurde ferner behauptet, dass die Hexen, die den Teufelsversammlungen beiwohnten, schwarzes Kommunionsbrot zu sich nähmen, an ihren Hexenzitzen tierische Schutzgeister säugten und verschiedene Maleficia praktizierten, die sie gegen ihre Feinde richteten.

Ein halbes Jahr lang konnten in der ehemals puritanischen Kolonie Massachusetts Bay keine Prozesse geführt werden, da die Selbstverwaltungs-Charta von den britischen Gerichten zurückgezogen worden war. 1692 traf aus England jedoch ein neuer Gouverneur, Sir William Phips, mit einer neuen Charta in Massachusetts ein, und dieser genehmigte die Hexenprozesse. So wurden in der Zeit vom 10. Juni bis zum 22. September 1692 neunzehn Personen, darunter Sarah Good, erhängt, eine wurde zu Tode gequetscht und mehr als Hundert kamen ins Gefängnis, darunter auch der Sohn des früheren Gouverneurs. Sarah Good stritt bis zum Schluss die Beschuldigungen ab und sagte zu einem ihrer Ankläger, einem Reverend Noyes: »Ich bin ebenso wenig eine Hexe wie Ihr ein Hexer seid, und wenn Ihr mir mein Leben nehmt, so wird Gott Euch Blut zu trinken geben.« Kurioserweise starb Noyes im Jahr 1717 an einem inneren Bluterguss, so dass er tatsächlich an seinem eigenen Blut ertrank. [11]

Untersuchungen von verschiedenen Wissenschaftlern, darunter Linnda R. Caporael, lassen darauf schließen, dass der Hexenwahn durch Mutterkorn verursacht wurde, das das Brot enthielt, von dem sich die Gemeinde ernährte. Mutterkorn ist ein natürlicher, im Getreide vorkommender Pilz, der starke Halluzinationen hervorrufen kann. In einer puritanischen Gemeinschaft wie der von Salem, die von starker Angst vor dem Teufel geprägt war, konnte also der Verzehr von Mutterkorn durchaus dramatische Folgen haben, indem es Hysterie und Paranoia auslöste und am Ende vielen unschuldigen Opfern das Leben kostete. [12]

Magie, Kosmologie und frühe Wissenschaft

Hatte die mittelalterliche Hexenkunst auch viel mit Ketzerei und Glaubensabweichung zu tun, so darf nicht verkannt werden, dass die mittelalterliche Magie viel mit frühen Formen von Wissenschaft zu tun hatte. Im 12. Jahrhundert gab es Männer wie Duns Scotus oder William Ockham, die die Welt der natürlichen Phänomene erforschen wollten, auch wenn dies im Gegensatz zu Thomas von Aquins Vorstellung eines einzigen unteilbaren Systems, das abhängig von Gott sei, stand. Wie der britische Historiker Andrew McCall bemerkte, führte dies zu einer Spaltung des mittelalterlichen Bewusstseins. Die frühen wissenschaftlichen Forscher hätten zu erklären gehabt, »dass es tatsächlich zwei Formen von Wissen gab: auf der einen Seite das rein physische oder, wie wir sagen würden, das wissenschaftliche, und auf der anderen das theologische oder göttliche. Diese Unterscheidung zwischen der physischen Natur einer Sache und ihrer göttlichen Natur, wie sie alle Ebenen der Gesellschaft durchdrang und in jedem Aspekt des Lebens zur Anwendung kam, war das, was im Spätmittelalter zur Entstehung der vorherrschenden Geisteshaltung des zweifachen Denkens führte. [...] Für mittelalterliche Menschen war die theoretische oder göttliche Natur ebenso real wie die praktische – wenn nicht, da die Welt hienieden nur die unvollkommene Spiegelung der göttlichen Welt war, sogar noch realer.«[13]

Vom späten Mittelalter bis zur frühen Renaissance ragen bestimmte »magische« Persönlichkeiten, Philosophen und Beobachter von Naturphänomenen als Pioniere der Forschung heraus, die danach strebten, die Beschränkungen der religiösen Orthodoxie zu überwinden, während sie zugleich die Ehrfurcht gebietende und von Geheimnis umgebene Natur des Universums respektierten. In manchen Kreisen wurden sie als Ketzer und Magier gebrandmarkt, aber die Denker dieser Art beschritten, wie Henry M. Pachter in seiner Paracelsus-Studie schrieb, in Wirklichkeit einen Weg, der am Ende zur Entstehung der Wissenschaft führte: »Die mittelalterliche Magie [...] antizipierte die moderne Technologie. Experimente mit den verborgenen Kräften der Natur waren dazu bestimmt, die Wissenschaft hervorzubringen, wie wir sie kennen. Paracelsus und seine Schüler [...] hatten eine recht klare und rationale Vorstellung von dem, was Aberglaube von Wissenschaft unterscheidet: ›Natürliche Magie ist die Nutzung von wahren, natürlichen Ursachen, um mit Methoden, die weder abergläubisch noch teuflisch sind, rare und ungewöhnliche Wirkungen zu erzielen [...]‹.«[14] Albertus Magnus, Agrippa von Nettesheim, Paracelsus und John Dee begegnen den magischen Künsten mit einem anderen Ansatz – einem Ansatz, der schon bald den Weg für den Übergang von der Magie zur Wissenschaft bereiten sollte.

Albertus Magnus

Albertus Magnus (ca. 1200–80) wurde im schwäbischen Lauingen geboren. Er stand bei seinen Zeitgenossen als Philosoph, Alchemist und Theologe in hohem Ansehen. Obwohl er behauptete, die Jungfrau Maria habe ihn inspiriert, und

Albertus Magnus: ein Mann der Magie und frühen Wissenschaft sowie Mentor des hl. Thomas von Aquin. Aus einem Fresko von Tommaso da Modena, Treviso, um 1350.

obwohl er Bischof von Regensburg wurde und ein Mentor des Thomas von Aquin war, verdächtigten ihn dennoch manche, er pflege Umgang mit dem Teufel. Er war jedoch mehr Philosoph als Magier, im Wesentlichen ein Beobachter von Naturphänomenen. Er war ein begieriger Feldbotaniker, besichtigte Bergwerke und Mineralienhalden und war fasziniert von den »wunderlichen Tugenden« der Pflanzen und Steine; seine Studien wurden später als »natürliche Magie« bezeichnet. Albertus Magnus glaubte, dass Edelsteine mit bestimmten Eingravierungen magische Kräfte besaßen, und er betrachtete die Astrologie als die Grundlage aller Formen der Divinisation. Dies geschah jedoch aus dem vorwissenschaftlichen Grund, dass die Himmelskörper, genau wie Aristoteles festgesetzt hatte, als Lenker aller irdischen Dinge betrachtet wurden. In ähnlicher Weise betrachtete Albertus auch die Alchemie als eine »wahre Kunst« und vertrat die Idee, dass sich Gold künstlich herstellen ließ. Nach volkstümlicher Überlieferung besaß er einen Edelstein, der Wunder wirken konnte: »Als Graf Wilhelm II. von Holland mit ihm zu Köln speiste, ließ Albert den Tisch im Klostergarten decken, obwohl es mitten im Winter war. Als die Gäste ankamen, fanden sie einen schneebedeckten Tisch vor. Als sie sich aber gesetzt hatten, verschwand der Schnee, und der Garten füllte sich mit duftenden Blumen. Die Vögel flogen umher wie im Sommer, und die Bäume standen in voller Blüte.«[15]

Albertus war gleichermaßen ein Mann der Magie wie auch ein Mann der Wissenschaft. Von seinesgleichen wurde er als jemand betrachtet, der die grundsätzlich rätselhafte Natur der ihn umgebenden Welt wahrhaft begriff. Daher war es völlig glaubwürdig, dass das heute als »Buch der Geheimnisse« bekannte anonyme Werk

Das ander Buch

Sieben Kreuter deß grossen Alexanders deß Keysers/der sieben Planeten Kreuter genant/folgen hernach.

j. Goltwurtz Saturni.

SEin safft ist gůt dem schmertzen der nieren vnnd schienbeyn/vnd wirt gegeben denē die da schmertzen leiden.

Die wurtzel ein wenig gekocht/sollen die besessen mēschen/die melancholici tragen in eim schönen tůchlin/so werden sie entledigt.

Kinder den die zeen koment oder erst wachsent/die sollen sie auch tragē/so koment sie her für on schmertzē.

Die wurtzel getragen bei nacht/versichert vor allem vnfall.

Alberti Magni. xlj

II Wegwart der Sonnen.

WEgwart hat den namē empfangen vō der Sonnen/dann es ist geyl. Etlich habens genant/dz hauß der Sonnen/Wañ diß kraut das heylt deß hertzen vñ deß magens wee. Trincket jmant sein safft so macht es jn vast keusch.

Der bei ihm tregt sein wurtzel/so heylt es den wee tagen der augen.

Es hilfft auch den Freneticis/so sie das bei jnen tragen an der brust.

L

Doppelseite aus dem »Buch der heimligkeiten Alberti Magni«, worin die Planeten mit bestimmten Pflanzen, hier z.B. der Saturn mit der »Goldwurtz« oder Lilie, assoziiert werden.

ihm zugeschrieben wurde. Der vollständige Titel der Straßburger Ausgabe von 1519 lautete »Das buch der versamlung / oder das buch der heimligkeiten Magni Alberti / von artzney vnd tugenden der krüter vnnd edelgestein /vnd von etliche wolbekanten thieren«. Es war bereits im Mittelalter weithin bekannt. Obwohl der Text persönliche Hinweise auf Albertus Magnus enthält und einige Passagen über Edelsteine aus einem seiner Werke stammen, wurde das Werk jedoch wahrscheinlich von einem seiner Anhänger verfasst. Und doch zeugt es davon, wie fasziniert jene Zeit von den Geheimnissen oder »wunderlichen« Eigenschaften war, die man Pflanzen, Edelsteinen, Tier- und Vogelarten sowie bestimmten Teilen des menschlichen Körpers zuschrieb. Das Buch wurde in mehrere Sprachen, darunter ins Spanische, Französische, Italienische, Holländische und Englische übersetzt.

»Die Menschen der elisabethanischen Zeit«, so Michael Best und Frank Brightman, »pflegten ihr Wissen nicht zu untergliedern; genau wie die philosophischen Konzepte von den vier Grundeigenschaften und -elementen auch die Grundlage sämtlicher Unternehmungen in der Naturwissenschaft – in der Alchemie, den Herbarien und Bestiarien, der Medizin, bis hin zur Astrologie und Psychologie – bildeten, so wurden auch die verschiedenen Bereiche des menschlichen Wissens als Teile eines harmonischen Ganzen anstatt als separate, möglicherweise einander widersprechende Disziplinen empfunden. Jedes Studium in seinem Mikrokosmos spiegelte den Makrokosmos eines geordneten Universums wider; sogar Magie und Hexerei ließen sich in das allumfassende Muster einfügen.«[16]

Das »Buch der Geheimnisse« lehrt uns: »Die tugent der syben kreütern [stammen] nach des keysers Alexanders sage [...] von dem ynfluß der planeten.« Das »erst kraut« *Daffodillus* (Narzisse) erhält seine Kraft vom Saturn, das »ander kraut« *Polygonia* (Knöterich) die seine von der Sonne, das »dritt kraut« *Chynostatus* (»hundstrübel oder capres«?) vom Mond, das »vierd kraut« *Arnoglossa* (Wegerich) vom Mars, das »fünfft kraut« *Pentaphyllon* (Fünffingerkraut) vom Merkur, das »sechst kraut« *Archaroma* oder *Jusquiamus* (Bilsenkraut) erhält seine heilende Kraft vom Jupiter, und das »sybend kraut« *Herba columbaria* oder *Verbena* (Eisenkraut) bezieht seine Wirkung von der Venus.

Cornelius Agrippa von Nettesheim: der berühmte christliche Kabbalist, der zu Unrecht der Nekromantie und Schwarzkunst beschuldigt wurde.

Erhellend sind auch die Kommentare über verschiedene Steine und Wildtiere: Willst du deine Feinde besiegen, »so nym den stein der da genant wurt *Adamas* [= Diamant] / vnd ist einer durchsichtigen farb[,] vast [= sehr] hert/ [so dass] er nit mag gebrochen werden / dann [= außer] allein mit bocks blut. Unn wechset in *Arabia* oder *Cypern*. Und so er gebunden würt an die lincken achsel oder seyten / so ist er güt wider die feind vnd unsinnigkeit [= Irrsinn] / und wider die wilden ungezempten thirer [=Tiere] / und wider gifft und anlauff der fantaseyen« [= d.h. gegen Zanksucht und Anfälle wunderlicher Launen][17] Von der Amsel, »ein vogel wolbekant«, heißt es: »sein tugent ist wunderlich«, denn wenn »die federn seins rechten flügels gehenkt wrden mitten in das haus mitt einem roten faden[,] der noch nye gebraucht ist / so mag [= kann] nye mand in dem hauß schlaffen«, bis der Flügel wieder von »dannen gethan würt«. [18] Auch ein Hundeherz oder Wolfsauge tut gute Wirkung: Wenn »yemant das hertz eines hundest treyt vff der linken seyten / so [v]erstumment alle hunt [...], und wenn »yemant ein wolffsaug« und zwar »das rechte bindet in den rechten ermel / so mag [= kann] in kein schad geschehen«.[19]

Cornelius Agrippa von Nettesheim

Cornelius Agrippa von Nettesheim (1486–1535) wurde in adligen Kreisen in Köln geboren. Zuweilen wird er als archetypischer Schwarzmagier porträtiert. Er soll einen magischen Spiegel besessen haben, in dem er zukünftige Ereignisse voraussehen konnte. Es wurde auch gemunkelt, er befasse sich mit Nekromantie, da er glaubte, er könne die Geister der Toten beschwören, und der schwarze Hund, der ihn begleitete, sei ein dämonischer Schutzgeist gewesen. Agrippa ist jedoch zutreffender als christlicher Kabbalist zu betrachten. Sein berühmtes Werk »De Occulta Philosophia« wird heute zu den Schlüsselwerken der kabbalistischen Magie der Renaissance gezählt.

Bei Kaiser Maximilian I. in Diensten stehend, studierte Agrippa in Köln zunächst das Werk des Albertus Magnus und scheint dann Mitglied verschiedener Geheimgesellschaften geworden zu sein. Nachdem er die erste Fassung von »De Occulta Philosophia« um 1509/10 in Deutschland vollendet hatte, kam er zu Bibelstudien nach London, wo er mit dem englischen Humanisten John Colet, dem Dechanten von St. Paul, in Verbindung stand, der sich ebenso sehr für die Paulus-Briefe wie für die Kabbala interessierte. Ein Jahr später ging er nach Italien, wo er die hermetische Tradition und die Kabbala studierte.

Im Jahr 1533 veröffentlichte Cornelius Agrippa in Antwerpen »De Occulta Philosophia« sowie ein früheres Werk »De Vanitate Scientiarum«, wodurch er seinen Ruhm als Metaphysiker wesentlich vermehrte. In »De Vanitate Scientiarum« sagt Agrippa, dass intellektuelles Wissen wertlos sei, beschreibt in der Folge die natürliche wie auch die mathematische Magie und erörtert sowohl »böse Magie«, die mit Dämonen zu tun hat, als auch »gute Magie«, die sich mithilfe der Kabbala auf Engel beruft. Agrippas Grundbotschaft ist dennoch in christlichem Sinne konventionell: Nur Christus kann moralische Philosophie lehren, und es gibt keinen anderen Schlüssel zum Wissen als durch das Wort Gottes.

In »De Occulta Philosophia« teilt Agrippa das Universum in die elementare, die himmlische und die intellektuelle, verstandesmäßig fassbare Welt ein, wobei jede von der über ihr liegenden beeinflusst wird. Die ›Tugend‹ oder Kraft des Schöpfers wirkt über die Erzengel in die intellektuelle Welt herab, wird dann an die Sterne in der himmlischen Welt übermittelt und dringt schließlich in die physische Welt herab, wo sie die Elemente – aus denen alle Dinge erschaffen sind – durchdringt.

»De Occulta Philosophia« ist in drei Bücher unterteilt. Das erste handelt von der natürlichen Magie oder Magie in der elementaren Welt; das zweite handelt von der Magie der Sterne sowie davon, wie sie anzuwenden ist; das dritte handelt von der so genannten zeremoniellen Magie, d.h. von der Magie, in die Engelsgeister einbezogen werden.

Nach der Renaissance-Forscherin Frances Yates verstand sich Agrippa selbst in hohem Maße als christlichen Kabbalisten: »Er achtet darauf, dass nur die Einflüsse guter und heiliger Engel angerufen werden und dass die Sternen-Dämonen mit ihrer Hilfe ungefährlich gemacht werden. Agrippas okkulte Philosophie ist bestrebt, eine ausgesprochen weiße Magie zu sein. De facto ist sie im Grunde eine Religion, da sie Zugang zu den höchsten Mächten fordert, und dabei auch eine christliche, da sie den Namen Jesu als den höchsten der wunderwirkenden Namen akzeptiert.«[20]

Paracelsus: Arzt, Alchemist und Astrologe, der verkündete: »Die Heilkunst gründet auf der Natur«.

Paracelsus

Paracelsus (1493–1541) gehört zu den berühmtesten unter den mittelalterlichen Metaphysikern. Er wurde unter dem Namen Theophrastus Bombastus von Hohenheim in Einsiedeln bei Zürich in der Schweiz geboren. Seine Kindheit verbrachte er in Villach im österreichischen Kärnten. Bereits unter Anleitung seines Vaters, eines Arztes, soll er medizinische Studien betrieben und um 1515 seinen Doktortitel von der medizinischen Fakultät der Universität von Ferrara in Norditalien erhalten haben. Danach wanderte er nach Rom, Neapel, Spanien, Portugal, Paris, London, Moskau, Konstantinopel und Griechenland und nahm 1526 eine Stellung als Stadtphysicus und Professor der Medizin in Basel an. Nach nur elf Monaten in Basel verbrachte er den Rest seines Lebens als Wanderarzt, wobei er zwischen verschiedenen Orten in Österreich und Deutschland hin und her wechselte.

Paracelsus war als Arzt hoch angesehen, er war ein Spezialist auf dem Gebiet der Bronchialkrankheiten und entwickelte die erste umfassende Behandlung der Syphilis. Frühere medizinische Pioniere wie Avicenna, Galen oder Razes lehnte er als pedantisch und zu theoretisch ab. Paracelsus glaubte, dass die Heilkunst auf vier voneinander getrennten Fundamenten aufbaute: auf einem vernünftigen philosophischen Ansatz, auf der Astronomie (womit er in Wirklichkeit medizinische Astrologie meinte), auf der Alchemie sowie auf der moralischen Reinheit des Arztes selbst. Er schrieb ausführlich über die Verbindungen zwischen Heilkunst und Astrologie und interessierte sich für die möglichen Verbindungen zwischen Wetter und Krankheit.

Paracelsus maß der hermetischen Lehre von Makrokosmos und Mikrokosmos eine hohe Bedeutung bei, denn er glaubte, jeder Mensch sei ein Spiegel des Universums. Er entwickelte auch die so genannte Signaturenlehre oder »Lehre von den Zeichen«, die er von Albertus Magnus geerbt hatte. Dieses Konzept basiert auf dem Prinzip, dass jeder Teil des menschlichen Organismus (Mikrokosmos) mit einem Teil des Makrokosmos oder geistigen Universums korrespondiert und dass diese Verbindung durch eine gewisse Ähnlichkeit in Farbe oder Form hergestellt wird – die seine wesenhafte »Signatur« ist.

Paracelsus betrachtete Krankheit als eine Form von Ungleichgewicht und vertrat die These, dass ein gesunder Mensch die drei alchemistischen Konstituenten Sulphur (= Schwefel; männlich), Merkur (= Quecksilber; weiblich) und Sal (= Salz; neutral) in vollkommener Harmonie in sich vereint. Er stimmte auch der Vorstellung zu, dass jedes Element von Elementargeistern regiert wird, und nannte die Feuergeister *aetherici*, die Luftgeister *nenuphareni*, die Wassergeister *melosinae* und die Erdgeister *pigmaei*. Im Grunde glaubte er, was viele holistische Ärzte und Naturheilpraktiker auch heute noch glauben: »Die Medizin gründet auf der Natur, die Natur selbst ist Medizin, und nur in ihr allein sollen die Menschen sie suchen. Und die Natur ist die Lehrmeisterin des Arztes, denn sie ist älter als er.«[21]

Paracelsus studierte auch zusammen mit Johannes Trithemius, dem Abt von Sponheim, der Cornelius Agrippa in den magischen Traditionen unterwiesen hatte.[22] In seinem Werk »Archidoxis magicae artis« schreibt er: »Es mochte iemant denken, das ich zauberische oder der gleichen künst schribe. Nun ist das éinmal gesagt, das außerthalb der natur in disem [Buch] nichts solg geschriben werden, das nicht der natur und den himlischen kreften und [Einflüssen] zu wirken möglich sei, und das wir zum teil erfaren haben mit disen.«[23] Dennoch glaubte er, dass heilige Namen, magische Motive und astrologische Symbole in magische Talismane eingraviert werden und dann dem Patienten zu einem astrologisch geeigneten Zeitpunkt als Teil einer wirksamen Therapie um den Hals gehängt werden konnten. Als Erklärung schrieb Paracelsus: »So haben auch die zeichen ire kraft, characteres, buchstaben und signa, iedes sein wirkung. [Wie] nun des metalls natur und art, [so stimmen] auch des himels und der planeten einfluß und wirkung und dan der characteren, warzeichen und buchstaben bedeutung und eigenschaft mit samt warnemung der zeit stunt und tagen zusamen [...]. Was solt darin sein, das dis gemacht zeichen oder sigill nit solt ein kraft und wirkung haben?«[24]

Letztlich betrachtete Paracelsus wie Agrippa von Nettesheim seine magische und medizinische Kunst als vereinbar mit den Lehren der christlichen Tradition, denn alles geschieht dabei »durch und mit hilf und zutun des vaters der medicin, Iesum Christum, den ein[z]igen gesuntmacher«[25] und Erlöser.

Der Spiegel aus schwarzem Obsidian, den der berühmte elisabethanische Gelehrte Dr. John Dee dazu verwendete, um Geister zu sehen; darüber sein Lederetui. Er stammt von dem spanischen Konquistador Hernando Cortéz, der ihn in Mexiko erhalten hatte. Dort war der Obsidianspiegel ein Attribut des aztekischen Gottes Tezcatlipoca, der darin alle Dinge sehen konnte.

John Dee

John Dee (1527–1608) stand zu seinen Lebzeiten als klassischer Gelehrter, Philosoph, Mathematiker und Astrologe in hohen Ehren. Daneben faszinierte ihn auch Navigation und Astronomie. Er war der Sohn eines Bediensteten am Hof Heinrichs VIII. Ursprünglich zum Studium der Mathematik hingezogen, studierte er am St. John's College in Cambridge und dann an der Universität von Louvain. Seine Gönnerin war die Herzogin von Northumberland, die Gemahlin des Universitäts-Kanzlers von Cambridge. Er entwickelte sich zu einem populären akademischen Universitätsdozenten. Auf Anweisung der Queen Elizabeth I. beauftragte ihn Lord Dudley, ein astrologisch günstiges Datum für ihre Krönung zu berechnen.

Nach der Begegnung mit einem Magier namens Jerôme Cardan im Jahr 1552 begann sich John Dee für die Beschwörung von Geistern zu interessieren, doch seine ernsthafte Erforschung der magischen Welten setzte erst ein, als er Edward Kelley begegnete, der behauptete, er würde während seiner Geistervision mit Engeln kommunizieren. Um diese Engel anzurufen, verwendeten Dee und Kelley eine Kristallkugel sowie Wachstäfelchen, *almadels*, in die magische Symbole und die heiligen Namen Gottes eingraviert waren. Die Tafel für eine bestimmte Invokation wurde zwischen vier Kerzen gelegt, und die Engel erschienen, während Kelley in den Kristall blickte.

Im Jahr 1582 begann Kelley Botschaften in einer neuen Engelsprache, genannt »Enochisch«, zu empfangen. John Dee notierte in sein Tagebuch: »Nun schoss das Feuer aus E. K. seinen Augen heraus und wiederum hinein in den Stein. Und eine Weile verstand er rein gar nichts, noch konnte er irgendetwas lesen, noch sich

Porträt von John Dee im Alter von 67 Jahren, um 1585. Zeitweise war er fasziniert von Geisterbeschwörungen.

erinnern, was er gesagt hatte.« Zuweilen schien Kelley von Geistern besessen zu werden, von denen, laut Dee, einige sichtbar wurden: »[...] an seiner Seite erschienen drei oder vier geisterhafte Wesen wie arbeitende Männer, denn sie trugen Schaufeln in den Händen und ihr Haar hing ihnen herab bis über die Ohren.« Die Geister wollten wissen, weshalb man sie gerufen hatte, und Dee befahl ihnen zu verschwinden. Sie zogen sich zurück und kniffen Kelley dabei in den Arm. John Dee notierte: »Immer noch kamen sie ihn angaffen und umtanzen. Dann fragte ich ihn, wo sie sich befänden, und er deutete auf die Stelle und befahl jenem Gesindel, es möge verschwinden, und schleuderte ihnen einen Schlag mit dem Kruzifix entgegen, und da verschwanden sie auf der Stelle.«[26] Obwohl aus John Dees visionären Forschungen mit Edward Kelley ein Mangel an kritischem Urteilsvermögen zu sprechen scheint, entwickelten sie jedoch das so genannte Enochische System der Magie, das später in die moderne Magie des Westens aufgenommen wurde.

Als Mathematiker und Philosoph wurde John Dee während der elisabethanischen Ära als brillanter Intellektueller und als der englische Gegenpart zu den großen deutschen und dänischen Astronomen Kepler und Tycho Brahe angesehen. Sein astrologischer Ansatz folgte aus seiner Sicht den Prinzipien systematischer Beobachtung. In den Jahren um 1550 stellte er erstmals Horoskope auf und beschrieb die Astrologie als »eine mathematische Kunst, welche auf rationale Art die Funktionsweise und die Auswirkungen der natürlichen Lichtstrahlen und geheimen Einflüsse der Fixsterne und Planeten in jedem Element und elementaren Körper zu allen Zeiten in einem bestimmten Horizont demonstriert«.[27] Im Kontext seiner Zeit war John Dees Ansatz ein zutiefst wissenschaftlicher.

Kapitel 5

Tradition der Hermetik und Alchemie

Während des 15. und 16. Jahrhundert übte eine Reihe mystischer Schriften, die heute als die Hermetica oder die hermetische Tradition bezeichnet wird, in weiten Kreisen Europa großen geistigen Einfluss aus. Die hermetische Philosophie hatte ihre Wurzeln im Hellenismus und drang als Wiederbelebung eines essenziell gnostischen Denkens in die abendländische Esoterik ein. Während der Renaissancezeit wurde Florenz zum Zentrum der hermetischen Tradition, denn dort, am Hofe der Medici, erhielt diese metaphysische Blickrichtung bedeutende Unterstützung.

Wiedergeburt der Hermetik in Europa

Im Jahr 1460 brachte ein Mönch namens Leonardo da Pistoia griechische Manuskripte nach Florenz, die später unter dem Sammelbegriff »Corpus Hermeticum« oder »Hermetica« bekannt wurden. Diese in Makedonien gefundenen Texte wurden Cosimo de' Medici, einem bekannten Sammler griechischer Handschriften, präsentiert. Schon zwei Jahre später ließ Cosimo sie von seinem jungen Hofgelehrten Marsilio Ficino ins Lateinische übersetzen. Diese Aufgabe war 1463 vollendet, so dass Cosimo die Übersetzung noch vor seinem Tod im folgenden Jahr lesen konnte. Ficinos Texte befinden sich heute in der Bibliothek der Medici in Florenz.

Das hermetische Textmaterial bestand im Wesentlichen aus einem Corpus mystischer und philosophischer Schriften griechischer Herkunft, die aus dem Platonismus und Stoizismus, vielleicht auch aus dem Mithras-Kult schöpften und sich dann in einem gnostisch-ägyptischen Kontext weiterentwickelt hatten. Die meisten Fachleute sind sich darin einig, dass die Texte aus der Zeit zwischen der zweiten Hälfte des 2. Jahrhunderts n. Chr. bis zum Ende des 3. Jahrhunderts stammen. In diesen Schriften wird die zentrale Figur des Hermes Trismegistos (»dreifach größter Hermes«) als ein weiser spiritueller Lehrer präsentiert – ein gnostischer Meister, der in gewissem Sinne eine Verschmelzung aus Hermes und Thoth ist. Das »Corpus Hermeticum« hat die stilistische Form einer Reihe philosophischer Dialoge zwischen Hermes Trismegistos und seinen Anhängern.

»Poimandres« oder »Pymander«, der bekannteste Text – sein Titel lässt sich mit »Menschenhirte« übersetzen –, wird Hermes Trismegistos persönlich zugeschrieben und schildert die Schöpfung in der Form eines Traums. Der Meister versinkt in Schlaf und erhält Besuch von Poimandres, der ihm erklärt, wie Gottes Wissen erlangt werden kann. Marsilio Ficino hatte das Gefühl, dass große Teile des Textes göttlich inspiriert waren: »Sie nannten den Trismegistos den ›dreifach Größten‹, da er herausragender war als der größte Philosoph, der größte Priester und der größte König. Wie Platon schreibt, war es unter den Ägyptern Brauch, die Priester aus der Reihe der Philosophen und die Könige aus der Gesellschaft der Priester zu wählen. [...] Somit der erste unter den Philosophen, schritt er von der Naturphilo-

Hermes Trismegistos (»Dreifach größter Hermes«) mit Isis und Moses. Detail aus einem Fresko von Pinturicchio in den Borgia-Gemächern des Vatikan, Rom 1492–95.

sophie und Mathematik zur Betrachtung der Götter fort und war der erste, der auf höchst gelehrte Art über die Herrlichkeit Gottes, die Ordnungen der Dämonen und die Wanderung der Seelen disputierte. Daher wird er der erste Erfinder der Theologie genannt.«[1]

Obwohl heute allgemein anerkannt ist, dass die hermetischen Texte aus nachchristlicher Zeit stammen, scheint Ficino geglaubt zu haben, dass Hermes Trismegistos ein Zeitgenosse von Moses war, und er folgerte, dass Hermes und Moses ein und dieselbe Person gewesen seien. Ferner nahm Ficino an, dass Moses auf dem Berg Sinai die geheimen Lehren der Kabbala empfangen hatte – und somit wie Thoth-Hermes ein Wächter über das alte Wissen war.

Für Ficino stellten die hermetischen Schriften, vor allem der »Asclepius« und der »Poimandres des Hermes Trismegistos«, zutiefst inspirierende Lehren dar. »Merkur [d.i. Hermes Trismegistos]«, so schreibt Ficino in seiner Einleitung, »versteht es, in göttlichen Dingen [...] zu unterweisen. Wer göttliche Dinge nicht erfahren hat, kann sie nicht lehren; und wir können nicht durch menschliche Kunst entdecken, was oberhalb der Natur liegt. Das Werk muß daher durch ein göttliches Licht vollbracht zu werden, so dass wir durch gleißendes Sonnenlicht in die Sonne blicken können. Denn in Wahrheit wird der göttliche Verstand niemals in eine Seele gegossen, bevor die Seele sich vollkommen dem Verstande Gottes zuwendet, wie der Mond sich zur Sonne wendet.«[2]

Medaille mit dem Kopf von Ficinos Gönner Cosimo de' Medici, florentinische Schule, um 1460.

Medaille mit dem Kopf von Marsilio Ficino, vermutlich von Niccolò Fiorentino, um 1495.

Medaille mit dem Kopf von Giovanni Pico Graf von Mirandola, Niccolò Fiorentino, um 1495.

Ficino sah keinen Widerspruch darin, orthodox katholische Theologie mit Neuplatonismus zu verschmelzen, denn Hermes war bereits von christlichen Autoritäten wie Augustinus und dem christlichen Dichter Lactantius aus dem 5. Jahrhundert gebilligt worden. In dieser neuen synkretistischen Kosmologie spiegelte die christliche Idee von Gottvater, inthronisiert und umgeben von Engelschören, Platons Idee eines unverderbten archetypischen Reiches wider. Die Menschheit lebte unterdessen in einer Art Schattenwelt, die nur ein schwacher Abglanz ihrer himmlisch-spirituellen Entsprechung war. In der hermetischen Philosophie wurde diese Idee durch das mystische Axiom »Wie oben, so unten« wiedergegeben.

Wie in Kapitel 3 beschrieben, glaubte Plotin, dass das mystische Reich nur durch den *nous*, eine Mischung aus höherem Verstand und intuitiver Kraft, erfassbar war, aber in der neuplatonischen (und gnostischen) Geisteshaltung war der Glaube wesentlich, dass die Menschen in der Lage sind, die Welt der Erscheinungen durch geistigen Willen zu transzendieren. Die Hermetisten der Renaissance-Zeit dachten sich auf ähnliche Art ein Universum, in dem sich die Menschen ihren Platz in den himmlischen Welten verdienen und mit Gott eins werden konnten. Wie Tobias Churton in seiner Schrift »The Gnostics« (1987) bemerkt, war es während der Renaissance möglich, Neuplatonismus und christliche Sichtweisen miteinander zu verbinden: »Es herrschte der Wunsch, zurückzukehren zu dem Einen, jenem Quell, dem die Kraft entsprang, die den Magier-Philosophen befähigte, das ›Wunder der Schöpfung‹ zu vollbringen. Christus hatte den Weg dorthin geöffnet, der ›Schleier des Tempels‹ wurde zerrissen, und die wahren Nachfolger Christi konnten den Aufstieg beginnen. ›Hermes‹, der Herr des alten Wissens, der Mittler zwischen Geist und Materie, mit beflügelten Füßen und beflügeltem Geist war zugleich Prophet und Symbol dieser Möglichkeit.«[3]

Im hermetischen Modell des Universums hatte Gott die Welt erschaffen, die Welt hatte Begriffe von der Zeit erschaffen, und die Zeit erschuf die Idee des »Werdens«. Die Ewigkeit war die Domäne Gottes, aber die zeitliche Welt bewegte sich innerhalb der Ewigkeit. Auf diese Art und in einem holistischen Sinn konnte man verkünden: »Alles ist Eins.« Aus hermetischer Sicht war dieses einzige Universum jedoch in drei Welten oder Emanationen unterteilt. Die unterste Sphäre war die Welt der Natur, die göttliche Einflüsse von den geheiligteren Gefilden über ihr empfing. Auf der nächsthöheren Ebene befanden sich die Sterne und Schutzengel. Noch höher befand sich die über-himmlische Welt des *nous*, die Welt »englischer« (also engelhafter) Geister oder Archonten, die ein höheres Wissen von der Realität besaßen, da sie dem Einen näher waren, der Göttlichkeit oder göttlichen Quelle der Schöpfung, die außerhalb der drei Welten lag. Transzendenz, also das Erlangen von Einssein mit Gott, führt zur Befreiung des Selbst von den Zwängen des zeitlichen Lebens und zum Eintritt in das Reich des reinen und göttlichen Denkens.

Ein vorherrschendes Motiv der hermetischen Texte ist, dass Hermes Trismegistos die Weisheitslehren verkörpert, da er die wesensmäßige Einheit des Universums begreift. Diejenigen, die sich erhofften, von Hermes Trismegistos zu lernen – Figuren wie Asclepius, mit dem er einen Dialog führte –, betrachteten dies als ein Wissen, das gelernt werden musste. Kritisches Urteilsvermögen war er-

Hermetistisches Motiv: die Vereinigung von Sonne, Mond und Merkur.

forderlich, um die trügerische Natur der physischen Erscheinungen von der wahren Welt der heiligen Wirklichkeit zu unterscheiden. Hierin liegt auch ein klarer Hinweis auf eine geheime Tradition. »Hermes erkannte die Ganzheit der Dinge. Nachdem er gesehen hatte, wurde ihm klar, dass er die Kraft hatte, zu enthüllen und zu zeigen. Und tatsächlich schrieb er nieder, was er wusste. Seine Schriften verbarg er meistens, wahrte Schweigen, statt es auszusprechen, so dass jede Generation diese Dinge selbst von neuem herausfinden musste.«[4]

Marsilio Ficinos Arbeit am »Corpus Hermeticum« wurde von Giovanni Pico Graf von Mirandola fortgeführt, der in ähnlicher Weise einer emanationistischen Weltsicht anhing. Pico de la Mirandola verband Ficinos hermetischen Neoplatonismus mit einer profunden Kenntnis der Kabbala, der christlichen Lehre und der »hohen Magie« (*mageia*). Ferner brachte er eine umfassende Kenntnis in Astrologie, Geometrie, Medizin und Astronomie mit an den Hof von Cosimos Nachfolger Lorenzo de' Medici. In seinen 900 Thesen – einem Werk, das unter dem Gesamttitel »Oratio« bekannt ist –, erforschte Pico de la Mirandola das, was er die »Würde des Menschen« nannte, und behauptete, dass man Gott eher als einen »Freund« denn als ein »Faktum« erfahren könne. »Die Philosophie sucht nach der Wahrheit«, so schrieb er. »Die Theologie findet sie, die Religion besitzt sie, [...] Wir können Gott vielleicht leichter lieben, als Ihn begreifen oder von Ihm sprechen.«

Wie Ficino hatte Pico die Vorstellung von einem Universum, das aus dem Göttlichen emanierte. Auf der höchsten Ebene ist der Verstand der Kontemplation des göttlichen Wesens hingegeben, und unterhalb dieser Welt liegt die himmlische Welt und wiederum darunter die Welt, in der wir leben. Picos Auffassung war jedoch nicht nur die des andächtig gläubigen Mystikers. Nach Pico ist der Mensch einzigartig in seiner Fähigkeit, seinen irdischen Kontext zu transzendieren: »Zur höchsten Höhe verzückt, werden wir dort alle Dinge ermessen, die da sind und sein werden und gewesen sind in unsichtbarer Ewigkeit, und in Bewunderung ihrer ursprünglichen Schönheit voll göttlicher Kraft werden wir nicht mehr wir selbst sein, sondern zu Ihm werden, der uns erschaffen hat. [...] Denn wer um sich selbst weiß, der weiß alle Dinge, wie Zoroaster als Erster schrieb. Wenn wir schließlich von diesem Wissen erleuchtet sind, werden wir uns in Seligkeit auf vertrautem Fuße an den wahren Apoll wenden. [...] Und, wenn wir wieder genesen sind, so wird Gabriel, ›die Kraft Gottes‹, in uns wohnen und uns durch die Wunder der Natur führen und uns auf allen Seiten die Verdienste und die Macht Gottes zeigen.«[5]

Dies war Picos Auffassung von Mageia, der hohen Magie, die der Menschheit einen Zugang zu dem inneren Wirken der Natur und des Kosmos verschaffen konnte. In dieser magischen Konzeption des Universums ist die Natur durch und durch von Geist durchdrungen. Die Materie kann nicht in den Geist eindringen, aber der Geist kann in die Materie eindringen. Zu diesem Zweck kann Mageia angewandt werden: »[Wie] der Bauer die Ulme mit den Reben verbindet, so der Magier die Erde mit dem Himmel, will heißen: die untere Welt mit den Gaben und Kräften der höheren.«[6] Die Rolle des heiligen Magiers, des Praktizierenden der hohen Magie, ist es, die Erde (Materie) mit der Ebene des Himmels (Geist) zu vereinen. Wie Thomas Churton bemerkt, ist dies im Wesentlichen ein gnostisches Unterfangen: »Die Methode oder das Arbeitsgeheimnis liegt in der Gnosis oder dem Wissen des Menschen verborgen, wie er ist und sein kann – er weiß, er hat Zugang zur Welt des Göttlichen. In einem kontemplativen oder alchemistischen Prozess steigt er durch innere Imagination aufsteigender Prinzipien immer höher, bis er das Gefühl hat, er sei erfüllt von ›Licht‹. In einem solchen Zustand begibt sich der *magus* ans Werk. Dieses Werk könnte künstlerischer Art, das Verwandeln von Farbe in Vision, von Stein in Form sein; es könnte mechanischer Art, das Verwandeln von Holz und Stahl in Maschinen sein; es könnte religiöser Art, das Verwandeln von bösen Gedanken und Verbitterung in Liebe und Brüderlichkeit sein, es könnte Landschaftsgestaltung, Häuserbauen, Singen, Reisen, Lieben, Kochen, Schreiben, Kapitalanhäufung sein – die Möglichkeiten sind endlos. In einem heiligen Bewusstsein könnte die Welt verwandelt werden.«[7]

Hermes Trismegistos sagt in »Asclepius«, einem von Pico ebenfalls zitierten Text: »[...] er nimmt die Natur eines Gottes an, als sei er selbst ein Gott. [...] Er ist vereint mit den Göttern, denn er hat die Göttlichkeit, die Göttern eigen ist [...] Er betrachtet die Erde als sein Eigenes, er vermählt sich in Gedankenschnelle mit den Elementen, steigt mit der Schärfe des Geistes hinab in die Tiefen des Meeres. Alles ist ihm erreichbar; der Himmel ist nicht zu hoch für ihn, denn mit seiner Genialität ermisst er ihn, als befände er sich in seiner Hand. Welchen Anblick der Geist ihm auch zeigt, keine Trübung der Luft kann sie ihm verdunkeln; die Erde ist nie so dicht, dass sie sein Werk behindert; die Unermesslichkeit der Meerestiefen trübt nicht seinen eintauchenden Blick. Er ist zugleich alles und überall.«[8]

Ähnlich lesen wir im »Corpus Hermeticum« (Buch XIII): »Ich betrachte mich selbst als das All. Ich bin im Himmel und in der Erde, im Wasser und in der Luft; ich bin in Tieren und Pflanzen; ich bin ein Kind im Mutterschoß und eines, das noch nicht empfangen, und eines, das geboren ist; ich bin überall gegenwärtig.« Dies, so scheint mir, definiert bis in ihren Kern die geistige Natur der magischen Suche. Die hohe Magie erfasst den gesamten Kosmos und bietet einen archetypischen Prozess mythischer Erneuerung. Das Ziel der Suche ist, aus der begrenzten und beschränkten Welt der materiellen Form »wiedergeboren« zu werden in die Welt des Geistes. Dies ist mit Sicherheit in den platonischen und neuplatonischen Vorstellungen von der Welt enthalten und hat, wie wir gesehen haben, auch die gnostisch-hermetische Tradition geprägt. Außerdem scheinen auch zahlreiche moderne magische Glaubenssysteme von diesem Kerngedanken durchdrungen zu sein.

Dieser Gedanke enthält aber auch das Potenzial eines magischen Fundamentalismus, nämlich der narzisstisch attraktiven Idee, dass wir alle werdende Götter sind. Es liegt in der Natur des menschlichen Egoismus, dass diese Idee, verbunden mit dem Streben nach Macht – einem weniger attraktiven Aspekt des Wiederauflebens der Magie –, auch zu unbeabsichtigten Konsequenzen führen kann.

Wir wollen uns hier jedoch auf die mystischen Aspekte der hermetischen Tradition sowie auf die ihr zugrunde liegende *holistische* Bewusstseinsperspektive konzentrieren – insbesondere auf die Vorstellung, dass im umfassendsten Sinn alles ein Aspekt Gottes ist. Weit entfernt von hochtrabenden Vorstellungen, wir hätten den Status von Göttern erlangt, erkennen wir vielmehr an, dass wir alle als Mitmenschen gleichermaßen an der heiligen Dynamik oder Lebenskraft des Universums teilhaben. Dies ist es nämlich, was uns aus der Sicht des Hermetismus miteinander verbindet. Die gnostische Suche, die Reise der hohen Magie, ist im Wesentlichen eine Rückkehr zur Quelle unseres Seins, eine Reise, die in der Realisierung des göttlich Einsseins gipfelt, das die Beschränkungen der Formen und materiellen Erscheinungen transzendiert.

»Immer wieder«, so schrieben Caitlín und John Matthews, zwei herausragende Kenner der magischen Tradition des Westens, »wird diese Botschaft bestätigt: Es gibt einen Gott im Inneren, der dem Körper Leben gibt und alles, was wir tun, inspiriert: Ereignisse in der Sphäre der Inkarnation reflektieren die der himmlischen Sphäre. Es ist eher diese Betonung der Einheit als der Disharmonie, die die hermetischen Mysterien kennzeichnet: die Einheit aller Dinge, Gottes und der Menschen, des Höheren und des Niedrigen, des Göttlichen und des Weltlichen. Sie findet ihren deutlichsten Ausdruck [...] in [dem] berühmten Ausspruch: ›Wie oben so unten‹, [der] so häufig von Okkultisten durch die Jahrhunderte hindurch zitiert und so selten verstanden wird.«[9]

Die spirituellen Dimensionen der Alchemie

Genau wie es im Gnostizismus, im Neuplatonismus und der hermetischen Tradition um die Befreiung des menschlichen Geistes geht, so kann auch die alchemistische Transmutation als eine Metapher für die spirituelle Erneuerung

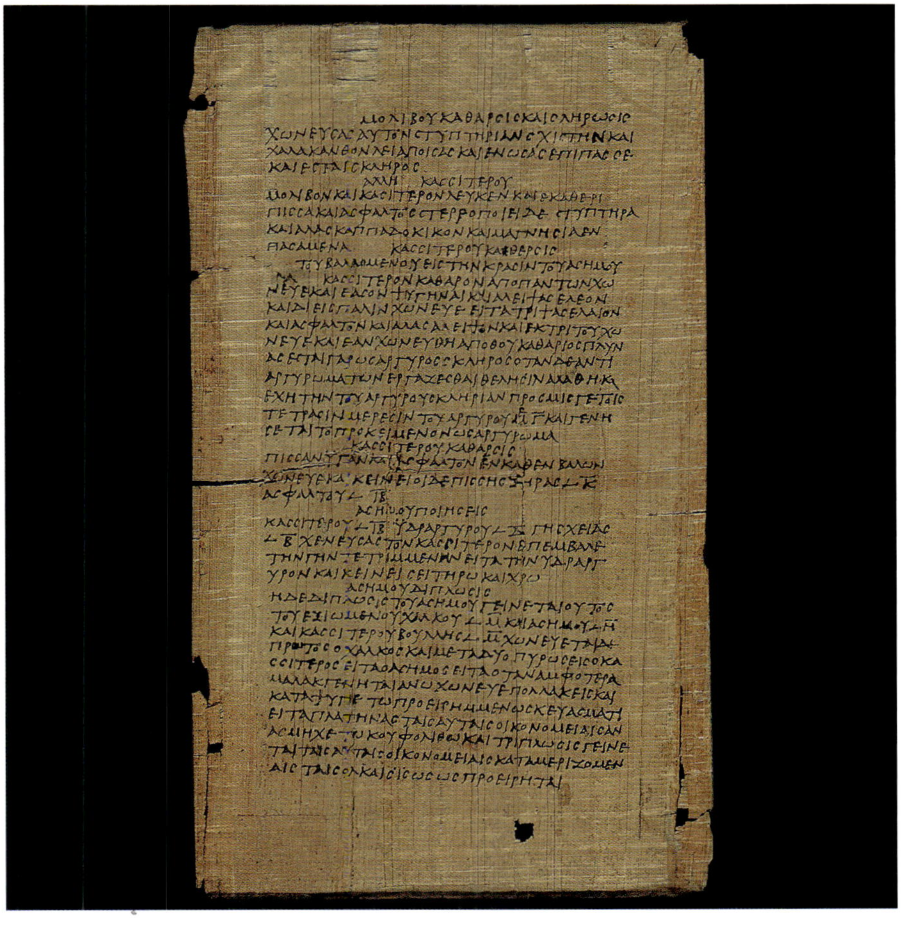

Eine Seite aus dem »Theben-Papyrus«, um 300 n. Chr. Sie enthält Rezepte zur Veränderung der Farbe eines Metalls, so dass es wie Gold oder Silber aussieht.

aufgefasst werden. Viele Gelehrte wie Titus Burckhardt, Kurt Seligmann, C. G. Jung, Mircea Eliade und Robert Segal haben sie unter diesem Aspekt betrachtet, und in dieser Fähigkeit hat die alchemistische Symbolik die Tradition der weslichen Magie zutiefst beeinflusst.

Die abendländische Alchemie stammt aus dem beginnenden 2. Jahrhundert n. Chr. und erblühte im hellenisierten Ägypten, wo die Metallverarbeitung, vor allem von Silber, und die Herstellung von Kupferlegierungen, die wie Gold aussahen, ein hohes technisches Niveau hatten. Zwei Papyri, die in einem Grab von Theben gefunden wurden – die so genannten Leidener und Stockholm-Papyri, die etwa von 300 n. Chr. stammen –, enthalten Rezepte zur Veränderung der Farbe eines Metalls, so dass es wie Gold oder Silber aussah, und darin ist möglicherweise eine Vorstufe zur metaphysischen Vorstellung der Transmutation von Grundmetallen in Gold zu sehen.

Das Wort *Alchemie* oder *Alchymie* soll von einem ägyptischen *chem* oder *qem* – »schwarz« als Anspielung auf die schwarzen Schwemmlandzonen an den Ufern des Nils – stammen. Der alchemistische Autor Zosimos von Panopolis (Akhmim) in Ägypten, der im 4. Jahrhundert n. Chr. lebte, behauptete, eine Person namens Chemes habe die Suche nach Gold aufgebracht und ein von übernatürlichen Wesen inspiriertes Lehrbuch mit dem Titel *Chema* geschrieben, aber dieser Chemes konnte bisher nicht historisch nachgewiesen werden. Wie wissen jedoch, dass sich das griechische Wort *chyma* – »Metalle schmelzen bzw. gießen« – im Arabischen als *al kimia* einbürgerte, woraus dann wiederum der Begriff »Alchemie« abgeleitet wurde. Interessant ist, dass die Kenntnis der Alchemie zuerst von den Griechen und Ägyptern auf die Araber überging und erst von diesen schließlich nach Europa vermittelt wurde. Die Araber übersetzten viele antike alchemistische Werke aus dem Griechischen, und eine Reihe davon ist uns heute durch ihre arabischen Fassungen erhalten geblieben.

Als heidnischer Brauch florierte das Studium der Alchemie in Alexandria in Gebäuden direkt neben dem berühmten Serapis-Tempel. Dieser Tempel wurde zusammen mit vielen Kunstwerken im Jahr 391 auf Befehl von Theophilos, dem christlichen Erzbischof von Alexandria, zerstört. Die verfolgten Gelehrten zogen sich darauf nach Athen zurück, wo der thrakische Neuplatoniker Proklos lehrte, wodurch ein fundierteres Wissen von der ägyptischen Alchemie auf dem hellenischen Festland eingeführt wurde. Obwohl heidnische Traditionen im Jahr 529 von Kaiser Justinian verboten wurden, wurde das Interesse an der Alchemie im 7. Jahrhundert neu entfacht, als Stephanos von Alexandria seine »Neun Abhandlungen über die Chemie« dem byzantinischen Kaiser Heraklitos widmete, sowie im 11. Jahrhundert, als Psellos den Platonismus wieder neu belebte. Nach Kurt Seligmann inspirierten Stephanos' Schriften eine Reihe mittelalterlicher alchemistischer Dichter, und diese Autoren rühmten ebenfalls die Tugenden der hermetischen Philosophie.[10] Daher ist es nicht verwunderlich, dass zwischen der Alchemie, dem Neuplatonismus und der hermetischen Tradition starke philosophische und mystische Verbindungen bestehen.

Wie oben, so unten

Wie ihre neuplatonischen und hermetistischen Kollegen glaubten auch die mittelalterlichen Alchemisten an die Einheit des Kosmos und behaupteten, dass es eine klare Korrespondenz zwischen den körperlichen und geistigen Welten gibt – und zwar mit vergleichbaren, in beiden Bereichen wirksamen Gesetzen. Wie Michael Sendigovius, ein polnischer Alchemist des 16. Jahrhunderts, in seiner Schrift »Das neue chymische Licht« bemerkt, waren die Weisen von Gott gelehrt worden, »dass diese natürliche Welt nur ein Abbild und eine materielle Kopie eines himmlischen und geistigen Musters ist; dass die Existenz dieser Welt selbst auf die Realität ihres himmlischen Archetypus gegründet ist; und dass Gott sie in Nachahmung des geistigen und unsichtbaren Universums erschaffen hat, auf dass die Menschen Seine himmlische Lehre und die Wunder Seiner absoluten und unsagbaren Macht und Weisheit besser verstehen können. Daher sieht der Weise den Himmel in der Natur reflektiert wie in einem Spiegel; und er verfolgt diese Kunst, nicht um des Goldes oder Silbers willen, sondern um der Liebe und des Wissens willen, das sie offenbart; er verbirgt sie eifersüchtig vor dem Sünder und dem Spötter, auf dass die Geheimnisse des Himmels nicht entblößt werden vor dem gemeinen Blick.«[11]

Die Alchemisten machten sich die hermetische Vorstellung zu Eigen, dass das Universum und die Menschen einander spiegeln – und dies ist der wesentliche Sinn hinter der Idee des Makrokosmos und Mikrokosmos und dem Diktum »Wie oben, so unten«. Die Alchemisten nahmen an, dass, was immer im Universum existiert, zu einem gewissen Grad auch latent oder präsent in jedem menschlichen Wesen vorhanden sein muss. Ein hermetischer Text aus Syrien macht diesen Punkt auf eloquente Art klar: »Was ist die ständige Rede der Philosophen? Erkenne dich selbst! Dies verweist auf den Spiegel der Vernunft und der Erkenntnis. Und was ist dieser Spiegel, wenn nicht die göttliche und ursprüngliche Vernunft? Wenn ein Mensch sein Spiegelbild betrachtet und sich in diesem sieht, so wendet er sich ab von allem, was den Namen von Götzen und Dämonen trägt, und wird, indem er sich mit dem Heiligen Geist vereint, ein vollkommener Mensch. Dann sieht er in sich Gott.«[12]

Im mittelalterlich-alchemistischen Denken bestand jeder Einzelne aus Geist, Seele und Körper und enthielt daher die Essenz des Universums in sich. Die Alchemie behauptete, wie es die hermetischen Texte auf ähnliche Art vermittelt hatten, dass der universale Geist unsichtbar sei und alle Dinge im materiellen Universum vereine. In ähnlicher Weise seien auch die verschiedenen Metalle – ein spezifisch alchemistisches Motiv – in ihrer Essenz eins und dem gleichen Samen im Schoße der Natur entsprossen. Die Alchemisten des mittelalterlichen Europa vermuteten nämlich, wie Eric Holmyard im Buch »Alchemy« (1975) bemerkt, die Tatsache, dass die Welt von einem universalen Geist durchdrungen ist, bedeute, dass »jedes Ding im Universum irgendeine Art von Leben enthielt. Metalle wuchsen wie Mineralien und wurden sogar einem Geschlecht zugeordnet. Ein befruchteter Goldsame konnte sich zu einem Goldkorn entwickeln, rauchende Ausdünstung war männlich und dampfende war weiblich, und das Quecksilber war ein Schoß, in dem embryonale Metalle ausgetragen werden konnten.«[13]

Die Alchemisten betrachteten aber nicht alle Metalle gleichermaßen als ausgereift oder »vollkommen«. Das Gold symbolisierte die höchste Entwicklung in der

Gegenüber: Der arabische Alchemist Zadith, die »tabula smaragdina« des Hermes Trismegistos studierend; aus dem Buch »Aurora Consurgens«, spätes 14. Jahrhundert.

Natur und wurde schließlich zur Personifikation der Erneuerung des Menschen und der Regeneration des Geistes. Ein »goldener« Mensch glänzte vor spiritueller Schönheit und hatte über Anfechtungen und die lauernde Macht des Bösen triumphiert. Das niederste Metall Blei repräsentierte dagegen den sündhaften und reuelosen Menschen, der von den Mächten der Finsternis bereits besiegt war.

Die Alchemie und die Elemente

Die vier Elemente – Erde, Wasser, Feuer und Luft – wurden erstmals von dem griechischen Philosophen Empedokles erwähnt, der um 450 v. Chr. lebte, und diese Idee wurde von Aristoteles (384–322) weiterentwickelt. Nach Aristoteles bestand die Grundlage der materiellen Welt in der Ursubstanz, die in einem Zustand potenzieller Existenz verharrte, bis sie in das gepresst wurde, was er als »Form« bezeichnete. Unter Form verstand er aber nicht Gestalt, sondern vielmehr jene besonderen Qualitäten, die einem Gegenstand seine spezifischen Eigenschaften verleihen.

Aristoteles glaubte, dass die Form in ihrer einfachsten Manifestation die vier Elemente – Feuer, Luft, Wasser und Erde – erzeugte und dass diese Elemente durch ihre jeweiligen »Qualitäten« unterschieden werden konnten. Die vier Grundqualitäten waren das Flüssige (oder Feuchte), das Trockene, das Heiße und das Kalte, und jedes Element besaß zwei dieser Qualitäten. Offensichtlich ließen sich »heiß« und »kalt« sowie »flüssig« und »trocken« nicht miteinander verbinden, weshalb die Paare wie folgt dargestellt wurden:

heiß und trocken:	**Feuer**
heiß und flüssig (oder feucht):	**Luft**
kalt und flüssig:	**Wasser**
kalt und trocken:	**Erde**

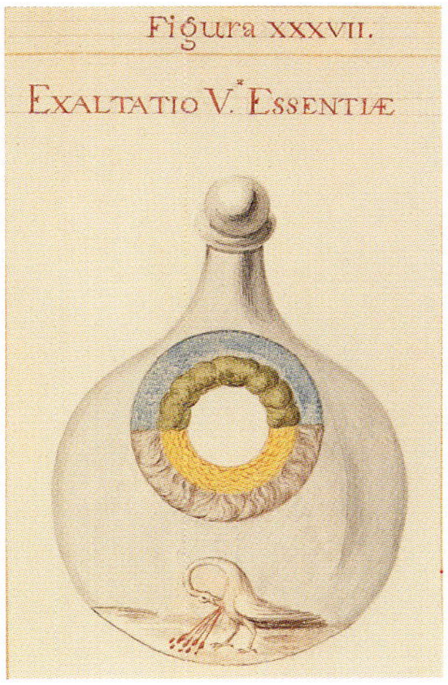

Alchemistische Grafik – die Derivation der »Quintessenz« aus den vier Elementen, dargestellt durch den Ring. Aus dem Buch »Sapientia Veterum Philosophorum«, 18. Jahrhundert.

In jedem Element dominierte eine Qualität: Erde wurde mit Trockenheit, Wasser mit Kälte, Luft mit Flüssigkeit, Feuer mit Hitze assoziiert. Nach Aristoteles konnte jedes dieser Elemente auch in ein anderes übergehen, aber nur Form konnte sich verändern; die Grundsubstanz war konstant und unveränderbar. Diese Vorstellung lieferte der europäischen Alchemie ihren Antrieb für die Suche nach der Transmutation der Metalle. Denn wenn sowohl Blei als auch Gold aus Feuer, Luft, Wasser und Erde bestanden, ließ sich dann das Blei nicht durch Veränderung des Verhältnisses seiner Bestandteile in Gold verwandeln? Gold war hochwertiger als Blei, da in ihm aufgrund seiner Natur das vollkommene Gleichgewicht zwischen allen vier Elementen herrschte.

Die mittelalterlichen Alchemisten spiegelten Aristoteles' Theorie von der Form wider, indem sie die These vertraten, dass alle Aspekte der Materie eine Spiegelung Gottes seien und dass die vier Elemente – Erde, Feuer, Luft und Wasser – aus der *quinta essentia* oder »Quintessenz« hervorgingen, nämlich aus der »fünften Essenz«, die der Geist sei, der das Universum mit Leben erfüllt. Manchmal wurde diese symbolische Einteilung durch ein Kreuz mit einem Kreis dargestellt, dessen vier Quadranten die vier Elemente repräsentierten und dessen Mittelpunkt die Quinta Essentia darstellte. In anderen Fällen wurden die Elemente durch Dreiecke dargestellt – wobei ein nach oben zeigendes Dreieck das Feuer darstellte, da das Feuer

»aufsteigt«, und ein nach unten zeigendes Dreieck das Wasser darstellte. Ein aufwärts gerichtetes quer durchgestrichenes Dreieck bedeutete Luft und sein abwärts gerichtetes Gegenstück bedeutete Erde. Daneben assoziierten die Alchemisten bestimmte Metalle mit den astrologischen Planeten:

Sonne	Gold
Mond	Silber
Merkur	Quecksilber
Venus	Kupfer
Mars	Eisen
Jupiter	Zinn
Saturn	Blei

Vom Gold war bekannt, dass es der Einwirkung von Feuer und ätzenden Flüssigkeiten (mit Ausnahme von *aqua regia,* »Goldwasser«) widerstand, während Blei von anderen chemischen Agenzien leicht angegriffen wurde. Der Stein der Weisen, von dem es hieß, er könne die alchemistische Transmutation hervorrufen, wurde von manchen christlichen Alchemisten sogar mit der Gestalt Jesu selbst assoziiert. Von diesen wurde die alchemistische Transmutation gleichermaßen als physischer Prozess und spirituelle Erlösung aufgefasst, wobei die Symbolik von minderwertigen und edlen Metallen eine Metapher für die persönliche Transformation des Menschen bildete.

Häufig wurde der Stein der Weisen von den Alchemisten als ein Pulver oder Wachs bezeichnet, das sich auch in flüssige Form versetzen ließ. Manchmal mit dem Begriff »Elixier« oder »Tinktur« bezeichnet, wurde dem Stein der Weisen nachgesagt, er könne das menschliche Leben unendlich weit verlängern und ein minderwertiges Metall in Gold verwandeln. In der mittelalterlichen Vorstellung wurde angenommen, dass alle Mineralien lebendig waren und wie Pflanzen in der Erde wuchsen. Dies bedeutete, dass die Technik der Transmutation von gemeinen Metallen in Gold nichts anderes als ein Mittel zur Beschleunigung eines natürlichen Wachstumsprozesses war. Die entscheidende Aufgabe des Alchemisten bestand also darin, einen Prozess auszulösen, der eine »erste Substanz« bzw. *prima materia* in den Stein der Weisen verwandeln würde. In diesem Sinne glich der Alchemist einem Künstler, der durch seine verschiedenen individuellen Verfahren die Natur in einen Zustand der Vollendung zu bringen suchte.[14]

Der merkurische Dämon: alchemistische Illustration aus Giovanni Battista Nazari, »Della Transmutatione Metallica«, Brescia, 1589.

Der alchemistische Prozess bestand darin, die Prima Materia so lange einem chemischen Prozess wie Erhitzung oder Destillation auszusetzen, bis sie schließlich einen Zustand des Gleichgewichts oder der Vollendung erreichte. Dazu war es notwendig, den »Körper«, die »Seele« und den »Geist« der Materie – in der Alchemie symbolisiert durch Salz, Quecksilber und Schwefel – zu befreien und diese Bestandteile anschließend zu einer neuen Harmonie zu vereinen. Die Alchemisten stellten komplizierte astrologische Berechnungen an, um die günstigen Zeitpunkte für ihr Werk auszuwählen, und pflegten eine bestimmte Flüssigkeit oft mehrmals zu destillieren.

Für die mittelalterlichen Alchemisten war der Stein der Weisen eine Verkörperung der Vollendung und der geistigen Erneuerung. In dem vermutlich von Johann

»Der Alchemist«: satirische Zeichnung von Pieter Brueghel d.Ä., 1558.

Ambrosius Siebmacher verfassten Traktat »Der Wasserstein der Weysen« (1616) wird der Stein der Weisen beschrieben als »[...] der vhralte verborgene oder vnbekante / natürliche / vnbegreifliche / himlische / gebenedeite / gesegnete Stein der Weysen. [...] *Item,* Er wird genant ein bequeme vollkommene Vergleichung aller Elementen; Ein vnzerstörlicher Leib / so von keinem Element mag angegriffen werden. *Item,* Das fünffte Wesen; ein zwyfacher und doppelter / lebendiger und lebendigmachender *Mercurius,* so einen himmlischen Geist in sich hat; ein Heylung aller Krancken / und *imperfecten* Metallen; Ein ewiges Liecht; Die hoechste *Medicin* aller Krankheiten; Der edle *Phoenix* [der mythische Vogel, der von den Flammen der Sonne aufgezehrt, aber aus der Asche neu geboren wird]; der allerhöchste edelste Schatz / oder das höchste Gut der Natur; der allgemeyne Dreyeinige *Universal*-Stein...«[15]

Alchemie und spirituelle Erneuerung

Nach Ansicht der Alchemisten ist die Seele in ihrem Urzustand reiner Empfänglichkeit grundsätzlich eins mit der Prima Materia der ganzen Welt. Hierin zeigt sich wieder das hermetische Prinzip, wonach Makrokosmos und Mikrokosmos miteinander korrespondieren, und dies macht uns deutlich, inwiefern die Alchemie zu einer Form spiritueller Entwicklung wird. »Die Grundsubstanz oder *prima materia,* an der der Alchemist auf spiritueller Ebene arbeitet«, so beschreibt dies Cherry Gilchrist in seinem Buch »The Elements of Alchemy« (1991), »ist er

Kerberos/Cerberus: der dreiköpfige Hund, der die Lebenden am Betreten des Hades hindert. In dieser Handschrift aus dem 15. Jahrhundert verschlingt er auf achtfache Art das »Große Werk« als Symbol der vielfältigen Transformationen der Alchemie.

selbst. Er ist geschaffen nach dem Ebenbild Gottes und birgt die Samen von Seele und Geist in sich. Diese sind gewissermaßen im Körper gefangen; um sie zu befreien, so dass sie bis zur Vollkommenheit heranreifen können, muss er den Willen und die Entschlossenheit, das Werk zu beginnen, herausfordern und sich als Erstes der Mühe unterziehen, diese scheinbare Einheit aufzulösen. Dabei wird nicht der Körper an sich abgelehnt, aber er muss ermutigt werden, sein Festhalten an seinem inneren Sein zu lösen, damit der Prozess der Transformation beginnen kann.«[16]

Auf der einen Ebene war die mittelalterliche Alchemie eindeutig ein physikalischer Versuch, aus minderwertigen Metallen Gold zu gewinnen, und manche praktizierende Alchemisten, die man zu Recht als Vorläufer der Wissenschaftler betrachten kann, verstanden sie auf dieser Ebene. Für andere war die Alchemie jedoch ein symbolischer Ausdruck des Potenzials der Erneuerung des Menschen. Genauso wie die Alchemisten glaubten, dass sich amorphe Materia verbrennen, auflösen und purifizieren und danach zur Form des Goldes – in ganz buchstäblichem Sinn ein Symbol der Ganzheit – »koagulieren« ließ, so ließ sich dieser Prozess auch auf die mystische Suche nach dem Einssein mit Gott anwenden. »Die ›wiedergeborene‹ [...] Seele«, so schrieb der Kulturhistoriker Titus Burckhardt, »hebt sich zwar vom allumfassenden Geiste ab; sie gehört noch dem bedingten Dasein an; aber sie ist gleichsam durchlässig für das ununterschiedene Licht des Geistes [...].« Ferner meinte er, »dass alle Seelen ›aus gleichem Stoffe gemacht‹ sind« und »dass sie wie Wellen eines gleichen Meeres sind«, und kam zu dem Schluss: »Der höchste Sinn der Alchemie ist die Erkenntnis, dass alles in allem enthalten sei.«[17]

Das Transzendieren der Dualität alchemistischer Gegensätze: König und Königin in heiliger Vereinigung. Aus Arnold von Villanova, »Rosarium Philosophorum«, 16. Jahrhundert.

In der Alchemie ist alles Metapher. Dieses Detail eines Manuskriptes aus dem 15. Jahrhundert zeigt Venus: das kalte, weiße, weibliche, lunare Element Rosa Alba, das am Endes des »zweiten Werks« entsteht. Aus diesem erblüht sein Gegenteil, das heiße, männliche, solare Element – der rote *Sulphur*.

Kapitel 6

Astrologie und Tarot

Die Astrologie und das mittelalterliche Tarot sind die vielleicht bedeutendsten divinatorischen Systeme in der Entwicklung der esoterischen Tradition des Westens. Weit mehr als einfache Weissagungssysteme, führen sie direkt zum Kern der Kosmologie, da sie aus Vorstellungen schöpfen, die mit den Rollen und Zielen der Menschen, die sich ihrer Stellung in einem metaphysischen Universum bewusst sind, verbunden sind. Die anhaltende Attraktivität dieser kosmologischen Systeme hängt direkt mit dem ewigen Streben nach spiritueller Erleuchtung zusammen.

Die Geburt der Astrologie

Die Wurzel des Wortes Astrologie ist das griechische *astron,* »Stern«. Die Astrologie gehört zu den allerältesten kulturellen Beschäftigungen. Seit jeher haben die Menschen in den magischen Lichtern am Nachthimmel eine Bedeutung gesehen. Häufig wurden die Sterne zu Gottheiten personifiziert, und ihr unaufhörliches Wirken wurde in die sich ständig verändernde Natur des Himmels projiziert. Was immer auf Erden geschah, das stand, so glaubte man, in einem Bezug zu diesen stellaren Mächten. Als die antiken Astrologen und Astronomen in Mittelamerika, im Nahen Osten und im Orient immer mehr Wissen über die Planeten erlangten, begannen sie Voraussagen zu machen, die auf ihren Bewegungen beruhten. Aus diesem Grunde war die Astrologie stets aufs Engste mit den zyklischen Theorien über die Entwicklung persönlicher Geschicke und bedeutender Ereignisse verbunden.

Seit jeher unterschieden die Astrologen zwischen Fixsternen, d.h. solchen Sternen, die der scheinbaren Bewegung des Himmels folgen, und Wandelsternen oder Planeten, die ihre eigenen zyklischen Bewegungen haben. In der Vorzeit und Antike waren die Gründe für diese Unterschiede jedoch alles andere als klar, und verschiedene Kulturen, darunter die Babylonier und alten Ägypter, entwickelten ihre eigenen einzigartigen Ansätze zur Deutung der Vorzeichen am nächtlichen Himmel.

Die entscheidende Prämisse aller antiken Astrologie war die, dass Himmel und Erde miteinander verbunden waren. Die Welt wurde als ein lebender Organismus betrachtet, und da die Sterne ihre verschiedenen Energien auf die Erde strahlten, wirkten sie auf jedes menschliche Wesen ein. Da andererseits geglaubt wurde, dass bestimmte Teile des menschlichen Organismus mit bestimmten stellaren Veranlagungen in Beziehung standen, schien ebenfalls klar, dass die Sterne auf eine ganz konkrete Weise die individuellen oder kollektiven Geschicke der Menschen beeinflussen konnten.

Astrologie in Mesopotamien

In den alten Kulturen, die zwischen Tigris und Euphrat, d.h. Babylonien im Süden und Assyrien im Norden Mesopotamiens, blühten, gehörten der Priesterklasse auch Wahrsager an, die Divination betrieben, also Omen und Träume deuteten, und auch ein Wissen über Vorzeichen pflegten, das auf astronomischer Beobachtung beruhte. Dies entwickelte sich allmählich zu dem, was wir heute als Astrologie bezeichnen.

In den Ruinen von Ninive in Assyrien wurden Tafeln ausgegraben, die aus einer Zeit um 700 v. Chr. stammen und in die astrologische Motive eingeritzt waren. Diese Tafeln, nach einem Wort mit der Bedeutung »Pflug-Stern« als *Mul.Apin*-Keilschriftserie bezeichnet, gehörten zur Bibliothek des Königs Assurbanipal. Man glaubt heute, dass es sich um Abschriften von babylonischen Texten aus einer Zeit um etwa 1300 v. Chr. handelt. Diese Tafeln listen 18 Sterne und Sternbilder im Tierkreisgürtel innerhalb eines schematischen Jahres von 12 Monaten auf; es wird vermutet, dass aus dieser Kombination eines schematischen Jahres zusammen mit der späteren Einführung der Fixsterne Aldebaran und Antares der babylonische Tierkreis entstand.[2] Die Mul.Apin-Tafeln zeigen die enge Verbindung zwischen astronomischer Beobachtung und der Deutung von Vorzeichen. Eine Inschrift lautet: »Merkur ist sichtbar. Wenn Merkur im Monat Kislimu sichtbar ist, sind Räuber im Lande. Wenn ein Halo den Mond umschließt und Jupiter sich innerhalb davon befindet, wird der König von Akkad belagert werden – die Tiere werden auf dem Lande zugrunde gehen [...]. Ich habe dem König, meinem Herrn, geschrieben: es wird eine Mondfinsternis stattfinden. Sie hat tatsächlich stattgefunden: das ist ein Zeichen für Frieden.«[3]

Die assyrischen Astrologen, die ihre Divinationskunst während der Herrschaft von Esarhaddon (681–668 v. Chr.) und Assurbanipal (668–626 v. Chr.) ausübten, ließen sich in Arbeitsräumen direkt neben dem Tempel von Ea, dem Gott der Orakel und Erfinder des Schreibens, nieder. Esarhaddon und Assurbanipal sowie, vor ihnen, König Sargon forderten ihre Astrologen auf, günstige Zeiten für den Beginn so bedeutender Vorhaben wie der Errichtung von Heiligtümern für die Götter zu benennen. So lautet die Inschrift auf einer der Tafeln von Assurbanipal: »Der Monat Addaru wird dreißig Tage haben. In der Nacht vom 13. zum 14. habe ich sorgfältig [den Himmel] beobachtet. Ich stand siebenmal auf, aber es gab keine Mondfinsternis. Ich werde dem König einen Bericht schicken.« Unvorhergesehene Himmelsphänomene galten als ungünstig, während regelmäßige und vorhersehbare Himmelsphänomene als günstig für wichtige neue Unternehmungen angesehen wurden.

Der Sonnengott Shamash, unter einem Baldachin thronend. Über seinem Haupt Symbole von Mond und Sonne sowie der Göttin Ishtar, die den Stern Venus repräsentiert. Babylonische Tafel, um 870 v. Chr.

Die Entstehung der Mul.Apin-Tafeln fällt mit einer Epoche sehr genauer astronomischer Sternenbeobachtung in Babylon zusammen. Die Babylonier berechneten die Dauer von Tag und Nacht sowie den Auf- und Untergang des Mondes und schufen mit diesem Wissen schließlich einen Kalender, der verlässlich genug war, um

Mondfinsternisse vorauszusagen. De facto werden die Grundelemente des babylonischen Kalenders, darunter die Vorstellung von Monaten, Wochen, Tagen und Stunden, noch heute verwendet.

Die Versuche, einen festen Tierkreis aufzustellen, wurden durch die Tatsache erschwert, dass der Frühlingspunkt[4] aufgrund der Rotation der Erde durch die Sternbilder zurückwandert – ein Phänomen, das man als Äquinoktialpräzession bezeichnet. Während der älteste erstellte Zodiak oder Tierkreis ein Mond-Tierkreis, bestehend aus 18 Sternbildern, zu sein scheint, lässt sich die erste aufgezeichnete Verwendung eines Systems von 12 Fixstern-Tierkreiskonstellationen in der babylonischen Astrologie auf die erste Hälfte des 5. Jahrhunderts v. Chr. datieren.[5]

Ägyptische Astrologie

Auch die alten Ägypter besaßen eine eigene astrologische Tradition; sie fand in der griechisch-römischen Zeit weithin Anerkennung. Der christliche Autor Eusebius von Caesarea (260–340 n. Chr.) erwähnt in seinem Buch »De evangelica praeparatione«, dass es die »Ägypter und Chaldäer [d.h. die Babylonier/Assyrer]« waren, »die als Erste die Astrologie erfanden. [...] Wenn die Ägypter die Welt darstellen, beschreiben sie einen luftigen, brennenden Kreis und setzen in seine Mitte das Bild einer Schlange. [...] Mit dem Kreis symbolisieren sie die Welt und mit der ausgesteckten Schlange einen guten Geist.«

Als das Grab von Ramses II. freigelegt wurde, fand man darin Symbole, die den Auf- und Untergang von Sternen darstellten, und es gibt Belege dafür, dass die Ägypter bereits um 1300 v. Chr. die vier Fixsterne des Tierkreises – Wassermann, Löwe, Stier und Skorpion – kannten. Ein Grab von Setos I. enthielt Krüge, die von vier Gottheiten bewacht wurden: nämlich von Mestha, Hapi, Tuanmutef und Quebsennuf, die der Reihe nach den Zeichen Wassermann, Löwe, Stier und Skorpion des modernen Tierkreises entsprechen.[6]

Die Verknüpfung verschiedener Momente der Zeit mit vorherrschenden Gottheiten scheint ebenfalls aus Altägypten zu stammen. Ein bedeutetes Element ist das Konzept des Dekans, eines 10°-Bogens des Zodiakkreises. In den Tierkreisen, wie wir sie heute kennen, werden die 12 astrologischen »Zeichen« nach wie vor in 36 gleich große Bögen eingeteilt. Dem Einfluss dieser Bögen wurde große Bedeutung beigemessen. In einer Rede aus dem »Corpus Hermeticum« erklärt Hermes Trismegistos seinem Sohn Tat das System der Dekane und betont dabei, ihre Wirkung auf die Menschen sei »die allergrößte, mein Kind. Wenn sie [die Dekane] schon auf jene (Sterne) einwirken, wie nicht auch auf uns, und zwar im Besonderen und Allgemeinen? So, mein Kind, stammt die Wirkung aller Ereignisse überall von diesen. Zum Beispiel – bedenke, was ich sage –: Thronbesteigungen der Könige, Aufstände in den Städten; Hungersnot, Pest; Meerebbe, Erdbeben, nichts davon, mein Kind, geschieht ohne deren Wirkung.«[7]

Der moderne Tierkreis stammt somit von der babylonischen, ägyptischen und assyrischen Astronomie ab. Der Widder, das Symbol des Aries, sowie der Löwe (Leo) sind ägyptischen Ursprungs, während der Stier (Taurus) und der Krebs (Cancer) babylonischer Herkunft sind. Der älteste babylonische Tierkreis enthielt 10 der 12 Zeichen des heutigen Tierkreises sowie die Plejaden, Hyaden, Orion, Perseus, Auriga, Praesepe und Motive, die die südlichen und nördlichen Fische

Detail der Deckenmalerei der Grabkammer von Seti I. (um 1300 v. Chr.) mit astrologischen Symbolen. Die Ägypter kannten bereits die vier festen Tierkreiszeichen Wassermann, Löwe, Stier und Skorpion.

repräsentierten. Diese werden in den Mul.Apin-Tafeln beschrieben als »Sternbilder, die auf dem Pfad des Mondes stehen und durch deren Gebiet die Monde allmonatlich gelangen und sie berühren«.[8] In der Römerzeit wurde die ägyptische Astrologie griechisch-römischem Einfluss unterworfen, und die ägyptischen Gottheiten wurden mit ihren griechisch-römischen Entsprechungen verknüpft. Der Stier Apis wurde mit Taurus, Horus und Harpokrates wurden mit Gemini, Isis wurde mit Virgo, Nephthys mit Pisces usw. verbunden.

Griechisch-römische Astrologie

Auch die griechisch-römische Astrologie schöpft in ihrer Substanz noch aus dem babylonischen Denken. Alexander der Große eroberte auf seinem Zug zum Indus auch Chaldäa und förderte dadurch ganz erheblich die Einwanderung esoterischen Wissens aus dem Osten in den Westen. Die griechische Astrologie stammt jedoch bereits aus der Zeit vor Alexander. So verbreitete schon Demokrit um 420 v. Chr. die Vorstellung, dass die Planeten die Menschheit beeinflussen, während sie durch die astrologischen Zeichen wandern, und vom 5. Jahrhundert v. Chr. bis zu Christi Geburt konnte die Astrologie in breiten Schichten der griechischen Gesellschaft ein starkes Interesse behaupten. Hyppokrates, der berühmte Arzt und »Vater der Medizin«, unterwies seine Schüler in Astrologie, damit sie die »kritischen Tage« in einer Krankheit erkennen konnten.

Eine der frühesten Persönlichkeiten, die für das Studium der Astrologie im antiken Hellas warb, war ein babylonischer Marduk-Priester namens Berosus, der sich um 260 v. Chr. auf der griechischen Insel Kos niederließ und dort eine Astrologie-Schule gründete. Berosus glaubte, dass der Gott Marduk die Sonne, den Mond, die Sterne und Planeten erschaffen hatte. Er wurde eine sehr einflussreiche Figur innerhalb der vorherrschenden intellektuellen Kultur der damaligen Zeit. Als

WIDDER	♈
STIER	♉
ZWILLINGE	♊
KREBS	♋
LÖWE	♌
JUNGFRAU	♍
WAAGE	♎
SKORPION	♏
SCHÜTZE	♐
STEINBOCK	♑
WASSERMANN	♒
FISCHE	♓

Astrologische Tierkreiszeichen.

Lehrbuch verwendete Berosus einen Traktat mit dem Titel »Das Auge des Bel«, der in Form von Tafeln in Assurbanipals Bibliothek enthalten war, worin er die These vertrat, dass die Welt durch die Zeiten hindurch von einer Serie dessen regiert wurde, was er als die »Großjahre« bezeichnete. Damit meinte er, dass die Entwicklung der Menschheitsgeschichte durch ihre »Jahreszeiten« gekennzeichnet wurde. Wenn z.B. alle Planeten im Zeichen des Steinbocks »vereint« sein würden, dann würde die Erde eine Sintflut erleben, während sie bei dieser Vereinigung unter dem Krebs eine Vernichtung durch Feuer erleben würde. Jeder dieser Zyklen würde annähernd 432 000 Jahre dauern. Die Dauer des »Großjahres« wurde traditionell mit 25 920 Jahren festgesetzt. Berosus glaubte klar und deutlich, dass die Astrologie ein universales Muster kosmischer Zyklen offenbarte.

Bereits im 4. Jahrhundert v. Chr. hatten die Griechen begonnen, die Hauptgötter und -göttinnen ihres Pantheons mit den Planeten zu assoziieren, benannten diese nach ihren Gottheiten Kronos, Zeus, Ares, Aphrodite und Hermes und schrieben ihnen besondere Kennzeichen und Eigenschaften zu. Später prägten die Römer ihnen wiederum ihre Götterwelt auf und nannten die gleichen Planeten Saturn, Jupiter, Mars, Venus und Merkur. Die Sternbilder des griechisch-römischen Tierkreises werden von Aratos von Soloi in seinem um 270 v. Chr. verfassten Gedicht »Diosemeia« erwähnt und sind nun die gleichen wie die unseres modernen Tierkreises.[9]

Die griechischen Astrologen stellten auch bereits sehr konkrete Assoziationen zwischen den Sternen und irdischen Funktion her. So setzten sie z.B. das Sternbild Schlange (in der Nähe des Nordsterns) mit ärztlichen Heilbehandlungen in Verbindung – da die Schlange für Asklepios, den Schutzgott der Medizin, der in Epidauros verehrt wurde, ein heiliges Tier war. Nach Jacques Halbronn und Serge Hutin gelangte die Astrologie aufgrund der Oberherrschaft der Römer über den gesamten Mittelmeerraum zu jener Bedeutung, den sie bis zum heutigen Tag im Westen behaupten konnte.[10]

Augustus war der erste römische Kaiser, der Münzen mit seinem Geburtszeichen (Steinbock) prägen ließ; um 20 v. Chr.

Es gab jedoch auch einflussreiche römische Denker, die der Astrologie feindlich gesinnt waren. Lucretius verurteilte sie in »De Natura Rerum« (1. Jahrhundert v. Chr.), da er für den freien Willen statt für den Fatalismus plädierte, während Cicero sich in seinem Werk »De Divinatione« (45 v. Chr.) gegen die Horoskope aussprach. Der Dichter Juvenal stand nicht nur naiven Leichtgläubigen, die scharenweise zu Wahrsagern strömten, sondern auch der griechischen Magie und dem ägyptischen Aberglauben ganz allgemein kritisch gegenüber (vgl. »Satire XV«, um 125 v. Chr.). Dennoch glaubte kein Geringerer als Julius Caesar fest an den Wert astrologischer Voraussagen, und die Kaiser Augustus, Tiberius und Nero besaßen ihre persönlichen Leibastrologen. Augustus verbreitete sein eigenes Horoskop sogar in aller Öffentlichkeit und ließ eine Silbermünze prägen, die sein Geburtssternzeichen Steinbock zeigte.

Gegenüber: Jupiter, die römische Entsprechung des griechischen Zeus, in der Mitte des Tierkreises thronend. Villa Albani, Rom, 2. Jahrhundert n. Chr.

Die berühmteste astrologische Abhandlung, die während der Römerzeit verfasst wurde, ist das vierbändige unter dem Titel »Tetrabiblos« bekannte Werk, das der Grieche Claudius Ptolemaios (Ptolemaeus) im Jahr 140 n. Chr. verfasste. Ptolemäus wurde im Nildelta geboren und in Alexandria erzogen. Obgleich als Mathematiker, Geograf und Astronom berühmt gewesen, ist er vielleicht am besten bekannt durch seine »Geographia« (»Geographike hyphegesis«), die bis in die

Renaissance ein Standardtext blieb, sowie durch den »Almagest«, der ein astronomisches System präsentierte, das bis in die Zeit des Kopernikus gültig blieb. Das Werk »Tetrabiblos« (auch unter seinem lateinischen Titel »Quadripartitium« bekannt) übte jedoch ebenfalls größten Einfluss aus und sollte über tausend Jahre lang unter Astrologen große Popularität genießen.

In den »Tetrabiblos« fasste Ptolemäus die Wirkungen von Sonne und Mond, den Planeten und auch den Fixsternen zusammen und beschrieb, wie die Astrologie dazu genutzt werden konnte, um die Schicksale des Einzelmenschen sowie die von Städten und Ländern zu bestimmen. Die Idee, zur Bestimmung des genauen Zeitpunkts der Empfängnis, zur Berechnung des Einflusses von guten und schlechten »Aspekten« sowie von astrologischen »Transiten« und »Direktionen« ein Horoskop aufzustellen, all dies hat seinen Ursprung im astrologischen Ansatz des Ptolemäus. Er schreibt in seinem Buch, dass die »festen« Zeichen (Stier, Löwe, Skorpion und Wassermann), wenn sie im Horoskop deutlich hervortreten, »die Gesinnung gerecht, unbeugsam, beständig, entschlossen, vorsichtig, geduldig, fleißig [und] streng« machen, während diejenigen, die stark von »beweglichen« Zeichen geprägt sind (Zwillinge, Jungfrau, Schütze und Fische) Gesinnungen haben, die »wechselhaft, vielseitig, unbeständig, nicht leicht verständlich, leicht flüchtig und unbeständig [sowie] zu Doppelzüngigkeit neigend« sind. Ptolemäus erkannte auch die Probleme, die sich durch die Äquinoktialpräzession ergaben, und vertrat die Ansicht, dass das Entscheidende der 30°-Bogen der Ekliptik ist, in dem sich die Planeten befinden, und nicht die konkrete Position, die ein Sternbild zu einem bestimmten Zeitpunkt am Himmel hat.

Tierkreis aus einer byzantinischen Handschrift von Ptolemäus' »Tetrabiblos«, 820 n. Chr. Obwohl die Erde die zentrale Stelle im Tierkreis einnehmen müsste, ist hier der auf seinem Prunkwagen fahrende Sonnengott im Zentrum des Kreises dargestellt.

Das System des Ptolemäus baute auf sieben Planeten sowie Sonne und Mond auf. Die Reihenfolge der Planeten war in absteigender Ordnung von der Sphäre der Fixsterne aus die folgende: Saturn, Jupiter, Mars, Sonne, Venus, Merkur, Mond. Die Erde lag im Mittelpunkt der konzentrischen Sphären und außerdem eingebettet in einer Reihe von Elemente-Sphären mit dem Feuer als äußerster, gefolgt von Luft, Wasser und schließlich der Erde selbst. In späteren Modellen des Ptolemäischen Systems wurden die Positionen von Venus und Merkur vertauscht. Dieses Modell wurde in der Astrologie so lange verwendet, bis es allmählich durch das korrektere heliozentrische System entmachtet wurde, das Kopernikus in seinem 1543 erschienenen Werk »De revolutionibus orbium coelestium« vorstellte.[11]

Astrologie und Islam

Während das Christentum nie gewillt war, sich auf die Astrologie einzulassen, da es ihre heidnischen Ursprünge und eine kosmologische Dynamik in Konkurrenz zu dem Willen Gottes suspekt fand, lässt sich dasselbe vom Islam nicht behaupten. Auch wenn sich der Koran gegen Sonnen- und Mondkulte ausspricht und diese mit Götzenanbetung gleichsetzt, bezogen die arabischen Astrologen doch vieles von ihrem Denken von den Sabäern aus dem Jemen, die die Fixsterne und Planeten verehrten und auch eine Fülle von Göttern und Geistern anbeteten, die sie aus griechisch-römischen Entsprechungen in ihre Kultur übertragen hatten. Der islamische Sinn für das geistige Schicksal der Dinge war mit dem planetarischen Determinismus der Astrologie deutlich vereinbar, und die meisten Muslime sahen aus religiöser Sicht nichts grundlegend Anstößiges in der Astrologie, zumal der Koran verkündet: »[Gott] hat [...] die Sonne und den Mond zur Zeitrechnung gemacht. [...] Er ist es, der euch die Sterne gemacht hat, damit ihr euch durch sie die gute Richtung in den Finsternissen des Festlandes und des Meeres findet« (Sure 9,96f.; Übersetzung v. Adel Khoury).

Islamische Darstellung der astrologischen Beziehungen – hier treffen sich Mond und Jupiter im Zeichen des Schützen. Handschrift des Astrologen Abu Mash'ar al-Balkhi, Kairo, um 1259.

Die islamische Astronomie und Astrologie stammen in erster Linie aus griechischen, indischen und persischen Quellen und wurden stark von den Regionen beeinflusst, die unter muslimischer Herrschaft standen. Hierzu gehörten der Mittlere und Nahe Osten, wesentliche Teile Nordafrikas, Teile des westlichen Indien und in der Zeit, als die Sarazenen auf der Höhe ihrer Macht standen, auch Spanien, Sizilien und Südfrankreich.

Die frühesten arabischen Astrologen behaupteten, ihre Abstammung reiche weit über Mohammed hinaus bis zu Hermes zurück.[12] Unter den Kalifen erlebte die Stadt Bagdad, die ihrerseits an einer Stelle unweit des antiken Babylon erbaut worden war, eine Blütezeit des Interesses an der Astrologie. Harun al-Raschid, ein Zeitgenosse Karls des Großen, wurde als Beschützer der Astrologie berühmt und errichtete in Bagdad ein Observatorium, das von Astronomen und Astrologen gleichermaßen benutzt wurde – denn damals wurde zwischen beiden kein Unterschied gemacht. Einer der berühmtesten islamischen Astrologen jener Zeit, Abu Ma'shar ar-Balkhi, genannt Albumasar (778–886), verfasste ein Werk mit dem Titel »Die Blüten der Astrologie«, das in lateinischer Übersetzung als »Flores Astrologiae« zu den ersten Büchern zählte, die von Gutenberg in Deutschland gedruckt wurden.

Die arabischen Astrologen, die die Berechnungen des Ptolemäus verbessern wollten, fühlten sich durch den Koran ermutigt, denn dieser hielt die Muslime dazu an, in ihrem Wissen über die Sonnen- und Mondzyklen höchste Präzision zu erreichen. Der berühmte Arzt Razes (al-Razi; um 864–925) veröffentlichte Traktate über Alchemie und Astrologie und verfasste einen ausführlichen Kommentar zu Ptolemäus' »Tetrabiblos«. Andere bemerkenswerte islamische Astrologen waren Abu Ali Mohammed ibl al-Hasan ibn al-Haythan (gestorben 1038), der ein so gewaltiges Wissen in Astrologie und Astronomie besaß, dass er der »zweite Ptolemäus« genannt wurde, sowie Ibn Abu Ridschal, der Astrologe im Palast des Sultans al-Mamur (1016–1062) Karriere machte und ein achtbändiges Werk mit dem Titel »Urteile der Sphären« verfasste.

Wie bei den Griechen und Römern gab es jedoch auch führende islamische Denker, die gegen die Astrologie eingenommen waren. Der einflussreiche Arzt, Alchemist und Philosoph Ibn-Sina (980–1037), im Westen auch unter dem Namen Avicenna bekannt, lehnte die Idee des astrologischen Determinismus ab, und der berühmte, in Spanien geborene muslimische Arzt Ibn-Rushd (1126–1198), besser bekannt unter dem Namen Averroës, attackierte die Praxis der Erstellung von Horoskopen. Und doch erwies sich die Begeisterung des Islam für die Astrologie als bemerkenswert unverwüstlich, und so begann durch die lateinischen Übersetzungen arabischer Autoren allmählich die Kenntnis der archaischen Formen der Astrologie in den Westen einzudringen. Auf diesem Wege blieb eine bedeutende Menge von astrologischem und metaphysischem Wissen der Griechen im byzantinischen Weltreich erhalten. In manchen Fällen erwiesen sich auch persönliche Verbindungen als entscheidend. So wurde z.B. der byzantinische Gelehrte und Philosoph Gemistos Pletho, der im Jahr 1438 Italien besuchte, zur Brücke zwischen dem mittelalterlich-byzantinischen Hellenismus und den Anfängen der italienischen Renaissance. Pletho war bestens bewandert in Astrologie und war zugleich ein eifriger Verfechter des platonischen Denkens und des Studiums der Texte griechischer Philosophen. Er sprach den Sternen Seelen zu und schlug eine Weltsicht vor, die auf der universellen Harmonie basierte, in der physische Materie und kosmische Intelligenz eng miteinander verbunden waren.[13] Pletho erweckte das Interesse von Cosimo de' Medici und wurde darauf ein Freund des einflussreichen Hermetisten Marsilio Ficino. Als ein Ergebnis dieser Verbindung mit Pletho begann Ficino platonische und neuplatonische Texte ins Lateinische zu übersetzen, wodurch mystische Philosophen wie Plotin, Porphyrios und Jamblichos wesentlich besser bekannt werden konnten. Schon bald wurde deutlich, dass das griechisch-metaphysische Denken in den geistigen und kulturellen Zentren des Europa der Renaissancezeit eine neue Heimat finden sollte.

Astrologie in der Renaissance

Obwohl die Renaissance auch eine Zeit bedeutender wissenschaftlicher und technischer Entdeckungen war, geschah dies jedoch nicht zum Nachteil der Astrologie. Während des 15. und 16. Jahrhunderts nahm das Interesse an ihr sogar beträchtlich zu. Die Methoden, die sie verwendete, waren denen der arabischen, griechischen und römischen Astrologen ähnlich. Geburtshoroskope stießen auf größtes Interesse. Heutzutage sind wir kreisförmige Horoskope gewohnt, eine Form, die erst im späten 19. Jahrhundert durch den Astrologiewissenschaftler Paul Choisnard (1867–1930) eingeführt wurde, während die Horoskope der Renaissance die Form eines Quadrats innerhalb eines Quadrats hatten, das wiederum innere

Dreiecke für die Zuweisung der 12 Tierkreiszeichen bildete. In diese Dreiecke wurden die Planeten und Himmelskonstellationen zur Zeit der Geburt eingetragen.

Obwohl sich die Astrologie auf das geozentrische Modell des Ptolemäus bezog, führte die Entdeckung, dass sich die Erde und die anderen Planeten um die Sonne drehen, keineswegs zu einem Zusammenbruch des Glaubens an den astrologischen Determinismus. Sogar Kopernikus verleugnete seinen Glauben an Einflüsse durch die Planeten nicht. Und wie Frances Yates in ihrem bedeutenden Buch »Giordano Bruno and the Hermetic Tradition« (1964) nachweist, brachte auch Giordano Bruno den astrologischen Determinismus in seine philosophischen Spekulationen über das Universum ein, indem er die Einheit des Himmels und die Bewegungen der Sterne pries, »welche die Hoheit und Herrlichkeit Gottes besingen«.

Der große Astronom Tycho Brahe (1546–1601) war zugleich auch ein engagierter Astrologe. Während seiner Anstellung als Mathematikdozent an der Universität von Kopenhagen stellte er astrologische Geburtskarten für die Familienmitglieder des dänischen Königshauses auf, wobei er seine eigenen astronomischen Beobachtungen anstellte, um sie anzufertigen. Daneben war er fasziniert von der Aussicht, bedeutende Katastrophen voraussehen zu können, und fühlte sich besonders zur Untersuchung der Konjunktionen von Jupiter und Saturn hingezogen. Obwohl ihre Konjunktion im Skorpion im Jahr 1488 nicht zu einem Desaster geführt hatte, war Tycho Brahe dennoch verblüfft, als er entdeckte, dass eine Konjunktion im Löwen (in der Nähe des Sternennebels des Krebses) mit einer Epidemie der Schwarzen Pest zusammenfiel.

Der deutsche Astronom Johannes Kepler (1571–1630) führte sein eigenes »Horoskopbuch«. Nachdem er 1594 eine Anstellung als Mathematikdozent in Graz angetreten hatte, publizierte er zur Aufbesserung seines Salärs vier astrologische Jahresalmanache. In der Einführung zu seinem Werk »Tertius Interveniens« stellt Kepler fest, dass es, so sehr man auch bestrebt sein soll, dem Aberglauben auszuweichen, dennoch von großem Vorteil ist, wenn man die gültigen astrologischen Prinzipien versteht: »[...] nichts existiert oder ereignet sich am sichtbaren Himmel, das nicht auf eine verborgene Art von den Fähigkeiten der Erde und der Natur gespürt wird, [so dass] diese Fähigkeiten des Geistes hier auf Erden ebenso sehr davon affiziert werden wie der Himmel selbst. [...] Der Himmel versorgt einen Menschen zwar nicht mit seinen Gewändern, mit Geschichte, Glück, Kindern, Reichtum oder einem Weib, aber er formt dennoch seine Conditio aus.«[14]

Für Brahe und Kepler lag die Attraktivität der Astrologie darin, dass sie Einblicke in die Funktionsweise der natürlichen Welt zu bieten schien, und wie sich zeigen sollte, unterstützte auch Martin Luther diese Ansicht. Die Zeichen am Himmel und auf der Erde dürfe man, so meinte er in einem Vorwort zu einem astrologischen Werk von Johannes Lichtenberg, keineswegs missachten, da sie das Werk Gottes und der Engel seien, gottlose Länder als Warnungen heimsuchen würden und alle ihre Berechtigung hätten.[15]

Die römisch-katholische Orthodoxie blieb dagegen weiterhin allen Formen von Divination gegenüber feindlich gesinnt, wie die päpstlichen Bullen »Constitutio Coeli et Terrae« und »Constitutio Inscrutabilis« von 1586 deutlich zeigen. Aber es gab auch weiterhin Ausnahmen. Als der florentinische Astrologe Cosme Ruggieri vor die römische Inquisition zitiert wurde, ließ man ihn nach seiner brillanten

Mittelalterliche Alchemisten stellten Horoskope auf, um den günstigsten Zeitpunkt für ihre Arbeiten zu ermitteln. Damals pflegte man Horoskope quadratisch darzustellen. Hier eine Seite aus der Handschrift von Nortons »Ordinall«, 15. Jahrhundert.

Erklärung, dass die Praxis der Astrologie auf den Naturgesetzen basiere und nichts mit Magie oder Anrufung von Geistern zu tun habe, in Freiheit ziehen. Der entscheidende Punkt seiner Verteidigung war der, dass er die Astrologie deutlich von den okkulten und magischen Künsten trennte, mit denen sie so häufig gleichgesetzt wurde.

Ruggieri hatte Glück, denn es ist nicht zu bestreiten, dass er zu einer kleinen Gruppe von Astrologen gehörte, die von der Königin von Frankreich, da sie ihrerseits zutiefst von den okkulten Wissenschaften fasziniert war, begünstigt wurden. Cathérine des Médicis, die florentinische Gemahlin Heinrichs II. von Frankreich und nach dessen Tod im Jahr 1559 Regentin von Frankreich, führte die Astrologie am Hof des Hauses Valois ein und umgab sich mit Magiern und Astrologen, darunter Michel de Nostredame (später Nostradamus genannt und zum königlichen Ratgeber und Leibarzt erhoben), sowie Luc Gauric und Ruggieri selbst. Ruggieri wohnte in Paris im Hôtel de Soissons, das Cathérine des Médicis gehörte. Der Observatoriumsturm, der ihm hinter der einstigen Halle aux Blés (»Les Halles«) errichtet wurde, ist alles, was heute davon noch erhalten ist. Von diesem Observatorium soll Cathérine zusammen mit Nostradamus und später mit Ruggieri die Vorzeichen des Himmels beobachtet haben.

Michel de Nostredame (Nostradamus) zelebriert ein magisches Ritual vor Cathérine des Médicis, der Königin von Frankreich. Kolorierte Tuschfederzeichnung auf Papier, 1559.

Gegenüber: Wie oben, so unten: der Tierkreis-Mensch als mikroskopische Spiegelung des Himmels. Aus den »Très Riches Heures du Duc de Berry«, Frankreich, frühes 15. Jahrhundert.

Aries. leo. sagittarius. sunt
calida et sicca collerica
masculina. Orientalia.
Taurus. virgo. capricornus.
sunt frigida et sicca melanco
lica feminina. occidentalia.
Gemini.
aquarius.
libra. sunt calida et
humida masculina
sanguinea. meridionalia.
Cancer. scor
pius. pisces.
sunt frigida et humi
da flemmatica femini
na. Septentrionalia.

Der Tarot

Wir wissen aus Hofberichten, dass König Karl VI. von Frankreich im Jahr 1392 einem Maler namens Jacquemin Gringonneur ein Honorar für drei Kartenspiele zukommen ließ, die als »vergoldet und koloriert und mit verschiedenen Zeichen verziert, dem König zu seiner Kurzweil geliefert«[16] beschrieben wurden. Unklar ist jedoch, ob es sich dabei um frühe Tarot- oder um einfache Spielkarten handelte. Die Bibliothèque Nationale de Paris besitzt in ihrer Sammlung ein Set aus siebzehn Spielkarten, von denen sechzehn eindeutig als Tarotkarten identifizierbar sind. Während man ursprünglich glaubte, es seien jene, die von Gringonneur für Karl VI. gemalt wurden, sind sie heute allgemein anerkannt venezianischer Herkunft und stammen aus einer Zeit um 1470. Die Gringonneur-Karten wurden bisher nicht aufgefunden, und es ist gut möglich, dass es im Jahr 1392 noch keine Tarotkarten gab.[19]

Die Tarotkarten wurden, wie manche Fachleute vermuten, zwischen 1410 und 1425 in Norditalien erfunden und die meisten Decks, die uns aus dem Italien des 15. Jahrhunderts erhalten sind, spiegeln die damalige Mode der Adelskreise von Mailand und Ferrara wider.[18] Die frühesten konkreten Hinweise auf Tarotkarten stammen von 1442 aus dem Hof des Hauses Este in Ferrara. Von Italien aus griff das Interesse am Tarot darauf nach Frankreich und in die Schweiz über.

Das moderne Tarot-Deck stammt von den Piemonteser und Marseiller Tarotkarten ab, und beide waren in Norditalien und Frankreich zu Beginn des 16. Jahrhunderts weithin bekannt. Diese Decks bestanden aus 78 Karten, unterteilt in 22 Karten der Großen Arkana und 56 Karten der Kleinen Arkana. Die Großen Arkana sind die so genannten »Hof-« oder mythologischen Karten, während die Kleinen Arkana aus vier Basis-Serien – Schwertern, Stäben (Keulen), Kelchen (Pokalen) und Münzen (Pentakeln) – bestehen und bereits den vier Serien des modernen Kartendecks entsprechen.

Ungeachtet ihres Ursprungs besteht kaum Zweifel darüber, dass die Tarotkarten eine verborgene Symbolsprache enthalten und auf authentisch esoterischen Motiven aufgebaut sind. Dies hat jedoch auch zu einer Flut fantastischster Deutungen des wahren Ursprungs und Zwecks des Tarot geführt. Auch heute noch wird von vielen Begeisterten behauptet, die Tarotkarten seien im alten Ägypten entstanden und gehörten einer mystischen Weisheitstradition an, die Jahrtausende weit zurückreicht. Diese These vertrat erstmals der französische Theologe Antoine Court de Gébelin, der eines der frühesten Werke über den Tarot, nämlich »Le Monde Primitif«, in neun Bänden verfasste, die zwischen 1775 und 1784 in Paris erschienen. De Gébelin behauptete, dass die Großen Arkana des Tarots aus einem altägyptischen Werk, dem »Buch Thoth« stammten, das aus den Ruinen brennender ägyptischer Tempel gerettet worden sei, und dass die symbolische Weisheit des Tarot in der Folgezeit durch wandernde Zigeuner, ihrerseits ägyptischen Ursprungs, in Europa eingeführt worden sei.[18] Außerdem glaubte de Gébelin, dass das Wort *Tarot* »königlicher Weg« bedeutet und von *tar* (»Weg«, »Pfad«) und *ro* (»König«, »königlich«) abgeleitet ist.[20]

Holzschnitt einer Kartenspiel-Szene. Auf dem Tisch ist ein Satz Herzkarten zu erkennen. Deutschland, um 1470.

Einer von de Gébelins Anhängern, ein Perückenmacher namens Alliette, kehrte seinen Namen zu Etteilla um und veröffentlichte 1783 ein Buch über den Tarot, in dem er behauptete, der Tarot sei von 17 Magi 171 Jahre nach der Sintflut erschaf-

Italienische *tarocchi*-Karten, Bergamo, 15. Jahrhundert. In diesem Deck sind die vier Sätze – Kelche, Stäbe, Schwerter und Münzen (Pentakel) – zu sehen.

fen worden. Er behauptete weiter, dass einer jener Magi, Athotis, von Merkur und Noah abstamme. Außerdem schuf Alliette ein eigenes Kartendeck, begleitet von einem Buch mit dem Titel »Manière de tirer – Le Grand Etteilla où tarots Egyptiens«.

De Gébelin und Etteilla sind nicht die Einzigen, die die These einer ägyptischen Verbindung des Tarot vertreten. Der berühmte Zeremonialmagier Aleister Crowley, der um 1940 mit Lady Frieda Harris ein visionäres Tarot-Deck kreierte, führte diese Tradition fort, indem er seine Karten »The Book of Thoth« nannte, und erst kürzlich, im Jahr 1989, erschien in den USA ein ägyptisches Tarotdeck, von dem behauptet wird, es stamme aus den »Inneren Tempel der Isis«.[21]

Dass der Tarot in der Tradition der westlichen Magie eine so zentrale Bedeutung erlangte, ist weitgehend dem französischen Okkultisten Eliphas Lévi (1810–75) zu verdanken. Er war es, der als Erster vorschlug, die Großen Arkana des Tarot mit dem kabbalistischen Symbol des Lebensbaums zu kombinieren. Lévi glaubte, dass die Tarotkarten ein heiliges okkultes Alphabet enthalten – ein Alphabet, das die Juden dem Propheten Enoch, die alten Ägypter Hermes Trismegistos und die Griechen Kadmos, dem Gründer der Stadt Theben, zuschrieben. Lévi verknüpfte die 22 Pfade, die die 10 Sphären des kabbalistischen Lebensbaums mit den 22 Buchstaben des hebräischen Alphabets und wiederum mit den 22 Karten der Großen Arkana verbinden. In seinem Buch »Dogme et Rituel de la Haute Magie« (deutsch »Transzendentale Magie. Dogma und Ritual«, 1975) bietet Lévi Einzelheiten über die »Quelle« des esoterischen Tarot, doch er würdigt auch den Beitrag von de Gébelin und Etteilla: »Als das souveräne Priestertum in Israel aufhörte, als alle Orakel der Welt vor dem Mensch gewordenen und aus dem Munde des volkstümlichsten und sanftesten aller Weisen sprechenden Wort schwiegen, als die Bundeslade verloren, das Allerheiligste profaniert und der Tempel zerstört war, da wurden die Mysterien des Ephod und der Theraphim, die nicht mehr in Gold und Edelsteinen gezogen wurden, von einigen weisen Kabbalisten auf Elfenbein, Pergament, versilbertes und vergoldetes Leder, schließlich auf einfache Karten geschrieben oder besser nachgebildet, die der offiziellen Kirche immer verdächtig waren, als umschlössen sie einen gefährlichen Schlüssel zu ihren Mysterien. Daher sind jene

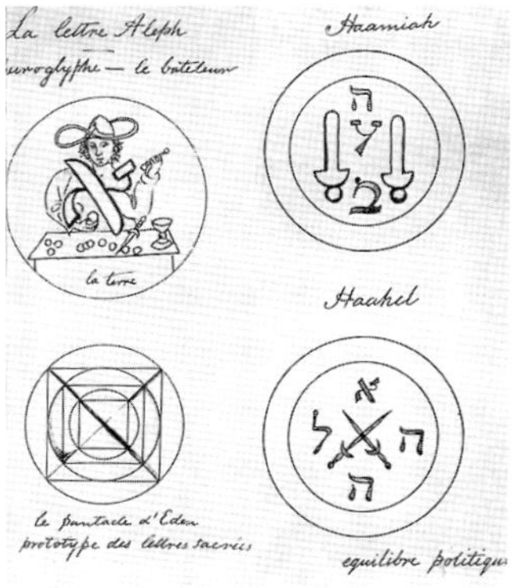

Darstellungen aus Eliphas Lévis Buch »Clés majeures et clavicules de Salomon«, Paris 1895. In die Tarot-Figur des *bateleur* ist der hebräische Buchstabe Aleph eingezeichnet.

Gegen Ende des 15. Jahrhundert hatte das Marseiller Tarot in Frankreich große Popularität erlangt. Diese Karten, von denen nebenstehend eine Auswahl zu sehen ist, wurden von B. P. Grimaud gezeichnet und sind auch heute noch ein beliebtes Tarot-Deck.

Tarots gekommen, deren Alter dem gelehrten Court de Gébelin durch dieselbe Wissenschaft der Hieroglyphen und der Zahlen offenbart, die später den zweifelhaften Scharfblick und das zähe Forschen Etteillas auf eine so harte Probe stellte.«[60]

Lévis Konzept, den kabbalistischen Baum des Lebens mit den Großen Arkana des Tarot zu vereinen, wurde von dem französischen Arzt Gérard Encausse (1875–1916) weiterentwickelt. Dieser veröffentlichte 1889 unter dem Namen Papus ein bedeutendes Werk mit dem Titel »Le Tarot des bohémiens« (deutsch »Tarot der Zigeuner – Zum ausschließlichen Gebrauch der Eingeweihten – Der absolute Schlüssel zur Geheimwissenschaft«), das Abbildungen der Marseiller Tarotkarten enthielt. Diese Bilder wurden nun abgewandelt, indem sie Buchstaben des hebräischen Alphabets erhielten, was die Vorstellung verstärkte, dass der Tarot und die jüdisch-mystische Tradition symbolisch miteinander verbunden waren. Die Idee, die Großen Arkana des Tarot kartographisch als Netzwerk symbolischer Pfade auf dem Lebensbaum darzustellen, wurde später auch von den Zeremonialmagiern des hermetischen Golden-Dawn-Ordens aufgegriffen, dessen Philosophie und Praktiken in Kapitel 8 dargestellt werden. Das Haupt dieses Ordens war Arthur E. Waite, der mit Pamela C. Smith das berühmte Rider-Waite-Tarot kreierte, das bis heute eines der populärsten Tarotdecks geblieben ist.

Der Teufel des Rider-Waite-Decks, konzipiert von Arthur Edward Waite und Pamela Colman Smith. Frühes 20. Jahrhundert.

Magische Anwendungen des Tarot

Wenn die 22 Tarotkarten als mythische Pfade dargestellt werden, die die 10 einzelnen Sphären des kabbalistischen Lebensbaums, und zwar der Reihe nach von der untersten Sphäre bis zur höchsten, miteinander verbinden, so ergibt sich die folgende Konfiguration:

Tarot-Pfade auf dem Baum des Lebens

Die Welt	Malkuth-Yesod
Gericht	Malkuth-Hod
Der Mond	Malkuth-Netsach
Die Sonne	Yesod-Hod
Der Stern	Yesod-Netsach
Der Turm	Hod-Netsach
Der Teufel	Hod-Tiphareth
Tod	Netsach-Tiphareth
Mäßigkeit	Yesod-Tiphareth
Der Eremit	Tiphareth-Chesed
Gerechtigkeit	Tiphareth-Geburah
Der Gehängte	Hod-Geburah
Das Rad des Schicksals	Netsach-Chesed
Kraft	Geburah-Chesed
Der Wagen	Geburah-Binah
Die Liebenden	Tiphareth-Binah
Der Hierophant	Chesed-Chokmah
Der Herrscher	Tiphareth-Chokmah
Die Herrscherin	Binah-Chokmah
Die Hohepriesterin	Tiphareth-Kether
Der Magier	Binah-Kether
Der Narr	Chokmah-Kether

Die Großen Arkana des Tarot haben eine magische Bedeutung, da sie eine Reihe heiliger archetypischer Bilder darstellen. Einige dieser »mythischen« Karten sind spezifisch männlich, hierzu gehören der Magier, der Herrscher, der Wagenlenker und der Hohepriester. Andere sind spezifisch weiblich und dazu gehören die Hohepriesterin, die Herrscherin, Gerechtigkeit und der Mond. Wieder andere Karten sind symbolisch »neutral«, d.h. weder männlich noch weiblich – wie der Tod und Das Rad des Schicksals.

Nach den praktizierenden Magiern, die der Lévi-Papus-Waite-Verbindung des Tarot mit dem Lebensbaum folgen, stellen die Karten der Großen Arkana symbolische Pfade dar, die zu einer geheimnisvoll transzendenten Realität führen – eine Reise durch den labyrinthischen Weg der Seele. Die folgende Zusammenfassung der 22 Karten der Großen Arkana erstreckt sich von der untersten Sphäre des Lebensbaums bis hinauf zu seiner höchsten. Sie bietet einen Überblick über die ihrem Wesen nach mythische Natur der Großen Arkana, wie sie von den modernen praktizierenden Magiern verwendet werden, und stellt, weit über ihre mittelalterlich-italienischen Ursprünge hinausgehend, die mit ihnen verbundene Bilderwelt dar.

Die Welt repräsentiert den »Abstieg« in die »Unterwelt« des magischen Bewusstseins, dargestellt durch den Abstieg der Persephone in das Land der Toten, aber hier wird der Tod als die andere Seite des Lebens betrachtet. Persephone symbolisiert das Weizenkorn, das in einem ewigen Kreislauf heranwächst, reift und stirbt und somit potenziell unendliche Ernten liefert. Ihr kommt eine besondere Bedeutung zu, da sie sowohl bei den Lebenden als auch bei den Toten ihre Heimat hat.

Das Gericht ist ebenfalls mit dem Motiv der Wiedergeburt verbunden. Menschliche Gestalten entsteigen triumphierend dem »Grab« der Unwissenheit und heben dabei ihre Arme in einer Form, die das Wort LVX (»Licht«) bildet.

Der Mond spiegelt die Symbolik der »lunaren« Sphäre Yesod auf dem Lebensbaum wider. Zwei Hunde, ein domestizierter und ein ungezähmter, bellen den Himmel an. Der Hund ist der lunaren Göttin Hekate geweiht, die in ihrem totenähnlichen Aspekt mit Persephone assoziiert ist. Außerdem zeigt diese Karte Ebbe und Flut der Gezeiten und steht symbolisch für die geistige Entwicklung – ein Hummer entsteigt dem Meer, um diesen Effekt noch zu verstärken.

Die Sonne spiegelt das Licht von Tiphareth in der Mitte des Lebensbaums. Nackte Zwillinge tanzen in einem magischen Ring unter der Sonne. Sie repräsentieren Unschuld und als Junge und Mädchen die Synthese der Gegensätze – ein häufiges Motiv im Tarot. Sie werden von der Sonne beherrscht, die das Einssein, die Lebenslust und den Weg der Erleuchtung repräsentiert, aber hier sind sie von dem kosmischen Gebirge durch eine Mauer getrennt. Im okkulten Sinn sind die Kinder noch unerfahren in ihrer mystischen Suche; bei ihnen gilt es, noch Barrieren zu überwinden.

Der Stern wird, repräsentiert von Netsach, mit Intuition, Meditation und den verborgenen Qualitäten der Natur assoziiert. Die wunderschöne, nackte »Weiße Isis«, eine lunare Gottheit, kniet an einem Teich und gießt Wasser aus den Krügen, die sie in jeder Hand hält. Der eine Krug ist aus Gold (Sonne), der andere aus Silber (Mond). Von einem goldenen Stern am Himmel sendet die Göttin kostbare Lebensenergie auf die Welt darunter.

Der Turm ragt bis in die höchste Sphäre Kether; er erfasst symbolisch das gesamte mystische Universum. Blitz schlägt in die oberen Zinnen, bringt sie zum Einsturz, und zwei menschliche Gestalten sind zu sehen, die zu Tode in die Tiefe stürzen. Dies ist eine Ermahnung, dass auf der inneren Reise Demut geboten ist und dass der Einstrom von göttlicher Energie aus den höheren Regionen des Lebensbaums verheerend wirken wird, wenn die »magische Persönlichkeit« nicht ausgewogen ist und auf soliden Fundamenten steht. Der Turm wird von Mars beherrscht, der Unkenntnis und eitle Vorstellungen rücksichtslos betraft.

Der Teufel zeigt einen »dämonischen« Mann und eine »dämonische« Frau, die mit Ketten an einen Piedestal gebunden sind, auf dem ein hämisch grinsender Teufel mit einer Fackel in der Hand sitzt. Der Stein- oder Ziegenbock repräsentiert hier Finsternis und Bestialität. Über seinen Brauen trägt er ein umgekehrtes Pentagramm, das andeutet, dass sein spirituelles Streben mehr nach der Erde als auf das höhere Bewusstsein gerichtet ist, und in dem sich das Elend aller unerleuchteter Menschen widerspiegelt. Dennoch herrscht jenseits davon das Licht von Tiphareth.

Der Tod weist auf die menschlichen Unzulänglichkeiten und die beschränkte Natur der ich-gebundenen Persönlichkeit hin. Aber der Tod ist auch der Herold neuen Lebens, und am Horizont erscheint neues Licht. Die Sense ist mit Kronos, dem altgriechischen Schöpfergott, der die Zeit transzendierte, assoziiert, und auf dem Lebensbaum führt der Pfad des Todes zu Tiphareth, der Sphäre spiritueller Wiedergeburt.

Die Mäßigkeit repräsentiert die Linie des direkten mystischen Aufstiegs zum Zustand spiritueller Erleuchtung. Michael, der Erzengel des Feuers, steht über einem Fluss aus Licht, er gießt das Wasser des Lebens aus einem Sonnen-Gefäß in ein Mond-Gefäß. Dies bedeutet eine Mäßigung bzw. Vereinigung der Gegensätze. Michael steht mit einem Fuß auf der Erde und mit dem anderen im Wasser; er wird auch dargestellt, wie er einen weißen Adler (den Mond) und einen roten Löwen (die Sonne) miteinander versöhnt. Über ihm wölbt sich ein Regenbogen, der Gottes Bund mit der Menschheit symbolisiert, und über einem fernen Gebirge dämmert neues Tageslicht.

Der Eremit verbindet Tiphareth und Chesed und wird von Merkur regiert, der wiederum Chokmah und Thoth – den Archetypen des »Großen Vaters« der Kabbala und der ägyptischen Mysterien – verbindet. Der Eremit besteigt den magischen Berg, aber sein Endziel liegt fest in seinem Bewusstsein, und die Laterne in seiner Hand erleuchtet seinen Pfad.

Die Gerechtigkeit würde in der östlichen Mystik als *karma* betrachtet werden, wo das Individuum den Folgen seiner Taten begegnet. Sie erfordert Ausgewogenheit, Anpassung und völlige Unvoreingenommenheit. Die Gerechtigkeit wird von der Venus regiert und trägt zwei Waagschalen sowie das Schwert der Gerechtigkeit in der Hand. Dieser Pfad führt zur Sphäre ihres Geliebten Mars. Auf diesem Pfad beginnt der Magier die Natur des wahren inneren Selbst zu entdecken, indem er die illusorischen Aspekte des äußeren Scheins überwindet.

Der Gehängte führt wie Gerechtigkeit zu Geburah, der Sphäre der Tat. Der Gehängte baumelt an seinem Fuß, was Opferung symbolisiert, aber zugleich erweckt er auch das Bild einer Spiegelung im Wasser, dem Element, das diesem Pfad zugeordnet ist. Der Kopf des Gehängten strahlt wie ein Leuchtfeuer und scheint inspirierendes Licht zu tieferen Ebenen des Lebensbaum hindurchzustrahlen. Die Wasser selbst strömen von Binah, der Großen Mutter, her, die den »Ozean des Seins« verkörpert.

Das Rad des Schicksals symbolisiert die Kräfte von Fatum und Schicksal. In der kabbalistischen Magie sollen Worte aus ähnlichen Buchstaben miteinander in Beziehung stehende symbolische Bedeutungen haben, und TARO oder ROTA, das

Drei Karten des Thoth-Decks, entworfen von Aleister Crowley und Lady Frieda Harris in den Vierziger Jahren des 20. Jahrhunderts.

auf das Rad des Schicksals geschriebene Wort, lässt sich von hinten als ATOR lesen. Einer Interpretation zufolge ist dies eine Variante der Schreibweise der Weißen Göttin Hathor, die ihren Einfluss auf diesem Pfad zeigt. Der Pfad selbst führt zu Chesed und gelangt daher unter Jupiters Gerichtsbarkeit. Chesed liegt in der Region reiner Archetypen – einer Welt des heiligen Seins direkt unterhalb der Dreiheit des Lebensbaums.

Die Kraft verläuft horizontal quer durch den Baum des Lebens und nimmt eine gleichwertige, aber höhere Position als der Turm ein, der die auf dem Ego aufgebaute Persönlichkeit von dem wahren spirituellen Selbst trennt. Kraft repräsentiert den Abgrund zwischen Individualität und Universalität. Eine Frau zwingt den Rachen eines Löwen auf – der Triumph spiritueller Intuition über rohe Gewalt und Symbol der Herrschaft über alle Reste der »animalischen Seele«.

Der Wagen repräsentiert Bewegung und stellt eine mögliche Verbindung zur Tradition der *Merkaba* (»Thronwagen Gottes«) in der kabbalistischen Mystik her, die sich mit der visionären Reise der Seele von einem Himmelsort zum anderen befasste. Hier führt der Wagen den König zu den entlegensten Gefilden seines Reiches, während auf der gegenüberliegenden Seite des Lebensbaums, in Chesed, der Herrscher des Universums sein Reich von dem festen Aussichtspunkt seines himmlischen Throns aus betrachtet. Auf diesem Pfad ist der König ein Mittler, was von der zentralen Symbolik der Karte angedeutet wird, die den König mit dem Gefäß des Heiligen Grals zeigt.

Die Liebenden zeigt die Zwillinge nackt in der Unschuld des wiedererlangten Eden, während der heilige Schutzengel über ihnen seinen Segen spendet. In der griechischen Mythologie gewährte Zeus den Halbbrüdern Castor und Polydeukes (Pollux) – der eine ein Sterblicher, der andere ein Unsterblicher – ein gemeinsames Schicksal, indem er sie als das Sternbild der Zwillinge (Gemini) in den Himmel versetzte. Der Pfad der Liebenden strebt von Tiphareth aufwärts und zeigt die glückliche und dauerhafte Vereinigung der Gegensätze.

Der Hierophant verweist auf die gnadenreichen Qualitäten des Großen Vaters (Chokmah-Chesed), erhöht durch die Liebe und Gnade der Venus, die diese Karte regiert. Sie verkörpert die dauerhafte Verbindung von Weisheit und Gnade. Die Inspiration des Geistes, der aus den höchsten Sphären des Lebensbaums emaniert, ist in dieser Karte als ein archetypischer Ausdruck erleuchteter Intuition manifestiert. Göttliche Autorität verdankt ihren inspirierenden Ursprung dieser Sphäre des Lebensbaums.

Der Herrscher blickt in Richtung Chokmah, des »unmanifestierten« Großen Vaters der Dreiheit, und schöpft für seine Autorität im »Regieren« des Universums der Schöpfung unter ihm aus seiner spirituellen Energie. Der Herrscher verkörpert die Qualitäten der Göttlichen Gnade, denn obwohl er in seinem Geburah-Aspekt zu Aggression fähig ist, lässt er Mitgefühl für alle seine Untertanen walten. Das Universum als solches ist durch seine Vereinigung mit der Herrscherin entstanden.

Die Herrscherin ist warmherzig und wohltätig und gesegneten Leibes. Sie ist symbolisch die Mutter des Alls, da alle potenziellen Formen des gesamten Kosmos aus ihrem Schoß hervorgehen. Mythologisch gesehen ist sie Hathor und Demeter und verkörpert Liebe und Natur auf universeller Ebene. Sie sitzt in einem Kornfeld vor prächtigen Bäumen, und aus ihrer Domäne fließt der Fluss des Lebens. Sie ist die weibliche Verkörperung der heiligen Lebensenergie, die den höchsten Sphären des Lebensbaums emaniert. Auf diesem Pfad betritt der Magier das Reich der reinen Erleuchtung.

Die Hohepriesterin ist jungfräulich unberührt. Sie hat noch nicht geboren, d.h. noch nicht Essenz in Form verwandelt. Daher gehört sie den höchsten Sphären des Lebensbaums an. Diejenigen, die ihrem Pfad folgen, machen eine dramatische Transformation durch, denn sie gelangen über die Form als solche hinaus und kehren zu einem reinen und undifferenzierten Zustand zurück. Dieser Pfad erreicht den Gipfel der Schöpfung – die erste Sefirah: Kether, die Krone.

Der Magier ist mit Merkur, der kosmischen Intelligenz, verbunden. Dieser Pfad spiegelt eine männliche Reinheit, die der Jungfräulichkeit der Hohepriesterin entspricht. Der Magier steht in einem archetypischen Sinn über der Schöpfung. Er hebt eine Hand in Richtung Kether, so dass er von dort Energie herabziehen und sie zu den tieferen Sphären des Lebensbaums herableiten kann.

Der Narr ist ein Symbol dessen, »der nichts weiß«, und dies lässt sich auch in einem esoterischen Sinn interpretieren. Auf diesem Pfad nähert sich der Magier dem Schleier des Nicht-Seins – des Nicht-Etwas – dessen, was nicht manifestiert oder außerhalb der Reichweite der Schöpfung liegt. Dies ist eine Welt des wahren Mysteriums; über diese Dimension lässt sich weder etwas Sinnvolles aussagen noch lassen sich ihr irgendwelche Eigenschaften zuordnen. Auf der Karte ist der Narr drauf und dran, in den Abgrund der Formlosigkeit zu stürzen – und die unendliche und heilige Transzendenz von *En Sof Aur,* dem grenzenlosen Licht, zu erreichen.

Kapitel 7

Freimaurer und Rosenkreuzer

Mit den Alchemisten und Hermetisten sind noch zwei weitere mystische Bruderschaften verbunden: die Rosenkreuzer und die Freimaurer. Obwohl sie in verschiedenen Weiterentwicklungen – und in mancher Hinsicht mehr als gesellschaftliche Vereinigungen denn als Vertreter einer mystischen Tradition – bis heute fortleben, haben die Freimaurerei und das Rosenkreuzertum das moderne magische Bewusstsein ganz erheblich mit geprägt. Beide gründen auf mystischen Metaphern und Motiven spiritueller Transformation, die auch die Fundamente der okkulten Strömungen unserer Zeit bilden.

Symbolische Aspekte der Freimaurerei

Der Ursprung der modernen Freimaurerei liegt im 18. Jahrhundert. Die »Masonic Grand Lodge of England« wurde 1717 gegründet, als sich die Mitglieder von vier Londoner Logen in einer Taverne in Covent Garden trafen und sich als »eine Große Loge pro Tempore [»vorläufig«] in Gebührender Form« konstituierten, die entschlossen war, »die Jährliche Versammlung und Feier abzuhalten und sodann aus ihrer Mitte einen Groß-Meister zu wählen, auf dass ihnen die Ehre zuteil werde, einen Edlen Bruder zu ihren Häupten zu besitzen«. Auf dieses Treffen lassen sich alle Formen der heutigen Freimaurerei zurückführen. Seit 1721, als der Herzog von Montague zu diesem Amt berufen wurde, ist der so genannte Großmeister eine Person von adliger oder königlicher Geburt gewesen. Der gegenwärtige Inhaber dieses Titels ist der Herzog von Kent.

Die Freimaurerei als Tradition reicht jedoch weit über das 18. Jahrhundert zurück und stammt von den Bräuchen der künstlerisch wie technisch ungeheuer versierten europäischen Steinmetze ab, die im Mittelalter herrliche Kathedralen und andere Großbauwerke errichteten. Diese Maurer formierten sich zu »Bauhütten« (engl. *lodges*, daher der heutige Begriff »Loge«) und erkannten besondere »Grade« an, um ihre professionellen Fähigkeiten und Qualitätsnormen zu bewahren. So musste z.B. ein von Ort zu Ort ziehender Baumeister bestimmte verschlüsselte Fragen beantworten und auf bestimmte Zeichen und Kennwörter reagieren, um seine Befähigung als Maurermeister nachzuweisen. Daraus entwickelte sich schon bald ein komplexes System maurerischer Rituale, die von Geheimnis umhüllt und durch Schwüre der Treue und Brüderlichkeit bewahrt wurden.

Trotz ihrer geheimen Rituale ist die Freimaurerei selbst, so muss betont werden, jedoch weniger eine Religion als vielmehr eine symbolische Reaktion auf das Universum. Joseph F. Newton, eine führende Autorität auf dem Gebiet der Freimaurerei, hat darauf hingewiesen, dass ihre geistigen Wurzeln in einer mystischen Wertschätzung der Architektur liegen und dass die Architektur selbst ebenso sehr physische Notwendigkeit wie Ziel eines spirituellen Strebens ist. »Natürlich war

Gegenüber: Der Turmbau zu Babel – Miniatur aus einem flämischen Stundenbuch, spätes 15. Jahrhundert. Links ist die Maurer-«Loge« (engl. *lodge*, »Bauhütte«, ursprünglich ein Unterstand für die Steinmetze) zu erkennen.

Domine labia mea a
peries. Et os meū anū

der erste große Impuls für alle Architektur reine Notwendigkeit, aufrichtige Befriedigung des Bedürfnisses nach Schutz, aber dieses Bedürfnis bestand nicht weniger in einem Heim für die Seele als in einem Dach über dem Kopf. [...] Die Geschichte vom Turm zu Babel ist mehr als nur ein Mythos. Seit jeher versucht nämlich der Mensch, bis in den Himmel zu bauen, sein Gebet und seinen Traum in Ziegel und Stein zu fassen. Die Freimaurerei gründet auf der Idee, die materiellen und spirituellen Wirklichkeiten zu vereinen.«[1]

Tatsächlich gibt es, was die spirituellen Ursprünge betrifft, bereits in der Bibel Anklänge an die Philosophie der Freimaurerei. So lesen wir z.B. im Hebräer-Brief 3,4ff.: »Denn jedes Haus wird von jemand erbaut; der aber alles erbaut hat, ist Gott [...]; sein Haus aber sind wir.« Der 1. Petrus-Brief 2,5 bringt eine ähnliche Idee zum Ausdruck: »Lasst euch als lebendige Steine zu einem geistigen Haus aufbauen«, und in ähnlicher Weise steht im 2. Korinther-Brief 5,1 geschrieben: »Wir wissen: Wenn unser irdisches Zelt abgebrochen wird, dann haben wir eine Wohnung in Gott, ein nicht von Menschenhand errichtetes ewiges Haus im Himmel.«

Manchen Quellen zufolge leiteten die mittelalterlichen Steinmetze ihre geheimen Zeichen und Kennwörter von den Erbauern des Salomonischen Tempels in Jerusalem ab. Traditionsgemäß enthalten Mauerlogen Embleme, die die Stufen repräsentieren, die einst zum Tempel Salomons führten, sowie symbolische Motive, die aus dem alten Ägypten stammen. Alle Logen haben eine gewölbte, blaue und mit Sternen übersäte Saaldecke, die den Himmel darstellt. Der Boden besteht aus einem Mosaik, dessen verschiedenartige Farben die mit Blumen bedeckte Erde nach dem Rückgang der Nilwasser repräsentieren. In der modernen Loge stehen auf der Westseite zwei Bronzesäulen, auf denen die Buchstaben J und B (für Jachin und Boaz und als Symbol der Winter- und Sommersonnenwende) zu sehen sind; daneben gibt es noch zehn weitere Säulen, die mit ihnen durch einen Architrav verbunden sind. Außerdem ist das maurerische Initiationsritual auf die Figur des Hirma Abiff, jenes Architekten ausgerichtet, der bei der Erbauung des Salomonischen Tempels ermordet wurde.

Die Legende von Hiram Abiff

Als König Salomo beschloss, in Jerusalem den Tempel zu errichten, schickte der König von Tyrus im Tausch gegen Getreide, Wein und Öl Zedernbäume, die in den Wäldern des Libanon gefällt wurden, und bot ihm die Dienste eines fähigen Handwerkers namens Hiram Abiff (hebr. *Abiff*, »Vater«) an, der als leitender Architekt den gesamten Bau überwachen und auch die zwei bronzenen Säulen Jachin und Boaz herstellen sowie metallene Ornamente anbringen sollte.

Nach maurerischer Überlieferung wurden zu dem Bau des Tempels, der sieben Jahre dauerte, 85 000 Arbeiter angestellt. Denjenigen, die sorgfältig arbeiteten, wurde nach Vollendung des Baus der Status eines Maurermeisters versprochen. Manche Arbeiter forderten jedoch bereits vor der Vollendung einen höheren Status sowie höhere Löhne. Als Hiram Abiff dies ablehnte, wurde er von drei von ihnen in dem noch unvollendeten Tempel ermordet, worauf sie seine Leiche auf einem einsamen Hügel verscharrten und einen Akazienzweig auf sein Grab steckten. Darauf sandte König Salomo einen Suchtrupp nach ihm aus, und nach vier-

»Ägyptisches Ritual«: freimaurerische Zeichnung aus dem frühen 20. Jahrhundert. Sie zeigt den Pharao Ouserei und den Hohen Großmeister (Thoth) mit Ibis-Maske. Der Pharao ist mit der dreieckigen Maurer-Schürze und der »Schürze der Schlangen« bekleidet und hält das Große Maurer-Emblem, den »Schlüssel des Lebens«, in der Hand.

zehn Tagen wurde sein Leichnam gefunden. Bald darauf wurden auch die abgeschlagenen Häupter der drei Mörder dem König präsentiert.

Später verkörperte Hiram Abiff sämtliche menschlichen Werte, die die Freimaurer anstreben sollten, darunter vor allem Tugendhaftigkeit und Lauterkeit. Für manche Freimaurer ist Hiram auch die Entsprechung zu Osiris, der ägyptischen Gottheit, die von Set erschlagen und von Isis wieder zum Leben erweckt wurde. Daher symbolisiert er im maurerischen Kontext Tod und spirituelle Wiedergeburt.[2]

Freimaurerei und der »Baumeister des Weltalls«

Trotz der symbolischen Bezüge zum Tempel Salomons und der altägyptischen Mythologie beschränkt die Freimaurerei ihre Idee nicht auf das Göttliche allein. Heute wird von den Adepten lediglich verlangt, dass sie ihren Glauben an »Gottvater, den Allmächtigen und Großen Baumeister aller Welten« bekennen. Tatsächlich lässt sich in der Freimaurerei sofort ein pantheistisches Element erkennen, denn nach der maurerischen Sichtweise befindet sich »hinter dem prunkvollen Schauspiel der Natur, in ihr und über ihr [...] eine Höchste Vernunft, die alles auslöst, antreibt und dirigiert. [...] In einem Wort: das Erste und Letzte im Universum ist Vernunft, das Höchste und Tiefste ist Bewusstsein und die letzte Wirklichkeit ist die Absolutheit der Liebe.«[3]

Obwohl die Freimaurerei selbst eine Geheimgesellschaft war, hat sie stets die Freiheit des Körpers, der Vernunft und des Geistes verfochten – eine Geisteshaltung, die sie mit bestimmten Formen des Gnosis teilt. Hier wird die menschliche Seele als »verwandt mit Gott«, also dem Gebäude, auf dem die gesamte Schöpfung errichtet ist, betrachtet. Die moderne Freimaurerei sucht Wissenschaft, Logik und Glauben miteinander zu verbinden, damit diese Elemente zur Basis eines spirituellen Lebens in der Welt werden. Die Freimaurerei lehnt sektiererische Differenzen streng ab und bekennt sich dazu, dass Liebe die Grundlage zur Toleranz liefern sollte. Dieses Bekenntnis zu geistiger Vielfalt hat sie in manchen Ländern zur traditionellen Feindin der römisch-katholischen Kirche gemacht; so ist sie, wenn auch

Gott, der himmlische Architekt und Baumeister, mit einem Zirkel in der Hand. Französische Miniatur, 15. Jahrhundert.

Freimaurerische Übungstafeln des ersten, zweiten und dritten Grades der Einweihung, 1819. Die erste zeigt das Individuum im metaphysischen Schema, die zweite die spiralenförmige Wendeltreppe, die zum Tempel führt. Der symbolische Tod, dargestellt auf der dritten Karte, ermöglicht es dem Individuum, die menschlichen Beschränkungen zu überwinden.

Versammlung einer Freimaurer-Loge in Wien. Anonymes Ölgemälde, um 1780. Der Zeremonienmeister (Mitte) ist Fürst Nikolaus Esterházy, die ganz rechts sitzende Person soll angeblich Mozart sein.

nicht in Italien, so doch in Spanien und Portugal immer noch mit dem Bann belegt. Für Joseph F. Newton bildet Freundschaft, verbunden mit einer Haltung von Toleranz und Verständnis, die Essenz des Maurertums. Das so genannte große Geheimnis der Freimaurerei ist dies: »Es macht einem Menschen jenes Göttliche in ihm bewusst, aus dem sein ganzes Leben seine Schönheit und seinen Sinn bezieht und das ihn dazu beseelt, ihm zu folgen und zu gehorchen.«[4]

Winwood Reade hebt in seinem Buch »The Veil of Isis« (1861) in ähnlicher Weise den universalen Charakter der Freimaurerei als mystische Tradition hervor: »Der Schluss-Stein, der das gesamte Gebäude dieser mystischen Wissenschaft trägt, ist die Liebe. Liebet einander, lehrt einander, helft einander. Das ist unsere ganze Lehre, unsere ganze Wissenschaft, unser ganzes Gesetz. Wir haben keine engstirnigen Vorurteile; wir schließen aus unserer Gemeinschaft weder diese noch jene Sekte aus; es genügt uns, dass ein Mensch Gott verehrt, egal unter welchem Namen und auf welche Art.«[5]

Symbol des kabbalistischen Ordens vom Rosenkreuz, geleitet von Marquis Stanislas de Guaita (1861–1897) und Joséphin Péladan (1858–1918).

Die Bruderschaft der Rosenkreuzer

Die Bruderschaft der Rosenkreuzer kündete ihre Existenz mit der Publikation von vier Traktaten an, deren erster, die »Fama Fraternitatis Rosae Crucis« – zusammen mit einem satirischen Text »Die allgemeine und General-Reformation der ganzen weiten Welt« von einem italienischen Autor namens Boccalli – im Jahr 1614 in Kassel erschien. Gleich darauf, im Jahr 1615, erschien die antipäpstliche »Confessio« und wieder ein Jahr später die allegorische Erzählung »Die chymische Hochzeit Christiani Rosencreutz: Anno 1459«. Dieses Werk ist aufgrund seiner alchemistischen Themen, seiner Symbolik der spirituellen Wiedergeburt und seines Einflusses auf den »Hermetic Order of the Golden Dawn« des 19. Jahrhunderts für das heutige okkulte Denken von besonderer Bedeutung. Sowohl die »Fama« als auch die »Confessio« handelt von der mythischen Figur des Christian Rosencreutz und der Bildung seines Ordens.

Die »Fama« beginnt mit der Verkündigung, dass Gott kürzlich eine tiefere Erkenntnis von Jesus Christus und der Natur offenbart habe und dass es nun »hocherleuchtete« Menschen gebe, die die Natur des Mikrokosmos verstehen. Darauf wird dem Leser der »geistvolle, tiefsinnige Vater Bruder C. R.« (= Christian Rosencreutz), vorgestellt, der viele Länder bereist und die Weisheit des Orients empfangen habe. In Deutschland, so behauptet das Werk, gebe es viele »Gelehrte, Magier, Kabbalisten, Mediziner und Philosophen«, die sich zusammentun sollten. Es erklärt, wie die Kirche durch dieses neue heilige Wissen reformiert werden kann, und schildert im Folgenden, wie die Bruderschaft der Rosenkreuzer ins Leben gerufen wurde, nämlich anfangs mit vier Mitgliedern und dann mit einer weit größeren Anhängerschar, die sich alljährlich im Haus des Heiligen Geistes versammelte.

Darauf beschreibt der Text die Entdeckung von Bruder Rosencreutzens siebenseitigem Grabgewölbe, das von einer inneren Sonne illuminiert wurde und einen runden Altar enthielt, der mit einer Messingplatte bedeckt war, auf der zu lesen stand: »Dieses Kompendium des Alls habe ich mir zu meinen Lebzeiten zum Grabmal gemacht.« Um den Rand stand geschrieben: »Jesus ist mir alles.« Die Wände waren geschmückt mit geometrischen Figuren, brennenden Ampeln, magischen Spiegeln und Glöckchen sowie Schriften des Alchemisten Paracelsus (von dem es jedoch heißt, dass er kein Mitglied der Bruderschaft geworden sei). Das Bemerkenswerteste war jedoch, dass die rosenkreuzischen Brüder, nachdem sie den Altar zur Seite gerückt und die Messingplatte angehoben hatten, »ein[en] schöne[n] und ruhmwürdige[n] Leib, unversehrt und ohne alles Verwesen« gefunden hatten. »In der Hand hielt er ein Büchlein [...] T[estament] genannt, welches nach der Bibel unser höchster Schatz [ist].«[6]

Christian Rosencreutz wies eindeutig starke Parallelen zu dem vollkommenen Christus auf. Bezeichnend ist, dass Robert Fludd, der Rosenkreuzer-Apologet des 17. Jahrhunderts, die Geschichte mit dem Grabgewölbe des Christian Rosencreutz als symbolische und mystische Wiedergeburt und die Suche nach geistiger Vollkommenheit interpretiert hatte: »Manche Autores haben dieses Mysterium mit dunklen Reden traktiert und der große Rosarius, so dünkt mich, hat es in heilige Symbole gehüllt beschrieben. Denn hier sehen wir einen Leichnam bestattet, von welchem die Seele entwichen und himmelwärts entschwebt scheint. Der Körper

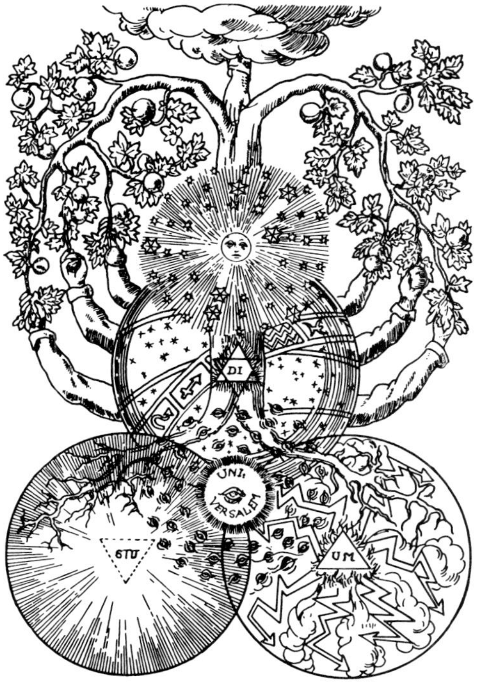

»Der Baum des Wissens«. Radierung aus dem Buch » Geheime Figuren der Rosenkreuzer«, 1785.

[ist] gebührend zur Beisetzung präpariert, oder jetzt gar verwesend; und doch sehen wir die Seele, welche zu ihm gehört, mit größeren Kräften gewandet in diesen Körper hernieder fahren. Wir sehen ein Licht, als wär es die Sonne, doch beflügelt und mächtiger als die Sonn unsres Himmels, aus dem Grabe auferstehen. Wir sehen, mit wunderlicher Kühnheit dargestellt, ein Bildnis von der Werdung des vollkommenen Menschen.«[7]

Auch wurde die Entdeckung des Grabgewölbes, die ins Jahr 1614 datiert wird, als der symbolische Beginn eines neuen Zeitalters der geistigen Reform proklamiert: »Wiewohl wir nun wissen, daß es mit unserem Verlangen und unserer Hoffnung auf eine allgemeine Reformation in religiöser und weltlicher Hinsicht noch nicht so weit ist, [so ist es aber] auch nicht unbillig, daß, ehe die Sonne aufgeht, sie (eine Morgenröte) am Himmel aufleuchten läßt. So werden etliche wenige mit [...] unserer Fraternität zusammentreten und [...] einen glücklichen Anfang machen.«[8] Die Anhänger des Christian Rosencreutz waren überzeugt, dass ihnen diese spirituelle Transformation der Welt gelingen würde.

Die »Fama« wurde auf Deutsch veröffentlicht, aber die erste Ausgabe der »Confessio« war lateinisch verfasst, woraus zu schließen ist, dass sie sich an ein gelehrteres Publikum richtete.[9] Die »Confessio« erklärte kühn, dass der Papst von Rom der Antichrist sei. Wie auch die »Fama« forderte sie die Leser dringend auf, mit dem Orden zusammenzuarbeiten, um eine neue spirituelle Orientierung, gleichbedeutend mit dem Zustand Adams im Paradies, zu erwirken. Gott werde das Land mit Licht und Wahrheit überfluten und der Papst werde von seinem Thron gestürzt. Weiter hieß es, neue Sterne seien als Vorzeichen dessen, was da kommen werde, in den Sternbildern der Schlange und des Schwans erschienen.

Als diese Pamphlete erschienen, versuchten viele Leser mit jener geheimnisvollen Bruderschaft in Kontakt zu treten, aber sie stießen auf Schweigen. Dies verstärkte noch das Interesse an dem Geheimnis der Rosenkreuzer, besonders deshalb, weil die Identität der Brüder weiterhin unbekannt blieb. Der Renaissance-Forscherin Frances Yates zufolge gilt es heute als gesichert, dass die Schrift »Monas Hieroglyphica« des John Dee die rosenkreuzerischen Autoren beeinflusst hatte, d.h., dass sein Text ihre »geheime Philosophie« darstellte. Und es wird als ebenso sicher angenommen, dass der lutherische Pastor Johann Valentin Andreae (1586–1654) bei der Veröffentlichung der Traktate eine zentrale Rolle spielte. Andreae wird allgemein als der Verfasser der »Chymischen Hochzeit« betrachtet, und nach Kurt Seligmann waren Rosencreutz und Andreae »ein und dieselbe Person«.[10] Möglicherweise war auch der Arzt Oswald Croll, ein Anhänger von Paracelsus, an der Bewegung beteiligt.[11]

Von allen Rosenkreuzer-Schriften ist die »Chymische Hochzeit« zweifellos die faszinierendste. Sie beschreibt, wie Christian Rosencreutz eines Abends kurz vor Ostern von einer weiblichen Engelsgestalt zu einer Königshochzeit geladen wird. Das Siegel auf dem Einladungsbrief zeigt ein Kreuz mit einer Sonnenscheibe und einer Mondsichel. Am nächsten Tag erwacht Christian Rosencreutz in aller Frühe und rüstet sich zur Reise. Er bindet sich kreuzweise ein blutrotes Band um die

Schultern, steckt sich vier rote Rosen an den Hut und packt als Wegzehr Brot, Salz und ein Fläschchen Wasser ein. Als er in einen Wald gelangt, entdeckt er, dass vier verschiedene Wege zum Palast des Königs führen. Nur einer davon ist jedoch der Königsweg, aber egal, welchen er wählt, er muss auf ihm bleiben, denn ein Umkehren würde seinen Tod bedeuten.

Anfangs kann er sich nicht entscheiden, welchen Weg er nehmen soll, aber nachdem er mit einer schneeweißen Taube, die von einem schwarzen Raben verfolgt wurde, sein Brot geteilt hat, findet er sich auf einmal vor einem prächtigen Portal mit »vielen herrlichen Bildwerken« symbolischer Bedeutung und einer Warntafel: »Hinweg von hier, hinweg, Uneingeweihte!« Christian Rosencreutz wird nach seinem Namen gefragt und antwortet, er sei »der Bruder von dem roten Rosenkreuz«. Im Tausch gegen sein Fläschchen Wasser erhält er ein »güldenes Zeichen« und gelangt an eine zweite Pforte, auf der wiederum mystische Symbole stehen und an der ein Löwe angekettet ist. Als er dessen Wärter Salz gibt, darf er passieren. Dann schlüpft er durch eine dritte Pforte und gelangt gerade noch rechtzeitig zum Hochzeitsmahl. In dem Saal gewahrt er die »große Menge der Gäste«, darunter Kaiser, Könige, Fürsten und Herren, reich und arm sowie »allerlei Gesinde«. Nach dem Fest wird den Gästen verkündet, dass sie am nächsten Tag in den Waagschalen des Gerichts gewogen werden.

Die meisten Gäste bestehen diese Prüfung nicht und erhalten einen Trunk, der ihre Erinnerung an dieses Ereignis auflöst. Dann werden sie aus dem Palast entfernt. Christian Rosencreutz und wenige andere bleiben jedoch. Jedes Mitglied dieser Gruppe erhält ein goldenes Vlies mit einer Medaille aus Gold, auf der Sonne und Mond abgebildet sind, worauf ihnen verschiedene Geheimnisse des Palastes, darunter der Große Phönix (ein mit Christus assoziiertes Symbol der Auferstehung) gezeigt werden. Am nächsten Tag wohnen die Kandidaten einem weiteren Bankett bei, aber nachdem sie ihre weißen Gewänder gegen schwarze getauscht haben, erscheint ein »kohlschwarzer« Mann, der dem König und der Königin das Haupt abschlägt und sie in Särge legt.

Nun fahren Christian Rosencreutz und seine Gefährten mit ihrer ständigen Führerin, die als die »Jungfrau« bezeichnet wird, über das Meer zu einem siebenstöckigen Turm der Götter, genannt »Olymp«, wo sie Vorbereitungen zur Schaffung des Magnum Opus, der höchsten Leistung der Alchemisten, treffen. Mit dem Blut des Phönix erwecken sie den König und die Königin wieder zum Leben und werden ihrerseits von der Jungfrau zu »Rittern vom Goldenen Stein« ernannt.

Hohe Magie

Im Rosenkreuzertum wie im freimaurerischen Hiram-Mythos spielt das Motiv von Tod und spiritueller Wiedergeburt eine zentrale Rolle. Es ist ein dauerhaftes Thema in der esoterischen Tradition des Abendlandes und taucht, wie wir sehen werden, auch in dem definierenden Initiationsritual des Golden-Dawn-Ordens wieder auf. Dabei ist zu betonen, dass die esoterische Tradition des Westens viele Wurzelstränge hat, die unter einer Reihe weniger zentraler Themen vereint wurden. Wir haben gesehen, auf welch unterschiedliche Art das mystische Universum von den Gnostikern, den Neuplatonikern und den Hermetisten als emanationistisch gedeutet wurde, d.h. als aufeinander folgende Seinsebenen, von denen jede der Reihe nach

Plakat aus dem Jahr 1892 von Carloz Schwabe für den Rosenkreuzer-Salon, der von Joséphin Péladan in Paris organisiert wurde.

einer göttlichen und transzendenten Quelle emaniert. Ferner haben wir gesehen, dass die mittelalterlichen Alchemisten und ihre späteren Entsprechungen, die Freimaurer und Rosenkreuzer, ein gemeinsames Interesse an spiritueller Wiedergeburt und der Idee des archetypischen, vollkommenen Menschen teilten. Diese Elemente scheinen alle von zentraler Bedeutung in der sich ständig wandelnden, aber dennoch in ihrem Wesen gnostischen Idee zu sein, die sich bis zum magischen Bewusstsein des 20. Jahrhunderts fortentwickelt hat – und die in unserer Zeit zum transpersonalen Streben des Einzelnen nach der Inkarnation des Gottes und der Göttin wurde. In der Hohen Magie und der Gnosis geht es im Wesentlichen darum, die Gottheit zu verkörpern, d.h. auf dem Weg zur Transzendenz wie Götter und Göttinnen zu werden.

Aus der Sicht der konventionellen abendländischen Religion ist Gnosis in dieser Form nach wie vor eine mächtige Häresie, und so lässt sich leicht verstehen, warum die mystischen und neuheidnischen Traditionen während des Mittelalters von der römisch-katholischen Inquisition so streng verfolgt wurden. Die magischen Traditionen vertreten konsequent die Ansicht, dass direkter Kontakt mit dem Göttlichen, also dem archetypisch heiligen Bewusstsein, nicht nur möglich, sondern auch erstrebenswert ist. Diese Häresie bzw. »Ketzerei« existiert, wenn auch in weniger konfrontativer Form, bis zum heutigen Tag. Daher überrascht es nicht, wenn sowohl Papst Johannes Paul II. als auch die römisch-katholische Kirche nach wie vor streng gegen die »New Age«-Philosophien eingenommen sind, da sie als moderne Form des Gnostizismus und Pantheismus betrachtet werden.

Bis zu den Sechzigerjahren des 20. Jahrhunderts, als die klassischen Werke über Alchemie, Magie und Rosenkreuzertum allmählich in weiteren Kreisen verfügbar wurden, waren die Bruchstücke der esoterischen Tradition, die hier beschrieben wurde, im Wesentlichen verborgen, d.h. in ganz wörtlichem Sinn *okkult* geblieben. Diese Neigung zur Geheimhaltung scheint sich heute jedoch zu wandeln; viele Gruppen und Individuen teilen ihr esoterisches Wissen auf eine offenere Art. Zu Beginn des 20. Jahrhunderts waren Okkultisten dagegen noch durch und durch okkult. Wie in den Traditionen der Freimaurerei und des Rosenkreuzertums mussten Geheimnisse bewahrt und Erleuchtung stufenweise, d.h. buchstäblich durch immer höhere Grade, erworben werden.

Was Joseph F. (Fort) Newton 1918 in seinem Werk »The Builders« über den »Mythos des Okkulten« bemerkt, ist auch heute noch gültig: »Gott schützt uns ewig vor unreifem Gedankengut, lehrte der begnadete und weise Emerson; und

Rosenkreuzer-Emblem mit geflügeltem Stundenglas und Sense als Symbol der dahinfliegenden Zeit und der Gewissheit des Todes. 17. Jahrhundert.

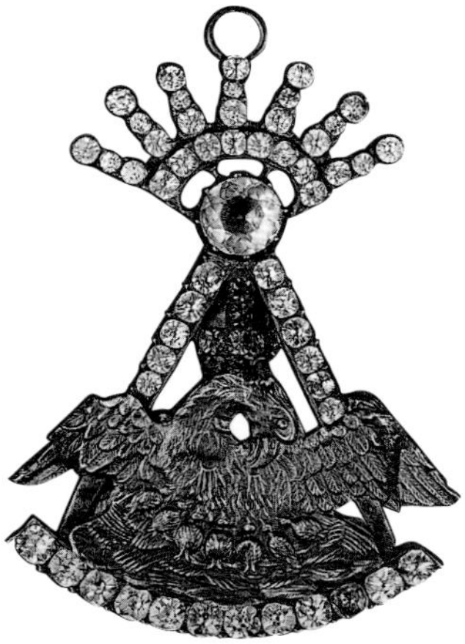

Freimaurerischer Schmuck-Anhänger des 18. Grades des Alten und Akzeptieren Rituals: mit dem Pelikan als Symbol der Nahrungsfürsorge und Aufopferung. Deutschland, um 1800.

dies tut auch die Natur. Sie hält ihre Geheimnisse zurück, bis der Mensch dazu reif ist, mit ihnen vertraut gemacht zu werden, damit er sich nicht durch Überstürzung selbst vernichtet. Wer suchet, der findet, aber nicht weil die Wahrheit in weiter Ferne liegt, sondern weil die Disziplin der Suche sie für die Wahrheit bereitmacht und würdig, sie zu empfangen. Dank eines gewissen sicheren Instinkts haben die großen Lehrer unserer Spezies die höchste Wahrheit weniger als ein überreichtes Geschenk als einen zu erringenden Siegespreis betrachtet. Nicht alles darf allen anvertraut werden. Wahrheit ist Macht und kann sich, wenn in falsche Hände geraten, zum Unheil auswirken.«[12]

Newton bemerkt weiter, dass das »zurückhaltendere Lehren« mit der Zeit als »Geheimlehre« oder »Verborgenes Wissen« bezeichnet wurde. Der »Mythos des Okkulten« ist dies: »Uns wird erzählt, dass hinter dem uralten Ringen des Menschen um Erkenntnis der Wahrheit eine verborgene Bruderschaft von Eingeweihten, von Adepten eines esoterischen Wissens steht, das durch die Jahrhunderte nur ihnen, in deren Besitz es sich befand, aber nicht der Welt bekannt war, ein Wissen, das sie in abgeschwächter Form in den Volksglauben eindringen ließen, das aber der Rest der Spezies, da immer noch zu beschränkt, außer in einem unvollkommenen und begrenzten Grad, nicht begreifen kann. Jene verborgenen Weisen, so scheint es, blicken auf uns, die begierig strebende Menschheit, gleichsam wie geduldige Lehrer einer Schule für Schwachsinnige herab und sehen zu, wie sie ewig weitersucht, ohne je zu finden, während sie selbst in strenger Abgeschiedenheit dasitzen und die Schlüssel des Okkulten verwahren.«[13]

Bezeichnenderweise stimmt Joseph F. Newton selbst dieser Ansicht nicht zu: »Dies ist nur eine weitere jener faszinierenden Fiktionen, mit denen Geheimniskrämer sich selbst zu unterhalten und andere zu täuschen pflegen.« Er erkennt zwar an, dass es in allen Ländern und zu allen Zeiten Weise gegeben hat, bestreitet aber, dass es sich dabei um eine »beständig fortlebende Zunft höherer Seelen handelt, die im Besitz [...] geheimer Wahrheiten sind, die sie ihren Mitmenschen vorenthalten«. Dagegen stimmt Newton aber durchaus der Vorstellung zu, dass Gesellschaft und Kultur von Visionären gestaltet werden, die von der Gnade Gottes und vom »göttlichen Recht des Genies« geleitet wurden. Diese Menschen verkörpern das, was er als das »offene Geheimnis« der Welt bezeichnet. Prinzipiell steht die Wahrheit stets für diejenigen offen, die beharrlich in ihrer spirituellen Suche fortfahren und fähig sind, sie zu empfangen.

Schließlich unterscheidet Newton zwischen Glauben und spirituellem Wissen im wahren gnostischen Stil: »Was ist die Geheimlehre also anderes als [...] die Verwandtschaft der Seele mit Gott? [...] Diesen Glauben als reine Philosophie zu akzeptieren ist eine Sache, ihn als innerste Herzenserfahrung zu realisieren ist jedoch etwas anderes und tieferes. Niemand kennt die Geheimlehre, bevor sie nicht zum Geheimnis seiner Seele, zur herrschenden Wirklichkeit seines Denkens, zur Inspiration seines Tuns, zur Form, Farbe und Glorie seines Lebens wurde.«[14]

Gegen Ende des 19. Jahrhunderts waren die magischen Traditionen noch in einer Phase der Konsolidierung begriffen. Die »Geheimgesellschaft«, die später mithalf, die Wiederbelebung des magischen Bewusstseins anzuregen und »das Okkulte« an die Öffentlichkeit zu bringen, musste erst noch geboren werden. Und diese war der »Hermetic Order of the Golden Dawn«.

Kapitel 8

Der Hermetische Orden des Golden Dawn

Im Jahr 1887 erstand Dr. Wynn Westcott, ein Londoner Untersuchungsrichter und Freimaurer, ein Manuskript in verschlüsselter Schrift. Es war unter den Papieren eines verstorbenen Mitglieds einer esoterischen Gesellschaft namens »Societas Rosicruciana in Anglia« entdeckt worden. Das Hauptziel der SRIA galt der Erforschung alchemistischer Symbolik und zeremonieller Rituale, und Westcott war ihr Generalsekretär.

Mithilfe eines alchemistischen Codes entzifferte Westcott das Manuskripts und es brachte fünf freimaurerische Rituale zum Vorschein. Darauf schlug Westcott seinem Freund Liddell Mathers vor, das Material zur Grundlage eines »vollständigen Initiations-Schemas« auszuweiten.[1] Außerdem behauptete Westcott, er habe unter den Manuskriptblättern auch Name und Anschrift eines gewissen Fräulein Anna Sprengel gefunden, die angeblich eine bedeutende Rosenkreuzer-Adeptin gewesen war. Mit Berufung auf sie und eine umfangreiche Korrespondenz mit ihr verkündete Westcott in freimaurerischen und theosophischen Kreisen, dass er angewiesen sei, einen englischen Zweig ihrer deutschen okkulten Gruppe zu gründen, und taufte sie auf den Namen »Hermetic Order of the Golden Dawn« (»Hermetischer Orden der Goldenen Dämmerung«).

Madame Helena Petrowna Blavatsky, Mitbegründerin der Theosophischen Gesellschaft.

Forschungen über die Geschichte des Ordens lassen vermuten, dass sowohl jene Korrespondenz als auch jenes Fräulein Sprengel Fiktionen waren.[2] Es sieht ganz danach aus, als habe Westcott sie erfunden, um der esoterischen Schule Konkurrenz zu machen, die Madame Helena Blavatsky innerhalb der Theosophischen Gesellschaft gegründet hatte, nachdem sie ihre Gesellschaft 1884 nach London verlegt hatte. Madame Blavatsky behauptete, sie sei von Mahatmas, d.h. in Tibet lebenden spirituellen Meistern, inspiriert, mit denen sie in psychischer Beziehung stehe, und dies machte starken Eindruck auf jene Anhänger, die nach einer mystischen »Autorität« verlangten. Westcott befriedigte somit ein Bedürfnis nach einer authentischen okkulten Abstammung und sollte schon bald die Idee von *Secret Chiefs* (»Geheimen Häuptern«) entwickeln, um Madame Blavatskys Mahatmas bzw. »Gemeinen Oberen« Konkurrenz zu machen.

Der rosenkreuzerische Gelehrte Arthur Edward Waite, eine Schlüsselfigur des Golden-Dawn-Ordens.

Die Theosophie hatte einen vielfältigen und interessanten Kreis mystischer Sucher angelockt, und der Hermetic Order of the Golden Dawn rekrutierte nun in ähnlicher Weise faszinierende und oft hochbegabte Persönlichkeiten in seinen Reihen. Zu ihnen zählte der berühmte Homöopath Dr. Edward Berridge, der schottische Königliche Astronom William Peck, Arthur Edward Waite, eine Autorität auf dem Gebiet der Kabbala, des Rosenkreuzertums und der Gralslegenden, der berühmte Dichter William Butler Yeats, der herausragende Arzt und Pionier der Tropenmedizin Dr. R. W. Felkin, der Anwalt Dr. John Brodie-Innes,

Porträt William Butler Yeats'. Gemalt von seinem Vater John B. Yeats, 1900.

die Fantasy-Autoren Arthur Machen und Algernon Blackwood sowie der umstrittene Ritualmagier und Abenteurer Aleister Crowley. Trotz seiner patriarchalischen Verbindungen mit der Freimaurerei zog der Orden auch eine Reihe bemerkenswerter Frauen an, darunter Annie Horniman, später eine führende Mentorin des irischen Theaters, die Künstlerin und Gelehrte Moina Bergson, Schwester des französischen Philosophen Henri Bergson, Maud Gonne, die Erneuerin des Keltentums; die Schauspielerin Florence Farr sowie in späteren Jahren Violet Firth, die unter dem Namen Dion Fortune als Autorin magischer Romane bekannt wurde.[3]

Als Freimaurer schätzte Westcott die Idee von Hierarchie und rituellen Initiationsgraden, weshalb er die Grade des Golden-Dawn-Ordens in Entsprechung zu den Sefiroth oder mystischen Bewusstseinsebenen des kabbalistischen Lebensbaums entwarf.

Bei den fünf Ritualen, die in jenem verschlüsselten Manuskript beschrieben waren, handelte es sich um Initiationen in die verschiedenen Grade der SRIA. Vier davon hatten imposante lateinische Namen: Zelator, Theoricus, Practicus und Philosophus. Es gab aber auch einen Neophyten- oder Anfängergrad, der in symbolischem Sinn *unterhalb* des Lebensbaums lag, denn hier hatte die magische Reise des Suchenden noch nicht begonnen. Westcott bezeichnete die ersten Grade (von Neophyt bis Philosophus) als Ersten Orden und entwickelte dann einen Zweiten Orden, in dem die Grade Adeptus Minor, Adeptus Major und Adeptus Exemptus den sechsten, fünften und vierten Sphären entsprachen.

Die rote Rose und das goldene Kreuz: ein Symbol spiritueller Wiedergeburt, das von den Adepten des Golden-Dawn-Ordens getragen wurde.

Die vierte Bewusstseinssphäre liegt auf dem kabbalistischen Baum des Lebens direkt unter der Triade und entspricht in der jüdischen Kosmologie den ersten der sieben Schöpfungstage. Andererseits stellen die drei höheren Sefiroth die Triade dar, Ebenen heiligen Seins, ungetrübt von dem so genannten Fall des Geistes in die aufeinanderfolgenden Ebenen manifestierter Wirklichkeit. Die sieben unteren und drei oberen Sefiroth werden durch den Abgrund oder »Abyss« getrennt, der symbolisch das Reich der Schöpfung *unten* von der heiligen Reinheit der transzendenten Gottheit *oben* scheidet.

In der jüdisch-mystischen Tradition liegen die Ebenen mystischer Realität oberhalb des Abgrundes ihrem Wesen nach außerhalb der Welt der Schöpfung. Dennoch konzipierte Westcott auch noch einen mystischen Dritten Orden, der den hohen Bewusstseinsebenen oberhalb der vierten Sefirah entsprach. Für Westcott war dieser heilige Bereich der Wohnsitz mystischer Wesen, genannt Secret Chiefs, durch deren Inspiration die Vision der »Goldenen Dämmerung« geleitet wurde.

Dieser Anspruch auf ausschließlichen Zugang zu »Geheimen Häuptern« sollte für die Geschichte des Ordens von enormer Bedeutung sein. Westcott ernannte nämlich sich selbst und seine auserwählten Kollegen zu Mitgliedern einer visionären Elite mit privilegiertem Zugang zu einer einzigen Quelle göttlicher Macht. Westcott behauptete, dass der Kontakt zu dieser transzendenten

Welt oberhalb des Abgrundes nur durch »astrales Bewusstsein« – einen mystischen Prozess, genannt »Aufsteigen in den Ebenen« – oder durch Praktizieren bestimmter esoterischer Rituale zur Entzündung der heiligen Imagination möglich sei.

Maud Gonne.
Foto von 1897.

Die rote Rose und das goldene Kreuz

1888 gründete Westcott den Isis-Urania-Tempel des Golden-Dawn-Ordens in London und lud Mathers und seinen freimaurerischen Freund Dr. William Woodman ein, ihm als Geheime Häupter in den neuen Tempel zu folgen. Infolgedessen waren sie nun automatisch die physischen Inkarnationen der Geheimen Häupter. Alle drei hatten den Initiations-Grad $7^\circ = 4^\square$, der der Sefirah Chesed, der vierten Emanation auf dem Baum des Lebens und der symbolisch mit dem Herrscher des Weltalls verbundenen Sphäre, entsprach. Sie legten sich geheime magische Namen zu, da die Mitglieder des Golden Dawn nur die magischen Namen von ihresgleichen und die von niedrigeren Graden kennen durften. So wurde Westcott zu Non Omnis Moriar, Woodman war Vincit Omnia Veritas, und Mathers hieß Deo Duce Comite Ferro.

Nach der kabbalistischen Tradition ist auf dem Baum des Lebens die sechste Emanation von der siebenten durch einen »Schleier« namens Paroketh getrennt, der den Übergang zwischen dem alten und dem neuen Sein repräsentiert. Die sechste Emanation, Tiphareth, repräsentiert den visionären Bewusstseinszustand, in dem die spirituelle Transformation oder »Wiedergeburt« stattfindet. Westcott, Mathers und Woodman verwendeten andere Zeremonialnamen, die mit diesem Grad verbunden waren, wenn sie mit Mitgliedern des Ordens zusammenarbeiteten, die ihrem rituellen Grad nach unterhalb des Schleiers Paroketh standen, d.h., die noch nicht voll eingeweiht waren.

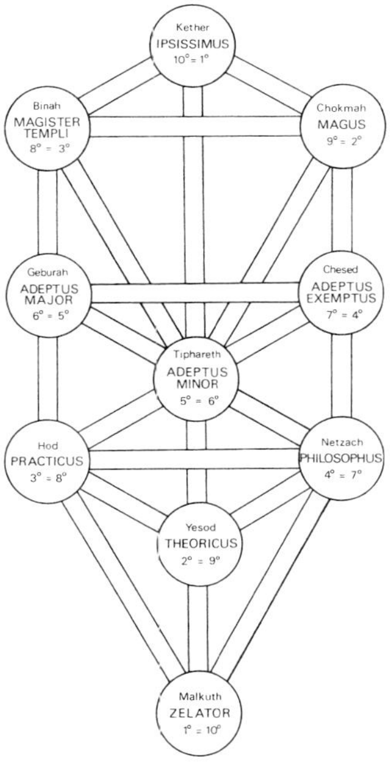

Symbol des Lebensbaums mit den rituellen Initiationsgraden, die jeder Sphäre des mystischen Bewusstseins entsprechen.

Die drei höchsten Grade auf dem Baum des Lebens waren die des Dritten Ordens: $8^\circ = 3^\square$ (Magister Templi), $9^\circ = 2^\square$ (Magus) und $10^\circ = 1^\square$ (Ipsissimus). Dadurch dass sie sich selbst zu den Häuptern ernannten, betrachteten sich Westcott, Mathers und Woodman unmissverständlich als spirituelle Führer, die die anderen Ordensmitglieder zum Licht führen konnten.

Kurz nach Fräulein Sprengels »Tod« im Jahr 1891 behauptete Westcott, »das gesamte Wissen« befinde sich bei ihm »in Sicherheit«; es ist zu vermuten, dass es sich tatsächlich nie irgendwo anders befunden hatte. Nach Woodmans Tod im gleichen Jahr und aufgrund von Mathers' zunehmender Bedeutung als Schöpfer der Rituale des Golden Dawn sah sich Westcott jedoch gezwungen, eine administrative Rolle von sekundärer Bedeutung zu übernehmen.

1892 behauptete Mathers, er habe eine spezielle spirituelle Verbindung mit den Geheimen Häuptern aufgenommen, was ihm die Möglichkeit gab, Rituale für den so genannten Zweiten Orden festzulegen. Diese umfassten die sechste, fünfte und vierte Sefirah – Tiphareth/Adeptus Minor ($5^\circ = 6^\square$), Geburah/Adeptus Major ($6^\circ = 5^\square$) und Chesed/Adeptus Exemptus ($7^\circ = 4^\square$), jene Grade, die er und Westcott bereits ehrenamtlich innehatten. Dies verlieh Mathers weitere spirituelle Macht als »Kommunikant« der höheren rituellen Grade, die er als Grade der Rosae Rubrae et Aureae Crucis (»der Roten Rose und des Goldenen Kreuzes«, häufig abgekürzt als »RR & AC«) bezeichnete.

Der Golden-Dawn-Magier Samuel Liddell MacGregor in seinem zeremoniellen Ornat. Ölgemälde von seiner Frau, Moina Bergson-Mathers, um 1895.

Annie Horniman, die einflussreiche Gönnerin des Golden-Dawn-Ordens. Porträt von Flora Lion, um 1912.

Immer weitere Golden-Dawn-Tempel wurden gegründet. So gab es 1896 neben dem Isis-Urania-Tempel in London bereits einen Osiris-Tempel in Weston-super-Mare, einen Horus-Tempel in Bradford, einen Amen-Rah-Tempel in Edinburgh und einen Ahathoor-Tempel in Paris. 1892 zog Mathers mit seiner Frau Moina Bergson nach Paris und begann mit der Übersetzung einer im 15. Jahrhundert verfassten umfänglichen okkulten Handschrift mit dem Titel »La Magie secrète d'Abra-Melin le Mage«.

Als Beamter und Infanterist hatte Mathers gewisse gesellschaftliche Ansprüche und nannte sich fortan MacGregor Mathers, MacGregor of Glenstrae und sogar Comte de Glenstrae. Finanziell unterstützt von Annie Horniman, einer Teehandels-Erbin und führendem Mitglied des Londoner Isis-Urania-Tempels, übernahm Mathers die Leitung des Ahathoor-Tempels in Paris, während er gleichzeitig versuchte, weiterhin die Herrschaft über die englischen Tempel jenseits des Kanals aufrechtzuhalten. Später stellte Annie Horniman ihm Fragen zu einigen Geldausgaben während Mathers' Aufenthalt in Paris, und es ist aufschlussreich, was er ihr darauf in seiner weihevollen, für den Orden typischen Sprache antwortete: »Vor der Gründung der Gewölbe der Adepten in Britannia (wobei der Erste [Orden] der Goldenen Dämmerung in der Äußeren [Welt] aktiv arbeitet) [...] erwies es sich als absolut und unbedingt notwendig, dass ein herausragendes Mitglied eigens dazu gewählt werde, um als Bindeglied zwischen den Geheimen Häuptern und den weiter äußeren Formen des Ordens zu fungieren. Es war vonnöten, dass ich jenes Mitglied sei, das sich, wiewohl es die notwendige und spezielle Bildungsgrundlage eines kritischen und profunden okkulten archäologischen Wissens besitzt, [...] fernerhin verpflichten muss, in allen Dingen den Anweisungen der vorgenannten Geheimen Häupter zu gehorchen [...] mit Leib und Seele, ohne Fragen und ohne Diskussion, gleichgültig, ob sich ihre Anweisungen auf die Magische Handlung in der Äußeren Welt beziehen; oder auf die Psychische Handlung in Anderen Welten oder Sphären, sei es Englischen, Spirituellen oder Dämonischen, oder auf die Innere Administration des Ordens, dem ein so ungeheueres Wissen vermittelt werden musste.«[4]

Die Schauspielerin Florence Farr, deren geheimer Magier-Name Sapientia Sapienti Dono Data (»die dem Weisen zum Geschenk gemachte Weisheit«) war, hier in einer Rolle in dem Bühnenstück »Sicilian Idyll« im Vaudeville Theatre, London 1891.

Es ist klar, dass die zentrale Lehre von den Secret Chiefs bzw. Geheimen Häuptern Mathers dazu half, seine Stellung als Haupt der Hierarchie, eines okkultes Äquivalents der feudalen Idee des »Göttlichen Rechts der Könige«, weiter zu behaupten. Trotz alledem war Mathers, obwohl er seine eigene Position festigen konnte, nicht in der Lage, irgendwelche näheren Auskünfte über jene spirituellen Wesenheiten zu erteilen. »Ich kenne nicht einmal ihre irdischen Namen. Ich kenne sie nur durch bestimmte geheime Motti. Ich habe sie *nur äußerst selten* in physischer Verkörperung gesehen; und bei solchen seltenen Anlässen *fand das Rendezvous astral statt* zu einer Zeit und an einem Ort, der zuvor astral vereinbart worden war. Ich persönlich glaube, dass sie menschliche Wesen sind und auf dieser Erde leben, aber dass sie furchtbare übermenschliche Kräfte besitzen.«[5]

Das Konzept von magischen Wesen, deren mystische Inspiration einer Quelle jenseits des »Abgrundes« auf dem kabbalistischen Lebensbaum emanierte, suggerierte die Idee, dass sie »lebende Götter« waren, mit denen man in den höchsten Graden der Einweihung Kontakt aufnehmen konnte. Und Mathers war nicht der Einzige, der dieser Vorstellung anhing. Florence Farr, die innerhalb des Golden-Dawn-Ordens einen Ableger namens »Sphere Group« leitete, glaubte, dass ihr erlesener Kreis von einer »bestimmten ägyptischen Astralgestalt« kontrolliert wurde. Und Felkin, der den »Order of the Stella Matutina« (»Orden des Morgensterns«) gründete, nachdem mehrere Mitglieder des Londoner Tempels im Jahr 1900 aus Mathers' Reihen desertiert waren, suchte weiterhin Kontakt zu den Geheimen Häuptern. »Wir erlauben uns, Ihnen zu versichern«, schrieb Felkin im Mai 1902 an seine Kollegen, »dass wir vollkommen mit der Ansicht übereinstimmen, dass der Orden, wenn er tatsächlich ohne die Führung und Inspiration höherer Intelligenzen wäre, seine gesamte Grundlage verlieren würde.« Manche Mitglieder des Stella-Matutina-Ordens fanden jedoch, dass es durch eine Rückkehr zu der ursprünglichen Verfassung möglich sein könnte, wieder eine Verbindung zu dem Dritten Orden herzustellen.[6] Felkin entschied sich stattdessen für gewisse »Sonnen-Meister« und anschließend für ein mysteriöses Wesen namens Ara Ben Shemesh, das er als einen »desinkarnierten Araber [mit einem] Tempel in der Wüste beschrieb, in der die Söhne des Feuers leben, [die] in persönlichem Kontakt mit dem Göttlichen stehen und nicht mehr an das Fleisch gebunden sind, so dass ihr materielles Leben eine Sache des Willens ist«.

Es gibt auch Belege dafür, dass William Butler Yeats an die Existenz transzendentaler Führer glaubte. In seinem 1901 verfassten Aufsatz »Is the Order of the RR & AC to remain a Magical Order?« spricht Yeats von »dem Blitzstrom, der in dem Orden erweckt wurde, und die Adepten des Dritten Ordens und der Höheren Grade des Zweiten Ordens forderten uns zur Hilfe auf«.[7]

Die magische Reise

Die Struktur des »Hermetic Order of the Golden Dawn« lieferte den zentralen Anstoß für die Wiederbelebung der Magie im 20. Jahrhundert. Jene Mitglieder, die tatsächlich dem Inneren »Rosae Rubrae et Aureae Crucis«-Orden beigetreten waren, legten folgendes Gelübde ab: »Ich werde mich von diesem Tage an dem Großen Werk widmen, welches darin besteht, meine spirituelle Natur zu läutern und zu erhöhen, auf dass ich mit der Göttlichen Hilfe dereinst dazu gelange, mehr als Mensch zu sein, und somit Stufe um Stufe aufsteige und mich mit meinem Höheren und Göttlichen Genius vereine, und dass ich in diesem Falle die Große Macht, welche mir verliehen, nicht missbrauchen werde.«[8] Die meisten Golden-Dawn-Mitglieder verblieben jedoch im Äußeren Orden, und ihre spirituellen Bemühungen konzentrierten sich rituell und meditativ auf die vier Sefiroth der unteren Ebenen des Lebensbaums.

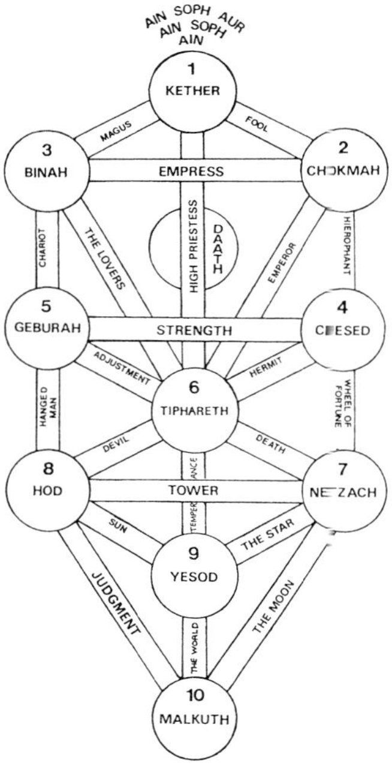

Lebensbaum-Symbol mit den Pfaden der Großen Arkana des Tarot. Diese Tarot-Pfade wurden im Golden Dawn bei der »Wegarbeit« verwendet

Der Neophyten-Grad war der Ausgangspunkt der gesamten magischen Reise. Francis King beschrieb ihn als »fraglos den wichtigsten, denn er gab ihm nicht nur einen ersten Einblick in das Licht, das ihm in der Zukunft zuteil würde, sondern auch einen Schlüssel (wenn auch in einer embryonalen und unentwickelten Form) zu der inneren und verborgenen Bedeutung des gesamten Ordens«.[9] Diese Ansicht wird von Israel Regardie, einem Mitglied des Stella-Matutina-Ordens, bestätigt: »Von der ersten Aufnahme des Kandidaten in der Halle der Neophyten, wenn der Hierophant ihn mit jenen Worten beschwört: ›Kind der Erde, lange weiltest du in Finsternis. Verlasse die Nacht und suche den Tag‹, bis hin zur Verklärung in der Gewölbe-Zeremonie [des Zweiten Ordens], ist das Herabbringen des Lichts das Ziel des gesamten Systems.«[10]

Die Kosmologie des Golden Dawn

Für den Golden-Dawn-Magier war es das höchste mystische Ziel, rituell zum Licht zu gelangen; dies ist die Essenz aller spirituellen Wiedergeburt. Der Aufstieg auf dem kabbalistischen Lebensbaum durch heilige Zeremonien erforderte eine gewaltige Arbeit schöpferischer Imagination; der Magier hatte zu spüren, dass er sich nacheinander voll und ganz in jeder einzelnen Sphäre des Bewusstseins bewegte. Das Judentum und die Kabbala sind jedoch monotheistisch: Jede Sefirah ist ein Aspekt des Göttlichen an sich und nicht irgendeiner individuellen Gottheit, und in der jüdisch-mystischen Tradition gibt es am Ende nur das Bewusstsein des Einsseins von *En Sof Aur*. Dies stellte die Golden-Dawn-Okkultisten vor ein Paradoxon, denn obwohl sie die heilige Einheit des Lebensbaums in all seinen Emanationen anerkannten, glaubten sie ebenfalls, dass sie ihr schöpferisches Bewusstsein auf ganz bestimmte archetypische Bilder zu konzentrieren hatten, wenn sie zum Licht aufsteigen wollten.

Die Lösung dieses Dilemmas fanden sie darin, dass sie den kabbalistischen Baum des Lebens als eine vereinende Matrix betrachteten, in der sich die Archetypen der großen westlichen Mythologien kartographisch lokalisieren ließen. Dadurch wurde es möglich, die bedeutenden Gottheiten des altägyptischen, griechischen, römischen und keltisch-europäischen Pantheons durch vermengende Annäherung mit der mythologischen Imagination des Westens in Beziehung zu setzen. Schon bald wurden daher auch andere Aspekte des magischen Symbolismus auf dem Lebensbaum lokalisiert, so dass auch Edelsteine, Düfte, Mineralien und heilige Pflanzen bestimmten Göttern und Göttinnen im zeremoniellen Kontext zugeordnet werden konnten. Diese wurden als »magische Korrespondenzen« bezeichnet.

In dieser Aufgabe von MacGregor Mathers angeleitet, erhielt die Golden-Dawn-Kosmologie mit der Zeit eine extrem komplexe Struktur. Mathers war ein autodidaktisch gebildeter Gelehrter mit soliden Kenntnissen in Französisch, Latein und Griechisch sowie einigem Koptisch und Hebräisch. Er hatte Knorr von Rosenroths lateinischen Traktat »Cabbala Denudata« aus dem 17. Jahrhundert ins Englische übersetzt – er wurde als »Kabbalah Unveiled« 1887 von dem englischen Esoterik-Verleger George Redway veröffentlicht.

Magische Korrespondenzen

Nach Mathers' Vision für den Golden-Dawn-Orden sollten dessen Magier den mythischen Pfaden des Lebensbaums – als kosmologischer Metapher für die Hierarchie der Energie-Ebenen des manifestierten Universums – folgen und in ihrem spirituellen Bewusstsein wachsen, während sie in aufsteigender Folge jede Ebene passierten. Dazu standen ihnen mehrere Methoden offen. Sie konnten jede Ebene imaginativ durch Rituale simulieren, sie konnten über jede Bewusstseinsebene meditieren, oder sie konnten in einem Zustand magischer Trance »in den inneren Ebenen aufsteigen«. Die Essenz von Mathers' Ansatz bestand darin, die Gottheiten der verschiedenen Götterwelten aufzulisten und sie als wichtige magische Archetypen miteinander in Relation zu setzen. Seine Listen gehen über die klassisch griechisch-römische und ägyptische Mythologie hinaus bis hin zu skandinavischen Göttern, westlicher Astrologie, buddhistischen Meditationen, magischen Waffen und den Buchstaben des griechischen, arabischen und koptischen Alphabets.

Dieses Werk wurde 1909 unter dem Titel »777« veröffentlicht, aber nicht von Mathers selbst, sondern von seinem Kollegen Aleister Crowley, welcher eine Reihe orientalischer Elemente zu Mathers' ursprünglicher Tabelle magischer Korrespondenzen sowie verschiedene Elemente eigener Erfindung hinzugefügt zu haben scheint.[11]

Magische Korrespondenzen

	Kabbala	*Astrologie*	*Ägypten*	*Griechenland*
1	Kether	Primum mobile	Harpokrates	Zeus
2	Chokmah	Fixsterne	Ptah	Uranos
3	Binah	Saturn	Isis	Demeter
4	Chesed	Jupiter	Amun	Poseidon
5	Geburah	Mars	Horus	Ares
6	Tiphareth	Sol (Sonne)	Ra	Apollo
7	Netsach	Venus	Hathor	Aphrodite
8	Hod	Merkur	Anubis	Hermes
9	Yesod	Luna (Mond)	Shu	Diana
10	Malkuth	Die Elemente	Seb	Persephone

Die folgende Liste zeigt die Düfte und Edelsteine, die man bei Ritualen im Zusammenhang mit den angerufenen Göttern oder Göttinnen für besonders geeignet hielt:

	Edelsteine	*Düfte*
1	Diamant	Ambra
2	Sternrubin, Türkis	Moschus
3	Sternsaphir, Perle	Myrrhe, Zibet
4	Amethyst	Zeder
5	Rubin	Tabak
6	Topas	Olibanum (Weihrauch)
7	Smaragd	Benzoin, Rose, Sandelholz
8	Opal	Storax
9	Quarz	Jasmin
10	Bergkristall	Kretischer Diptam

Das Buch »777« liefert die Parameter für die moderne magische Imagination. Dieses Dokument war ein wichtiger früher Versuch, die vielfältigen, mit den verschiedenen spirituellen Bewusstseinsebenen verbundenen Bilder zu systematisieren – und dies noch vor C. G. Jungs Konzept der Archetypen und des kollektiven Unbewussten. Aus psychologischer Sicht betrachteten die Golden-Dawn-Magier den Baum des Lebens als ein komplexes Symbol der spirituellen Innenwelt. Die Götter und Göttinnen zu simulieren bedeutete, durch Methoden direkter Begegnung ihnen gleich zu werden. Daher mussten die Magier imaginieren, dass sie nacheinander an der Natur jedes dieser Götter teilhatten, indem sie in ihrem Innern das konkrete Wesen der Gottheit verkörperten. Die Rituale waren so konzipiert, dass sie alle Dinge und Umstände steuerten, die die Magier auf ihrer Reise durch das Unbewusste und die mythische Imagination unterstützen konnten. Dazu gehörten alle Symbole und Farben des Gottes, das Aussprechen magischer Kraftnamen und das Verbrennen von Duftessenzen, die der betreffenden Gottheit zugeordnet waren.

In der Golden-Dawn-Tradition – ein Ansatz archetypischer Magie, dessen Einfluss auch heute, über ein Jahrhundert später, noch wirksam ist – imaginiert der

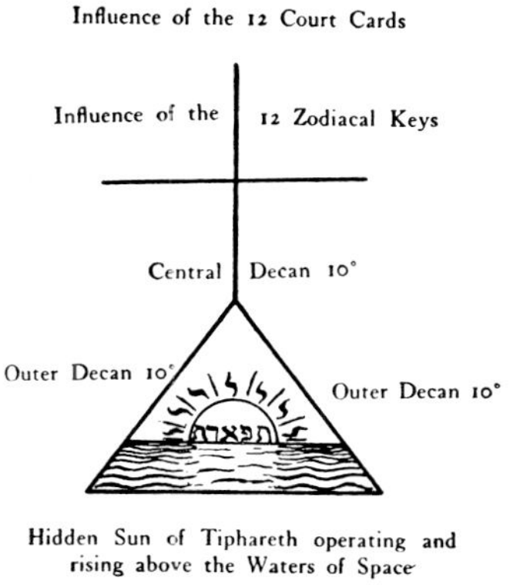

Die aufgehende Sonne von Tiphareth. Aus Israel Regardies Buch »The Relation Between the Tree of Life and the Tarot: The Golden Dawn«, 1937–40.

Ritualmagier, dass er die Gottheit geworden ist, deren Formen er im Ritual imitiert. Nun ist es der Magier selbst und nicht der betreffende Gott der Schöpfung, der die heiligen Namen ausspricht, die das Universum stützen. Durch Malkuth an der Basis des Lebensbaums betritt man die Unterwelt des Unbewussten, und die verschiedenen Pfade gipfeln genau in der Mitte des Lebensbaums in der solaren Vision von Tiphareth.

Der »direkteste« Weg auf dem Lebensbaum war der vertikale Pfad von Malkuth über Yesod zu Tiphareth über die so genannte mittlere Säule (siehe Seite 132). Die Golden-Dawn-Grade umfassten jedoch auch die andere Sefiroth Hod und Netsach auf den äußeren Extremitäten des Baums, und hier bestand das Prozedere darin, dem so genannten Zickzack- oder »Blitzstrahl«-Pfad der heiligen Manifestation zu folgen und so den Pfad der göttlichen Schöpfungsenergie nacheinander durch jede Sefirah nachzugehen.

Mythologische Ebenen auf dem Lebensbaum

Betrachtet man den Lebensbaum als eine komplex zusammengesetzte Matrix von Archetypen, so erhalten die zehn Sefiroth einen reiche mythologische Wertigkeit.

Malkuth mit der Erde, der Ernte, der unmittelbaren Umgebung, allen lebenden Dingen assoziiert und repräsentiert den Beginn der inneren Reise. In der römischen Mythologie befand sich der Eingang zur Unterwelt in einer Höhle in der Nähe von Neapel. Symbolisch ist Malkuth der Eingang durch die Erde – die Gesamtheit der vier Elemente – und führt zu dem, was nach der psychologischen Terminologie das Unbewusste ist. Malkuth selbst repräsentiert das vertraute alltägliche Bewusstsein.

Yesod wird mit dem Mond assoziiert und ist wie Malkuth eine vorherrschend weibliche Sphäre sowie das Gefäß von Impulsen und Einströmen aus den höheren Ebenen des Lebensbaums und der Transmitter dieser Energien in eine fassbar physische Form in Malkuth. Daher enthält diese Sefirah ein ganzes Meer astraler Bilder und ist mit dem Wasser assoziiert. Außerdem ist sie der Sitz des Sexualtriebs und korrespondiert, wenn sie auf die Figur des Adam Kadmon, des archetypischen Menschen, »projiziert« wird, mit dem Genitalbereich. Sie ist die Sphäre der unbewussten Aktivität, die durch Sexualmagie unmittelbar betreten wird, und sie ist die Bewusstseinsebene, die durch die Grundformen der Hexenkunst aktiviert wird. Die moderne Wicca-Religion ist in erster Linie ein Mondkult.

Hod wird mit dem Planeten Merkur assoziiert und repräsentiert intellektuelles und logisches Denken. Diese Ebene ist ein niedrigerer Aspekt des Großen Vaters (Chokmah: Weisheit), denn Merkur ist der Götterbote. Als nächstes Stadium über Yesod repräsentiert Hod den Sieg über die animalischen Instinkte, wenn auch auf eher verstandesmäßiger als emotionaler Ebene. Hod symbolisiert das strukturierende Prinzip im manifestierten Universum und wird als eine nivellierende und ausbalancierende Sefirah betrachtet, die einen Sinn für Ordnung verkörpert. In dieser Fähigkeit nehmen wir »Gott den Baumeister«, manifestiert in einer Welt aus Myriaden Formen und Strukturen, wahr.

Netsach wird mit dem Planeten Venus assoziiert und repräsentiert Kreativität, Subjektivität und die Emotionen. In der gleichen Weise, wie Hod (in gewissem Sinne klinisch und rational) auf der »Säule der Form«, der linken Säule des Lebensbaums liegt, ruht Netsach auf der rechten Säule, der »Säule der Kraft«. Mit Nachdruck nach außen gewandt und mit einem Element instinktiver Getriebenheit, ist sie die Sphäre der Liebe und spirituellen Leidenschaft. Auf dem Lebensbaum herrscht eine feine Balance zwischen Hod und Netsach, da der Prozess der Schöpfung zwischen den Polaritäten von Kraft und Form ein Netz von Liebesenergie webt. Diese Energiepotenzen fließen durch die vereinende Sefirah des Mondes etwas tiefer auf dem Baum und werden durch die Erde geleitet, wo sie als die Schönheit in lebenden Formen wahrgenommen werden.

Tiphareth ist die Verkörperung der Sonne (maskulin) und daher das Gegenteil von Yesod, der Verkörperung des Mondes (feminin). Während Yesod die animalischen Instinkte repräsentiert, ist Tiphareth auf der Reise des mystischen Aufstiegs das Mittelstadium zwischen Menschsein und Göttlichkeit. Hier erlebt das Individuum die spirituelle Wiedergeburt. Die Persönlichkeit hat ein Gefühl für wahre und echte Ausgewogenheit erreicht, und ihr Streben richtet sich nun auf höhere Seinszustände. Tiphareth ist mit Gottheiten der Wiedergeburt und Auferstehung und im planetarischen Sinn mit der Sonne als Spenderin von Leben und Licht assoziiert. Außerdem ist sie die Sphäre der Opferung, denn die alte Persönlichkeit wird nun für eine neue Einsicht geopfert. Nun beginnt das Individuum auf spirituelle Art zu wirken.

Geburah ist mit Mars, dem Gott des Krieges, assoziiert und repräsentiert Strenge und Gerechtigkeit. Die Energien von Geburah sind absolut unparteiisch, da es in einem Herrscher keinen Makel von Selbstmitleid oder Gefühlen geben darf. Die zerstörerischen Kräfte dieser Sphäre haben den Zweck einer säubernden, reinigenden Kraft und sind in ihrer Anwendung positiv. Somit verkörpert Geburah eine spirituelle Vision der Macht, die im Universum wirkt, um Elemente zu zerstören, wenn sie nicht mehr von Nutzen sind. Als ein Aspekt des Herrschers, des Demiurgen oder »Göttervaters« unterhalb des Abgrundes zeigt Geburah in ihrer Destruktivität Disziplin und Präzision. Die Aufgabe dieser Sefirah auf dem Schlachtfeld des Kosmos ist es, eine vernünftige Ökonomie der Form durchzusetzen, die sich auf einer tieferen Ebene des Lebensbaums in Hod widerspiegelt.

Chesed ist mit Jupiter, der anderen Seite des destruktiven Herrschers assoziiert und repräsentiert göttliche Gnade und Herrlichkeit. Während Mars auf seinem Kriegswagen dahinfährt und als säubernde Kraft agiert, sitzt Chesed-Jupiter auf seinem Thron und blickt auf sein Reich, das gesamte Universum, und wirkt stärkend und konsolidierend. Durch seinen stabilisierenden Einfluss werden die heiligen Kräfte, die in den transzendenten Sphären oberhalb des Abgrundes (auf der Ebene der Triade) entstehen, am Lebensbaum abwärts in verschiedene Formen des Seins geleitet. In Chesed sind alle archetypischen Ideen zu finden, denn mythologisch betrachtet liegt diese Sefirah auf der höchsten Ebene des Kollektiven Unbewussten.

Binah ist die erste jener drei Ebenen, die zusammen als die Triade bezeichnet werden, denn hier begegnen wir der Großen Mutter in all ihren mythologischen Aspekten. Sie ist der Schoß des Zum-Vorschein-Kommens, die Quelle aller großen Bilder und Formen, die als Archetypen in die manifestierte Welt eintreten werden. Außerdem ist sie das höchste weibliche Prinzip im Prozess der Schöpfung und als solche unabänderlich die Mutter des Gottmenschen oder Messias, der wiederum die Brücke zwischen der Menschheit und den Göttern (oder Gott) bildet. Daher ist Binah mit der Jungfrau Maria, der Mutter von Christus in Tiphareth, aber daneben auch mit Rhea und Isis assoziiert. Da sie die Mutter der Schöpfung ist, ist sie häufig die Gemahlin oder Geliebte des Herrschers über das manifestierte Universum – Demeter und Zeus waren ein Liebespaar.

Chokmah ist der Große Vater, der den zeugenden Lebensfunken liefert, der nichts als Potenz ist, bis er in den Schoß der Großen Mutter eindringt. Aus der Vereinigung des Großen Vaters und der Großen Mutter sind alle Bilder der Schöpfung hervorgegangen. Chokmah ist mit Gottheiten assoziiert, die das Sein als solches stützen.

Kether repräsentiert den ersten Funken der Schöpfung, der die Welt jenseits der Schleier des Nicht-Seins (von *En Sof Aur*, dem grenzenlosen Licht) emaniert. Kether liegt auf der mittleren Säule des Lebensbaums und transzendiert die Dualität der männlichen und weiblichen Polaritäten. Kether wird daher zuweilen als der himmlische Androgyn dargestellt, denn er repräsentiert eine Ebene sublimer spiritueller Transzendenz.

Die Macht des heiligen Wortes

In der esoterischen Tradition des Westens ist der Laut – und im konkreteren Sinn die Kraft der ausgesprochenen magischen Formel – von zentraler Bedeutung. Nach dem kabbalistischen Buch »Sohar« wurde der Welt durch das Aussprechen des heiligen Namens Gottes – einer 42 Buchstaben langen Erweiterung des Tetragrammatons JHVA, *Jod, He, Vau, He* – ihre Gestalt gegeben. Daher ist der gesamte mystische Akt der Schöpfung vom Wort, d.h. dem Logos, durchdrungen. »Die göttlichen Namen« sind, wie der tschechische Okkultist Franz Bardon bemerkt, »symbolische Bezeichnungen von göttlichen Eigenschaften und Kräften«.[12]

Im Golden-Dawn-Orden gehörte die Invokation von Gottheiten und archetypischen Wesen durch die Wirkkraft des gesprochenen Wortes zum magischen Ritual. Dies entspricht stark dem Konzept des *magischen Willens*, der die zeremonielle Magie von den passiven Formen der Mystik unterscheidet. Als Eingeweihter des Golden Dawn nahm Aleister Crowley den magischen Namen Perdurabo (»Ich werde ausharren bis zum Ende«) an. »Worte sollten«, so meinte er selbst, » Willen ausdrücken; daher ist der mystische Name des Neophyten der Ausdruck seines höchsten Willens.«[13]

Die Golden-Dawn-Magier glaubten, dass es eines ihrer wichtigsten Ziele war, den magischen Willen einzusetzen, um mit dem höheren Selbst – häufiger als »Heiliger Schutzengel« bezeichnet – zu kommunizieren. Dazu war eine Ebene mystischen Bewusstseins erforderlich, die den transzendentesten Ebenen des Lebensbaums ent-

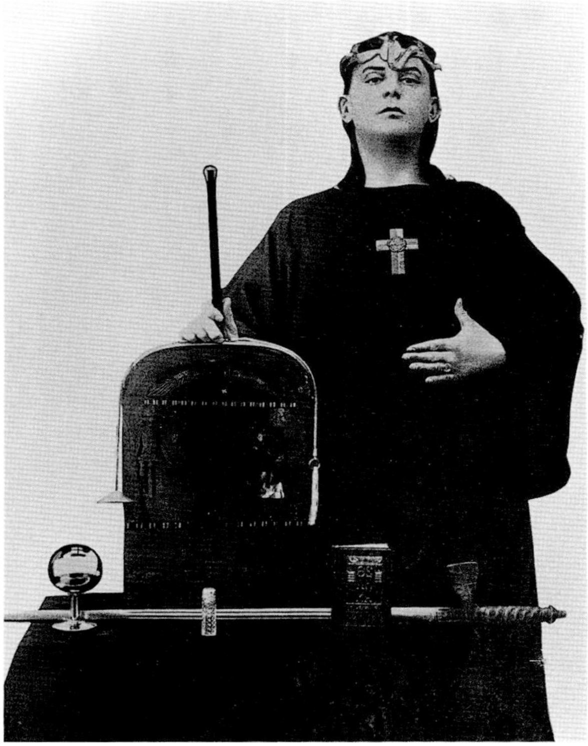

Aleister Crowley in Ritual-Kleidung: mit Uräus-Schlangen-Krone und auf dem Kopf, dem »Rose & Kreuz«-Emblem auf der Brust und seinen magischen Geräten Stab, Kelch, Schwert, Glocke, heiligem Buch und einer Phiole mit heiligem Öl.

sprach. Manchmal waren dazu auch Techniken der magischen Trance und des »Aufsteigens in den Ebenen« notwendig. Dion Fortune, die dem Alpha-and-Omega-Tempel des Golden Dawn angehörte, schrieb in ihrem Buch »Applied Magic« (1961): »In meiner eigenen Erfahrung der [magischen] Handlung führte das Aussprechen meines magischen Namens für mich zu der bildlichen Darstellung meiner selbst in einer idealisierten Form, nicht abweichend im Typ, sondern in einem weit größeren, erhabeneren, ja übermenschlichen Maßstab, aber noch erkennbar als ich, wie auch eine überlebensgroße Statue noch eine gute Ähnlichkeit aufweisen könnte. Einmal wahrgenommen, konnte ich diese idealisierte Version meines Körpers und Wesens immer wieder willentlich abbilden, aber ich konnte mich erst dann mit ihr identifizieren, wenn ich meinen magischen Namen aussprach. Sobald ich ihn als meinen eigenen bekräftigte, war die Identifikation sofort da.«[14]

Symbole der Ritualmagie

Die Mitlieder des Golden Dawn verwendeten bestimmte magische Symbole, die in den modernen magischen Gruppen, die der Golden-Dawn-Tradition folgen, noch heute benutzt werden.

Der magische Tempel repräsentiert aufgrund der Beziehung zwischen Makrokosmos und Mikrokosmos – »wie oben, so unten« – sowohl das gesamte Universum als auch die individuelle Person des Magiers. An den Wänden hängen Fahnen mit Wappen heiliger Symbole und dem Ritual entsprechenden Farben, und auf dem Boden stehen bestimmte Inschriften, deren wichtigste sich auf den magischen Kreis beziehen. Der Kreis repräsentiert das unendliche Göttliche – das Alpha und Omega –, den Zustand spiritueller Bewusstheit und Transzendenz. Wenn er im Zentrum des Kreises steht, ist der Magier in der Lage, sich mit der heiligen Quelle der Schöpfung zu identifizieren, und sein magischer Wille ist vollkommen auf die Sphären höheren spirituellen Strebens gerichtet. Außerdem symbolisiert der Kreis den Prozess der magischen Invokation, den Akt des Greifens nach einer höheren spirituellen Wirklichkeit durch Identifikation mit einer Gottheit oder einem Gott.[15]

Der zentrale Altar symbolisiert das Fundament des Rituals. Er steht innerhalb des magischen Kreises, ist ein Doppelwürfel aus Holz – traditionell aus Akazie oder Eiche – mit zehn sichtbaren Seiten, die den zehn Sefiroth des Lebensbaums entsprechen. Die niedrigste Seite ist Malkuth, die Welt; die höchste Seite repräsentiert Kether, die Krone. Auf diesem Altar befinden sich Öl, Stab, Kelch, Schwert und Scheibe (Pentakel), um die Imagination des Ritualmagiers in Richtung Transzendenz zu leiten.

Vereinigung zwischen magischem Leuchter, Stab, Schwert und Dolch: eine Radierung des französischen Zeremonial-Magiers Eliphas Lévi, 1896.

Das heilige Öl wird im Idealfall in einem Gefäß aus Bergkristall verwahrt. Der Magier verwendet es, um die vier Punkte des Mikrokosmos (Kether, Chesed, Geburah und Malkuth) auf seiner Stirn, der rechten und linken Schulter und auf dem Solarplexus zu salben, während er sich auf die vor ihm liegende heilige Aufgabe konzentriert. Es besteht aus dem Öl von Olive, Myrrhe, Zimt und Galgant, die der Reihe nach mit den Ebenen Chokmah (Weisheit), Binah (Verständnis), Tiphareth (Harmonie, spirituelles Erwachen) und Kether-Malkuth (Vereinigung von Sein und Schöpfung) auf dem Lebensbaum korrespondieren.

Der Stab symbolisiert das Streben nach höherer Weisheit (Chokmah), die durch den Willen erlangt wird. Symbolisch, so heißt es, ruht die Spitze des Stabs in Kether, der ersten Sefirah des Lebensbaums, die die Vereinigung der Gegensätze enthält und die Transzendenz der Dualität in all ihren Formen repräsentiert. Verwendet wurde ein mehrfarbiger Lotosstab – am oberen Ende weiß, am unteren schwarz und dazwischen zwölf Streifen in den Farben, die den zwölf Tierkreiszeichen entsprechen:

Rot: Widder;	**orangerot:** Stier;	**orange:** Zwillinge.
Ambra: Krebs;	**zitronengelb:** Löwe;	**gelbgrün:** Jungfrau.
Smaragd: Waage;	**grünblau:** Skorpion;	**blau:** Schütze.
Indigo: Steinbock;	**violett:** Wassermann;	**purpur:** Fische.

Die Sitze des Stabs wurde mit einer Lotosblüte aus drei Blütenblätterwirbeln versehen; das weiße Ende wurde zur magischen Invokation verwendet, das schwarze Ende zum »Verbannen« bösartiger Kräfte. Der Stab repräsentiert den ersten Buchstaben Jod des Tetragrammatons JHVH (Jehova/Jahwe – der heilige Name Gottes) sowie das Element Luft. [16]

Der Kelch ist ein weibliches, empfangendes Symbol, assoziiert mit Binah, der Mutter des Verstehens. Der Magier glaubt, dass er seinen Kelch des Bewusstseins mit Verstehen und Wissen seines höheren Selbst füllen muss. Da eher ein Symbol des *Enthaltenseins* als des *Werdens*, wird der Kelch nicht bei Invokationsritualen, sondern in Zeremonien verwendet, die mit Akten der Manifestation zu tun haben. Der Kelch repräsentiert das Element Wasser.

Das Schwert deutet die Macht des Magiers über angerufene oder herabbeschworene Kräfte an. Als Symbol menschlicher Kraft entspricht es dem Stab, der die göttliche Macht repräsentiert. Da es Kontrolle und Ordnung suggeriert, ist das Schwert die »Leibesfrucht« von Weisheit und Verständnis (Chokmah und Binah) und ist somit Tiphareth, der Sphäre der Harmonie, zugeordnet. Das Schwert repräsentiert das Element Feuer.

Die Scheibe (Pentakel) bildet mit dem Kelch das Paar der weiblichen Symbole, wie Schwert und Stab das Paar der männlichen Symbole bilden. Als Symbol von Malkuth, der himmlischen Tochter und Göttin des manifestierten Universums, soll die Scheibe, so heißt es, dem Bewusstsein des Magiers »Ehrfurcht einflößen«.

Malkuth repräsentiert die erste Stufe auf der mystischen Reise zur Quelle allen Seins. Außerdem symbolisiert sie das Bewusstsein des Magiers *vor* der spirituellen Erleuchtung. Die Scheibe repräsentiert auch das Element Erde.

Die Krone (oder **Stirnband**) repräsentiert Kether. Der Zeremonialmagier trägt sie auf seinem Haupt. Mit ihrer Goldfarbe symbolisiert sie das Streben nach dem Göttlichen.

Die Robe wird zum Schutz des Magiers gegen ungünstige »astrale« Einflüsse über dem Körper getragen. Mit einer Kapuze versehen und normalerweise von schwarzer Farbe, symbolisiert sie Anonymität und Schweigen und ist das dunkle Gefäß, in das das Licht des Geistes gegossen wird.

Das Lamen (oder **Brustplatte**) schützt das Herz (Tiphareth) und wird entweder an die Robe geheftet oder quer über die Brust genäht. In gleicher Weise, wie Tiphareth aufgrund seiner zentralen Position auf dem Lebensbaum den Fokuspunkt aller Sefiroth bildet, sind in das Lamen Symbole eingraviert, die mit allen Aspekten der magischen Intention in Beziehung stehen. Da als eine »aktive« Form der passiven Scheibe betrachtet, ist das Lamen ein Zeichen der Stärke.

Das magische Buch hält der Magier in seinen Händen. Es ist ein Zeichen der Stärke, enthält Details der Praxis und der rituellen Ziele des Betreffenden und repräsentiert die sich entfaltende »Geschichte« des magischen Willens; ein Symbol persönlicher Macht und Entschlossenheit.

Die Glocke wird an einer Kette um den Hals getragen und während des Rituals verwendet. Sie repräsentiert den Zustand wacher Aufmerksamkeit und soll die Glocke sein, die bei der »Erhöhung der Hostie« ertönt; eine Anspielung auf die himmlische Musik der höheren Sphären.

Die heilige Lampe repräsentiert, als »Licht der reinen Seele« über den Ritualgeräten auf dem Altar stehend, das Herabsteigen des Geistes in die Form und des Lichts in die Finsternis. Sie steht für alles Ewige und Unveränderliche sowie für die ersten Wirbel der Urenergie, die die Geburt des Universums auslöste (»Es werde Licht ...«).

Trance-Techniken

Oft haben Magier, die in der Golden-Dawn-Tradition arbeiteten, die inneren Reisen der Psyche mit Begriffen wie »Astralprojektion«, »Wegarbeit« (*pathworkings*) und »Lichtkörper« (*Body of Light*) beschrieben. Sie kombinierten körperliche Entspannung mit einem Zustand mentaler Konzentrationsschärfe, die sich immer stärker auf innere psychische Prozesse konzentrierte. Dazu musste man sich auf bestimmte visuelle Symbole konzentrieren sowie bestimmte »Energiezentren« innerhalb des Geistkörpers aktivieren, die im Yoga den *chakras* entsprechen.[17] Gewöhnlich fanden magische Meditationen im Dunkeln statt, damit sich die Aufmerksamkeit von äußeren visuellen Stimulis ab- und einem inneren Sehen zuwenden und dadurch das Gefühl der »anderen Wirklichkeit« verstärken konnte, die ihnen die durch willentliche Imagination hervorgerufenen mythologischen Bilder oder visionären Landschaften vor Augen führten.

Persönliche Berichte über magische Trancen wurden von führenden Golden-Dawn-Mitgliedern in einer Schriftenreihe mit dem Titel »Flying Rolls« aufgezeichnet. Frater Sub Spe – alias John W. Brodie-Innes –, eine prominente Figur des Amen-Ra-Tempels von Edinburgh, gibt eine plastische Schilderung eines solchen Bewusstseinswechsels: »Allmählich zieht sich die Aufmerksamkeit von allen umgebenden Anblicken und Geräuschen zurück, über alles scheint sich ein grauer Nebel zu legen, auf den, wie von einer Laterne auf Dampf geworfen, die Form des Symbols projiziert wird. Dann scheint das Bewusstsein durch das Symbol hindurch in andere Welten dahinter überzugehen. [... Es] ist ein Gefühl, als würde man auf eine Reihe bewegter Bilder blicken. [...] Sobald diese Sensibilisierung von Verstand und Wahrnehmungskraft hergestellt ist, scheint daraus eine Macht zu erwachsen, wirklich an diese so visionären Szenen heranzutreten und sie als solide zu betrachten, ja sogar darin wirklich bestimmte Dinge *zu tun* und Wirkungen hervorzurufen.«[18]

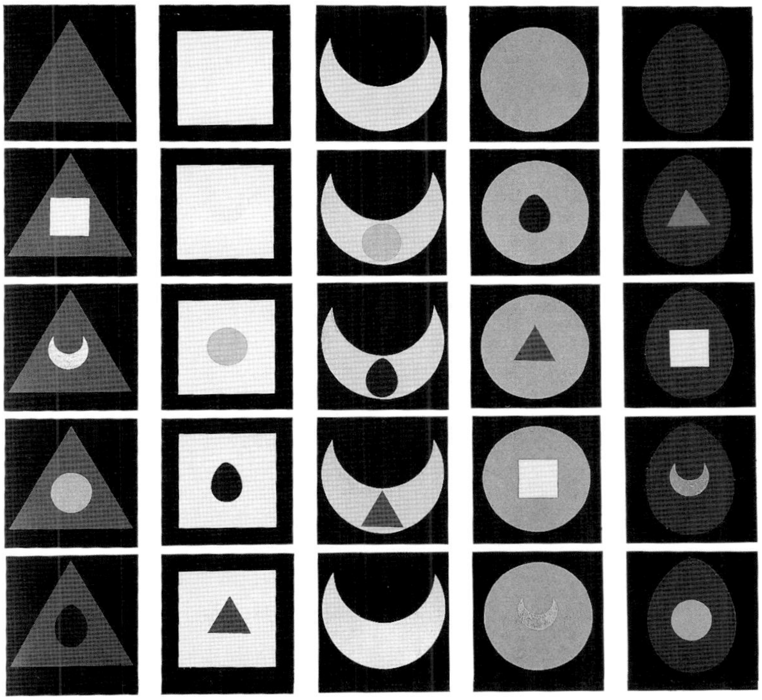

Die Tattvas: hinduistische Symbole der fünf Elemente Erde, Wasser, Luft, Feuer und Geist in ihren verschiedenen Kombinationen.

Außerdem verwendeten die Golden-Dawn-Magier die so genannten Tattva-Symbole[19] der fünf Elemente als Eintrittspunkt für ihre magischen Visionen. Die Tattvas stammen aus der Hindu-Mythologie und gehören zu den wenigen östlichen Komponenten, die direkt in die esoterische Tradition des Westens einbezogen wurden. In ihrer Grundform sehen sie wie folgt aus:

Prithivi ist ein gelbes Quadrat und symbolisiert das Element Erde.
Apas ist eine waagrechte Mondsichel mit nach oben weisenden Spitzen und symbolisiert das Element Wasser.
Vayu ist ein blauer Kreis und symbolisiert das Element Luft.
Tejas ist ein rotes Dreieck und symbolisiert das Element Feuer.
Akasha ist ein schwarzes Oval und symbolisiert den Geist.

Die folgende Beschreibung der Tattva-Visualisierungstechnik wurde 1897 von Moina Mathers, der Frau von McGregor Mathers, aufgezeichnet. Hier bezieht sie sich auf ein komplexes Bild, kombiniert aus den Tattva-Symbolen für Erde und Wasser: »Stellen Sie sich vor, das Symbol, mit dem Sie experimentieren, sei Prithivi von Apas, d.h. der ›Erd-Aspekt von elementarem Wasser‹, dargestellt durch ein winziges gelbes Quadrat auf einer silbernen Mondsichel, und erfüllen Sie dann Ihren Geist mit den auf diese Art symbolisierten Ideen. Halten Sie die Tattva-Karte vor sich hin [...] und betrachten Sie so lange unausgesetzt das Symbol, bis Sie es ganz deutlich als Gedankenvision wahrnehmen können, wenn Sie die Augen schließen. [...] Dies könnte Ihnen helfen, sie als eine große Mondsichel aus blauem oder silbrigem Wasser wahrzunehmen, die einen Würfel aus gelbem Sand enthält. Versuchen Sie dann so lange weiter, eine deutliche Wahrnehmung des Tattva-Symbols zu erreichen, bis [...] seine Gestalt und seine Eigenschaften ein Teil von Ihnen geworden zu sein scheinen, und dann müssten Sie allmählich ein Gefühl haben, als wären Sie eins mit [...] Apas, elementarem Wasser, vollkommen darin badend, und als wären alle anderen Elemente inexistent. Wenn Sie dies richtig gemacht haben, werden Sie finden, dass Ihnen der Gedanke an irgendein anderes Element [...] deutlich widerwärtig vorkommt. [...] Fahren Sie fort mit der fest in Ihrer Vorstellung fixierten Idee, vor Ihnen auf der Karte ein Verstandesbild von irgendeiner Szene oder Landschaft hervorzurufen. Diese wird, wenn sie erscheint, zuerst vermutlich noch unscharf sein, aber bemühen Sie sich weiter, ›sie noch wirklicher zu machen‹, egal von welcher Art – vielleicht aus der Fantasie oder aus der Erinnerung abgeleitet – sie Ihrer Ansicht nach sein mag. [... D]as Gedankenbild dürfte für Sie schließlich so klar werden, [...] dass es den Anschein hat, als würde das Bild versuchen, sich durch das Symbol hindurchzustürzen. [...] Aber Sie können bereits viel erreichen, wenn Sie auch nur den Eindruck der Landschaft als reinen Gedanken erhalten. [...] Sie können die früheren Phasen der Arbeit vielleicht modifizieren, indem Sie das Symbol auf astrale Weise, d.h. mit Hilfe visueller Imagination so weit vergrößern, dass ein menschliches Wesen durch es hindurchgehen kann. Wenn es ganz lebendig vor Ihnen steht [...], dann gehen, springen oder fliegen Sie durch es hindurch, [...] bis Sie sich an irgendeinem Ort oder in irgendeiner Landschaft wieder finden. [... E]s dürfte gut sein, sich dabei genau so zu verhalten, wie man es beim ganz physischen Erleben einer Landschaft macht, indem man jeden Schritt wahrnimmt, den man geht, [...] aber sich zuerst nach rechts wendet und diese Seite untersucht, dann sich nach links wendet, sich ganz umdreht und so fort [...]; je praktischer man bei diesen Experimenten arbeitet, desto größer sind die Chancen auf Erfolg.«[20]

Es ist faszinierend, wie hier von »Verstandesbildern«, »Gedankenvisionen« und »Gedankenbildern« gesprochen wird. Diese Techniken würde man heute als »kreative Visualisierung« oder »magische Imagination« bezeichnen. Abgesehen von der Terminologie erwiesen sie sich als höchst effizient. Moina Mathers und ihre Kollegen fanden schon bald heraus, dass sie ihre Tattva-Visualisierungen dazu nutzen konnten, um in ganz bestimmte magische Bewusstseinswelten einzutreten.

In »Flying Roll XI« (1893) wird eine Vision beschrieben, die Moina Mathers hatte, als sie meditierend in ihren Zeremonialroben dasaß und eine Tattva-Karte mit einer Kombination aus Tejas und Akasha – einem schwarzen Ei in einem roten Dreieck (Geist in Feuer) – betrachtete. Das Symbol schien vor ihrem konzentrierten Blick anzuwachsen, bis sie in ein »riesiges Flammendreieck« eintreten konnte. Dann hatte sie das Gefühl, als befinde sie sich in einer rauen, sandigen Wüste. Als sie den Gottesnamen Elohim intoniere, sah sie in der Ferne eine kleine Pyramide, und als sie näher trat, bemerkte sie auf jeder Seite eine kleine Tür. Dann intonierte sie in schwingendem Ton den Namen Sephariel, und es erschien ein Krieger, der eine ganze Prozession von Wachsoldaten anführte. Nach einer Reihe von Tests mit Zeichen ritueller Grade knieten die Wachsoldaten vor ihr nieder, und sie trat ein: »[...] blendendes Licht, wie in einem Tempel. In der Mitte ein Altar – um ihn herum kniende Gestalten, dahinter ein Podium und viele weitere Gestalten darauf – es scheinen Elementarwesen von feuriger Natur zu sein. [...] Sie sieht ein Pentagramm, steckt ein Löwe-Zeichen [= ein Feuerzeichen] hinein, dankt der Gestalt, die sie führt – konzentriert ihren Willen darauf, durch die Pyramide hindurchzugehen, und findet sich wieder draußen, inmitten von Sand. Konzentriert ihren Willen darauf, zurückzukehren – kehrt zurück – nimmt wieder ihren Körper in den Roben wahr.«[21] Die Wesen, denen Moina Mathers begegnete, waren Elementargeister des Feuers, die in der okkulten Hierarchie weit unter der Ebene von Göttern eingestuft werden.

Bei einer anderen Gelegenheit konnte Moina Mathers jedoch auch Wesen von stärker archetypischer Natur beschwören. Hierzu verwendete sie die Tattva-Kombinationen Wasser und Geist. In dieser Vision nutzte sie ihre Kenntnis von magischen Gottesnamen, um mächtige spirituelle Führer anzurufen: »Eine endlose Wasserfläche mit vielen Spiegelungen von strahlendem Licht und gelegentlich auftauchenden Blitzen in Regenbogenfarben. Als göttliche und andere Namen ausgesprochen wurden, erschienen Elementargeister in der Art von Meerjungfrauen und Meermännern, aber nur wenige von den anderen Elementarwesen. Diese Wasserwesen waren extrem veränderlich in ihrer Form, in einem Moment erschienen sie als solide Meerjungfrauen und Meermänner, im nächsten zerschmolzen sie zu Schaum. Als ich mich mit Hilfe der höchsten Symbole, die ich gelernt hatte, erhöhte und in schwingendem Tonfall die Namen des Wassers anstimmte, stieg ich in solche Höhen, bis das Wasser verschwand, und sah stattdessen eine riesige Welt oder Globuskugel mit all ihren Dimensionen und Divisionen von Göttern, Engeln, Elementargeistern und Dämonen – dem gesamten Universum des Wassers. Ich rief ›HCOMA‹ und sogleich erschien vor mir ein mächtiger Erzengel mit vier Flügeln, der eine strahlend weiße Robe und auf dem Haupt eine Krone trug. In einer Hand, seiner rechten, hielt er eine Art Dreizack und in der linken einen Kelch, der bis zum Rand mit einer Essenz angefüllt war, die er nach beiden Seiten unter sich hinabgoss.«[22]

Aber nicht alle Golden-Dawn-Magier gaben sich mit Tattva-Meditationen und visionären Begegnungen zufrieden. Ein anderes Mitglied dieses hermetischen Ordens stellte sogar eine völlig neue Kosmologie auf. Und dieser Magier war Aleister Crowley.

Kapitel 9

Aleister Crowley – die Bestie 666

Von allen Magiern, die mit dem Golden-Dawn-Orden in Verbindung standen, war Aleister Crowley der umstrittenste. Er war bekannt unter dem Namen »Große Bestie 666« und als »der verruchteste Mensch der Welt«. Und doch war er ein Ritualmagier von beachtlichem Stil und großer Originalität, und sein Vermächtnis wirkt weiter bis zum heutigen Tag.

Aleister Crowley wurde am 12. Oktober 1875 in Leamington Spa, Warwickshire, geboren und wuchs in einem Heim der christlich-fundamentalistischen Bewegung »Plymouth-Brethren« auf. Sein Vater war ein wohlhabender Brauer, der sich nach Leamington zurückgezogen hatte, um sich dem Studium der christlichen Schriften zu widmen. Nach unglücklichen Erfahrungen auf ihrer speziellen Sektenschule in Cambridge begann Crowley die »Plymouth-Brüder« zu hassen. Wegen seiner schwächlichen Gesundheit erlitt er auch später in der Schule zahlreiche Schikanen. 1895 ging er auf das Trinity College in Cambridge und verbrachte dort einen

Aleister Crowley, mittlere Reihe, rechts sitzend, während der Himalaja-Expedition zum Chogo-Ri (K 2) im Jahr 1902.

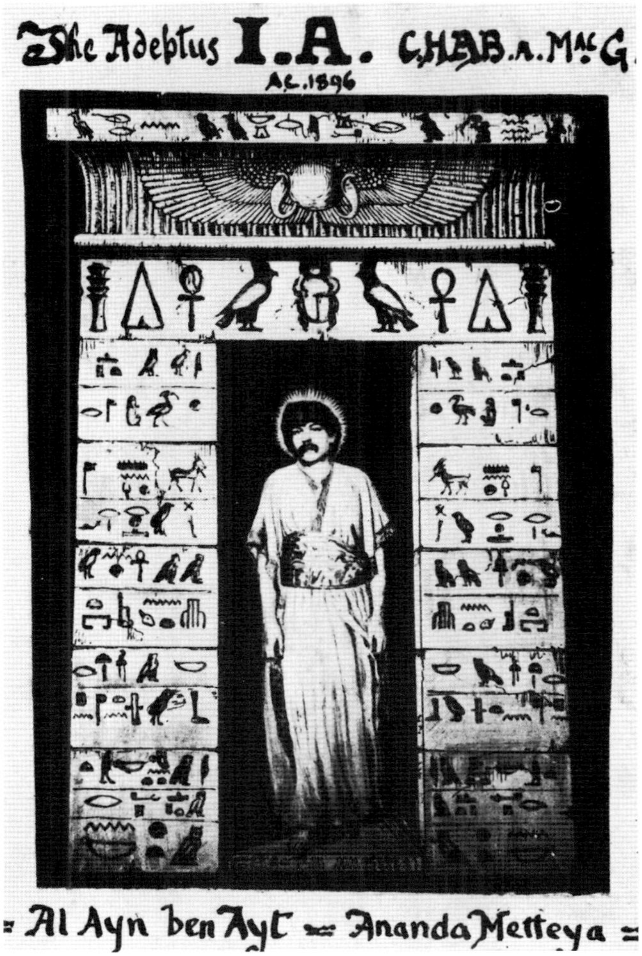

Aleister Crowleys Mentor Allan Bennet (alias Frater Iehi Aour), hier dargestellt als »Adeptus I. A.«. Als Bennet später buddhistischer Mönch wurde, war er auch unter dem Namen Bhikku Ananda Metteya bekannt.

Großteil seiner Zeit genussvoll mit der Lektüre von Lyrik und klassischer Literatur und ruhmvoll als meisterhafter Schachspieler. Später wurde er ein begeisterter Bergsteiger, wobei er 1902 an einer Himalaja-Expedition zur Bezwingung des Chogo Ri (K2), des zweithöchsten Bergs nach dem Mount Everest, teilnahm.

Crowleys Verbindung mit den esoterischen Traditionen des Westens begann im Jahr 1898, als er in London mit George Cecil Jones, einem Mitglied des Golden-Dawn-Ordens, bekannt gemacht wurde. Im folgenden Jahr schloß Crowley bereits enge Freundschaft mit dem initiierten Magier Allan Bennet, der eine Zeit lang MacGregor Mathers als führendem englischen Okkultisten Konkurrenz machte. Bennet, der innerhalb des Golden Dawn den Namen Frater Iehi Aour (»Es werde Licht«) führte, wurde der Mentor des jungen Crowley. Er unterwies ihn in angewandter Kabbala sowie in den Techniken magischer Invokation und Evokation und brachte ihm bei, wie man magische Talismane herstellt.

Rasch erfasste Crowley die Grundlagen der Magie. In »Magick in Theory and Practice«, einem seiner einflussreichsten Bücher, das 1929 privat publiziert und seither vielfach neu aufgelegt wurde, entwarf Crowley die grundlegende Philosophie der Magie, wie er sie inzwischen sah: d.h. im Wesentlichen als ein Mittel, um den Menschen sowohl in seiner Visionsfähigkeit als auch in seiner Machtkompetenz gottgleich zu machen. In Crowleys magischen Maximen offenbart sich die besondere Anziehungskraft, die die Magie auf ihn ausübte:

> *»Ein Mensch, der nach seinem wahren Willen handelt, hat die Trägheit des Universums zu seiner Hilfe.«*[1]

> *»Dem Menschen ist die Natur seines eigenen Wesens und seiner Kräfte unbekannt. Selbst seine Idee von seinen Grenzen gründet auf einer Erfahrung aus der Vergangenheit, und jede Stufe in seinem Fortschritt erweitert sein Imperium. Es gibt daher keinen Grund, dem, was er sein oder tun mag, irgendwelche theoretischen Grenzen zu setzen.«*[2]

> *»Der Mensch ist in der Lage, alles, was er begreift, zu sein und zu nutzen; denn alles, was er begreift, ist in einem gewissen Sinne Teil seines Wesens. Daher könnte er sich das gesamte Universum, dessen er sich bewusst ist, seinem eigenen Willen unterwerfen.«*[3]

> *»Der Mikrokosmos ist das exakte Abbild des Makrokosmos; das Große Werk ist die Erhöhung des gesamten Menschen zu vollkommener Ebenbürtigkeit mit der Macht des Unendlichen.«*[4]

> *»Es gibt eine einzige Hauptdefinition des Ziels jedes magischen Rituals. Es ist das Vereinigen des Mikrokosmos mit dem Makrokosmos. Das höchste und vollkommene Ritual ist daher die Invokation des heiligen Schutzengels oder, in der Sprache der Mystiker, die Vereinigung mit Gott.«*[5]

Aleister Crowley wurde am 18. November 1898 als Neophyt im »Hermetic Order of the Golden Dawn« initiiert. Schon bald erkannte er, dass die Mitglieder der höchsten Initiationsgrade, gestützt auf die Behauptung ihrer Kontakte zu den Geheimen Häuptern, großen geistigen Einfluss auf ihre Anhänger ausübten. Begierig, einen möglichst hohen Rang zu erklimmen, erwarb Crowley innerhalb der folgenden zwei Monate den Grad des Zelator und dann die des Theoricus und Practicus. Im Mai 1899 folgte die Einweihung in den Grad des Philosophus.

Er war der erste Golden-Dawn-Magier, der sich an die Rituale des *Magus Abra-Melin* aus dem 15. Jahrhundert heranwagte, den MacGregor Mathers aus dem Französischen übersetzt hatte. Während dieser Rituale, die er in einem Haus namens Boleskine in der Nähe des Loch Ness in Schottland abhielt, hatte Crowley Christus-Visionen und sah sich selbst als Gekreuzigter. »Er stand im göttlichen Licht«, berichtet sein wichtigster Biograf John Symonds, »und trug eine Krone aus zwölf Sternen auf seinem Haupt; die Erde tat sich ihm auf, und er betrat ihr Allerinnerstes, wo er den Gipfel eines hohen Berges bestieg. Als er sich dem Heiligtum näherte, überfielen ihn viele Drachen, aber er überwand sie mit einem Wort – so eine alchimistische Vision seiner Erfolge im Großen Werk. Crowley stellte fest, dass ihm alle Talente eines großen Magiers in die Wiege gelegt waren.«[6]

Abgesehen davon, dass Abra-Melins System dem Magier angeblich die Dienste von 316 Geist-Beratern lieferte, hieß es von ihm auch, dass es dem Praktizie-

Büste W. B. Yeats' von Albert Power. Yeats verhinderte Crowleys Griff nach der höchsten Macht.

renden die Vereinigung mit dem heiligen Schutzengel, einer Inkarnation des höheren spirituellen Selbst in visionärer Form, ermöglichte. Aber es hatte noch einen anderen möglichen Vorteil: Crowley konnte nun im Golden Dawn spirituelle Gleichstellung mit Mathers beanspruchen. Vorläufig gab er sich aber noch damit zufrieden, dass Mathers sein Verbündeter auf dem Weg zu magischer Macht war.

Im Januar 1900 stieg Crowley unter Mathers' Oberaufsicht in Paris in den Zweiten Orden, der »Roten Rose und des Goldenen Kreuzes«, auf, womit er in die »Herrlichkeit von Tiphareth«, dem Archetyp der spirituellen Wiedergeburt, aufgenommen war. Darauf griff er die Autorität von William B. Yeats an, der damals der Führer des Golden Dawn in England war. Yeats ließ sich davon jedoch nicht beeindrucken, denn er betrachtete Crowley als eine »verrückte« und »unmögliche Person«, und so scheiterte Crowley bei seinem Griff nach der höchsten Macht. Der Disput führte jedoch zu einem Riss innerhalb der Mitgliederschar des Golden-Dawn-Ordens, weil Crowley immerhin von Mathers gesandt worden war, und Mathers hatte in einem Brief an Annie Horniman bekräftigt, dass seine spirituelle Unfehlbarkeit in Dingen des Ordens ihm dieses Recht gäbe.

Nachdem es ihm misslungen war, Yeats zu entthronen, zog sich Crowley, offensichtlich im Affekt handelnd, völlig aus der Kontroverse zurück, brach im Juni 1900 zu einer Reise durch Mexiko, die USA, Ceylon und Indien auf und traf schließlich in Kairo ein.

Eine Offenbarung in Ägypten

Am 17. März 1904 hielt Crowley eine magische Zeremonie ab, in der er die ägyptische Gottheit Thoth, den Gott der Weisheit, anrief. Crowleys Gemahlin Rose schien, wie sich zeigte, gerade in einem seltsam benommenen, mediumistischen Zustand zu sein und verkündete am folgenden Tag, als sie sich wieder in einem ähnlichen Zustand befand, dass Horus ihren Gemahl erwarte. Seinem Tagebuch zufolge führte sie ihn im nahe gelegenen Boulak-Museum zu einer Stele des Horus (in einer seiner verschiedenen Gestalten, hier in der des Ra-Hoor-Khuit). Crowley war sprachlos, als er entdeckte, dass das Exponat die Nummer 666 trug, die Zahl der »Großen Bestie« aus der biblischen »Offenbarung des Johannes«, auch »Apokalypse« genannt. Er betrachtete dies als ein Vorzeichen und kehrte in sein Hotel zurück, wo er sofort Horus anrief:

> *»Strike, strike the master chord!*
> *Draw, draw the Flaming Sword!*
> *Crowning Child and Conquering Lord,*
> *Horus, avenger!«*

Am 20. März empfing Crowley durch Rose, die ihm als Medium diente, eine Botschaft, dass »der Äquinox der Götter gekommen« sei. Er ließ durch einen Hilfskurator im Boulak-Museum die Inschriften auf der Stele 666 abschreiben. Rose gab ihrem Gemahl den Rat, am Mittag des 8., 9. und 10. April jeweils eine Stunde lang

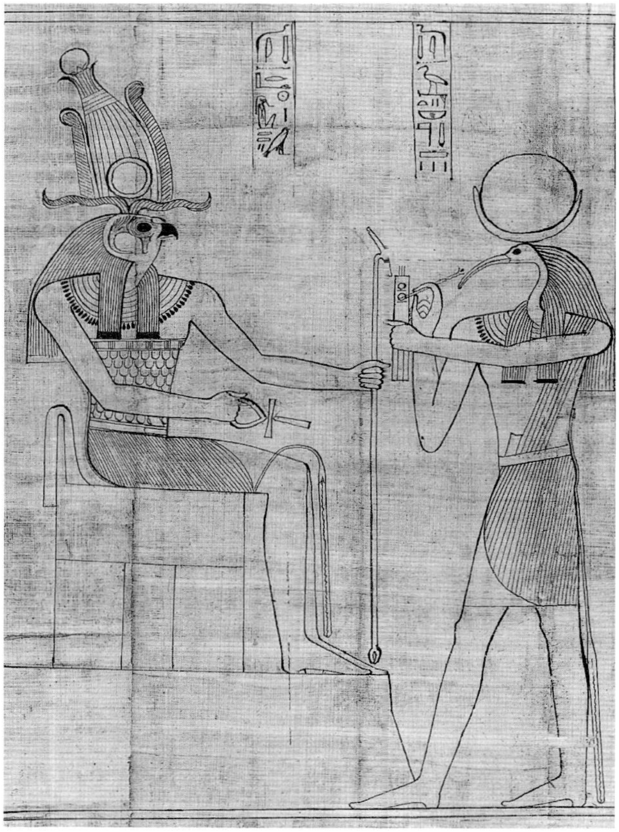

Zeichnung aus dem Greenfield-Papyrus, um 1305–1080 v. Chr.: der falkenköpfige Horus mit einer Krone aus Federn und der Sonnenscheibe in ihrer Mitte. Crowley gibt den Namen des Sonnengottes Re-Herakhty (»Horus des Horizonts«) als »Ra-Hoor-Kuit« wieder. Crowleys Tarot-Deck wurde nach dem Ibis-köpfigen Thoth, dem Schreiber, benannt.

in dem Raum zu weilen, wo die Transkriptionen ausgeführt worden waren, und sich jeden Eindruck zu notieren. Die Botschaften, die ihm angeblich von einer halb unsichtbaren Wesenheit namens Aiwaz (oder Aiwass) diktiert wurden, gingen in das Dokument ein, dem Crowley später den Titel »Liber AL vel Legis« (»Das Buch des Gesetzes«) gab. Dies bedeutete einen Wendepunkt in seiner magischen Karriere. Er wurde angewiesen, die Ritualmagie des Golden Dawn fallen zu lassen: »Siehe! Die Rituale der alten zeiten sind schwarz. Lasset die schlechten verworfen sein; die guten sollen vom propheten gereinigt werden!«[7] Er wurde ermahnt, stattdessen die Magie sexueller Partnerschaft zu verfolgen: »Nun sollet ihr wissen, dass der erwählte priester und apostel des unendlichen alls der prinz-priester und das Tier ist, und in seinem weib, das Scharlachweib genannt, alle macht gegeben ist. Sie werden meine Kinder in ihre schar führen: sie werden die herrlichkeit der sterne in die herzen der Menschen bringen. Denn er ist immer eine sonne und sie ein mond.«[8]

Nun identifizierte sich Crowley in zunehmendem Maße mit der Horus-Gestalt Ra-Hoor-Khuit. Schließlich wurde ihm klar, dass Aiwaz mit Hoor-Paar-Kraat (oder Harpokrates, dem Gott des Schweigens) – einer Wesenheit, deren heilige Herkunft oberhalb des »Abgrundes« lag – identisch war. Er hatte also ohne MacGregor Mathers' Hilfe mit einem »Geheimen Haupt« Kontakt aufgenommen.

In der ägyptischen Mythologie zeugten die Gottheiten Nuit (»Kreis«; weiblich, passiv) und Hadit (»Punkt«; männlich, aktiv) durch ihre Vereinigung ein göttliches Kind namens Ra-Hoor-Khuit. Nach Crowley verkörperten die Prinzipien

Liebe und Wille die »magische Gleichung des so genannten Gesetzes von Thelema«.[9] *Thelema* ist das griechische Wort für »Wille«, und das Hauptdiktum in seinem »Buch des Gesetzes« lautete: »Tu was du willst, Liebe ist das Gesetz, Liebe unter Willen.« Dies bedeutete, dass man nach den Diktaten seines wahren Willens oder seiner spirituellen Zielsetzung leben soll.

Kenneth Grant, der Führer einer modernen Gruppe des »Ordo Templi Orientis« in England, der Crowley an dessen Lebensende noch gekannt hatte, schrieb: »Nach Crowley trat die wahre Wiederbelebung der Magie im Jahr 1904 ein, als eine okkulte Strömung kosmischer Größenordnung auf den inneren Ebenen ausgelöst wurde. Ihr Brennpunkt war Aiwaz, und sie wurde durch Crowley der menschlichen Ebene übermittelt. [...] Die Auslösung dieses okkulten Stroms löste einen Vortex, die Geburtswehen eines neuen Äons, technisch ein ›Äquinox der Götter‹ genannt, aus. Ein solches Ereignis tritt in Abständen von etwa 2000 Jahren ein. Jedes Wiederaufleben magischer Kraft erzeugt ein weiteres Glied in der Kette der menschlichen Evolution, die jedoch nur eine einzelne Phase innerhalb der Evolution des Bewusstseins ist.«[10]

Crowley war das »göttliche Kind«, das von transzendenten Mächten auserwählt wurde, der Menschheit ein Bewusstsein der Vereinigung von Nuit und Hadit zu bringen. Davor hatte es bereits zwei andere Äonen gegeben. Das erste, das Äon der Isis, war ein matriarchalisches, durch die Verehrung lunarer Gottheiten gekennzeichnetes Zeitalter gewesen: »Die heilige Jungfrau«, sagte Crowley, »enthält in sich das Prinzip des Wachstums.« Das zweite, das Äon des Osiris, war ein patriarchalisches Zeitalter, assoziiert mit der Sonne: »Die Formel des Inkarnierens von Halbgöttern oder göttlichen Königen, diese müssen getötet und auf die eine oder andere Weise von den Toten auferweckt werden.« Osiris und der auferstandene Christus gehörten beide diesem Äon an, das nun durch das Äon des Horus ersetzt worden war.

»Mit meinem Falkenkopf«, so verkündet Ra-Hoor-Khuit (Horus) im »Buch des Gesetzes«, »pick ich nach Jesu Augen, da er am Kreuze hängt. / Meine Schwingen schlage ich in Mohammeds Gesicht und blende ihn. [...] Mit meinen Klauen reiß ich das Fleisch vom Inder und Buddhisten, Mongolen und vom Djin [den Säulen des Islam]. / Bahlasti! Ompedha! Ich speie auf euren verkommenen Glauben.«[11]

Das Zeitalter des Horus gründete auf der Vereinigung der männlichen und weiblichen Polaritäten. Das bedeutete, dass das legendäre Symbol des Androgyns, einer heiligen Figur in der spirituellen Alchemie, eine besondere Bedeutung einnahm. In »Magick in Theory and Practice« schreibt Crowley: »Gott steht über dem Geschlecht, und so kann daher weder vom Manne noch von der Frau an sich gesagt werden, dass er oder sie Gott vollkommen begreift, geschweige denn ihn darstellen kann. Daher obliegt es dem männlichen Magier, jene weiblichen Tugenden zu kultivieren, an denen es ihm mangelt, und diese Aufgabe muss er natürlich erfüllen, ohne dabei in irgendeiner Weise seine Männlichkeit zu beeinträchtigen.«[12]

Da Crowley seine Offenbarung von einer Gottheit mit der Nummer 666 erhalten hatte, war ihm klar, dass er auch die »Große Bestie 666«, der in der *Apokalypse* erwähnte Antichrist, sein musste. Er glaubte, dass er ein neuer magischer Messias,

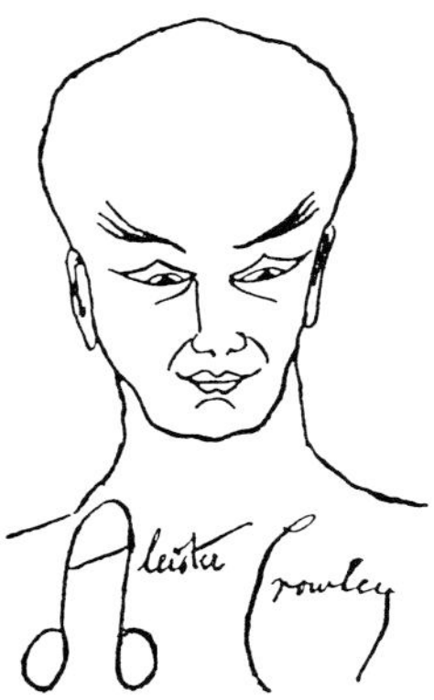

Aleister Crowley, Selbstporträt mit seiner phallischen Unterschrift.

der Herr des »Neuen Äons«, war und dass seine Lehre das Christentum und all die anderen Religionen ersetzen würde, die die spirituelle Freiheit behindert hatten, die für ihn auf der Sexualität beruhte. Im »Buch des Gesetzes« hieß das lunare Prinzip »Babalon«, das Scharlachweib. Und das Große Werk oder Magnum Opus, das Erreichen des absoluten Bewusstseins, würde durch die sexuelle Vereinigung des »Großen Bestie« mit der »Hure von Babalon« vollbracht werden: »Die Bestie als die Verkörperung des Logos (der *Thelema*, »Wille« ist) verkörpert symbolisch und tatsächlich jedes Mal sein Wort, wenn ein sakramentaler Akt sexuellen Verkehrs vollzogen wird, d.h. jedes Mal, wenn unter dem Einfluss des Willens Liebe gemacht wird.«[13]

Nach Kenneth Grant in seinem Buch »The Magical Revival« (1972) behauptete Crowley, dass im Äon des Horus »physisches Leben als ein Sakrament betrachtet« werde. »Der Akt sexueller Vereinigung erforderte Besessenheit durch das ›Höchste Bewusstsein‹ (nämlich durch Aiwaz).«[14] Crowley brachte einen Großteil seines Lebens damit zu, nach dieser »Göttlichen Hure« zu suchen. Obwohl er nie eine seiner Ansicht nach geeignete und ausdauernde Partnerin fand, gab es dennoch viele, die diese Rolle vorübergehend erfüllten.[15]

Crowley schlug eine Form von Magie vor, die sich stark von der des Golden-Dawn-Ordens unterschied. Mathers hatte Osiris als höchstes Symbol spiritueller Wiedergeburt betrachtet und hatte Verweise auf diese Gottheit in das Tiphareth-Ritual des Zweiten Ordens einbezogen. Crowley als der neue Avatara konnte seinen Anhängern transzendentales Bewusstsein dagegen durch das Sakrament des Sex bieten: »Im Sexualverkehr ist jeder Coitus ein Sakrament von besonderer Kraft, da er eine Transformation des Bewusstseins durch Aufhebung scheinbarer Dualität bewirkt. Um radikal wirksam zu sein, muss die Transformation auch eine Initiation sein. Aufgrund der sakramentalen Natur des Aktes muss jede Vereinigung magisch geleitet werden, [...] sie muss zu dem transfiniten und unindividualisierten Bewusstsein gelenkt werden, das durch die ägyptische Nuit repräsentiert wird. [...] Die irdische Nuit ist Isis, das ›Scharlachweib‹.«[16]

In seinen »Confessions«, die erstmals 1969 veröffentlicht wurden, erfahren wir: »Mir wurde mitgeteilt, dass [...] ein neues Zeitalter begonnen habe. Ich sollte eine Verbindung zwischen der solar-spirituellen Macht und der Menschheit formulieren. Verschiedene Überlegungen zeigten mir, dass die Geheimen Häupter des Dritten Ordens [= ›Argenteum Astrum‹] einen Boten gesandt hatten, um mir die Position zu verleihen, die Mathers eingebüßt hatte.«[17] Nun glaubte Crowley, dass er »mit absoluter Autorität«[18] sprechen konnte. »Thelema«, so notierte er, »[...] impliziert nicht nur eine neue Religion, sondern eine neue Kosmologie, eine neue Philosophie, eine neue Ethik.«[19]

Siegel von Crowleys Argenteum-Astrum-Orden.

Crowley notiert in seinen »Confessions«: »Ich schrieb einen förmlichen Brief an Mathers, in dem ich ihn informierte, dass die Geheimen Häupter mich zum sichtbaren Haupt des Ordens ernannt und eine neue ›Magische Formel‹ verkündet hatten. Weder erwartete noch erhielt ich einen Brief. Also erklärte ich Mathers den Krieg.«[20] Dennoch stellten sich die folgenden drei Jahre für Aleister Crowley als Atempause in seiner magischen Tätigkeit heraus. Nach der »Offenbarung von Kairo« zögerte er eine gewisse Zeit, aus den Inhalten des »Buchs des Gesetzes« aktiv Folgen zu ziehen, vielleicht gelähmt vor Erschrecken über seine künftige kosmische

Rolle. Das Manuskript ging sogar zeitweise verloren, bis Crowley es 1909 auf einem Speicher wiederentdeckte.

Nach den unerhörten Ereignissen in Kairo kehrte Crowley mit Rose nach Boleskine zurück, wo diese schon bald ihre gemeinsame Tochter Nuit Ma Ahathor Hecate Sappho Jezebel Lilith zur Welt brachte. Außerdem gründete Crowley einen Verlag namens »The Society for the Propagation of Religious Truth« (»Gesellschaft zur Verbreitung religiöser Wahrheit«), um seine erotischen Gedichte zu publizieren.

Bald darauf unternahm er eine Reise zum Kangchenjunga, dem dritthöchsten Berg der Welt, doch diese endete in einer Tragödie, denn mehrere Führer fanden in einer Lawine den Tod. Durch dieses Fiasko in Grund und Boden zerstört, schrieb Crowley an seinen Schwager Gerald Kelly: »Heute sage ich: zur Hölle mit Christentum, Rationalismus, Buddhismus, diesem Gerümpel der Jahrhunderte. Ich bringe Euch einen positiven und vorzeitlichen Fakt, Magie genannt; mit ihm werde ich mir einen neuen Himmel und eine neue Erde schaffen. Weder Euren blassen Tadel noch Euer schwaches Lob will ich; sondern ich will Blasphemie, Mord, Vergewaltigung, Revolution, irgendetwas. Egal ob gut oder schlecht, nur stark.«[21]

Von Abra-Melin nach Algerien und darüber hinaus

Trotz der Botschaften von Aiwaz war Crowley nach wie vor auf der Suche nach einer vollen spirituellen Erfahrung seines »Heiligen Schutzengels«. Nach einer Zeit der Reisen durch China und Nordamerika in den Jahren 1905 und 1906 wandte er sich erneut den mächtigen Beschwörungen des Magus Abra-Melin zu. Sein Brief an Gerald Kelly war ein Ruf nach »irgendetwas Starkem« gewesen, aber das anfängliche Ergebnis dieser neuen rituellen Arbeit mündete in einen Zustand der Träumerei. Crowley begann an einer Reihe mystischer Traktate zu arbeiten, die er »The Holy Books« (deutsch »Die heiligen Bücher von Thelema«) nannte. Er verfasste sie zwischen 1907 und 1909, und sie waren nicht wie »Das Buch des Gesetzes« durch normales Diktat entstanden, sondern flossen Crowley fast medial wie durch »automatisches Schreiben« aus der Feder: »Ich kann nur sagen, dass ich mir zu dem Zeitpunkt nicht ganz bewusst war, was ich schrieb.« »Die heiligen Bücher« gehören zu Crowleys lyrischsten mystischen Schriften und offenbaren eine Seite, die in deutlichem Kontrast zu seinem eher arroganten und störrischen Charakter steht:

»In meine Einsamkeit tritt ein
Der Laut einer Flöte in vagen Wäldchen, die die Hügelhöhn umgeistern
Selbst vom tapfren Fluss her streben sie zum Saum der Wildnis hin
Und ich gewahre Pan...«

Das Jahr 1907 war für Crowley auch das Jahr, in dem er »vom rechten Weg abwich« – eine Zeit, in der er vielleicht noch hätte »umkehren« können.[22] In diesem Jahr gründete er seinen neuen magischen Orden, den »Argenteum Astrum« (»Silberner Stern« – abgekürzt: »A.·.A.·.«). Crowley erwähnt in einem Brief an John Symonds, dass er zu jener Zeit einen Eid ablegte, sich »voll und ganz der Erhöhung der menschlichen Rasse« zu weihen.[23] Anfangs scheint der Argenteum

Astrum recht harmlos gewesen zu sein, so sehr schöpfte er aus geborgten konventionellen Quellen. Crowley begann die Rituale von Mathers umzuschreiben, wobei er eine erweiterte Form der Golden-Dawn-Grade verwendete sowie einige yogische und orientalische Elemente eigener Schöpfung einbezog. Ferner veröffentlichte er die geheimen Rituale von Mathers' Zweitem Orden, der »Roten Rose und des Goldenen Kreuzes«, in seinem okkulten Tagebuch »The Equinox«. Interessanterweise bezog Crowley die im »Buch des Gesetzes« verkündete Sexualmagie, sosehr er sich ihr verschrieben hatte, anfangs nicht mit in die Grade seines neuen magischen Ordens ein. Und doch entwickelte sich der A.·.A.·. mehr und mehr zu einem Vehikel für Crowleys immer offenere Bisexualität, was Crowleys Sexualmagie schließlich in der Öffentlichkeit in Verruf brachte.

Einer der frühen A.·.A.·.-Mitglieder war Victor Benjamin Neuburg, ein junger Dichter, der wie Crowley am Trinity College in Cambridge studiert hatte. Von Captain J. F. C. Fuller, einem anderen A.·.A.·.-Mitglied, hörte Crowley, dass Neuburg mit Mediumistik experimentiert hatte. Daher lud er Neuburg im Juni 1907 nach Boleskine ein, wo dieser eine bemerkenswerte Leichtigkeit im »Aufsteigen in den Ebenen« bewies; in einem bestimmten Stadium hatte er eine Vision des Erzengels Gabriel in weißem Gewand, mit grünen Punkten auf den Flügeln und einem Malteserkreuz auf dem Haupt.[24] Schon bald begannen beide eine homosexuell-magische, sadomasochistisch gefärbte Liaison, die bis 1914 währte.[25]

Nach der schmerzhaften Scheidung von Rose im Jahr 1909 ging Crowley mit Neuburg nach Algerien, um die Magie von John Dee und Edward Kelley, den beiden Okkultisten des 16. Jahrhunderts, zu erforschen. Dazu war das Beschwören von 30 »Aethyren« oder »Aires«, magischen Wesenheiten aus einer anderen Raum- und Zeit-Dimension, erforderlich. Tief in der algerischen Wüste, an Orten wie Aumale, Ain El Hajel, Bou-Saada, Benshrur, Tolga und Biskra, zitierte Crowley der Reihe nach die verschiedenen Aethyre herbei. Zu diesem Zweck hatte er einen großen Goldtopas mitgebracht, der in ein mit Ritualsymbolen verziertes Rosenkreuz aus Holz gefasst war. Er suchte sich eine einsame Stelle aus, rezitierte die erforderliche Beschwörungsformel und verwendete dann seinen Topas als Brennglas, um seine Aufmerksamkeit auf die visionäre Landschaft zu konzentrieren, während sie sich vor seinen Blicken entfaltete. Als Resultat seiner »Anrufe« in enochischer Sprache hatte er eine Reihe visionärer Erlebnisse, die Neuburg so, wie sie sich ereigneten, aufzeichnete.

Diese Visionen enthielten »Geistreisen« zu magischen Bergen und heiligen Schreinen, mystische Begegnungen mit archetypischen Wesen, Tempelwächtern und anderen mythologischen Entitäten, und sie erinnern an Offenbarungen aus der Gnosis und den Merkabah-Apokalypsen. Hier ein Auszug aus Crowleys Beschwörung des Aethyr Nr. 24 namens Nia: »Ein Engel kommt nach vorne in den Stein, wie ein Krieger in ein Kettenhemd gekleidet. Auf seinem Kopf befanden sich graue Federn, die wie der Fächer eines Pfaus ausgebreitet sind. Um seine Füße ist eine große Armee aus Skorpionen und Hunden, Löwen, Elephanten und vielerlei anderen wilden Tieren. Er streckt seine Arme zum Himmel aus und schreit: ›Im Knistern des Blitzes‹ im Rollen des Donners, im Klirren der Schwerter und dem Sirren der Pfeile: sei Dein Name verherrlicht!' Ströme aus Feuer ergießen sich vom Himmel, ein blaß leuchtendes Blau wie von einem Federbusch. Und sie sammeln sich

Crowleys Skizze
des schrecklichen
Dämons Choronzon.

und lassen sich auf seinen Lippen nieder. Seine Lippen sind von einem kräftigeren Rot als Rosen, und die blauen Federn ziehen sich zusammen in eine blaue Rose, und von unterhalb der Blütenblätter kommen Kolibris in strahlenden Farben hervor, und Tau fällt von der Rose – honigfarbener Tau. Ich stehe im Regen davon.«[26]

Die dramatischste Beschwörung war die des zehnten Aethyrs namens Zax, bei der es zu einer Begegnung mit dem »mächtigen Teufel« Choronzon kam. Crowley wusste bereits, dass der Aethyr Nr. 10 »verflucht« war, und so zog er in den Sanddünen einen magischen Kreis, den er zusätzlich mit heiligen Gottesnamen verstärkte, um seinen Freund zu schützen. Dann zeichnete er ein Dreieck in ihn ein, um darin Choronzon anzurufen, und beschriftete dessen Seiten mit den magischen Namen Anaphaxeton, Anaphaneton und Primeumaton, um sich selbst vor einem Ausbrechen Choronzons zu schützen. Dann vollzogen Crowley und Neuburg an jedem Eckpunkt des Dreiecks ein Blutopfer, indem sie drei Tauben die Kehle durchschnitten. Darauf trat Neuburg mit seinem Ritualschwert, seinem Dolch und seinem Schreibzeug ausgerüstet in den Kreis, während Crowley sich in das Dreieck begab. »Es handelt sich hier«, schreibt John Symonds, »um die einzige in der Magie wiedergegebene Szene, in der sich der Magier ins exorzistische Dreieck begibt, anstatt im Schutz des magischen Kreises zu verharren. Ein solches Vergehen müsste eigentlich Besessenheit durch den zu evozierenden Dämon provozieren.«[27]

Nun schritt Crowley zur Beschwörung und begann Neuburg zu beschreiben, was er in dem Topas sah. Es dauerte nicht lange, bis Choronzon aus dem »äußersten Abyss« erschien. Hier der Beginn des Kommentars zu dem zehnten Aethyr in Crowleys Buch »The Vision and the Voice« (deutsch »Die Vision und die Stimme«): »Es gibt kein Sein im äußersten Abyss, aber es kommen beständige Formen aus dem Nichts davon hervor. Dann schrie der Teufel des Aethyrs, jener mächtige Teufel Choronzon, lauthals: Zasas, Zasas, Nasatananda Zasas. Ich bin der Meister der Form, und von mir gehen alle Formen aus. Ich bin ich. Ich habe mich selbst von den Verschwendungen abgegrenzt, mein Gold ist sicher in meiner Schatzkammer, und ich habe ein jedes lebende Ding zu meiner Konkubine gemacht, und keiner außer mir darf sie berühren. Und doch werde ich gebrannt, sogar während ich im Wind erschauere. Er haßt mich und er quält mich. Er hätte mich mir selbst gestohlen, aber ich habe mich verschlossen und verspotte ihn, sogar während er mich foltert. Von mir kommen Lepra und Pocken und Pest und Krebs und Cholera und die Fallsucht. Ah! Ich werde mich bis zu den Knien des Höchsten aufstrecken und seinen Phallus mit meinen Zähnen zerreißen, und ich werde seine Hoden in einem Mörser zerstoßen und daraus Gift fertigen, um damit die Söhne der Menschen zu töten.«[28]

Nun begann Neuburg zu halluzinieren. Er sah in dem magischen Dreieck nicht Crowley, sondern eine hübsche Pariser Kokotte, in die er sich früher einmal verliebt hatte. Dann erschien Choronzon plötzlich höchstpersönlich in dem Dreieck: »[...] der Schrecken der Dunkelheit, und die Blindheit der Nacht, und die Taubheit der Natter, und die Geschmacklosigkeit stehenden und schalen Wassers, und das schwarze Feuer des Hasses, und die Euter der Katze des Schleims; nicht ein Ding, sondern viele Dinge. Gleichwohl mit all diesem seine Qual ewig ist. Die Sonne verbrennt ihn, wenn er sich nackt auf den Sanddünen der Hölle windet, und der Wind schneidet ihn bitterlich bis auf die Knochen, ein scharfer, trockener Wind, so daß er vor Durst ganz wund ist.«[29]

Choronzon schrie Neuburg um Wasser an, aber er weigerte sich, darauf einzugehen. Nun begann ein Austausch von Verhöhnungen, wobei Neuburg die höchsten Gottesnamen, die er kannte, zu seinem Schutz anrief. Choronzon stieß eine verächtliche Verwünschung aus: »Ich nähre mich von den Namen des Allerhöchsten. Ich zermalme sie in meinem Rachen, und ich entleere sie aus meinem Fundament [= After]. Ich fürchte die Macht des Pentagramms nicht, denn ich bin der Meister des Dreiecks.«[30]

Dann begann die Gestalt in dem Dreieck – Choronzon oder Crowley, Neuburg konnte beide kaum noch voneinander unterscheiden – Sand über den Rand des Dreiecks zu werfen und durchbrach damit den magischen Kreis. »In Form eines nackten Wilden sprang Choronzon schließlich ins nun versehrte Kreiszeichen über und warf sich auf Neuburg, der sofort zu Boden ging. ›Er schleuderte ihn in den Sand‹, sagte Crowley, ›und wollte ihm mit seinen speicheltriefenden Fangzähnen die Kehle zerbeißen.‹«[31]

Neuburg gelang es, ihn mit seinem magischen Dolch abzuwehren, worauf jener sich wieder in die französische Kokotte verwandelte. Es gab »eine erfolglose Verführungsszene«, als der bisexuelle Crowley – oder Choronzon – die Beschwörung bis zur Vollendung zu treiben versuchte. Schließlich endete das Ritual ohne ernsthafte Verletzung, aber für einen Magier-Novizen wie Neuburg muss es eine furchtbare Lehre gewesen sein.

Als sie wieder nach England zurückgekehrt waren, wuchs der Argenteum-Astrum-Orden um einen harten Kern von Mitgliedern, zu denen Captain Fuller und Crowleys alter Lehrer George Cecil Jones zählten, bescheiden weiter. Bald darauf umfasste der Orden rund hundert Initiierte, darunter Neuburgs Freundin und Dichterkollegin Pamela Hansford Johnson, die australische Geigerin Leila Waddell, der Mathematikdozent Norman Mudd von Bloemfontein und der visionäre englische Künstler Austin Osman Spare.

Im Mai 1912 erhielt Crowley eines Abends in seiner Londoner Wohnung Besuch von einem gewissen Theodor Reuss, dem Oberhaupt einer deutschen Freimaurerloge namens »Ordo Templi Orientis« (»Orden des Tempels des Ostens«), kurz OTO. Er war empört, dass Crowley eine Verlautbarung publiziert hatte, die das kostbarste Geheimnis des neunten Grades dieses Ordens, das Sakrament des magischen Sex, enthüllte. Reuss zog ein Exemplar von dessen kürzlich erschienenem »Book of Lies« (deutsch »Das Buch der Lügen«),[32] einer Sammlung magisch-lyrischer Kommentare, aus Crowleys Bücherregal. Dort begann das Kapitel 36 »Der Sternsaphir« mit den Worten: »Der Adept sei gewappnet mit seinem

Crowley als Herrscher des neuen Äons: der magische Messias des Horus-Zeitalters. Um 1910.

Die bildschöne australische Geigerin Leila Waddell, eine von Crowleys zahlreichen Geliebten. Foto aus »The Occult Review«, um 1920. Crowley nannte sie die »Mutter des Himmels« und nahm sie als Novizin in den Argenteum-Astrum-Orden auf.

Magischen Kreuzstab [*Magick Rood*] und ausgestattet mit seiner Mystischen Rose.«[33]

Crowley entgegnete Reuss, dass er nie den neunten Grad des Ordo Templi Orientis erlangt habe und daher schwerlich in der Lage sein könne, dessen Geheimnisse zu verraten. Er habe das altenglische Wort *rood* mit der Bedeutung »Kreuzstab« verwendet, aber Reuss habe wohl angenommen, er hätte damit den Phallus gemeint. Nun verwickelte Crowley Reuss in eine Diskussion über Sexualmagie, die sich über mehrere Stunden hinzog. Das Ergebnis war, dass Crowley das Oberhaupt eines neuen magischen Ordens, genannt »Mysteria Mystica Maxima« werden sollte, der de facto eine englische Filiale des OTO-Ordens war.

Bald darauf besuchte Crowley Berlin, wo er mit instruierenden Dokumenten ausgestattet wurde, den Titel »Höchster und Heiliger König von Irland, Iona und allen Britannien innerhalb der Weihestatt der Gnosis« verliehen bekam und »Baphomet« als seinen neuen magischen Namen annahm. Später adaptierte Crowley den neun-

ten Grad des OTO, um den Priester und die Priesterin als Osiris und Isis zu identifizieren und »Nuit und Hadit durch die Vagina und den Penis zu suchen«.

Außerdem entwickelte Crowley mit Victor Neuburg eine Reihe homosexueller magischer Rituale, in denen es vor allem um Anrufungen von Thoth-Hermes ging. An einem Punkt dieser Rituale, bekannt unter dem Sammeltitel »Paris-Workings«, schlug Crowley Neuburgs Gesäßbacken mit der Peitsche und schnitt ihm ein Kreuz in die Brust.[34]

Die Thelema-Abtei

Crowleys Magie wurde zunehmend verkommener und sadistischer, doch der Höhepunkt seines schlechten Rufs in der Öffentlichkeit stand erst noch bevor.

Nachdem er eine bescheidene Erbschaft von seiner Tante erhalten hatte, befragte Crowley am 1. März 1920 das alte taoistische Orakel »I Ging«, an welchem Ort er mit dem Magnum Opus, dem »Gesetz von Thelema«, beginnen sollte. Das Orakel schien für Cefalù, einen kleinen Hafenort im Norden Siziliens, zu sprechen. So machte sich Crowley am 22. März mit Ninette Shumway, einer Französin, und ihrem jungen Sohn auf die Reise, der sich bald auch Leah Hirsig anschloss, die bereits zu seinem Scharlachweib geworden war und ihm eine Tochter namens Poupée geboren hatte.

In Cefalù fand er eine verfallene Villa, die zu vermieten war. Nördlich von ihr erhob sich der mächtige Felsen Cephaloedium, und der antike Jupiter-Tempel lag auch nicht weit entfernt. Crowley nannte seine Villa das »Collegium ad Spiritum Sanctum« (»Kollegium zum Heiligen Geist«). Die »Thelema-Abtei« sollte ein Heiligtum werden, wo er sich ernsthaft der Erforschung der Sexualmagie widmen konnte.

Die zentrale Halle wurde zum »Tempel der Thelemischen Mysterien«, und Crowley malte einen magischen Kreis, überlagert von einem Pentagramm, auf den rot gefliesten Boden. In der Mitte des Kreises stand ein sechsseitiger Altar, darauf sämtliche okkulten Insignien – Glocke, Lamen, Schwert und Kelch – sowie, beiderseits von sechs Kerzen flankiert, das »Buch des Gesetzes«. Crowleys »Thron der Bestie« stand im westlichen, ein Thron für das Scharlachweib im östlichen Viertel des Raums, beide mit Blick auf den Altar. Ringsum auf der Innenseite des magischen Kreises standen die hebräischen Namen Gottes.

Schon bald zierten Crowleys Gemälde die Wände der übrigen fünf Räume. Eines zeigte einen nackten Mann, der vom Großen Gott Pan sodomisiert wurde, während er über der Hure der Sterne ejakulierte; ein anderes zeigte eine phallische Schlange. Explizit sexuelle Gemälde würden, so behauptete Crowley, den Betrachtern helfen, alle Hemmungen gegenüber dem Sex abzulegen.

Inzwischen hatte Crowley den Grad des Magus, der okkulten Entsprechung zu Gautama Buddha, angenommen und nannte sich fortan »Mega Therion 666«. Leah hieß Alostrael und Ninette Schwester Cypris oder »Schönheit«. Crowley betrachtete beide als seine Konkubinen, obwohl Leah weiter sein Scharlachweib blieb.

Die Abtei wurde das Ziel eines stetigen Stroms von Besuchern, darunter die amerikanische Filmschauspielerin Jane Wolfe, die jedoch weniger glamourös war, als Crowley vorausgesehen hatte; Cecil Frederick Russel, Krankenpfleger eines U.S.-Marine-Hospitals, den Crowley in New York kennen gelernt hatte und der wegen Kokainkonsums mit dem Gesetz in Konflikt gekommen war; ein Maurer namens

Gegenüber: »The Ascension of the Ego from Ecstasy to Ecstasy«, Radierung von Austin Osman Spare, 1910. Im gleichen Jahr trat A. O. Spare, nachdem er verschiedene Illustrationen für Crowleys okkultes Journal »The Equinox« geliefert hatte, in den Argenteum-Astrum-Orden ein, distanzierte sich später aber völlig von der »Bestie«.

Leah Hirsig, auch Alostrael genannt, wurde Crowleys »Scharlachweib« und gebar ihm eine Tochter. Hier ist sie vor Crowleys Gemälde von ihr als »Tote Seele« zu sehen.

Frank Bennet aus Lancashire; die Romanschriftstellerin Mary Butts und ihr Geliebter Cecil Maitland; sowie Ninettes Schwestern Mimi und Helen. Es dauerte jedoch nicht lange, bis Mary Butts und Cecil Maitland sich nach Paris absetzten, entsetzt von dem, was sie in der Abtei zu sehen bekamen, vor allem von der rituellen »Taufe« eines jungen Hahns, der zu Ehren von Ra-Hoor-Khuit geschlachtet wurde, sowie von dem Versuch von Crowleys Scharlachweib, mit einem Ziegenbock zu kopulieren.

Der Unterhalt der Abtei verschlang im Nu die spärlichen Ressourcen; Crowley ging wieder einmal das Geld aus. Er kehrte für kurze Zeit nach England zurück und begegnete dort dem Romancier J. D. Beresford, einem Berater des Londoner

Raoul Loveday, dessen Tod in Cefalù im Jahr 1918 Crowleys zweifelhaften Ruhm noch verstärkte und in der Presse für Schlagzeilen sorgte.

Verlegers William Collins. Die Folge war, dass Collins Crowley für sein erstes kommerzielles Buchprojekt, den Roman »Dairy of a Drug Fiend«, gewann. Außerdem erhielt er einen Vertrag für die Übersetzung von »La clé des Mystères« des französischen Okkultisten Eliphas Lévi. So kehrte er wenigstens mit einigen Vertragsvorschüssen nach Cefalù zurück.

Und bald nahte die Ankunft eines neuen Anhängers, Raoul Loveday, der in Oxford ein Geschichtsstudium absolviert und sich intensiv mit Crowleys »Exinox« befasst hatte. Seine Frau Betty May war Künstler-Modell und hatte eine Zeit lang für den Bildhauer Jacob Epstein posiert. Loveday war äußerst begierig, Crowley persönlich kennen zu lernen, während Betty von dieser Idee weniger begeistert war, aber schließlich trafen sie im November 1922 gemeinsam in Cefalù ein. Loveday war sogleich so bezaubert von dem »Gewirr von zitronenfarbenen Häusern« und den »titanischen Felsen«, die auf ihn wirkten, »als lägen sie zwischen den Pfoten eines kauernden Löwen«, dass es ihm »nicht leicht fiel«, sein »Gefühl der Erhabenheit auszudrücken, als [er] dastand und die süße Morgenluft einatmete…«[35] Betty beklagte sich dagegen bald über die dürftigen Mahlzeiten und elenden sanitären Einrichtungen.

Crowley setzte Loveday als Hohepriester der Abtei ein, denn er besaß, so sein Eindruck, »die Voraussetzungen, ein Magier ersten Ranges zu werden. Gleich beim ersten Zusammentreffen bestimmte ich ihn zu meinem magischen Erben.«[36] Crowley verlieh ihm den Titel »Frater Aud«, was »magisches Licht« bedeutet. Wie alle männlichen Mitglieder der »Thelemischen Gruppe« hatte sich Raoul den Schädel bis auf eine phallische Stirnlocke kahl zu rasieren, und Betty musste sich wie die anderen Frauen in der Abtei ihr Haar als Symbol der magischen Horus-Energie entweder rot oder golden färben.

Nur Crowley besaß das Recht, das Pronomen »ich« zu verwenden. Seine Anhänger mussten lernen, ihr Ego zu unterdrücken und sich jedes Mal, wenn sie das Wort »ich« im Munde führten, mit einem Rasiermesser in die Haut ritzen, und so war Lovedays Körper schon bald übersät von Schnitten. Mit seiner Gesundheit ging es noch weiter bergab, nachdem er bei einer rituellen Opferung der Katze der Abtei aus einem silbernen Kelch von ihrem Blut getrunken hatte. Trotz der Behandlung durch einen Arzt des Ortes starb Loveday am 16. Februar 1923. Das Dahinscheiden eines würdigen Jüngers von Thelema verkündend, zelebrierten Crowley und die anderen Abtei-Mitglieder seine Bestattungsfeier mit angemessenen magischen Riten sowie Lesungen aus dem »Buch des Gesetzes«. Loveday wurde auf dem örtlichen Friedhof beigesetzt.

Lovedays Tod löste eine Flut übler Berichte über die Thelema-Abtei aus. Betty May kehrte nach England zurück und wurde vom »Sunday Express« interviewt, der am 25. Februar auf der Titelseite die Schlagzeile brachte: »NEUE UNHEIMLICHE ENTHÜLLUNGEN ÜBER ALEISTER CROWLEY.« Schauerliche Details erschienen in dem Artikel, viele davon waren unzutreffend, und so begann sich negative Publicity gegen die »Große Bestie« zu formieren. Mary Butts war ebenfalls interviewt worden und sprach von »Ausschweifung und Laster« in der Thelema-Abtei, während Crowley von der satirischen Zeitschrift »John Bull« zum »verruchtesten Menschen der Welt« gekürt wurde. In England wurde Crowleys Name zum Synonym für Bestialität und Verworfenheit. Aber es sollte noch schlimmer kommen.

Der Filmemacher Kenneth Anger, rechts, mit dem Sexualforscher Alfred Kinsey im Jahr 1955 in Crowleys einstiger Thelema-Abtei in Cefalù, die Anger für einen Film über Crowley restaurierte. Als die Abtei 1918 exorzisiert wurde, hatte man die pornographischen Wandgemälde übertüncht und den magischen Kreis auf dem Boden mit einer Betonschicht überdeckt.

Italiens neuer politischer Führer, Benito Mussolini, verurteilte Geheimgesellschaften. Die italienischen Behörden hatten in den Londoner Zeitungen über den Argenteum Astrum und den OTO gelesen, und so wurde Crowley am 23. April 1923 auf das örtliche Polizeirevier beordert und erfuhr, dass er Sizilien unverzüglich zu verlassen habe.

Mit dem Ableben der Thelema-Abtei war Crowleys magische Karriere effektiv beendet. Zwei Jahre später, im Jahr 1925, wurde Crowley zwar noch von dem deutschen Okkultisten Heinrich Tränker gebeten, das internationale Oberhaupt des OTO zu werden (obwohl eine bedeutende Minderheit der deutschen Mitglieder sowohl Crowley als auch sein »Buch des Gesetzes« ablehnten)[37], woraufhin der OTO-Orden, wenn auch unter anderer Führung, in England und Amerika Wurzeln fasste. Außerdem half Crowley Gerald Gardner beim Formulieren eines praktischen Ansatzes zur modernen Hexenkunst. Gegen Ende der Zwanzigerjahre hatte Crowley jedoch den größten Teil seiner mächtigsten Schriften und innovativsten Ideen bereits längst verfasst oder verwirklicht – mit Ausnahme seines Buches über den Tarot, »The Book of Thoth«, das drei Jahre vor seinem Tod im Jahr 1944 erschien.

Aleister Crowleys Vermächtnis

Crowleys systematische Erforschung der transzendenten Ebenen des magischen und mystischen Bewusstseins, seine Forderung von persönlichem, aktivem Engagement in ritueller Technik und Visualisierung – die harte Arbeit der praktischen Magie – sowie seine Wertschätzung der Selbstermächtigung, all dies gehört zu den dauerhaftesten Aspekten seines Vermächtnisses. Im »Buch des Gesetzes« (I,3) schrieb er: »Jeder Mann und jede Frau ist ein Stern«, womit er hervorhob, dass wir die angeborene Pflicht haben, unsere wahre spirituelle Bestimmung im Kosmos zu entdecken, egal wohin uns dies führen mag.

Andererseits war Crowley, sosehr er nach spiritueller Erleuchtung hungerte, auch ein Sklave seines Bedürfnisses nach öffentlicher Anerkennung. Er liebte die Macht, war häufig grausam und verachtete menschliche Schwäche. Seine magischen Aufzeichnungen machen deutlich, dass er Frauen im Wesentlichen als reine Sexobjekte betrachtete.[38]

All seiner Verrufenheit zum Trotz machte sich Aleister Crowley jedoch zu einer Ikone der modernen Erneuerung der Magie. Sein Platz in der Geschichte des Okkultismus ist gesichert. Kenneth Grant führt Crowleys okkulte Vision in der »typhonischen« Tradition des britischen OTO fort, und in den USA erstreckte sich Crowleys Einfluss bis zum Temple of Set.

Außerdem gelang es Crowley bestens, seine Person zu einem Mythos innerhalb der Mainstream-Kultur zu erheben. So tauchte er als Figur in Romanen auf – als Oliver Haddo in Somerset Maughams »The Magician« (deutsch »Der Zauberer«), als Karswell in Montague R. James' Ghost-Story »Casting the Runes« und als Theron Ware in James Blishs Science-Fiction-Klassiker »Black Easter« (deutsch »Der Hexenmeister«) – sein Foto ist auf dem Cover des legendären Beatles-Albums »Sergeant Pepper« zu sehen, und David Bowie zitiert ihn in seinem Hit »Quicksand«.

Aleister Crowley hat auch Jimmy Page, den Gitarristen von Led Zeppelin, nachhaltig inspiriert. Page verschlang bereits als Schuljunge Crowleys Schriften, erstand später Crowleys ehemaliges Haus Boleskine in Schottland und besitzt heute noch weltweit eine der umfangreichsten Sammlungen an Büchern und Manuskripten von und über Crowley. Er komponierte einen Soundtrack für Kenneth Angers Crowley-Film »Lucifer Rising«, bevor er sich mit dem Filmemacher überwarf.

Crowleys Leben und Werk wirkte und wirkt nach wie vor stark in der internationalen Gegenkultur weiter, so auf Timothy Leary, der ihn in seiner Autobiografie »Flashbacks« als Haupteinfluss zitiert, und auf Robert A. Wilson, den Autor des »Cosmic Trigger« und der »Illuminatus«-Trilogie. Zu den Kultbands und Musikern mit Verbindungen zu Crowley gehören David Tibets Gruppe »Current 93«, der jüngst verstorbene Graham Bond sowie »Psychic TV« mit ihrer Verbindung zu dem Crowleyschen Kult in »The Temple Ov Psychick Youth«.[39]

Crowley provozierte, indem er den etablierten Bewegungen den Kampf ansagte, und er war ein kühner Verteidiger persönlicher Freiheit und Selbstermächtigung. Die Essenz des Gesetzes von Thelema, so schrieb Gerald Suster in seinem Buch »The Legacy of the Beast« (1989), ist individualistischer Libertinismus.[40] Crowleys Kult des Individuums ist von zeitloser Attraktivität – und dies trotz der Verteufelung, die er mit seiner eigenen einzigartigen Auffassung der rituellen Magie riskierte.

Kapitel 10

Wicca und die Göttin

Das gegenwärtige Wiederaufleben der westlichen Magie oder »Wicca«, wie sie jetzt allgemein genannt wird, hängt direkt mit der Entstehung des Feminismus als gesellschaftlicher Bewegung seit den Sechzigerjahren des 20. Jahrhunderts zusammen. In ihrer Essenz ist der moderne Hexenkult eine Naturreligion mit der Großen Göttin als Hauptgottheit. Sie kann in vielerlei Gestalt auftreten, entweder als Große Mutter oder Mutter Natur oder konkreter als Artemis, Astarte, Athene, Demeter, Diana, Aphrodite, Hathor, Isis, Persephone und in vielen weiteren Personifikationen.

Den Kern des Wicca-Rituals bildet das »Herabziehen des Mondes« durch den Hohepriester in den Körper der Hohepriesterin, die so zur Inkarnation der Göttin wird. Die Hohepriesterin ist das Gefäß des Wissens und der Einweihung, symbolisiert durch den Kelch, und ihr Partner wird durch einen Dolch, das so genannte *Athamen*, repräsentiert. Viele Rituale enthalten den Akt der Vereinigung von Kelch und Dolch als Symbol sexueller Vereinigung; in der keltischen Mythologie findet man eine vergleichbare Beziehung zwischen der Heiligen Eiche und der Mutter Erde. Daher wird der Hohepriester oder Partner manchmal auch, als Bezug zur Eiche der Kelten, der Eichenkönig und bei anderer Gelegenheit in Anspielung auf den keltischen Herrscher über die Wildtiere Cernunnos, »der Gehörnte«, genannt. Im antiken Hellas war der Große Gott Pan, der bocksfüßige und gehörnte Gott, ein Symbol der Natur und der universalen Lebenskraft, und im Hexenglauben verkörpert der gehörnte Gott die Fruchtbarkeit. Zwischen diesem und dem christlichen Hörner tragenden Teufel besteht keinerlei Zusammenhang, so sehr diese irrige Annahme seit der Zeit der Hexenverfolgungen im Mittelalter herrschte.

Der Name »Wicca« stammt von den altenglischen Wörtern *wicca* (maskulin) bzw. *wicce* (feminin) und bedeutet »Praktizierende(r) der Hexerei«. Im Plural *wiccan*, »Hexen«, taucht der Begriff bereits in den Gesetzen König Alfreds (um 890 n. Chr.) auf, und das Verb *wiccian*, »verzaubern« bzw. »verhexen«, wurde ebenfalls in diesem Kontext benutzt. Manchmal wird Wicca auch in der Bedeutung »Kunst des/der Weisen« verwendet.[1]

Die einzelnen Wicca-Gruppen werden als *covens* (»Versammlung«, »Gemeinschaft«) bezeichnet. Sie können in der Größe variieren, sind aber gewöhnlich auf 13 Mitglieder – 6 Männer, 6 Frauen und die Hohepriesterin – beschränkt. Wird diese Anzahl überschritten, so trennen sich einige Mitglieder und gründen einen neuen Coven. Die Wicca legen sich spezielle magische Namen zu, die sie bei Ritualen verwenden. Die heutige Wicca kennt drei Initiationsstufen. Die erste verleiht dem Neophyten den Hexen-Status, die zweite erhebt eine männliche oder weibliche Hexe ersten Grades auf den Rang der Hohepriesterin bzw. des Hohepriesters, und der dritte schließt im »Großen Ritual« – durch reale oder symbolische sexuelle Vereinigung – den feierlichen Bund zwischen der Hohepriesterin und dem Hohepries-

»Der Gehörnte«: In der Wicca-Religion ist der gehörnte Gott eine Personifikation der Fruchtbarkeit und hat keinerlei Verwandtschaft mit dem christlichen Teufel.

ter, wodurch sie »Hexenkönigin« und »Hexenkönig« werden.[2] Allgemein gilt auch die Regel, dass ein Mann von einer Frau und eine Frau von einem Mann initiiert werden muss, obwohl eine Elternperson auch ein Kind gleichen Geschlechts einweihen kann. Die meisten Covens nehmen jedoch keine Personen unter 21 Jahren auf.

In der Wicca wird auch der dreifache Aspekt der Großen Göttin in ihrer Rolle als Jungfrau (Jugend, Verzauberung), Mutter (Reife, Erfüllung) und Greisin (Alter, Weisheit) betont. Diese Personifizierung der Phasen des Frauseins findet sich z. B. in der keltischen Triade Brigid-Dana-Morrigan, in der griechischen Göttin in ihren drei Aspekten Persephone-Demeter-Hekate oder auch in den drei Furien Alekto (Göttin der Anfänge), Tisiphone (Göttin der Fortdauer), Megära (Göttin des Todes und der Wiedergeburt) repräsentiert. Diese dreifachen Aspekte sind in den »Frauenmysterien« der feministischen Wicca-Gruppen besonders wichtig.

Wie in anderen modernen Formen praktizierter Esoterik wird in der Wicca-Praxis gewöhnlich zwischen »schwarzer« und »weißer« Magie unterschieden. Schwarze Magie wird betrieben, um einer anderen Person Schaden zuzufügen und um die persönliche Macht des Magiers, dem dies gelingt, zu erhöhen. Weiße Magie dagegen strebt ein positives, wohltätiges Ergebnis an und ist oft mit Heilritualen, Eliminierung von Bösem und Krankheit sowie mit der Entwicklung des spirituellen Bewusstseins verbunden.

Esbats und Sabbate

Die Wicca verehren die lunaren und solaren Zyklen der Natur in gleicher Weise. »Esbats« sind Versammlungen des Coven, die in jeder Vollmondnacht der 13 lunaren Monate abgehalten werden. Doreen Valiente (1922-1999), eine britische

Das Rad des Jahres

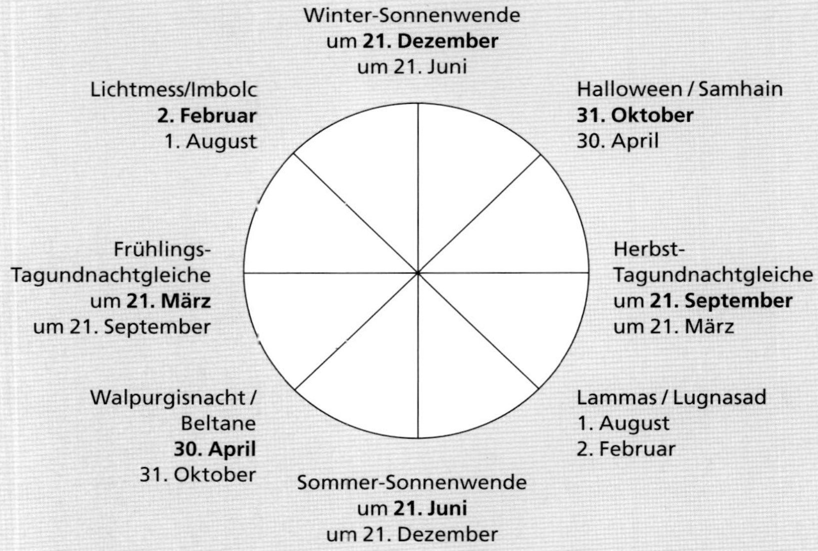

Die Datumsangaben für die nördliche Hemisphäre sind **fett** gedruckt, darunter die entsprechenden Tage für die südliche Hemisphäre in normaler Schrift.

Wicca-Priesterin und Autorität auf dem Gebiet moderner Hexenkunst, definierte *esbat* als »ein kleineres und weniger feierliches Ereignis als der Sabbat«.[3] Die Wicca glauben, dass bei Vollmond die lunare Energie das psychische Bewusstsein erhöht, und viele vollziehen ihre Invokationen, Liebeszauber und Heilzeremonien bei Esbats. Aber diese Treffen sind auch ein Anlass zum Tanzen, Trinken und Feiern, denn das Wort *esbat* soll von altfranzösisch *s'esbattre* (»herumtollen, sich amüsieren«) abstammen. Der Sonnenzyklus wird in 8 »Sabats« oder Sabbate unterteilt, die zusammen als »Rad des Jahres« bezeichnet werden: Es sind die 2 Sonnenwenden, die 2 Tagundnachtgleichen (Äquinoktien) und die 4 Jahreskreispunkte dazwischen. Nach Margot Adler, einer führenden Wicca und Autorin von »Drawing Down the Moon« (1988), einem Schlüsselwerk über den amerikanischen Neopaganismus, erneuern diese Versammlungen ein Gefühl lebendiger Gemeinschaft mit den Veränderungen der Jahreszeiten und der Landschaft.[4] Die größeren Sabbate im Wicca-Rad des Jahres sind Lichtmess, Walpurgisnacht, Lammas und Halloween. Ihre Namen – Imbolc, Beltane, Lugnasad und Samain – stammen aus der Sprache eines speziellen Zweigs der keltischen Stämme (der Iren, der Manx und der gälischen Schotten). Die kleineren Sabbate, vermutlich angelsächsischer Herkunft, sind die Sommer- und Wintersonnenwende sowie die Frühlings- und Herbst-Tagundnachtgleiche.

Das Rad des Jahres repräsentiert nicht nur den Kreislauf der Jahreszeiten, sondern im konkreteren Sinn auch den Fruchtbarkeitszyklus der Natur. Dies spiegelt sich in den großen Wicca-Initiationen wider, die in der heiligen Hochzeit zwischen dem Gott und der Göttin gipfeln, deren Vereinigung neues Leben hervorbringt.

Halloween/Samhain (31. Oktober)
Samhain, der traditionelle Beginn des heidnischen Jahres, bedeutet »Sommerende« und ist eine Zeit der Trauer, da die sterbende Sonne in die Unterwelt entschwindet. Dies ist eine Feier zur Ehrung der Toten und soll die Zeit sein, wo der dünne Schleier zwischen dem Gestern und der Unterwelt am durchlässigsten ist, was den Wicca die Möglichkeit gibt, mit den Geistern der Verstorbenen direkter in Kontakt zu treten. Es ist auch ein Anlass, um über die eigene Sterblichkeit nachzudenken. Mythologisch schläft der sterbende Gott in der Unterwelt und harrt seiner Wiedergeburt. Im Schoß der Großen Mutter, der Königin der Finsternis, reift die Saat neuen Lebens heran.

Lichtmess/Imbolc (2. Februar)
Lichtmess (engl. *candlemas*) ist »das Erwachen des Jahres, das erste embryonale sich Rühren des Frühlings im Schoß der Mutter Erde«[5], Imbolc bedeutet »im Mutterbauch« und ist ein Fest der Fruchtbarkeit. Alles konzentriert sich auf Licht und neues Leben als Gegensatz zur weichenden Dunkelheit des Winters. Mythologisch gesehen, ist die Göttin zur Jungfrau geworden; daher heißt das Fest im Deutschen »*Mariä* Lichtmess«!

Walpurgisnacht/Beltane (30. April)
Dieses Fest markiert den Beginn des Sommers und ist eine weitere Fruchtbarkeitsfeier. Der Name könnte von der keltischen Gottheit Bel oder Balor, dem Gott des Lichts und Feuers, abgeleitet sein. In früheren Zeiten wurde mit »Bel-Feuern« auf den Hügelgipfeln die Rückkehr von Leben und Fruchtbarkeit in die Welt gefeiert.[6] Die Wicca begehen das Beltane-Fest häufig durch Umtanzen des Maibaums und Feiern der Liebe zwischen Mann und Frau. Mythologisch ehrt Beltane die Kopulation zwischen dem Sonnengott und der fruchtbaren Erdgöttin. Nun ist die Göttin schwanger.

Lammas/Lugnasad (1. August)
Das englische Lammas bedeutet vermutlich »(Brot-)Laib-Messe« und entspricht dem germanischen »Brotfest«. Es ist die Zeit der ersten Kornernte und markiert den Beginn der Herbstzeit. Lugnasad war ein Fest zu Ehren des keltischen Sonnengottes Lug und wird mit der abnehmenden Kraft der Sonne assoziiert. Die Wicca versammeln sich an Lammas, um den Überfluss der Gaben aus dem Schoß der Göttin zu feiern. Mythologisch repräsentiert Lugnasad das einsetzende Sterben des Gottes, aber auch Erfüllung und Reife von allem, was gesät wurde.[7]

Wicca ist in erster Linie eine Göttin-Religion, aber in dem mythischen Zyklus der größeren Sabbate ist deutlich zu erkennen, dass die Rolle des Sonnengottes nicht weniger wichtig ist. Die Kelten erkannten, dass der Sonnengott in gleicher Weise eine Phase von Tod und Wiedergeburt durchschreitet, wie die Göttin durch ihre Mondzyklen zu- und abnimmt. In der Wicca wird geglaubt, dass der Gott der Fruchtbarkeit ebenfalls zweierlei Gestalt hat. Der Eichenkönig, der Gott des zunehmenden Jahres, repräsentiert Ausdehnung und Wachstum und ist mit der Zeit des Jahres assoziiert, in der die Tage länger werden. Der

Feier der Wintermitte während der Winter-Sonnenwende.

Lammas oder »Brotmesse«: die Zeit der Kornernte.

»Handfasting«: eine Hexen-Hochzeit von heute.

Stechpalmen-König, der Gott des abnehmenden Jahres, repräsentiert dagegen Rückzug und Ausruhen und ist mit der Zeit verbunden, in der die Tage kürzer werden.

Gerald Gardner und die Entstehung des modernen Hexenkultes

Der englische »Witchcraft Act« von 1604 wurde erst im Jahr 1951 endgültig außer Kraft gesetzt. Vor dieser Zeit durften befürwortende Bücher über Hexenrituale in England nicht publiziert werden. Dennoch veröffentlichte Gerald Gardner (1884–1964), einer der Hauptinitiatoren der modernen Hexenbewegung, im Jahr 1949 ein Buch mit dem Titel »High Magic's Aid«, aber es war getarnt als Roman, also ›reine Fiktion‹.

Gerald Gardner war erst spät zur Magie gestoßen. Er war von wohlhabender schottischer Abstammung und wurde in Blundellsands in der Nähe von Liverpool geboren. Unter seinen Vorfahren gab es einige illustre Personen, darunter einen Vize-Admiral Alan Gardner, Kommandeur der Kanalflotte gegen Napoleon im Jahr 1807, sowie eine Grissell Gairdner, die im Jahr 1610 im schottischen Newburgh als Hexe verbrannt worden war.

1936 hatte Gardner als Besitzer einer Gummiplantage in Malaysia ein Vermögen gemacht. Nachdem er sich zur Ruhe gesetzt hatte, ließ er sich mit seiner Frau in der Gegend des New Forest in der Grafschaft Hampshire nieder. Kurz vor Ausbruch des Zweiten Weltkriegs stieß er zu einer örtlichen Okkultisten-Gruppe, deren Häupter »Bruder Aurelius« und Mabel Besant-Scott, die Tochter der berühmten Theosophin Annie Besant, waren. Die Gruppe nannte sich »Fellowship of Crotona« und führte Theaterstücke auf, von denen sie behauptete, sie hätten »rosen-

Gerald Gardner mit Aleister Crowleys Spazierstock während einer Ausstellung über Hexenkunst 1951. Gardner traf Crowley 1946 in Hastings.

kreuzerischen« Charakter. Einige Mitglieder dieser Gesellschaft hatten Verbindungen zu einem Hexen-Coven, der damals geheime Sabbat-Versammlungen in New Forest abhielt.

Schon bald wurde Gardner ein begeisterter Anhänger der Hexenkunst. Er behauptete, er sei 1939 von »Old Dorothy« Clutterbuck eingeweiht worden. Seine Gefolgsfrau Doreen Valiente konnte nachweisen, dass diese »Old Dorothy« die Tochter von Thomas St. Quintin Clutterbuck, Hauptmann des 14. Sikh-Kavallerie-Regiments, war. Das hohe Alter ihres Hexen-Coven konnte natürlich nicht nachgewiesen werden, und »Old Dorothy« war damals wohl auch kaum die »Alte«, die ihr Name vermuten lässt. Wie Gardner war sie wohlhabend, und als sie 1951 starb, wurde ihr Vermögen auf mehr als 60 000 englische Pfund geschätzt.[8]

Im Jahr 1940 nahmen Gardner und »Old Dorothy« am Lammas-Tag an einem großen Ritual in New Forest teil, das sich gegen Hitlers drohende Invasion in England richtete. Hexen-Covens aus dem Süden Englands versammelten sich zur »Operation Cone of Power« (»Operation Machtkegel«), intonierten rituelle Chants gegen Hitler und seine Generäle und versuchten ihnen auf telepathische Weise die Gedanken »Du kannst den Kanal nicht überqueren... Du schaffst es nicht, hierher zu kommen« einzupflanzen.[9]

Gardner beschrieb seine Erlebnisse im New Forest im Buch »High Magic's Aid«. Dann wurde nach einer Kampagne britischer Spiritisten der Witchcraft Act 1951 restlos aufgehoben, und die sogenannte Alte Religion durfte aus dem Schatten treten. 1954 erschien Gardners erstes Sachbuch über Hexenkunst, »Witchcraft Today«; 1959 folgte »The Meaning of Witchcraft«. In diesen Werken vertrat er die heute weithin umstrittene Ansicht, dass der moderne Hexenkult ein überlebendes Relikt der organisierten paganen Religion sei, die in England während der mittelalterlichen Hexenverfolgungen existiert habe. Es war Gardners Wunsch, dass der

Hexenkult wieder seinen Platz als authentische, naturverbundene spirituelle Tradition zurückfordern sollte. Gardner vertrat die Ansicht, dass die Hexenkunst einem breiteren Publikum zugänglich gemacht werden sollte, und er glaubte, dass ihre Zukunft in den Händen der Jugend lag und vielleicht sogar zu einer Wiederbelebung der alten heidnischen Zeiten führen könnte. Obwohl Gardner es nicht mehr erlebte, ist Wicca seither in das Zentrum der modernen Wiederbelebung des Okkultismus gerückt.

1946 besuchten Gardner und sein Freund Arnold Crowther Aleister Crowley, der sich inzwischen nach Hastings zurückgezogen hatte. Crowther kannte Crowley bereits von seinen Reisen während des Krieges und hatte das Treffen zwischen den beiden Okkultisten arrangiert. Diese Begegnung ist deshalb von Bedeutung, da sich die Wege der modernen Ritualmagie, wie sie von Mathers und Crowley im Golden-Dawn-Orden entwickelt wurde, und der in den Covens praktizierten Hexenmagie von New Forest nun kreuzten – und dies vielleicht zum ersten Mal. Gardner und Crowley hatten noch Gelegenheit zu mehreren Gesprächen, bevor Crowley im Dezember des folgenden Jahres starb.

Crowley machte Gardner zum Ehrenmitglied seines sexualmagischen »Ordo Templi Orientis«, und Gardner begann nun in seinen Ritualen Zitate aus Crowleys Schriften zu verwenden. Vermutlich stammen auch wesentliche Teile von Gardners magischem Credo aus Crowleys Feder und wurden dann mit Ritualen aus einem Hexenzauberbuch verschmolzen.

Andere Elemente der gardnerianischen Hexenkunst sind jedoch sehr wahrscheinlich Gardners eigene Ideen, so etwa die Tendenz der Hexen, *sky-clad* (»vom Himmel bekleidet«), d.h. nackt, zu arbeiten, denn Gardner war begeisterter FKK-Anhänger, hatte einen »tief verwurzelten Glauben an den Wert, sich nackt zu bewegen, sobald die Umstände es erlaubten«. Für ihn waren »gemeinschaftliche Nacktheit, Sonnenschein und frische Luft physisch und psychologisch so natürlich wie vorteilhaft«.[10] Gardner könnte die Idee ritueller Nacktheit jedoch auch aus dem Buch »Aradia – Gospel of the Witches« (1899; deutsch »Aradia – Die Lehre der Hexen«) des amerikanischen Volkskundlers Charles G. Leland geschöpft haben. Leland schrieb, er habe von Aradia, der Tochter der römischen Mondgöttin Diana, erstmals während einer Italienreise durch eine Hexe etruskischer Abstammung namens Maddalena erfahren. In Lelands Buch finden sich Details über Dianas Rolle als Königin der Hexen, und es wird auch erwähnt, dass den Anhängern und Anhängerinnen der Diana gelehrt wurde, ihre Rituale als Zeichen persönlicher Freiheit nackt abzuhalten.

Während Gardners Verhältnis zur Nacktheit ein recht gesundes gewesen zu sein scheint, fanden jedoch auch weniger anregende Sexualpraktiken ihren Weg in seinen Hexenkult. »Gardner war ein Sadomasochist mit zugleich starkem Faible für Flagellation und ausgeprägt voyeuristischen Tendenzen. Schweres Auspeitschen gehörte daher zu den meisten seiner Rituale, und was Gardner den ›Großen Ritus‹ nannte, war Geschlechtsverkehr zwischen dem Hohepriester und der Hohepriesterin, während der Rest des Coven die Szene umstand.«[11] Auch Crowley hatte kodierte Anspielungen auf ähnliche Praktiken in sein »Buch der Lügen« sowie in »Magick in Theory and Practice« einfließen lassen. Und doch hatte Gardners Neopaganismus mehr Respekt vor den Frauen als Crowleys Kult der Hure von

Wicca-Hohepriesterin Doreen Valiente, fotografiert von ihrem Lebenspartner Ron Cook. Der Baum hinter ihr wurde »der nackte Mann« genannt und war ein Hexen-Treffpunkt in New Forest.

Babalon, und einen bedeutenden Wandel auf diesem Gebiet scheint Doreen Valiente eingebracht zu haben, die 1953 von Gardner in seinen Coven initiiert wurde. Sie hatte nämlich das Gefühl, dass manches von Crowleys Material entweder zu »modern« oder schlicht unangemessen war. Vieles davon wurde aus den zeremoniellen Praktiken zwischen 1954 und 1957 schriftlich festgehalten, als Gardner und Valiente gemeinsam an der Formulierung der Rituale arbeiteten, die die Grundlage der später so genannten Gardnerianischen Tradition bildeten.

Nach der Aufhebung des Witchcraft Act verließ Gardner im Jahr 1951 den Coven von New Forest, um seinen eigenen ins Leben zu rufen. Er ließ sich in Castletown auf der Isle of Man nieder, wo bereits ein »Museum der Magie und Hexenkunst« existierte, das der okkultismusbegeisterte Cecil Williamson gegründet hatte. Gardner kaufte das Museum, wurde dessen ständiger »Gast-Hexer« und fügte ihm seine eigene Sammlung von Ritual-Instrumenten hinzu. Das Museum erregte bei den Medien ein ebenso starkes Interesse wie Gardners spätere Bücher. Die Publicity, die sein Buch »Witchcraft Today« auslöste, führte überall in England zur Entstehung neuer Covens. Gardner wurde zu »Britain's Chief Witch« gekürt, ein Titel, den er weder anstrebte noch selbst benutzte. Nach den Aussagen derer, die ihn gut gekannt hatten, war Gardner wenig an der Jagd nach Macht oder Ruhm gelegen.

Jede Hexe solle sich ein »Buch der Schatten« anlegen, das sie regelmäßig führt: Wie die Anthropologin Lynne Hume bemerkte, wird diese Idee allgemein Gardner zugeschrieben. Doreen Valiente glaubte, dass er diesen Begriff erst nach der Veröffentlichung von »High Magic's Aid« benutzte. »Das Material von Gardners ›Buch der Schatten‹ [...] stammt aus verschiedenen Quellen wie Rudyard Kipling, Charles Leland, dem *Schlüssel Salomons*, dem Golden-Dawn-Orden und Aleister Crowley. Es enthält Rituale für alle Wicca-Anlässe und soll von jeder männlichen oder weiblichen Hexe, nachdem sie initiiert wurde, per Hand abgeschrieben werden.«[12]

Im Jahr 1963 lernte Gardner einen in die USA ausgewanderten Engländer namens Raymond Buckland kennen. Buckland wurde von Gardners Hoheprieste-

Doreen Valientes Ritualaltar mit Gottes- und Göttin-Figuren sowie Gerald Gardners persönlichem »Buch der Schatten«, aufgeschlagen auf der Seite mit dem Eid des ersten Initiations-Grades Foto: Steward Farrar, frühe Achtzigerjahre.

Gegenüber: Gerald Gardner im Museum von Castletown, Witches' Mill, Isle of White. Foto: Stewart Farrar.

rin Monique Wilson, alias Lady Olwen, in die »Zunft« eingeweiht und führte den gardnerschen Hexenkult in den Vereinigten Staaten ein.[13]

Gerald Gardner starb am 12. Februar 1964 während seiner Rückkehr von einer Libanonreise nach England auf hoher See und wurde am folgenden Tag in Tunis beigesetzt. Sein Museum vermachte er Monique Wilson, die es für kurze Zeit mit ihrem Gemahl leitete und dann an die Ripley-Organisation verkaufte. Und doch wäre Gardner höchst zufrieden gewesen, wenn er noch erfahren hätte, dass der Hexenkult schließlich zur dominierenden Tradition des internationalen Neopaganismus werden sollte.

Alex Sanders' Einfluss

Gerald Gardner und Alex Sanders (1916–88) gelten als die zwei einflussreichsten Figuren in der frühen Phase der Wiederbelebung der Hexenbewegung. Nach Sanders wurde sogar eine eigene Wicca-Tradition benannt, denn die »Alexandrian Witches« – aus ›Alex‹ + ›Sanders‹ ! – stammen von seinen Initiations-Covens aus den späten Sechziger- und frühen Siebzigerjahren des 20. Jahrhunderts ab. Diese Zeit war zweifellos der Höhepunkt seines Wirkens, denn damals stand er im Mittelpunkt des öffentlichen Interesses und verlieh zusammen mit seiner Frau Maxine dem Hexenkult einen gewissen zeremoniellen Glamour.

Alex Sanders wurde nach eigenen Angaben 1916 in Manchester geboren.[14] Später sollte er erheblich zur Wiederbelebung der Verehrung der Mondgöttin beitragen. Es versteht sich, dass seine Mutter, Schwester und Großmutter in seiner Entwicklung eine prägende Rolle spielten, während die seines häufig betrunkenen Vaters vergleichsweise unbedeutend war. Seine Mutter war Putzfrau, sein Vater ein umherziehender Musikant. Nach seiner Biografin June Johns hatte die Familie zu kämpfen, um über die Runden zu kommen, und Sanders wurde mit Schmalzbrotstullen aufgezogen.

Seine walisische Großmutter, »Grandma Bibby«, war diejenige, die seine okkultistische Laufbahn bestimmen sollte. Als Siebenjähriger überraschte er sie eines Tages, wie sie splitternackt »mit runzligem Bauch und zündholzdürren Schenkeln« in ihrer Küche ein Ritual zelebrierte. »Sie war umgeben von einer Reihe kurioser Gegenstände«, erinnert sich Sanders. »Es waren Schwerter, ein Messer mit schwarzem Griff, dann ein sichelförmiges Messer sowie diverse auf dem Boden herumstehende Schälchen; andere seltsame Dinge lagen auf einer riesigen walisischen Garderobiere.«[15]

Er war völlig erschrocken. Seine Großmutter ließ ihn strengstes Stillschweigen schwören und sagte, er würde nun eingeweiht werden. Sie hieß ihn seine Kleider ausziehen, in den magischen Kreis treten und sich mit dem Kopf zwischen seine Schenkel beugen. Dann ritzte sie mit dem Sichelmesser seinen Hodensack und zapfte Blut ab. Darauf sagte sie: »Jetzt bist du einer von uns.« Später erklärte sie ihm, dass sie aus einer Hexen-Linie stammte, die bis zu dem walisischen Hauptmann Owain Gly Dwr (Owen Glendower) aus dem 14. Jahrhundert zurückreichte, der die Große Göttin verehrt und die alten keltischen Traditionen am Leben erhalten hatte.

In den folgenden Jahren entwickelten sich enge Bindungen zwischen Sanders und seiner Großmutter. Sie brachte ihm bei, wie man Liebestränke und Glücksta-

Maxine und Alex Sanders bei der Initiation ersten Grades von Janet Farrar im Jahr 1970. Foto: Stewart Farrar.

lismane herstellte, und zeigte ihm auch die Zeremonie, wie man »den Mond herabzieht«. Sanders lernte sein eigenes »Buch der Schatten« zu führen.

Als Grandma Bibby 1942 starb, verbrannte Sanders ihr »Buch der Schatten«, wie es der Brauch ist, wenn eine Hexe »hinübertritt«, aber er behielt sich ihr Messer mit dem schwarzen Griff, ihr Zeremonialschwert und andere Ritualgegenstände. Sie hatte ihn in den dritten Grad eingeweiht, wozu auch symbolischer Geschlechtsverkehr mit ihr gehörte – als Akt, der die Vereinigung der Fruchtbarkeitsgöttin mit ihrem Partner repräsentierte. Sanders besaß nun einen okkulten Stammbaum, aber nach eigenem Eingeständnis befasste er sich anfangs nur deshalb mit der rituellen Magie, um es zu Wohlstand und sexuellem Erfolg zu bringen. In seinem Fall schien dies zu wirken: Er wurde von einem wohlhabenden Ehepaar aufgenommen, das ihn mehrere Jahre wie den eigenen Sohn behandelte, und sein Freundeskreis bestand aus einer Gruppe oberflächlicher, sexgieriger Partyschwärmer. Aber diese Phase ging vorüber, und er beschloss, in der Gegend von Manchester mehrere Hexen-Covens aufzubauen, um das Werk, das ihm seine Großmutter übertragen hatte, fortzuführen.

In dieser Zeit lernte Sanders Maxine Morris kennen, eine junge Frau, die als gläubige Katholikin aufgewachsen war und im örtlichen Kloster erzogen wurde. Ihre Mutter war überzeugte Christin, aber Maxine hatte in ihrer Kindheit Visionen der Vereinigung zwischen Himmel und Erde gehabt, und so war Sanders überzeugt, dass sie eine natürliche Hexe war. Obwohl sie sich anfangs nicht zueinander hingezogen fühlten, wurde ihnen allmählich klar, dass sie ein gemeinsames Ziel verband. 1967 heirateten sie, zogen nach Notting Hill Gate im Westen von London und gründeten einen neuen Coven. Einige Jahre zuvor war Sanders von einer Gruppe von 1623 praktizierenden Wiccas zum »Hexenkönig« ernannt worden, und so wurde Maxine schon bald als die »Hexenkönigin« bekannt. Sanders wurde zu einer Berühmtheit in den Medien. Es gab Fernsehauftritte, Latenight Talks im Rundfunk, June Johns veröffentlichte ihre Biografie über ihn (1969), Schallplattenaufnahmen seiner Rituale entstanden, und es wurde sogar ein Film gedreht, »The Legend of the Witches«, der auf seinen neuheidnischen Aktivitäten basierte.

Sanders hatte von seiner Großmutter eine Initiation dritten Grades empfangen, während Gardner von »Old Dorothy« nur einen ersten Grad empfangen hatte. Dies ist eine Auszeichnung, die in manchen okkulten Zirkeln noch heute für Neid und Missgunst sorgt, wenn über Hexen-Stammbäume diskutiert wird, denn sowohl Sanders als auch Gardner ziehen nach wie vor eine beträchtliche neuheidnische Gefolgschaft an, und Fragen der »Authentizität« und der »Abstammung« erzeugen dort wie überall Rivalität.

1973 trennten sich Sanders und seine Frau. Maxine Morris führte weiter ihren Coven in London mit einem neuen Partner und mäßiger Präsenz in der Öffentlichkeit. Sanders setzte sich unterdessen mehr oder weniger zur Ruhe und zog nach Bexhill, Sussex, wo er bis zu seinem Tod im Jahr 1988 wohnte.

Mit Alex Sanders' Tod drangen die Fragen nach Authentizität und Abstammung erneut an die Oberfläche, und mehrere geachtete Hexen legten Wert auf die Feststellung, dass sie den von Sanders betriebenen öffentlichen Hexenkult nicht unterstützten. Die bedeutende englische Hexe Patricia Crowther, deren Mann Gerald Gardner 1946 mit Aleister Crowley bekannt gemacht hatte, war eine von denen, die Sanders' öffentlichen Stil ablehnten. Patricia Crowther war im Juni 1960 von Gardner auf der Isle of Man initiiert worden und gründete später mit ihrem Mann einen Coven in Sheffield. 1961 erhielt sie die Initiation zur Hohepriesterin und wurde von vielen als Gardners natürliche Nachfolgerin betrachtet. Als wir Mitte der Achtzigerjahre miteinander über das Problem okkulter Verschwiegenheit diskutierten, bestätigte sie mir, dass sie Hexen, die »ihre Eide brechen« und zu viele Informationen an die Öffentlichkeit tragen, streng verurteile. Für sie waren die Hexen der »alten Schule«, darunter Doreen Valiente, Lois Bourne und Eleanor Bone, echte Hexen, während viele von denen, die an die Öffentlichkeit getreten waren, keine richtige Initiation erhalten hatten.[16]

Janet und Stewart Farrar

Die Frage, wie viel authentisches Wicca-Wissen der Öffentlichkeit preisgegeben werden darf, wurde auch von Janet und Stewart Farrar gestellt, die beide in Alex Sanders' Coven initiiert worden waren.[17] In den späten Siebzigerjahren hatten die Farrars eine führende Rolle in der neuheidnischen Szene von London innegehabt und verfassten mehrere wichtige Werke über Neopaganismus, darunter »Eight Sabbats for Witches« (deutsch »Acht Sabbate für Hexen«), »The Witches' Day«, »The Witches' Goddess« und »The Witches' God«, die in England und auch in den USA erschienen. Auf beiden Seiten des Atlantiks hatten Janet und Stewart Farrar großen Einfluss auf Denken und Praxis des Neopaganismus. Die in ihren Büchern – wahren Gebrauchsanweisungen der Hexenkunst – beschriebenen Rituale, Zauber und Invokationen bieten jene Art von Information, die nach Patricia Crowther ausschließlich auf den inneren Kreis hätte beschränkt bleiben sollen.

Janet Owen wurde 1950 geboren und wuchs in einer streng anglikanischen Familie in East London auf. Schon als Jugendliche entfernte sie sich vom Christentum; später befasste sie sich vorübergehend mit transzendentaler Meditation. Nachdem sie als Model gearbeitet hatte, wurde sie Sekretärin im Londoner Büro der Beatles. Um diese Zeit besuchte Janet den Coven von Alex und Maxine Sanders in Notting Hill Gate. Sie war beeindruckt von Wicca als spirituellem Pfad und beschloss, sich dem Kreis anzuschließen, wo sie eines Tages Stewart Farrar begegnete. Dieser hatte einen ganz anderen Werdegang und geistigen Hintergrund. Er wurde 1916 in Essex geboren, wurde als Christian Scientist erzogen, studierte in den Dreißigerjahren am University College von London Journalismus, diente im Zweiten Weltkrieg in der Royal Air Force als Bordschützenausbilder und arbeitete später mehrere Jahre als Redakteur der Presseagentur Reuter. Er produzierte außerdem mehrere Hörspiele für die BBC, bevor er ab 1969 für die Wochenzeitschrift »Reveille« Features zu schreiben begann. Stewart Farrar war als Journalist in Sanders' Coven eingeladen worden, um über eine Wicca-Initiation zu berichten – stattdessen wurde er zum Neuen Heidentum bekehrt.

Trotz der 34 Jahre Altersunterschied fühlten sich Janet Owen und Stewart Farrar als magische Partner voneinander angezogen. Im Dezember 1970, nur wenige Monate, nachdem sie beide initiiert worden waren, verließen sie Sanders' Gruppe und gründeten einen eigenen Coven. Fünf Jahre später heirateten sie auf traditionelle Wicca-Art in einer »Handfasting«-Zeremonie und zogen 1976 nach Irland, wo sie einen neuen Coven gründeten. Stewart Farrar starb am 7. Februar 2000, Janet Farrar setzt ihre Arbeit als strenge Vertreterin des praktischen Wicca-Kults fort und unternimmt weiterhin weltweite Vortragsreisen. Im Mai 2001 heiratete sie den ebenfalls praktizierenden Wicca Gavin Bone.

Janet und Stewart Farrar in Irland, 1984.

Janet Farrar hält daran fest, dass die spirituelle Verschmelzung männlicher und weiblicher Gegensätze und die Wiederherstellung des heiligen Bundes mit der Natur das wesentliche Ziel des Hexenkults bilden: »Sobald eine Frau ihr eigenes psychisches Potenzial erkennt, wird sie vollkommen reif und kann den Mann auf eine Art mit sich wiedervereinigen, wie die Menschheit es seit Äonen nicht erlebt hatte. Wir wollen eine männlich dominierte Kultur nicht durch eine weiblich dominierte Kultur *ersetzen*. Wir wollen erreichen, dass beide in vollkommener Harmonie zusammenwirken. Was die Welt braucht, ist eine Injektion heidnischer Lebensauffassung, verbunden mit der Erde, verbunden mit der Umwelt, verbunden mit unseren Mitgeschöpfen. Über zwei Jahrtausende lang waren Kultur, Religion und Gesellschaft männlich beherrscht, und das Leben ist aus dem Gleichgewicht geraten. Was wir wiederbeleben müssen, ist der weibliche Aspekt – die Göttin.«[8]

Der Feminismus und die Göttin

Auch der Kult der Göttin als weiter gefasstes Konzept entwickelte sich zu einem einflussreichen Schwerpunkt des Neopaganismus. Der Göttin-Kult reicht über die Struktur der in Covens praktizierten Hexenkunst hinaus, seine Rituale sind weniger stark an die dreiteilige Wicca-Initiation gebunden. Viele Anbeterinnen der Göttin bezeichnen sich auch keineswegs als Hexen, denn in ihrer umfassendsten Definition ist diese neopagane Glaubensform eine universell feministische Religion, die aus den Mythologien vieler archaischer Kulturen schöpft. Während Wicca markante britische Wurzeln hat und keltische Einflüsse widerspiegelt, tauchte der *Goddess worship* bzw. Göttin-Kult als spirituelle Perspektive, die sich deutlich von der patriarchalischen Mainstream-Religion distanziert, erstmals in der feministischen Bewegung in den USA auf.

In ihrem Buch »Changing of the Gods – Feminism and the End of Traditional Religions« spricht Naomi Goldenberg von der Schöpfung einer »kraftvollen neuen Religion«, in deren Zentrum die Verehrung der Göttin steht.[19] Etwa um die gleiche Zeit sprach die einflussreiche Denkerin Mary Daly von einem neuen feministischen Hexenkult, in dem die Natur der Frau als angeboren göttlich betrachtet werden könne. Den neuheidnischen Frauen gehe es nicht darum, dass sich die Göttin in ihnen *widerspiegelt*, sondern dass sie die Göttin *sind*.[20] Dies sei ein sakrales Potenzial, das alle Frauen teilen können. »Der feministische Hexenkult«, so schrieben Mary Farrell-Bednarowski und Barbara Starret 1983 in ihrem Aufsatz »Women in Occult America«, »erhebt die Natur der Frau aufgrund ihrer Fähigkeit, Leben zu gebären, über die Natur des Mannes. [...] Feministische Hexen verstehen es als einen ›politischen Akt‹, wenn sie den Vater durch die Mutter ersetzen: Das Bild der Mutter verliert dabei nicht seine alten Konnotationen wie Erde, Intuition, Natur, der Körper, die Emotionen, das Unbewusste etc. Aber es erhebt auch Anspruch auf viele der Konnotationen, die davor dem Vatersymbol zugeordnet waren: Schönheit, Licht, Güte, Autorität, Aktivität etc. Die feministische Hexe erhebt Anspruch auf den Mond *und* die Sonne, auf die Erde *und* den Himmel, und ihn ihrem Bemühen, dies zu ermöglichen, zieht sie die Göttin in sich selbst und andere Frauen herab.«[21] Dies ist ein feministisches Konzept der Selbstermächtigung. Seit über zwanzig Jahren begreifen sich feministische Anhängerinnen des Göttin-Kultes in Amerika als *sisterhood* (»Schwesterschaft«), und für manche von ihnen bedeutet dies eine Göttinnen-Tradition, die Männer ausschließt.[22]

Eine führende Vertreterin dieser Position ist Z [auszusprechen als »Sii«] Budapest, die sogar ein *self-blessing ritual* oder »Selbstsegnungs-Ritual« entwickelte, und zwar als Mittel, um »den patriarchalischen Polizisten zu exorzisieren, die Tiefen des Bewusstseins zu reinigen und es mit positiven Bildern der Stärke und Schönheit der Frauen zu füllen«.[23] Zsuzsanna Budapest wurde 1940 als Tochter eines psychischen Mediums und Tarotkarten-Lesers in Ungarn geboren. Mit neunzehn Jahren verließ sie Wien, wo sie ein Sprachenstudium begonnen hatte, ging nach Amerika und studierte an der University of Chicago Germanistik. Anschließend arbeitete sie in New York am Theater, bevor sie 1970 nach Los Angeles zog, wo sie auf dem Lincoln Boulevard in Venice den inzwischen legendären Okkult-Laden »Feminist Wicca« eröffnete. Dieser diente als »matriarchalisch spirituelles Zent-

Zsuzsanna Budapest, Hohepriesterin der Dianischen Mysterien. Berkeley, USA, 1984.

rum« und bot Kerzen, Duftöle, Räucherwerk, Kräuter, Schmuck und Tarot-Karten zum Verkauf an. Schon bald trafen sich dort Neuheidinnen zu Tagundnachtgleiche- und Sonnwend-Zeremonien – und Z verkündete: »Die feministische Spiritualität ist wiedergeboren.«[24]

Unter ihren Freundinnen befand sich auch Miriam Simos, eine Jüdin, die das traditionelle Judentum und den Buddhismus als »männlich autoritär« abgelehnt hatte. Nach einem UCLA-Studienabschluss in Feminismus hörte Miriam Simos von Z's Zentrum und interessierte sich für dessen öffentliche Rituale zur Ehren der Göttin Diana. Unter ihrem heute berühmten magischen Namen Starhawk formierte sie ihre eigene Gruppe in San Francisco und verfasste mehrere Schlüsselwerke, darunter »The Spiritual Dance« (1979; deutsch »Der Hexenkult als Ur-Religion der Großen Göttin«, 1992), »Dreaming the Dark« (1982; deutsch »Wilde Kräfte«, 1993) sowie »The Pagan Book of Living and Dying« (1997).

Am 10. Februar 1975 wurde Z verhaftet und wegen Wahrsagerei angeklagt, nachdem sie einem V-Mann der Polizei Tarot-Karten gelesen hatte. Vor ihrem Prozess verkündete sie, dass ihre Anhängerinnen »überall in der Stadt auf Altären« 2000 Kerzen anzünden würden. Nach der Stadtverordnung von Los Angeles war Wahrsagerei verboten, außer sie wurde von einem religiösen Führer praktiziert. Daher beanspruchte Z in Berufung auf das »First Amendment« der amerikanischen Verfassung den Sonderstatus als Hohepriesterin des »Susan B. Anthony I Coven«, einer Gruppe, die sich nach einer umstrittenen Suffragette des 19. Jahrhunderts benannte. Sie beschrieb sich als die »erste Hexe, der nach dreihundert Jahren für ihren Glauben der Prozess gemacht wurde«. Der Prozess endete mit einer Geldstrafe von 300 Dollar, ihre Haftstrafe wurde zur Bewährung ausgesetzt,

Die bedeutende feministische Göttin-Verehrerin Starhawk bei einem Trommel-Ritual. Twin Peaks, San Francisco.

und ihr wurde verboten, weiterhin Tarot-Karten zu lesen. Anstatt sich daran zu halten, gab sie jedoch Seminare in Tarot, Divination und Hexenkunst.

Kurz nach ihrem Prozess erklärte Z in einem Interview mit der Journalistin Cheri Lesh, dass es sich bei Wicca nicht um eine umgekehrte Form des Christentums, sondern um die Reste eines viel älteren, matriarchalischen Glaubens handelt, der das Weibliche als die schöpferische Kraft in der Natur anerkannte.[25] Z sprach dabei von dem blutigen Übergang einer matriarchalischen in eine patriarchalische Gesellschaft, als die großen Königinnenreiche von Anatolien, Sumer und Thrakien von Soldaten zerstört wurden und die »Große Göttin« in eine Reihe unbedeutender Gottheiten zerschlagen wurde. Daher ist es kaum überraschend, dass Männer von Zs Dianakult vollkommen ausgeschlossen sind. Frauen-Mysterien müssen ihrer Ansicht nach rein und stark gehalten werden. Als ich sie 1985 für eine Fernseh-Dokumentation interviewte, sagte sie mir: »Wir haben *Frauen*-Zirkel. In Frauen-Zirkel steckt man keine Männer – denn dann wären sie keine Frauen-Zirkel mehr.«[26]

Z Budapests Freundin Starhawk geht in ihrem beredten Eintreten für die Göttin-Mythologie weniger stark auf Konfrontationskurs. Als Psychotherapeutin und Universitätsdozentin war sie Gründungsmitglied einer Organisation in San Francisco, die sich »Reclaiming – A Center for Feminist Spirituality and Counseling« (»Zurückforderung – Zentrum für feministische Spiritualität und Beratung«)

nannte. Mitte der Achtzigerjahre lehrte sie am Matthew Fox Postgraduate Institute des Holy Names College in Oakland und erforschte die gemeinsamen Wurzeln ihres eigenen Neopaganismus und der heterodoxen Spiritualität von Matthew Fox, die zwar noch römisch-katholisch fundiert, aber ganz auf die Schöpfung konzentriert war.[27] Starhawk trat außerdem in den Filmen »Goddess remembered« und »The Burning Times« auf und ist bis heute eine der führenden Vertreterinnen der Göttin-Tradition in Amerika geblieben.

Wie man der Göttin begegnet

Es gibt viele Wege, sich der Göttin zu nähern, deren heilige Präsenz den zentralen Kern der Wicca bildet. Nach Starhawk sollte die Begegnung mit der Göttin auf persönlicher *Erfahrung* und nicht auf religiösem Glauben beruhen: »In der ›Zunft‹ *glauben* wir nicht an die Göttin – wir sind mit ihr verbunden; durch den Mond, die Sterne, das Meer, die Erde, durch Bäume, Tiere, durch andere Menschen, durch uns selbst. Sie ist hier. Sie ist in uns allen. Sie ist der ›volle Kreis‹: Erde, Luft, Feuer, Wasser und Essenz – Körper, Verstand, Geist, Emotionen, Wandel. Die Göttin ist zuallererst die Erde, die dunkle, nährende Mutter, die alles Leben hervorbringt. Sie ist die Kraft von Fruchtbarkeit und Erzeugung; der empfangende Schoß und auch das aufnehmende Grab, die Kraft des Todes. Alles geht aus ihr hervor, alles kehrt in sie zurück.«[28]

Manche Wicca rücken besonders die allumfassende Natur der Großen Göttin in den Vordergrund, während andere eine angeborene Dynamik zwischen den männlichen und weiblichen Polaritäten im mythischen Universum anerkennen. Die Golden-Dawn-Magierin Dion Fortune, die in vieler Hinsicht feministische Ideen der gegenwärtigen Wicca vorwegnahm, war der Auffassung, alle Göttinnen seien Manifestationen der Einen Großen Göttin, des universal weiblichen Geistes der Natur. Margot Adler hat in ähnlicher Weise behauptet, dass viele Wicca die Göttin als essenziell Eins betrachten, aber sie akzeptierte auch, dass andere in einer Art »Duotheismus« zwischen der Göttin des Mondes, der Erde und des Meeres und dem Gott der Wälder, der Jagd und des Tierreichs unterscheiden.[29] Die englische Wicca-Priesterin und -Autorin Vivian Crowley meint jedoch: »Alle Götter sind bestimmte Aspekte des einen Gottes, und alle Göttinnen sind bestimmte Aspekte der einen Göttin, [...] und letztlich sind diese beiden in der einen göttlichen Essenz vereint.«[30] Diesen Standpunkt teilt auch Starhawk: »Für die Frauen ist die Göttin das Symbol des innersten Selbst und die wohltätige, nährende, befreiende Kraft in der Frau. [...] Für einen Mann ist die Göttin sowohl die universale Lebenskraft als auch sein eigenes verborgenes weibliches Selbst.«[31]

Margot Adler, führende Vertreterin des Neopaganismus. New York 1984.

Ein Wicca-Flugblatt, das informell unter australischen Covens zirkulierte, interpretiert diesen Gedanken so: »Vor allem anderen war das Schweigen. Und innerhalb dieses Schweigens war der natürliche Funke des Lebens, der allen Dingen innewohnt, der schöpferische magische Strom, der zugleich männlich und weiblich war, eines dem anderen gleich. [...] Mann und Frau kamen zueinander, wurden in sexueller Vereinigung eins, mit dem Geist der Magie in ihnen. Er war der inkarnierte Herr auf der Erde und Sie war die Große Erdmutter.«[32]

Den Mond herabziehen

Das Herabziehen des Mondes ist das zentrale Element der Wicca-Praxis. In der Eröffnungszeremonie ruft der Hohepriester die Göttin in die Hohepriesterin herab:

> *»Ich invoziere Dich und rufe Dich an, Mächtige Mutter*
> *von uns allen, Bringerin aller Fruchtbarkeit;*
> *bei Same und Wurzel, bei Knospe und Halm,*
> *bei Blatt und Blüte und Frucht, bei Leben und Liebe*
> *invoziere ich Dich, daß Du herabsteigen mögest*
> *in den Körper dieser Deiner Dienerin und Priesterin.«*[33]

Dem kann der »fünffache Kuss« vorausgehen, ein Akt psycho-spiritueller Erweckung, den der Hohepriester ausführt: »Zuerst küsst er sie feierlich von den Füßen aufwärts über die Knie, den Schoß, die Brüste und die Lippen bis zur Krone ihres Hauptes. Als Nächstes visualisiert er Verbindungen der Chakren (Energiezentren) seines eigenen Körpers mit denen der Priesterin, wobei er von der Basis ihrer Wirbelsäule beginnend aufwärts arbeitet. Wenn beide miteinander verbunden sind [...] und die Energie zwischen ihnen fließt, wendet er sich an die Göttin hinter der Priesterin. Dann wird die Göttin gebeten, ›herabzusteigen in den Körper‹ der Priesterin. Die anderen Teilnehmer an der Zeremonie bemerken deutlich, wie in der Priesterin Veränderungen vor sich gehen, während sie ›inspiriert‹, von der Göttin

»Herabziehen des Mondes«: das zentrale Wicca-Ritual, worin die Hohepriesterin die Göttin verkörpert.

erfüllt wird.«[34] Vivian Crowley hat diese Erfahrung so beschrieben: »Es war eine Ruhe und eine Stille in mir. Dann kam der Fluss der Kraft herab durch mein Kronen-Chakra, herab bis zu meinen Füßen und hinaus in den Kreis. Sie war gekommen. Ich war in weiter Ferne, tief in *samadhi*; jenem Bewusstseinszustand, in dem es kein ›ich und die anderen‹, ›dies und das‹, ›fern und nah‹ mehr gibt, sondern nur noch ein Gefühl von Einssein mit dem Universum.«[35]

Dann spricht der Hohepriester zum Coven:

> *»Hört die Worte der Großen Mutter; ihrer, die von Alters her von den Menschen Artemis, Astarte, Athene, Dione, Melusine, Aphrodite, Cerridwen, Dana, Arianrhod, Isis, Bride und bei vielen anderen Namen genannt wurde.«*

Nun spricht die Hohepriesterin als inkarnierte Göttin die »Charge«:

> *»Wann immer Ihr einer Sache bedürft, einmal im Monat, und es gereicht euch besser, wenn der Mond voll ist, dann sollt Ihr Euch an einem geheimen Platz versammeln und meinen Geist, der ich Königin aller Hexen bin, verehren. Dort sollt ihr euch versammeln, ihr, die ihr begierig seid, alle Zauberei zu erlernen, aber doch noch nicht ihre tiefsten Geheimnisse erlangt habt; denjenigen will ich Dinge lehren, die bisher unbekannt sind. Und ihr sollt frei sein von Sklaverei; und als ein Zeichen, dass ihr wirklich frei sein möget, sollt ihr nackt sein in euren Riten; und ihr sollt tanzen, singen, feiern, musizieren und einander lieben, alles mir zum Preis. Denn mein ist die Ekstase des Geistes, und mein ist auch die Freude auf Erden; denn mein Gesetz ist Friede allen Geschöpfen. Haltet euer höchstes Ideal rein und unbefleckt; strebt immer danach; laßt euch nicht darin aufhalten oder davon abbringen. Denn mein ist die geheime Pforte, die sich ins Land der Jugend öffnet, und mein ist der Kelch des Weines des Lebens und der Kessel der Cerridwen, der* [der] *Heilige Gral der Unsterblichkeit ist. Ich bin die gnädige Göttin, welche die Gabe der Freude in die Herzen der Menschen legt. Auf Erden gebe ich Gewißheit über den ewigen Geist, und über den Tod hinaus gebe ich Frieden und Freiheit und vereine wieder mit denen, die vorausgegangen sind. Noch verlange ich Opfer; denn sehet, ich bin die Mutter alles Lebendigen, und meine Liebe ergießt sich über die Erde.«*

Darauf spricht der Hohepriester:

> *»Hört die Worte der Sternengöttin; ihrer, der im Staub ihrer Füße die Lichter des Himmels sind und deren Körper das Universum umspannt.«*

Dann spricht die Göttin durch die Hohepriesterin den Coven an:

> *»Ich, die ich die Schönheit der grünen Erde bin und der weiße Mond unter den Sternen und das Geheimnis der Wässer und die Sehnsucht in den Herzen der Menschen, rufe deine Seele. Erhebe dich und komm zu mir. Denn ich bin die Seele der Natur, die das Universum belebt. Von mir stammen alle Dinge und zu mir müssen alle Dinge zurückkehren; und vor meinem von Göttern und Menschen geliebten Antlitz lasse dein innerstes göttliches Selbst umfaßt werden von der Verzückung des Unendlichen. Meine Anbetung erfolge im Inneren des jubelnden Herzens; denn siehe, alle Taten der Liebe und*

des Genusses sind meine Rituale. Und darum laß' Schönheit und Stärke, Kraft und Leidenschaft, Ehre und Demut, Frohsinn und Ehrfurcht in dir sein. Und du, der du gedenkst, nach mir zu suchen, wisse, dass dein Suchen und Sehnen dir erst nützen werden, wenn du nicht das Mysterium kennst; daß, wenn du das, was du suchst, nicht in dir findest, es nimmermehr außerhalb von dir finden wirst. Denn siehe, ich war mit dir von allem Anfang; und ich bin das, was am Ende der Sehnsucht erlangt wird.«[36]

Der magische Kreis und der Kraftkegel

Wicca-Zeremonien finden in einem magischen Kreis als Symbol des heiligen Raums statt, der auf den Boden eines als »Tempel« abgesonderten Raums oder an einem dazu ausersehenen Versammlungsort, z.B. in einem baumbestandenen Hain oder auf dem Gipfel eines heiligen Bergs markiert wird. Die Erde wird zur Reinigung mit einem Ritualbesen gekehrt, die vier Elemente werden den vier Himmelsrichtungen zugeordnet:

Norden – Erde (als Symbol des physischen Körpers)
Osten – Luft (Gedanken und Kommunikation)
Süden – Feuer (Energie und Wille)
Westen – Wasser (Emotionen und Gefühle)

Der Altar wird traditionell im Norden aufgestellt. Metaphysische Wesen, genannt »Herrscher der Wachtürme«, regieren nach dem Wicca-Glauben die vier Himmelsrichtungsviertel und werden in den Ritualen um Segnungen und Schutz angerufen. Die Mitte des Kreises repräsentiert den Geist, als Auslösung der vier Elemente und wahrer Sinn der Einheit.

In der Wicca hat der magische Kreis noch eine zusätzliche Bedeutung, denn er symbolisiert den Schoß der Göttin und repräsentiert Enthaltensein in Allem, Gesamtheit und transzendente Ganzheit. Margot Adler bezeichnet den heiligen Kreis als »Mikrokosmos des Universums«, und Starhawk meint, »er liegt an den Grenzen des gewöhnlichen Raums und der gewöhnlichen Zeit; er liegt ›zwischen den Welten‹ des Sichtbaren und des Unsichtbaren [...], ein Raum, in dem sich verschiedene Wirklichkeiten begegnen, in dem sich uns Vergangenheit und Zukunft öffnen«.[37]

Die Wicca pflegen auch einen so genannten Kraftkegel, d.h. einen Vortex kollektiver magischer Energie, zu bilden. Dazu laufen die Coven-Mitglieder im Uhrzeigersinn um den Kreis, halten sich dabei an den Händen und konzentrieren ihre Aufmerksamkeit auf die Kerze in der Mitte des Altars. Häufig wird bei diesem Umgang die »Witches' Rune« (Hexen-Rune), ein »Chant« oder magisches Lied gesungen, das von Gerald Gardner und Doreen Valiente verfasst wurde und sich international in seinem englischen Wortlaut durchsetzte. Es beginnt mit den Versen:

»Eko, Eko, Azarak
Eko, Eko, Zomelak
Eko, Eko, Cernunnos
Eko, Eko Aradia
Darksome night and shining moon
East, then South, then West, then North;
Hearken to the Witches' Rune [...]."

Und es enthält unter anderem die Verse:

»Queen of heaven, Queen of hell,
Horned hunter of the night –
Lend your power unto the spell,
And work our will by magic rite!
By all the power of land and sea,
By all the might of moon and sun –
As we do will, so mote it be;
Chant the spell, and be it done!"[38]

Die Instrumente des Hexenrituals

Auf den Altar werden der Kommunionswein, eine Altarkerze und die persönlichen Geräte und »Waffen« der Hexe gestellt. Wie im Golden-Dawn-Orden sind auch im Wicca-Ritual verschiedene magische Instrumente unerlässlich.

Schwert ist ein Symbol der Macht, manchmal zum Ziehen des Kreises verwendet, und ein mächtiges Schutzsymbol. Das Schwert des Hohepriesters liegt auf dem Boden vor dem Altar.

Athamen ist ein zweischneidiges Messer mit schwarzem Griff, gelegentlich mit Symbolen verziert; es wird zum Dirigieren der magischen Kraft und manchmal auch zum Ziehen des magischen Kreises verwendet. Seine Klinge sollte aus Eisen, das den Willen repräsentiert, und sein Griff aus Elfenbein sein, das Standfestigkeit repräsentiert. Auch ein Messer mit weißem Griff, genannt *boline,* kann auf dem Altar liegen, dient aber rein praktischen Zwecken.

Dolch dient zum Anrufen oder Verbannen von Geistern und wird mit dem Element Luft assoziiert.

Kelch oder **Calicium** wird mit dem Element Wasser assoziiert und ist Symbol für den Schoß der Göttin. Wird er in einen größeren, mit Flüssigkeit gefüllten Kelch getaucht, so symbolisiert dies die heilige Hochzeit zwischen dem Gott und der Göttin. Der Kelch wird auch für den Ritualwein verwendet.

Zauberstab dient zum Lenken des Willens und zur Beschwörung und Beherrschung von Geistern. Er muss mit beiden Händen und mit der Spitze vom Körper fortweisend gehalten werden; er besteht aus Weiden-, Birken-, Hasel-, Eichen- oder Erlenholz.

Weihrauchfass oder **Thuribulum** ist ein Gefäß aus Messing für Weihrauch und anderes Räucherwerk; auf drei Beinen stehend oder an drei Ketten aufgehängt. Es wird um den Kreis getragen, um ihn mit den Elementen Feuer und Luft zu reinigen.

Altar in einem Hexen-Coven: die Figur der Göttin an zentraler Stelle, vor ihr, umgeben von anderen Geräten, ein Kelch und ein Kerzenleuchter.

Scheibe oder **Pentakel** ist ein Symbol des Elements Erde, aus Kupfer bestehend. Es wird zum Anrufen von Erdgeistern verwendet; die Scheibe kann aber auch um den Kreis gerollt werden, um ihn zu markieren. Dient auch als Teller für die »Mondkuchen«, die gemeinsam am Ende des Rituals gegessen werden.

Kandelaber ist ein dreiarmiger Leuchter, der je nach Mondphase oder der Art des Rituals eine weiße Kerze (die Göttin als Jungfrau), eine rote Kerze (als Mutter) oder eine schwarze Kerze (alte Frau) hat. Die schwarze Kerze repräsentiert Alter und Weisheit, ist also kein Symbol von »schwarzer Kunst«.

Geißel dient in erster Linie als Hilfsmittel zur Reinigung bei Initiationszeremonien; wird manchmal auch für milde Formen der Selbst-Auspeitschung, aber nur selten zur Bestrafung derer verwendet, die die Gesetze des Coven verletzen.

Altartuch ist normalerweise schwarz oder weiß. Darauf stehen die Gefäße für Salz und Wasser, das zur Reinigung des Kreises mit den Elementen Erde und Wasser verwendet wird.

Buch der Schatten ist die persönliche Sammlung von Ritualen, Zaubersprüchen, Kräuterheilmitteln und anderen Details von okkultem Wissen der Hexe; das Buch liegt auf dem Altar.

Bilder – auf den Altar können kleine Figuren der Gottheit gestellt werden, der das jeweilige Ritual gewidmet ist.

Die Wicca-Hohepriesterin Francesca Howell, während sie in den Bergen außerhalb von Boulder, Colorado, den magischen Kreis zieht. Als Mitglied der Öko-Wicca-Bewegung hat sie sich vor allem auf das Heilen der Erde spezialisiert.

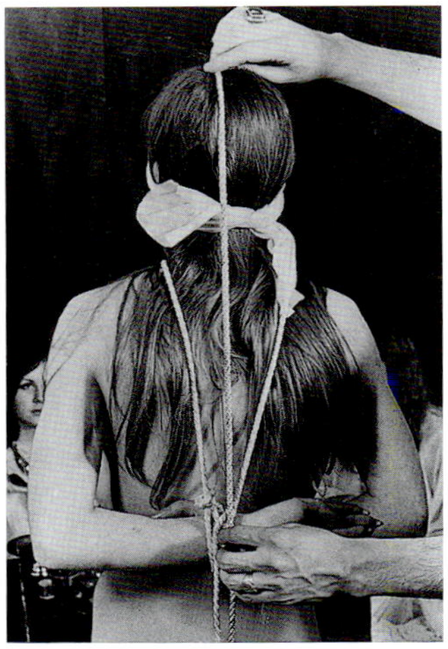

Janet Farrar bei ihrer Initiation in den ersten Grad, 1970. Die Initiandin wird rituell mit einer Kordel, manchmal auch mit dem Cingulum gefesselt. Foto: Stewart Farrar.

Besen – hergestellt aus sechs verschiedenen Hölzern (Birke, Besenginster, Weißdorn, Hasel, Eberesche und Weide), dient zum Säubern des Ritualplatzes.

Kessel ist ein weibliches Symbol, besteht aus Gusseisen, hat drei Füße, die die drei Gesichter der Göttin repräsentieren, und wird für das zeremonielle Feuer verwendet, wenn das Ritual nicht im Freien stattfindet.

In Wicca-Zeremonien arbeiten die Hexen normalerweise *sky-clad* (»vom Himmel bekleidet«), d.h. nackt, obwohl in manchen Gruppen ständig Roben getragen werden. Die üblichste Ritualkleidung ist eine schwarze Robe mit Kapuze und ausreichender Bewegungsfreiheit zum Tanzen. Hohepriester und Hohepriesterinnen tragen bei bedeutenden Initiationen häufig ihre Robe und können eine Kordel in symbolischen Farben, genannt *cingulum*, um die Hüfte tragen. Diese Kordel ist traditionell 3 bis 6 Fuß (also ca. 1–2 Meter) lang, um damit leichter den Durchmesser eines Hexenkreises (mindestens 9 Fuß, d.h. ca. 3 Meter) ausmessen zu können; er kann aber auch verwendet werden, um die Kandidaten während der Initiationszeremonie rituell zu fesseln.

Die Natur des eigentlichen Rituals

In allen magischen Religionen, vom archaischen Schamanismus bis zur heutigen Wicca, glauben diejenigen, die aktiv an der Aufführung eines Rituals teilnehmen, dass dies nicht nur etwas rein Theatralisches ist, sondern eine heilige, innere Wirklichkeit darstellt. Mit anderen Worten, der Teilnehmende hat für eine bestimmte Zeit das Gefühl, dass er Teil eines mystischen Dramas ist. Er nimmt an einem Mysterium teil, macht eine transformative Erfahrung, erfährt die heilige Natur des Kosmos.

Selena Fox, eine amerikanische Hexe aus Wisconsin, gliedert die Rituale in drei Phasen: Vorbereitung und Orientierung; Arbeit am oder Konzentration auf das Ritual selbst; Schluss und Assimilation seines Inhalts. Die Wicca glauben, dass die heilige Energie am Ende des Rituals wieder »geerdet« werden muss, damit die Teilnehmer zur »realen« Welt zurückkehren können. Manchmal teilt eine Gruppe als Abschlussphase »Wein und Kuchen«, und dann folgt ein Abschiedssegen:

»Der Kreis ist offen, aber nie zerbrochen
Fröhlich getroffen, fröhlich auseinandergehn
auf ein fröhlich Wiedersehn.«

Der Kreis ist offen,
aber nie zerbrochen ...

Kapitel 11

Zeitgenössischer Satanismus

Um das Phänomen des heutigen Satanismus zu verstehen, muss man sich zunächst dem Ursprung und der Philosophie der American Church of Satan sowie seiner Nachfolgerin, dem Temple of Set, zuwenden, denn beide spielen in der Welt der zeitgenössischen »schwarzen Magie« eine zentrale Rolle. Wie sich zeigen wird, basiert die Church of Satan jedoch primär auf hedonistischem Lustgewinn und den Freuden des Fleisches, während sich der Temple of Set auf die metaphysischen Offenbarungen eines altägyptischen Geistes beruft. In einem gewissen Sinn war die Church of Satan stets eine Ausgeburt des kalifornischen Show-Business, eine Form institutionalisierter Party-Exzesse. Der Temple of Set dagegen erforscht weiterhin ein wesentlich breiteres esoterisches Feld und gründet auf philosophischen Antworten auf das magische Universum.

Anton LaVey und die Church of Satan

Von Anfang an war die Church of Satan als eine Religion der Hemmungs- und Zügellosigkeit konzipiert. Ihr Gründer Anton LaVey (1930–97) war Karneval-Schausteller und Musiker. Seine neue Religion hatte das Ziel, das konservative Durchschnitts-Amerika in seiner Selbstgefälligkeit und moralischen Doppelzüngigkeit zu schockieren. LaVey wurde von seinen Anhängern der »Schwarze Papst« genannt, stilisierte sich bewusst zu einer finsteren Gestalt, trug einen spitzen Bart und einen schwarzen Umhang mit einem umgekehrten Pentagramm. Er war eng mit Sammy Davis jr. befreundet und behauptete später, er hätte auch mit Marilyn Monroe und Jayne Mansfield eine romantische Liaison gehabt. LaVey kürte Jayne Mansfield zur Hohepriesterin seiner Kirche, als sie ihr einen Besuch abstattete, aber sie selbst beteuerte, dieses Treffen sei reiner Spaß und ursprünglich die Idee eines Publizisten gewesen. Im Inszenieren von okkulten Showeffekten war LaVey auf alle Fälle nicht zu übertreffen.

Nach seiner wichtigsten Biografin, Blanche Barton, wurde Anton Szandor LaVey am 11. April 1930 in Chicago geboren, hatte französische, deutsche, russische und rumänische Vorfahren und sogar Zigeunerblut in den Adern. Kurz nach seiner Geburt zog seine Familie an die San Francisco Bay. Von frühester Jugend an fühlte er sich zum Okkultismus hingezogen, lernte durch seine rumänische Großmutter mütterlicherseits die Vampir-Mythen kennen, verschlang okkultistische und Fantasy-Literatur wie Bram Stokers »Dracula« oder das populäre Magazin »Weird Tales« und war bereits als Zwölfjähriger mit den mittelalterlich-magischen *grimoires* und den Schriften des Albertus Magnus vertraut.

Als Kind betrachtete LaVey die Schule als einen Ort, »dem man entfliehen musste«. Mit sechzehn Jahren riss er aus seinem Elternhaus in Oakland aus und schloss sich dem Clyde Beatty Circus an, wo er als Raubtierkäfig-Boy für die Fütterung und Pflege der Großkatzen zuständig war. Ein Jahr benötigte er nur, um mit acht Löwen und vier Tigern gleichzeitig fertig zu werden; häufig trat er nun allein mit den Katzen im großen Käfig auf.

Blanche Barton berichtet, dass LaVey mit dem Beatty-Zirkus durch Kalifornien, Oregon, Washington, Nevada, Arizona und New Mexico tourte, bevor er sich im Oktober 1947 am Ende der Saison von ihm trennte. Dann jobbte er im Pike Amusement Park in Long Beach, Kalifornien, wo er die Calliope (Dampfpfeifenorgel) spielte,[1] und später auf Wander-Shows an der Pazifikküste, wo er wieder auf der Calliope-, Wurlitzer- oder Hammondorgel spielte. Mit Entsetzen wurde ihm die christliche Heuchelei bewusst: »Am Samstagabend sah ich Männer, die sich an halb nackten Girls aufgeilten, die im Karneval tanzten, und am Sonntagmorgen, wenn ich am anderen Ende des Festplatzes für Zeltshow-Evangelisten die Orgel spielte, sah ich die gleichen Männer mit ihren Frauen und Kindern in den Betbänken hocken und Gott bitten, er möge ihnen vergeben und sie reinwaschen von ihren fleischlichen Gelüsten.«[2]

LaVey studierte, von seiner ersten Frau angeregt, am San Francisco College Kriminologie und arbeitete für kurze Zeit als Fotograf der Polizei von San Francisco. Dort sah er eine grauenhafte Seite des Großstadtlebens: »Leute, die von Verrückten abgeknallt, von Freunden erstochen wurden, Kids, die von fahrerflüchtigen Autofahrern am Bordstein zermatscht wurden. Das war widerwärtig und deprimierend.«[3] Daraus schloss er, dass Gewalt ein Teil von Gottes unergründlichem Ratschluss war, und wandte sich von Gott als Quelle von Inspiration, Wohltat und Güte vollkommen ab.

Der amerikanische Filmstar Jayne Mansfield mit Anton LaVey 1966 in San Fancisco.

LaVey nahm wieder sein Orgelspiel auf und vertiefte sich eingehender in seine okkultistischen und parapsychologischen Studien. Schon bald hielt er wöchentliche Kurse über alle möglichen esoterischen Themen ab, die von den verschiedensten Leuten wie dem Romancier Stephen Schneck und dem Avantgardefilmer Kenneth Anger besucht wurden. Diese so genannten Magic-Circle-Treffen fanden in seinem dicht mit Rollläden verschlossenen Haus Nr. 6114 in der California Street statt und boten Vorträge über Vampire, Werwölfe, Spukhäuser, außersinnliche Wahrnehmung und Zombies. Außerdem verhöhnte LaVey die katholische Kirche mit »schwarzen Messen«, in denen die Hostie entweiht, ein umgekehrtes Kreuz und schwarze Kerzen verwendet und Gebete rückwärts gesprochen wurden.[4]

LaVey war fasziniert von Sir Francis Dashwood und dessen Hellfire Club im Stil des 18. Jahrhunderts, dem er in den Ruinen einer Abtei in Medhenham an der Themse begegnete. Dort hatten sich Mitglieder des britischen Establishments an lasziven Soireen mit blasphemischen Hymnen und Orgien ergötzt, die in ausgegrabenen Gruftkammern unter einem Hügel stattfanden. LaVey kam zu dem Schluss, dass sein Magic Circle ein modernes Pendant dazu bieten konnte. In einem typischen Akt bravouröser Zurschaustellung schor sich LaVey den Schädel kahl und verkündete in der dämonischsten Nacht des Jahres, der Walpurgisnacht, die mit dem Heraufsteigen der Mächte der Finsternis in Verbindung gebracht wird, die Grün-

Anton Szandor LaVey: unvergleichlicher Meister im Inszenieren okkulter Show-Spektakel.

dung der Church of Satan. LaVey erklärte das Jahr 1966 zum Jahr eins anno Satanas, dem ersten Jahr der Herrschaft Satans. Das Zeitalter des Feuers hatte begonnen.

LaVey tat die Verkündigung: »Satanismus ist die einzige Religion, in der sich der Mensch ohne ›dropping out‹ aus der Gesellschaft ›antörnen‹ kann zu den Freuden, die ihn direkt umgeben.« Damit formulierte er in gesteigerter Form das Hippie-Diktum »Turn on, tune in and drop out« um, das damals von dem Gegenkultur-Guru Timothy Leary gepredigt wurde. LaVey lehnte jede Idee der Flucht in Drogenwelten ab; stattdessen plädierte er für sinnliche Hemmungslosigkeit und persönliche Selbstermächtigung. LaVeys Credo lautete im Wesentlichen: Der Mensch ist Gott und Gott ist der Mensch. Die Zeremonien der Church of Satan wurden zu einem Mittel, um magische »Power« in die volle Verwirklichung der fleischlichen Gelüste zu »channeln«.

In LaVeys Zentrum, 6114 California Street, war der rituelle Altarraum vollkommen schwarz ausgekleidet, und an der Wand über dem Kamin hing ein auf dem Kopf stehendes Pentagramm. Dieses besondere Pentagramm repräsentierte das Siegel Baphomets, ein Symbol, das er angeblich von den Tempelrittern des 13. Jahrhunderts übernommen hatte. Die Kulthandlungen begannen und endeten mit satanischen Hymnen und einer rituellen Anrufung Satans. Eine nackte Frau, ein Symbol der Lust und Selbstenthemmung, diente als »Altar«.

Hier der Bericht einer typischen Zeremonie der Church of Satan: »Um den Beginn der Messe zu signalisieren, wird neunmal eine Glocke geschlagen, wobei der Priester gegen den Uhrzeigersinn den Kreis umschreitet und die Glocke in die vier Himmelsrichtungen läutet. Dann wird das Leopardenfell zurückgeschlagen und entblößt den nackten Körper der Frau, die an diesem Abend als freiwilliger Altar dient. Dann wird von einem der assistierenden Priester die rituelle Reinigung vorgenommen, indem er die versammelte Gemeinde mit einem Gemisch aus Sperma und Wasser besprengt, das schöpferische Kraft symbolisiert. Darauf zieht LaVey ein Schwert aus der Scheide, die von Diana, seiner Frau und Hohepriesterin, gehalten wird, und ruft Satan in seinen Manifestationen in den vier Himmelsrichtungen an. Satan im Süden steht für das Feuer; Luzifer im Osten symbolisiert die Luft; Belial im Norden repräsentiert die Erde; und Leviathan im Westen ist sein Wasseraspekt. Dann trinkt der amtierende Priester aus einem Kelch, der mit jeder Flüssigkeit gefüllt ist, die er sich wünscht, angefangen von Limonade bis hin zu 100%igem Wodka, und bringt Satan ein symbolisches Opfer dar. Anschließend wird der Kelch zum Gedenken an den Abend auf den Schoß des Mädchen-Altars gestellt.«[5]

Die Rituale selbst variierten von Woche zu Woche, aber sie waren stets mit irgendeiner Form persönlicher Wunscherfüllung verbunden. »Die einzelnen Gemeindemitglieder werden in die Mitte eines Kreises geführt, der von Priestern mit übergestülpter Kapuze gebildet wird, und werden gefragt, welchen Wunsch sie haben. Dann schlägt der Hohepriester, begleitet von schauriger Orgelmusik, in einer Art Ritterschlagsgeste dem Mitglied mit einem Schwert leicht auf den Kopf und bittet den Teufel, den Wunsch zu erfüllen. Darauf konzentrieren das Mitglied und die Priester ihre emotionalen Kräfte auf das, was genannt wurde. In dem Wunsch kann es um materiellen Gewinn, das Finden eines Liebespartners oder den Erwerb einer physischen oder emotionalen Eigenschaft gehen. Wie immer der Wunsch lautet, der Zweck des Rituals ist, die inneren Kräfte des Teilnehmenden zu bündeln, damit er fähig wird, sein Ziel zu visualisieren und zu erreichen. Nachdem jedes Mitglied der Gemeinde dieses Prozedere ausgeführt hat, werden alle wieder auf ihre Plätze verwiesen und die Zeremonie wird zum Abschluss gebracht, indem die Glocke neunmal läutend im Uhrzeigersinn um den Kreis getragen wird, während die Orgel satanische Hymnen spielt.«[6]

LaVey glaubte an das Zelebrieren christlicher »Sünden« als Tugenden und formulierte als Quintessenz seines Ansatzes die folgenden satanischen Statements:

»Satan repräsentiert Hemmungslosigkeit statt Abstinenz.
Satan repräsentiert vitales Leben statt spirituelle Hirngespinste.
Satan repräsentiert reine Weisheit statt heuchlerischen Selbstbetrug.
Satan repräsentiert Freundlichkeit gegenüber denen, die sie verdienen, statt Liebe, die an Undankbare verschwendet wird.
Satan repräsentiert Rache statt Darreichen der anderen Wange.
Satan repräsentiert Verantwortung gegenüber Verantwortlichen statt Sorge um psychische Vampire.
Satan repräsentiert den Menschen als ein Tier unter anderen […], das wegen seiner ›göttlichen, spirituellen und intellektuellen Entwicklung‹ zum verkommensten von allen Tieren wurde.
Satan repräsentiert jede so genannte Sünde, da sie alle zu physischer, geistiger oder emotionaler Befriedigung führen.
Satan war der beste Freund, den die Kirche jemals hatte, da er in all jenen Jahren dafür sorgte, dass sie gute Geschäfte machte.[7]

Daneben entwickelte LaVey auch eine Reihe von Regeln, die er die »Elf satanischen Gebote der Erde« nannte und die letztlich ein Führer durch den »menschlichen Dschungel« waren:

Dr. Michael Aquino: der ehemalige und gegenwärtige Hohepriester des Temple of Set, fotografiert im Jahr 1984. Er war bereits 1975 der erste Leiter des Temple of Set und übernahm 2002 erneut dieses Amt.

»Äußere keine Meinungen und Ratschläge, außer du wirst darum gebeten.
Erzähle anderen nichts von deinen Problemen, außer du bist sicher, dass sie sie hören wollen.
Wenn du im Hause eines anderen weilst, dann zeige ihm Respekt, oder begib dich nicht dorthin.
Wenn ein Gast in deinem Hause dir Ärger macht, dann behandle ihn grausam und ohne Gnade.
Mach keine sexuellen Avancen, außer du erhältst das Zeichen zur Paarung.
Nimm dir nicht, was dir nicht gehört, außer es ist dem anderen eine Last und er schreit danach, von ihr befreit zu werden.
Würdige die Macht der Magie, wenn du sie erfolgreich angewandt hast, um ans Ziel deiner Wünsche zu gelangen. Wenn du die Macht der Magie verleugnest, nachdem du erfolgreich aus ihr geschöpft hast, wirst du alles verlieren, was du erreicht hast.
Beschwere dich über nichts, worum du dich nicht zu kümmern hast.
Tu kleinen Kindern nichts zu Leide.
Töte keine nichtmenschlichen Tiere, außer sie greifen dich an oder dienen dir zur Nahrung.
Belästige niemanden, wenn du dich in der Öffentlichkeit bewegst. Wenn dich jemand belästigt, dann bitte ihn, damit aufzuhören. Wenn er nicht aufhört, dann vernichte ihn.«[8]

LaVeys Gebote sind von elternhaft autoritärer Strenge, kombiniert mit der Vorsicht aus der Erfahrung des Gossenlebens und einer Gabe zu physischer und magischer Konfrontation. Auf der einen Seite bedeutete LaVey zwar eine Provokation für den konventionellen christlichen Sittenkodex des Durchschnitts-Amerika, aber auf der anderen Seite betrachtete er weder sich selbst noch seine Church of Satan als ausgesprochen antichristlich, sowenig Platz es in seinem Credo auch für Bescheidenheit, Schwäche oder »Darreichen der anderen Wange« gab. Für ihn war das Christentum schlicht und einfach irrelevant. Es ging nicht auf die emotionalen Grundbedürfnisse der Menschheit ein, es verleugnete die fleischliche Grundnatur des Menschen und hielt seine Anhänger in einer Position der Abhängigkeit von einem Gott, der sich offenbar »wenig darum scherte, sich irgendein Leid zu betrachten«. LaVey machte sich auch keinerlei Illusionen über Armutsgelübde als Mittel zum Erlangen von spiritueller Erlösung. Für ihn ging es in der Magie lediglich um Macht, und Wohlstand bedeutete Macht. LaVey nahm sich das Recht heraus, die finanziellen Mittel der Church of Satan für jeden Zweck umzuleiten, der ihn geeignet dünkte. Dies war der Punkt, der schließlich zu einer Spaltung in der Führung seiner Kirche führte.

Die Geburt des Temple of Set

Um 1975 war klar, dass in der Church of Satan nicht alles zum Besten stand. Nach den Worten von LaVeys Kollegen Michael Aquino, dem Herausgeber des Newsletter »The Cloven Hoof«, begann die Church nun viel zu viele »Schicki-Jünger, Egomanen und sonstige komische Käuze« anzuziehen, »die primär deshalb Satanisten werden wollten, damit sie ihre Mitgliedskarten zücken konnten, um sich auf Cocktail-Partys einen tollen Namen zu machen«.[9] Zur gleichen Zeit fand LaVey, dass er mit dem 10-Dollar-Jahresbeitrag, der für die Church-Mitgliedschaft erhoben wurde, als Full-Time-Magier nicht überleben konnte. Und diese Erkenntnis führte dann auch zur Krise.

Wie andere magische Orden hat auch der Temple of Set die altägyptische Götterwelt zu neuem Leben erweckt. Hier eine Darstellung von Set, sitzend, mit einem *ankh* in der Hand. Die andere Gottheit hat einen Skarabäus-Kopf. *Kepher*, das ägyptische Wort für den heiligen Skarabäus, bedeutet auch »werden« – mit diesem hängt auch der Begriff *xeper*, »ich bin geworden«, zusammen.

Anfang 1975 verkündete LaVey in dem besagten Newsletter, dass künftig alle höheren Initiationsgrade gegen Zuwendungen in Form von Bargeld, Immobilien oder wertvollen Kunstobjekten zu haben waren. Der Effekt war nach Aquino niederschmetternd: »Wenn es einen einzigen vereinenden Faktor gab, der uns zum Satanismus gebracht hatte, dann war es die Haltung der Church gegenüber der Heuchelei. Als wir von dieser Strategie erfuhren, war unsere Reaktion daher die, dass Anton LaVey sein Amt verriet, dass er alles verriet, wofür er so viele Jahre lang gearbeitet hatte.«[10]

Es gab keine Möglichkeit, den Führer zu entlassen – die Church of Satan lag mit all ihren Zielen und Zwecken in seinen Händen. Die einzige Alternative für die Priester bestand darin, sie zu verlassen. Im Juni traten einige führende Mitglieder der Priesterschaft aus der Church of Satan aus, wodurch sie viele andere Mitglieder mitzogen, machten aber gleichzeitig klar, dass sie den Priesterstand selbst nicht aufgeben würden. »De facto«, so Aquino, »hatten wir eine heilige Verantwortung, die wir mitnehmen mussten.«

Michael Aquino besaß einen Hochschulabschluss der University of California von Santa Barbara, interessierte sich stark für vergleichende Religionswissenschaft und Philosophie und war 1969 der Church of Satan beigetreten.[11] Inzwischen war er Priester des vierten Grades und das dienstälteste Mitglied der Separatistengruppe. Es war jedoch klar, dass von Satan selbst neue Führungslinien erbeten werden mussten. Am Abend des 21. Juni 1975 forderte Aquino den Fürsten der Finsternis in einer ritualmagischen Zeremonie auf, »uns zu sagen, was wir tun müssen, um unsere Suche fortzusetzen«. Das Ergebnis war laut Aquino ein Akt von ›automatischem Schreiben‹, »eine Botschaft eines Gottes an ein menschliches Wesen«.

In einem Dokument mit dem Titel »The Book of Coming Forth by Night« offenbarte sich Satan nun als der altägyptische Gott Set und ernannte Aquino zu LaVeys Ersatz. In dieser Schrift wurde Aquino als Nachfolger von Aleister Crowley und Magus fünften Grades des neuen Set-Äons bezeichnet. Verschwunden waren alle Bezüge zum christlichen Teufel. Sowohl die »Kirche« als auch die Gottheit erhielt einen neuen Namen: »Weihe meinen Tempel und meinen Orden neu im wahren Namen von Set. Ich werde den Bastardtitel eines hebräischen Teufels fortan nicht mehr dulden.« Es gab noch weitere Instruktionen für das neue magische Zeitalter:

»Als ich zum ersten Mal auf diese Welt kam, schenkte ich euch mein großes Pentagramm, das zeitlose Maß der Schönheit durch Proportion. Und es wurde in verkehrter Position dargestellt, auf dass Schöpfung und Wandel höher gepriesen seien als Ruhe und Bewahrung.

Mit den Jahren ward mein Pentagramm verfälscht, doch hat die Zeit nicht die Macht, es zu vernichten.

Seine richtige Position ward durch die Kirche Satans wieder hergestellt, doch seine Essenz wurde vermindert durch einen maurischen Namen und die widernatürlichen Lettern der Hebräer und den Bock des entarteten Khar. Während des Zeitalters Satans ließ ich diese wunderliche Verfälschung zu, denn dies geschah, um mich zu ehren, wie ich damals wahrgenommen wurde. Doch dies ist nun mein Äon, und mein Pentagramm hat wieder rein zu sein in seinem Glanz. Werft die Verfälschungen fort, auf dass hervorleuchte das Pentagramm des Set. Alle, die mich suchen, mögen es stets offen tragen und mit Stolz, auf dass ich sie erkenne.

Wer nach meinem Wissen strebt, der sei genannt mit Namen Setianer [...].«[12]

»Das Wort des Äons von Set ist Xeper *– ›ich bin geworden‹.«*

Zeichnung nach Malereien des Grabes von Tansart in Theben, 1835–40. Im alten Ägypten wurde die aufgehende Sonne mit dem Skarabäus assoziiert, der seinen Dungballen vor sich herrollt. Man glaubte, dass aus diesem dann die Jungen des Käfers ausschlüpfen, so wie die Sonne in entsprechender Weise im Osten aus dem Horizont auftaucht.

Eine neue Richtung

Michael Aquino hält daran fest, dass diese Offenbarung die Priesterschaft der ehemaligen Church of Satan zu völlig neuen Untersuchungsgebieten führte: »Die Gründer des Temple of Set wussten sehr wenig von Ägyptologie, und wir mussten erst einmal herausfinden, wer Set eigentlich war und warum sich ein Phänomen dieser Art ereignete.« Nach gewöhnlichem Verständnis war Osiris der gütige Vatergott, und Set war sein böser Bruder, der ihn ermordet hatte. »Bei unseren Nachforschungen entdeckten wir, dass [...] die ursprüngliche Identität Sets die des Gottes der Nacht, der Finsternis als Gegensatz zum Gott des Tages, der Sonne, gewesen war. Set symbolisierte die *isolierte Psyche*, den Lebensfunken innerhalb des Selbst, eine schöpferische Kraft im Universum und keine Feindfigur, eine Inspiration für das individuelle Bewusstsein.«[13]

Das magische Wort *xeper* erhielt ebenfalls einen zentralen Stellenwert in der Philosophie des Temple of Set; es wird *cheffer* ausgesprochen und bedeutet »ich bin geworden«. Der Temple of Set wählte den Skarabäus, ein Symbol des Sonnengottes in seinem Aspekt als Herr der Wiedergeburt, und die aufgehende Sonne selbst als Repräsentantin von Unsterblichkeit und unendlichem Potenzial als seine Insignien. In einem Statement aus jüngerer Zeit, worin es um die Erforschung der Bedeutung von *xeper* ging, schrieb Don Webb, ein ranghohes Mitglied des Temple of Set: »Dieses Wort erzeugt das Äon von Set und die derzeitige Form des Ewigen Wortes des Fürsten der Finsternis. Dieses Wort zu kennen bedeutet zu wissen, daß die ultimative Verantwortung für die Evolution Ihrer *Psyche* in Ihren Händen liegt. Es ist das Wort der Freiheit, der Ekstase, der angsterfüllten Verantwortung und die Wurzel aller Magie.«[14]

Darauf definiert Don Webb den Begriff *xeper* als »die Erfahrung einer individuellen *Psyche*, sich ihrer eigenen Existenz bewusst zu werden und zu entscheiden, diese Existenz durch ihre eigenen Handlungen auszudehnen und zu entwickeln«. Und da der Temple of Set das magische Potenzial des Individuums verehrt, spiegelt dies die Zielrichtung der gesamten Organisation wider – denn alle Setianer befinden sich auf einer magischen Reise, und wohin sie diese führen wird, ist im Wesentlichen ihre Sache.

Im Temple of Set gibt es zwar verschiedene Grade der Initiation, aber keine vorgeschriebenen Rituale oder Dogmen und keine besonderen Gelübde. Laut Lilith Sinclair, Aquinos Frau und Priesterkollegin im Temple of Set, seien die Rituale in der Church of Satan gewöhnlich »auf einem sehr hemmungslosen, materialistischen Niveau« präsentiert worden und Satan selbst sei »mehr ein Symbol als eine wirkliche Realität« gewesen, während im Temple of Set ihr persönlicher Kontakt mit dem Fürsten der Finsternis »ein ganz stilles, ausgeglichenes, wunderschönes Berühren zweier Geister« gewesen sei. Sie betont, dass es dort keinen mit Blut unterzeichneten Pakt gibt, wie der Volksglaube es gerne sähe, sondern eine Art privates Gelübde: »Es wird auf einer individuellen Basis abgelegt, und es ist etwas, was ich auch selbst wollte.« Während die meisten Formen der Mystik und neopaganen Religion für die endgültige Unterwerfung des Ich unter einen Zustand der Transzendenz plädieren, wird in der setianischen Philosophie die Bewusstheit des persönlichen Selbst ständig aufrechterhalten. Wenn man mit Set kommuniziert, meint Lilith Sinclair, dann »behält man seine Individualität bei [...], aber gleich-

Lilith Sinclair:
Michael Aquinos Ehefrau und
Priesterin des Temple of Set.
San Francisco, 1984.

zeitig ist man mit dem Wesen des Fürsten der Finsternis verbunden. Das ist ein natürlicher Austausch und Fluss von Energie, von verstandesmäßiger Bewusstheit«.[15]

In den späteren Jahren der Church of Satan wurden Anton LaVey und seine Frau Diana es leid, nur in ihrem eigenen Haus Versammlungen abzuhalten, und beschlossen, weitere Filialen der Church, sowohl in San Francisco als auch in anderen Städten überall in Amerika, zu unterstützen. Diese Filialen, so genannte Grottos (»Grotten«) wurden weit verstreut in Louisville (Kentucky), Santa Cruz, San Jose, Los Angeles, Denver, Dayton (Ohio), Detroit, Washington DC und New York gegründet und zentrierten sich meist um charismatische Persönlichkeiten, die entschlossen waren, die satanische Lehre weiter zu verbreiten. LaVey hatte sich selbst zum Hohepriester Satans ernannt, und es gab fünf Grade der Initiation: Satans-Lehrling I°, Hexe bzw. Hexer II°, Priester bzw. Priesterin des Mendes III°, Magister IV° und Magus V°. Aber auch innerhalb dieser Grade wurde die satanische Suche als etwas *Persönliches*, als Entwicklung einer Beziehung zwischen dem Einzelnen und dem Fürsten der Finsternis betrachtet.

Die Pylone des Temple of Set

Der Temple of Set behielt eine vergleichbare Struktur von Einweihungsgraden bei, nur wurden nun die »Grotten« durch »Pylone« ersetzt. Ein Schlüssel zu dem Denken, der hinter diesem Begriff steht, ist in Aquinos privat veröffentlichtem Buch über die »Church of Satan« (1983) zu finden: »Die Menschheit ist wie ein hohes Gebäude. Etage um Etage bedarf es eines Gerüsts. Schritt für Schritt eine Religion nach der anderen, eine Philosophie nach der anderen; man kann das zwanzigste

Obelisk und Kolossalstatuen von Ramses II., rechts dahinter einer der Pylone des Tempels von Luxor. Das Bild des Pylons als »schmales Tor« und »sichere Wand für die sich innen befindlichen Personen« hatte starken Einfluss auf die setianische Philosophie. Lithographie von David Roberts, London, 1846.

Stockwerk nicht von dem Gerüst des ersten aus errichten.«[16] Eine Verlautbarung des Temple of Set von 1998 macht ebenfalls klar, dass sich die Anspielung auf Pylone »auf die massiven befestigten Tore der ägyptischen Tempel« bezieht.[17] Das Konzept der Pylone ist wesentlich substanzieller als das der »Grotten«, die Intention eine deutlich seriösere, obwohl die zentrale Haltung die gleiche blieb: Der Mensch ist Gott oder ein potenzieller Gott. »Die Mission des Temple of Set ist es, eine Tradition der Selbstvergöttlichung wiederzuerwecken.«[18]

Der Temple of Set hat die Gründung von Pylonen in verschiedenen Städten der USA sowie auch in Australien, England, Deutschland und Finnland genehmigt. Die Größe seiner Mitgliederzahl wird jedoch nicht öffentlich enthüllt.[19] Wie in der Church of Satan die Grotten nur von Mitgliedern des zweiten Grades gegründet werden konnten, so werden die Pylone von einem Setianer höheren Grades gefördert – in diesem Fall von einem Mitglied des dritten Grades, der als *Sentinel* (»Wachposten«) bezeichnet wird. Allgemein finden die Pylonen-Treffen bei ihren Mitgliedern zu Hause statt. Sie haben den Zweck, »dem Initiierten einen Fokus zu bieten, einen Ort, an dem er Wissen verinnerlichen kann«.[20] Als Illustration wird der Amun-Ra-Tempel von Luxor verwendet, wo »der Durchgang eine Passage zur äußeren Welt darstellt, mit einem schmalen Tor innen, und als eine sichere Wand für die sich innen befindenden Personen dient. Dies ist eine gute Metapher für das, was der Pylon sein sollte. [...] Der Durchgang zum Pylonen ist eng; er ist durch einen Mann oder einer Frau leicht zu bewachen. Die Rolle des Sentinels ist die

Rolle eines Wächters.«[21] Das Engagement des Setianers als solches bleibt jedoch im Wesentlichen ein privater und innerer Prozess: »Das Tor zu Ihrer eigenen Initiation ist in Ihrem Herzen, aber oft durch Umstände und Gewohnheiten dort verborgen. Externe Tore sind Symbole, die Sie benutzen können, um Ihren Ritus des Durchgangs zu bewerkstelligen. Die meisten von den Durchgangsriten, die Sie für Ihr Leben brauchen, werden Sie sich selbst erschaffen müssen. Pylone sind ein solcher Durchgang. Wirkliche Initiation entsteht nicht durch Texte, sie geht von Mund zu Ohr.«[22]

Und doch erkennt der Temple of Set Initiationsgrade an und besitzt eine ähnliche Struktur wie die Church of Satan. Im Jahr 1996 hatte Don Webb, der in der Folgezeit zum Emeritus-Grad Ipsissimus VI° aufstieg, das Amt des Hohepriesters oder Magus V° inne. Im Jahr 2002 zog er sich von diesem Amt zurück, und Anton LaVeys jüngster Tochter, die Hohepriesterin Zeena Schreck, eine Magistra IV° des Tempels, wurde seine Nachfolgerin.[23] Nach sechs Wochen trat sie jedoch zurück, und Michael Aquino, nun ebenfalls Ipsissimus VI°, übernahm ihre Nachfolge. Innerhalb des Tempels gibt es verschiedene Orden, die sich unterschiedlichen Arten magischer Forschung widmen. Einer davon ist der »Orden des Trapezoids«, dessen besonderes Fachgebiet, in Zusammenarbeit mit dem hochgradigen Tempel-Gelehrten Stephen Flowers, die nordeuropäische Runenmagie ist.

Die Perspektive der Setianer

Als erster Hohepriester des Temple of Set ist Aquino nach wie vor dessen wichtigster Vordenker. Der Tempel spiegelt seinen intellektuellen Background wider. Aquino unterteilt das manifestierte Universum, grob gesagt, in drei Wirklichkeitsebenen. In der alltäglichen Welt, der so genannten natürlichen Ordnung, beobachten wir Ursache und Wirkung; hierauf bauen wissenschaftliche Methode und Technik auf. Auf einer nächsten Ebene, veranschaulicht durch die Schriften Platons, den Aquino bewundert, herrscht das philosophische Denken; seine Kennzeichen sind die Prozesse von Deduktion und Induktion: die Macht der Ratio, gestützt auf beobachtbare Fakten. Jenseits dieser Ebene liegt schließlich die Welt der magischen Wirklichkeit; nach Aquino hat die Grundbeschaffenheit des Menschen eine spirituelle und psychische Dimension, und diese transzendieren die weltlicheren Ebenen der Existenz.

Der Punkt, an dem Aquino von Christen, Mystikern und Paganen, die er zu diesem Zweck zu einer Gruppe fasst, abweicht, ist sein Glaube, dass die psychische Dimension die Menschheit von der restlichen Natur *trennt*. Für ihn geben sich Mystiker und Okkultisten im Allgemeinen gleichermaßen damit zufrieden, ihre Selbstheit unter den Fluss des kosmischen Bewusstseins zu subsumieren – was ein Akt der Unterwerfung ist. Die Christen werden dagegen von Schuldgefühlen bedrückt und stellen fest, dass sie in dem Bemühen, Gott zu besänftigen, »abgedroschene ethische Normen« billigen. Für Aquino ist der Satanismus etwas Einzigartiges, da er für ein persönliches Verhalten eintritt, das selbstbestimmt ist: »Alle konventionellen Religionen, inklusive die paganen, sind lediglich eine Variation des Themas von Wiedervereinigung und Untertauchen des Selbst im natürlichen Universum. Aus unserer Sicht macht es in Wirklichkeit keinen Unterschied, ob Sie zu einem Vatergott oder einer Muttergöttin beten – oder zu einem ganzen Geschnatter von Göttern und

Göttinnen! Dann wünschen Sie nämlich immer noch, dass Sie von ihnen akzeptiert werden. Sie warten darauf, dass sie ihre Arme um Sie legen und sagen: ›Du gehörst zu uns. Du bist ein Teil von uns. Du kannst dich ruhig entspannen. Wir werden uns schon um dich kümmern. Wir sind völlig mit dir einverstanden. Du hast unsre volle Unterstützung.‹ Der Satanist oder Schwarzmagier strebt nicht nach dieser Art Untertauchen des Selbst. Wir streben nicht danach, unsere Entscheidungen und unsere Ethik von irgendeinem höheren Gott oder Wesen gutheißen oder für gültig erklären zu lassen. Wir nehmen die Verantwortung selbst auf uns.«[24]

Dies fordert natürlich die Frage heraus, welches Verhältnis der Satanist Set gegenüber hat, der als Wesen einer höheren Existenzebene betrachtet wird. Aquino sagt dazu: »Wir beten nicht zum Teufel, zu Satan oder zu Set. Wir haben keine Begehren oder Wünsche, von denen wir erwarten, dass sie von irgendeiner Art Gottheit erfüllt werden. Wir betrachten Set als unsere aktivierende Kraft, und der gesamte Begriff von Gut und Böse ist etwas, was von den Menschen selbst bestimmt wird. Wir können die Verantwortung an *keinen* Gott abgeben, egal, ob er ein so genannter gütiger Gott oder ein so genannter böser Gott ist.«[25]

Wer sich mit den verschiedenen Selbstentwicklungs- und transpersonalen Bewegungen befasst hat, wird hier die Selbstverwirklichungsphilosophie in anderer Form wiedererkennen.[26] Wie Werner Erhard, der Gründer von »est« (Erhard-Seminar-Training) in seinen Workshops und Seminaren stets betonte, sollten wir alle lernen, die Verantwortung für unser eigenes Sein zu übernehmen, und sobald wir dies tun, sind wir in der Lage, unsere eigene Wirklichkeit zu erschaffen. Anhänger des »Personal Growth Movement« haben in ähnlicher Weise betont, dass wir »unser eigenes Leben besitzen« und unabhängige psychische Mächte in einem wesentlich von uns selbst geschaffenen Universum werden sollten. Dies alles schließt ein, dass der Mensch das Potenzial besitzt, ein Gott zu werden. Lilith Sinclair drückt diesen Standpunkt noch nachdrücklicher aus: »Wir betrachten uns als etwas sehr Hohes, da wir uns als höhere Wesen fühlen. Wir haben das Gefühl, dass wir dabei sind, das Wissen eines tieferen Universums zu erlangen.«

Sowohl Aquino als auch Don Webb teilen diese Ansicht. Nach Aquino hat der Temple of Set eine neue philosophische Epoche, ein »Stadium mentaler Evolution« eingeführt. Don Webb meint: »Wenn wir an der kulturellen Revolution/Evolution des Neuen Zyklus teilnehmen wollen, ist es die beste Methode, dass wir uns selbst transformieren. Dass wir jeden Tag aktiv solche Erfahrungen suchen und solche Dinge tun, die zu Weisheit führen. Wenn der Magier bzw. die Magierin sich selbst transformiert, dann führen seine oder ihre Taten zu einer Transformation der sie umgebenden Welt. Wenn man wie ein Gott wird, dann werden die eigenen Worte und Taten die Wirkung von Göttern haben.«[27]

Nazis, Tod und Nekromantie

Der Temple of Set plädiert für die Gottwerdung jedes seiner Mitglieder. Diese Vorstellung fördert die mit ihr verbundene Mythologie der *spirituellen Illuminati* – eine Doktrin der Erwählten, die von manchen mit mystischem Faschismus gleichgesetzt wurde. Daher überrascht es nicht, wenn Aquino zugab, dass gewisse Aspekte des deutschen nationalsozialistischen Regimes von 1933 bis 1945 eine starke Attraktion auf ihn ausübten.

Der NS-Führer, Kriegs- und Holocaust-Verbrecher Heinrich Himmler: Sein magischer Geheimorden »Ahnenerbe« betrieb u.a. den Kult des Strebens nach persönlicher Unsterblichkeit.

Verbindungen zwischen der setianischen Philosophie und den magischen Praktiken des von Heinrich Himmler geleiteten esoterischen Nazi-Ordens sind zwar schwer nachzuweisen, aber es gibt dennoch einige. Obwohl Aquino klar und deutlich feststellt, dass ihn viele Aspekte des Nazi-Regimes abstoßen, ist er jedoch überzeugt, dass die Nazis fähig waren, eine ungeheure psychische Kraft zu beschwören, die zwar missbraucht wurde, wozu es aber nicht unbedingt hätte kommen müssen. Das setianische Streben nach dem *initiierten* oder *Über*menschen schließt ein, dass der magische Adept als Gott die Mittel erwerben würde, um ewig zu leben, um zu einem glänzenden Stern am Himmel zu werden.

»Der erfolgreiche Magier«, so bemerkt Aquino in dem Newsletter »Runes«, »muss die Fähigkeit entwickeln und am Ende beherrschen, sich selbst zur *Konstanten* und alles andere zur *Variablen*, zum Unterworfenen seines Willens zu machen.«[28] Der Magier »bewegt sich allmählich auf eine Existenz zu, in der die Zeit Ihr Diener wird und nicht Ihr Herr«, und er wird Sie auch »fähig machen, den Tod zu besiegen«.

Aus »Her-Bak«, dem französischen Romanklassiker über das altägyptische Denken von Isha Schwaller de Lubicz, zitiert Aquino dazu die Antwort eines Weisen auf die Frage des jungen Tempelpriesters Her-Bak über Leben und Tod: »Was ist das Leben? *Es ist der Ausdruck der göttlichen Präsenz*. Es ist die Macht, die allen erschaffenen Dingen innewohnt, sich durch aufeinander folgende Zerstörungen ihrer Formen so lange zu verwandeln, bis die Seele oder agierende Kraft vom ursprünglichen Einstrom befreit ist [...]. Diese Macht liegt in der Natur aller Dinge. [...] Es wird das spirituelle Ziel allen menschlichen Lebens sein, dass es danach begehrt, jenen Bewusstseinszustand einer von körperlichen Zufälligkeiten unabhängigen Seele zu erlangen.«[29]

Aquino glaubte, dass die Nazis versucht hatten, das Lebensbewusstsein des Einzelnen auf den Staat zu übertragen, aber dass die Mitglieder von Himmlers esoterischem Orden diesen Prozess in einem tieferen Sinn verstanden: »Den meisten Nazis gelang sie [diese Bewusstseinsübertragung] nur auf einer weltlichen Ebene – in einer Form von ekstatischer Selbstlosigkeit, die durch Propaganda erzeugt und unterstützt wurde. Aber die ›Mönchs-Ritter‹ der Vorkriegs-SS waren in der Lage, den Tod des individuellen menschlichen Körpers zu verachten, ja sogar willentlich zu suchen, da das Bewusstsein auf eine Lebensform in einem weiter gefassten Sinn – nämlich auf den hegelschen Staat – übertragen worden war und die Opferung des Individuums zur Stärkung jener Lebensform tatsächlich zur seiner eigenen Unsterblichkeit beitrug. Alle Anspielungen auf Individuum und Tod in der SS – etwa die Totenkopf-Insignien und die rituellen Schwüre der ›Treue bis in den Tod‹ – waren de facto anmaßende Behauptungen von Unsterblichkeit.«[30]

Dies führte zu einer magischen Zeremonie, die Aquino in einem Raum der Wewelsburg unter dem »Marmorsaal« abhielt, der von Himmlers magischem Orden, dem »Ahnenerbe«, benutzt worden war. Die Burg liegt bei Büren in Nordrhein-Westfalen auf einem Gelände einstiger altsächsischer Wehranlagen. Im Jahr 1815 wurde der mächtige Nordturm fast ganz von einem Blitz zerstört, worauf die Burg verfiel. 1933 erwarb die SS die Wewelsburg als ihr »Allerheiligstes«, und Himmler ließ sie wieder aufbauen. Eine seiner Neuerungen war der Bau einer kreisförmigen Halle, genannt »Marmorsaal«, an der Stelle der ursprünglichen Kapelle. Nach Aquino wurde sie von der Gralshalle inspiriert, die der Bühnenbildner Alfred Roller nach Hitlers Anweisungen für die Bayreuther »Parsifal«-Inszenierung von 1934 entwarf.

In den Boden aus rotem italienischen Marmor ist eine Scheibe aus grünem Marmor eingelassen, von der zwölf Runenmotive ausgehen. Obwohl gewöhnlich als »Sonnensymbol« klassifiziert, ist das Design als Ganzes in Wirklichkeit ein magisches Geheimsiegel der Westfälischen Femegerichte, einer mittelalterlichen Gerichtsform, die nach ihrer Abschaffung bis ins 19. Jahrhundert als esoterischer Geheimbund weiterlebte. Als solcher war der Raum ein idealer Versammlungsort für das »Ahnenerbe«, das sich der gleichen magischen Tradition zugehörig glaubte.

Es ist unverkennbar, dass Aquino den inneren Kreis der Priester und Priesterinnen des Temple of Set als die magischen Nachfolger des »Ahnenerbes« und der »Feme« betrachtet. Unter dem Marmorsaal, in einer Geheimkammer, genannt »Walhalla« oder Totenhalle, hielt er 1982 eine weitere rituelle Anrufung des Fürsten der Finsternis ab. Einzelheiten sind uns nicht bekannt, da bestimmte Aspekte der Setianer-Lehre geheim sind. Wir wissen aber, dass Aquino während der Zeremonie seinen Glauben bekräftigte, dass der Mensch magisch betrachtet *vom Universum getrennt steht.* In seinen eigenen Worten: »Die Wewelsburg-Arbeit baut auf der Behauptung auf, dass das Leben konzeptuell der Natur entgegengesetzt ist [...] und in seinem innersten Wesen ›unnatürlich‹ ist«.[31]

»Gralshalle«: entworfen von Alfred Roller für die Bayreuther »Parsifal«-Inszenierung von 1934. Michael Aquino zufolge ließ sich Himmler durch dieses Bühnenbild zu dem »Marmorsaal« in der Wewelsburg inspirieren.

Für Aquino besteht die wesentliche Aufgabe des magisch Initiierten darin, sich zu gottgleichen Proportionen zu entwickeln und das »natürliche« Universum seinem Willen zu unterwerfen. Der Mensch verdankt seinen Sonderstatus auf Erden der »bewussten Intervention einer nicht-natürlichen Intelligenz [genannt Set], und der Respekt, der dem Fürsten der Finsternis gezeigt wird, ist einfach eine Anerkennung dessen, dass er den Menschen inspiriert, in seiner Suche nach Herrschaft sogar noch höher zu streben«. Teil dieses Strebens ist der Versuch, den Tod zu besiegen. Während die meisten Mystiker glauben, dass sie ihre Individualität dem Göttlichen – *Nirvana, Sunyata, En Sof Aur* – unterwerfen müssen, bleibt Aquino dabei, dass dies unvernünftig ist: »Wir würden einfach sagen, dass das, was sie haben, eine Art sublimierter Todeswunsch des Selbst ist, und dass wir, anders als sie, nicht sterben wollen.«[32]

Der Schlüssel zu Michael Aquinos Philosophie, den Tod zu überlisten, ist ebenfalls in dem »Runes«-Newsletter zu finden. Dazu muss die beseelende Kraft in den lebenden Dingen manipuliert werden. Aquino glaubt, dass die Psyche weder vom Körper abhängt noch in ihm eingeschlossen ist und dass der Geist des Magiers fähig ist, bis »zur Grenzenlosigkeit seiner bewussten Existenz hinaus« zu gelangen. Daher kann der Satanist in die Lebenskräfte eingreifen, die die Prinzipien von Geburt, Tod und Schöpfung regieren – um die Vorgänge der Natur zu seinen eigenen Zwecken zu manipulieren.

Die Symbolik der schwarzen Magie

Die Mitglieder der Church of Satan wie des Temple of Set haben sich als »Schwarzmagier« bezeichnet, und doch unterscheidet sich ihre Auffassung von schwarzer Magie deutlich von der volkstümlichen. Für die meisten Leute ist die Idee von schwarzer Magie mit einer schädlichen Absicht verbunden, d.h. mit der, einer anderen Person oder Personengruppe ernsthaften Schaden zuzufügen oder Eigentum zu beschädigen – also etwas grundsätzlich Zerstörerisches. Die Setianer sehen ihre magische Zielsetzung jedoch anders. Kürzlich hat Leon Wild, Herausgeber der Internet-Zeitung »The Ninth Night«, die sich für setianische Prinzipien engagiert, eine klare Unterscheidung zwischen dem, was er als »Mythos des satanischen Verbrechens« bezeichnet, und der Existenzberechtigung des Schwarzmagiers getroffen. Seiner Ansicht nach töten oder verletzen rechtmäßige Satanisten weder Menschen noch Tiere, sie begehen keine Vergewaltigung oder Menschenopfer, sie begehen keine Brandstiftung oder Entweihung in den Kirchen anderer Religionen und tasten auch keine Friedhöfe an – auch wenn sie häufig all dieser Dinge beschuldigt werden.[34]

In allen Bereichen des Lebens gibt es jedoch Psychopathen, und viele von ihnen fühlen sich von den selbstermächtigenden Philosophien der okkulten Traditionen angezogen. Viele Menschen dieser Art – darunter Charles Manson und seine Anhänger – haben aufgrund ihrer geistesgestörten Schwärmerei für die »schwarze Kunst« entsetzliche Verbrechen begangen. Daher sind wir gezwungen uns zu fragen, ob umgekehrt auch alle »Schwarzmagier« obligatorisch Psychopathen und Geistesgestörte sind.

Es ist kaum zu bestreiten, dass die Church of Satan während der ersten neun Jahre ihrer Existenz eine Organisation war, die mehr dem ausschweifenden Sichgehen-

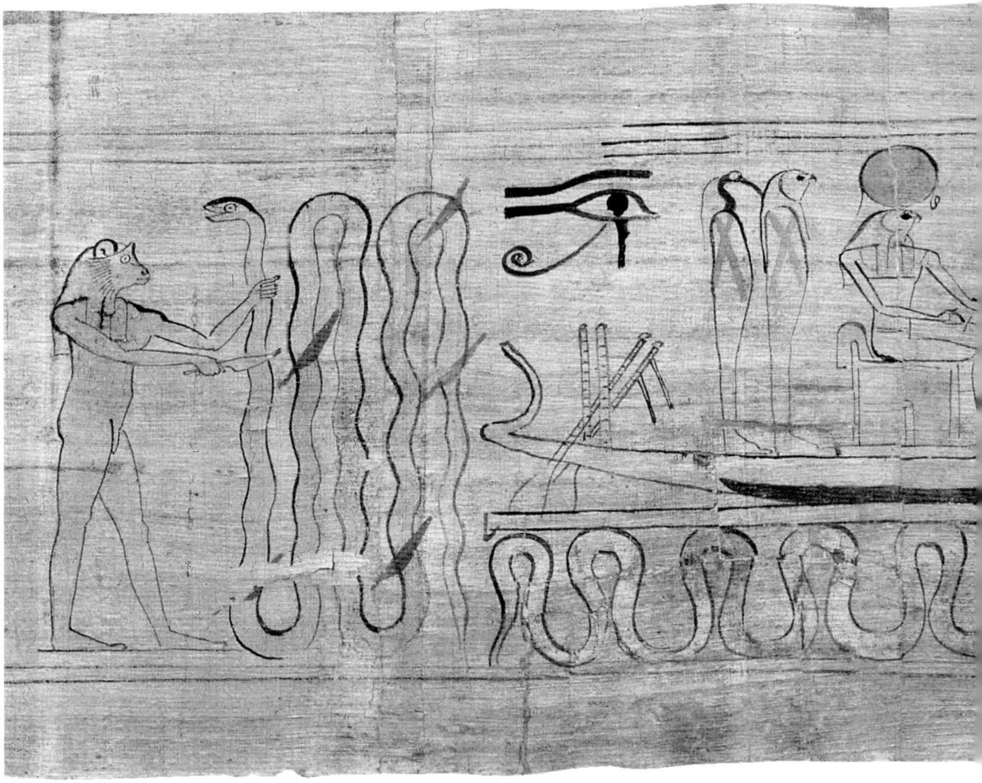

Die Nachtfahrt der Sonne: Detail aus dem Herubes-Papyrus, um 1000 v. Chr. Die Schlange Apepi, Herrscherin der Unterwelt, versucht die Sonne zu verschlingen, wird aber von Set angegriffen. Die Setianer betrachten Set, den Herrscher der Nacht, als Symbol der dynamischen Kraft der Veränderung und fassen die Finsternis nicht als das Böse, sondern als das unendliche Potenzial des Menschen auf.

lassen frönte und für ungehemmtes Schwelgen in »Sünde« plädierte, als dass sie sich »ernsthaft« im Reich des »Bösen« engagierte. Und doch sind ihre antichristlichen Showeffekte schwerlich ernst zu nehmen, so provokativ sie auf viele praktizierende Christen auch gewirkt haben müssen. Der Temple of Set zeigt dagegen eine stärker intellektuelle und philosophische Perspektive. Aquinos Interesse an Himmlers esoterischen Praktiken liefert zwar schwerwiegende Gründe zur Sorge, aber die Attraktivität, die sie auf ihn ausübten, war bei ihm offenbar eher mit Begriffen von Unsterblichkeit und übermenschlichen Ambitionen als mit dem ausgesprochen Bösen verbunden.

Für viele Schwarzmagier unserer Zeit scheint der so genannte Pfad der linken Hand in der Magie etwas völlig anderes zu bedeuten. Leon Wild unterscheidet zwischen *weißer* Magie, die letzten Endes nach Sublimation des Ichbewusstseins in einem Akt der Transzendenz strebt, und *schwarzer* Magie, die auf dem »Akzeptieren und Verherrlichen des Selbst« gründet.[35] Hier verkündet der praktizierende Setianer die Ambition des Menschen, ein potenzieller Gott zu sein, eine Ambition, die man auch einfach als arrogante Anmaßung oder als eitle Täuschung betrachten könnte. Die Satanisten wie die Setianer machen jedoch kein Geheimnis aus der Tatsache, dass sie glauben, dass der Mensch ein unbegrenztes Potenzial besitzt und sogar zu bewusster Unsterblichkeit gelangen kann. Für sie ist die Erforschung dieses heiligen Potenzials ein rationales Ziel, das sich von selbst rechtfertigt.

»Als unser Vorbild«, so schrieb Don Webb, »wählen wir den altägyptischen Gott Set, de[n] Archetypen der isolierten Intelligenz anstatt des etwas beschränkenden hebräischen Satans, de[n] Archetypen des Rebellen gegen die kosmische Ungerechtigkeit. Als Teil unserer Praxis erstrebt jeder von uns die Dekonstruktion des sozial konstruierten Geistes, demnach beginnen wir in Rebellion. [...] Wir [...] beten Set auch nicht an – sondern stattdessen nur unser eigenes Potenzial. [...] Set war und ist der Patron des Magiers, der nach der Steigerung seiner Existenz durch Ausdehnung sucht. [...] Schwarze Magie bedeutet, die volle Verantwortung für die eigenen Handlungen, die eigene Evolution und die eigene Effektivität zu übernehmen.«[36]

Setianer betrachten das Bild von Set, dem ägyptischen Gott der Nacht, als eine dynamische Kraft der Veränderung. Set ist »er, der trennt«, »er, der isoliert«, der Gott, der die Stasis – repräsentiert durch Osiris – »erschlug« und die chaotische Gedankenlosigkeit – repräsentiert durch Apepi – überwand. In diesem Kontext repräsentiert Set das Vernichten von veralteten Denkmustern und sozialer Konditionierung, ein »Entthronen innerer Götter, die wir durch die Gesellschaft erhalten haben«. Don Webb erklärt, die Natur des magischen Strebens bestehe darin, »eine unsterbliche, unabhängige, mächtige und kraftvolle Essenz zu werden«.[37] Don Webb und seine Setianer streben nach einer grenzenlosen Zukunft, die sich ihnen durch den magischen Willen öffnet. Für diese Magier ist die Finsternis nicht das Böse, sondern das grenzenlose menschliche Potenzial.

Kapitel 12

Die Wiedergeburt des Archaischen

In seinem »Ritual of the Mark of the Beast« verkündet Aleister Crowley: »Ich bin ein Gott [...] jeder Gott jedes Gottes; ich gehe meinen Weg, um nach meinem Willen zu wirken. [...] Ich bin Allwissend, denn nichts existiert für mich, es sei denn, ich kenne es. Ich bin Allmächtig, denn nichts existiert, außer durch die Notwendigkeit, Ausdruck meiner Seele kraft meines Willens, ihre Symbole zu sein, zu tun und zu erleiden. Ich bin Allgegenwärtig, denn nichts existiert, wo nicht Ich bin, Ich, der den Raum erschuf als Conditio meines eigenen Bewusstseins.«[1] Hier tut Crowley das, was viele Magier zu verschiedenen Zeiten der Geschichte getan haben. Der Magier, der den Gott imitiert, wird zu dem Gott – *wie oben, so unten*. Margot Adler, eine führende amerikanische Vertreterin des Neopaganismus, bestätigt dies: »Das Entscheidende an den magischen und paganen Religionen ist, dass sie letztlich sagen: ›In dir selbst ist der Gott, du bist die Göttin – du kannst alles in dir selbst verwirklichen und erschaffen, was du auf dieser Erde und jenseits von ihr brauchst.‹«[2]

Ein Teil dieses Denkens steht im Zusammenhang mit dem Grundkonzept des spirituellen Humanismus, dass jedes Individuum tief in seinem Wesen ein göttliches Potenzial besitzt. Es bedarf nur einer kleinen Akzentverschiebung von dieser Erkenntnis zu der Behauptung: »Ich bin der Gott geworden.« Die erste Ansicht ist eine Äußerung der Verbundenheit, die zweite eine Äußerung der Herrschsucht und Anmaßung. Die Vorstellung, dass wir alle in uns ein heiliges Potenzial besitzen, ist durchaus zu loben. Ihr Ursprung lässt sich bis zur Gnosis zurückverfolgen, sie klang auch bereits bei C. G. Jung (1875–1961) wieder an und bildet den Rahmen der Psyche, wie sie weithin auch von praktizierenden Magiern und Okkultisten verstanden wird.

C. G. Jung und das mythische Unbewusste

Carl Gustav Jung war der Ansicht, dass man jenseits der biografischen und sexuellen Komponenten des Unbewussten in den Tiefen der Psyche mythische »Archetypen« finden kann, die den Impuls zu visionärer und religiöser Erfahrung liefern. Nach Jung übersteigen diese Archetypen die persönlichen und kulturellen Variablen und manifestieren sich weltweit in zahlreichen symbolischen Formen, denn sie haben einen tiefen Einfluss auf jene visionär Veranlagten, die in der glücklichen Lage sind, ihnen unmittelbar in Träumen, mystischen Visionen oder Akten schöpferischer Inspiration zu begegnen.

Jung glaubte, dass das Göttliche nicht außerhalb der Menschenwelt liegt, sondern *in ihr* als ein Aspekt unseres »Menschseins«, an dem wir alle Anteil haben und zu dem wir alle Zutritt erlangen können. Nachdem er sich von Freud – dessen Auffassung vom Unbewussten im Wesentlichen eine biologische war – getrennt hatte, betonte Jung immer mehr, dass die heiligen Tiefen der Psyche den Ursprung aller religiösen und mystischen Erfahrungen liefern. In diesem Sinne vertrat er einen essenziell gnostischen Ansatz in Bezug auf spirituelles Wissen. Für Jung ist die Begegnung mit den Archetypen nicht einfach ein von Gott gewährter Akt der Gnade, vielmehr kann man den Prozess spiritueller Bewusstwerdung auch selbst fördern, und zwar durch Traumarbeit und Visualisierung sowie durch Techniken wie Meditation und Yoga.

Jung erkannte, dass das Unbewusste ein ganzes Warenhaus von Bildern enthält, die weit umfangreicher sind als die Verdrängungen des individuellen Ego, und dass das Unbewusste in gewissem Maße unabhängig vom Bewusstsein zu agieren scheint. Er entdeckte auch, dass es in Träumen Motive gibt, die nicht ein Teil der individuellen Psyche zu sein scheinen. Das Studium dieser Symbole führte ihn dazu, das Konzept des »kollektiven Unbewussten« zu formulieren: »Es gibt jedoch viele Symbole [...], die ihrem Charakter und Ursprung nach nicht individuell, sondern *kollektiv* sind. Dabei handelt es sich hauptsächlich um religiöse Bilder.« Der Gläubige vermutet nach Jung zu Recht, »der Ursprung der Symbole liege so tief im Geheimnis der Vergangenheit begraben, daß sie aus keiner menschlichen Quelle zu stammen scheinen. In Wirklichkeit sind es aber ›kollektive Vorstellungen‹, die auf früheren Menschheitsträumen und schöpferischen Phantasien beruhen. Als solche sind diese Bilder spontane Erscheinungen und keineswegs willkürliche Erfindungen.«[3]

Jung nahm an, dass diese Motive ein symbolischer Ausdruck der »beständig wiederholten Erfahrungen der Menschheit«, abgeleitet von Beobachtungen über die Natur, sind, die sich in die psychischen Muster der gesamten Spezies eingebettet hatten. Folgendes Beispiel zeigt, wie ein Archetyp entsteht: »Eine der gewöhnlichsten und zugleich eindrucksvollsten Erfahrungen ist der tägliche, scheinbare Son-

Der Lakota-Schamane »Der-über-Feuerkohlen-geht« gibt sich während des Sonnentanzes der Sonne hin. C. G. Jung war der Auffassung, dass aus Naturphänomenen, wie z.B. dem täglichen Weg der Sonne, die Archtetypen des »kollektiven Unbewussten« entstehen.

Nach C. G. Jung nehmen Archetypen, symbolisiert durch Engel und Archonten, »die Psyche mit einer Art Urgewalt gefangen«. Hier ein geflügelter babylonischer Heros im Kampf mit zwei wilden Tieren.

nenlauf. Wir vermögen allerdings im Unbewussten nichts davon zu entdecken, soweit es sich um den uns bekannten physischen Vorgang handelt. Dagegen finden wir den Sonnenmythus in allen seinen zahllosen Abwandlungen. Dieser Mythus bildet den Sonnenarchetypus, und nicht der physische Vorgang.«[4] Jung kam schließlich dazu, den Archetyp als eine anthropomorphe Darstellung einer bestimmten Kraft in der Natur zu betrachten. Seine Kraft rühre daher, dass die Beobachtung der Sonnenbewegung eine der universalen Erfahrungen und eine Kraft ist, die außerhalb der Möglichkeit menschlicher Manipulation liegt. Daher wurde die Sonne zu einem Objekt mystischer Verehrung, zu einem in einer Reihe von Archetypen, mit denen man sich in religiösen oder rituellen Akten der Transzendenz identifizieren konnte.

Natürlich sahen die verschiedenen Kulturen den Sonnenheros in jeweils unterschiedlichen Gestalten, so etwa das antike Hellas und Rom als Apollo-Helios oder das alte Persien als Ohrmazd. Jung betrachtete all diese kulturellen Muster als Variationen ein und desselben Themas – und allen gemeinsam war der Archetyp selbst. Dies hatte noch eine andere Seite: »Die urtümlichen Bilder sind die ältesten und allgemeinsten Vorstellungsformen der Menschheit. Sie sind ebenso Gefühl als Gedanke; ja, sie haben sogar etwas wie ein eigenes, selbständiges Leben [...]. Die Vorstellung von Engeln, Erzengeln, der ›Throne und Herrschaften‹ bei Paulus, der Archonten der Gnostiker, der himmlischen Hierarchie des Dionysius Aeropagita usw. stammt aus der Wahrnehmung der relativen Selbständigkeit der Archetypen.«[5] Ferner sagte Jung, ein Archetyp »ergreift mit einer Art Urgewalt von der Psyche Besitz«.[6]

C.G. Jung betrachtete die tiefsten Schichten der Psyche als zutiefst spirituell und gelangte allmählich zu der Ansicht, dass die Individuation das wesentliche Ziel der persönlichen Entwicklung jedes Einzelnen ist, d.h. die Bewegung auf eine Ganzheit des Seins zu, die durch Integrieren der widerstreitenden Inhalte und archetypischen Prozesse des Unbewussten geschieht.

C. G. Jung betrachtete das Selbst als die Gesamtheit der Persönlichkeit und war der Auffassung, dass es alle Aspekte der Psyche enthält. Er betrachtete das Selbst als einen zentralen Archetypus, symbolisch personifiziert durch einen Kreis oder ein Mandala als Darstellungen von Ganzheit. Selbstverwirklichung oder Individuation bedeutete einfach in einem wahren und totalen Sinn »man-selbst-werden«.

Oben: »Der philosophische Baum« aus C. G. Jungs »Alchemistischen Untersuchungen«. Unten: ein von einem seiner Patienten gemaltes Mandala, gebildet aus einem Ei, einer Schlange, schützenden Flügeln und Augen.

Das Selbst enthält die *Persona*, das Gesicht, das wir der Welt zeigen, und das *Ich*, das alle bewussten Inhalte der persönlichen Erfahrung umfasst. Jung glaubte auch, dass Männer und Frauen die jeweils entgegengesetzten Geschlechtspolaritäten innerhalb ihres Bewusstseins in Einklang bringen sollten – er nannte diese bei den Männern *anima* und bei den Frauen *animus* – und er sprach von dem *Schatten*, einer Verkörperung von Erinnerungen, die aus dem Bewusstsein verdrängt wurden. Der Schatten taucht häufig in Träumen als eine dunkle, abstoßende Figur auf. Jung argumentierte jedoch, dass das Material des Schattens, wenn man es anerkennt und wieder in das Bewusstsein zurückkehren lässt, viel von seiner beängstigenden Natur verlieren wird. Die Behandlung der dunklen Seite der Psyche ist nach wie vor ein bedeutender Aspekt aller jungschen Formen der Psychotherapie.

Jung beschrieb den Prozess des persönlichen Wachstums in seinem Aufsatz »Die Beziehungen zwischen dem Ich und dem Unbewußten« von 1928: »Je mehr man sich [...] durch Selbsterkenntnis und dementsprechendes Handeln seiner selbst bewußt wird, desto mehr verschwindet jene dem kollektiven Unbewußten aufgelagerte Schicht des persönlichen Unbewußten. Dadurch entsteht ein Bewußtsein, das nicht mehr in einer kleinlichen und persönlich empfindlichen Ich-Welt befangen ist, sondern an einer weiteren Welt, am Objekte, teilnimmt. Dieses weitere Bewußtsein ist nicht mehr jener empfindliche, egoistische Knäuel von persönlichen Wünschen, Befürchtungen, Hoffnungen und Ambitionen, der durch unbewußte persönliche Gegentendenzen kompensiert oder etwa auch korrigiert werden muß, sondern es ist eine mit dem Objekt, der Welt, verknüpfte Beziehungsfunktion, welche das Individuum an eine unbedingte, verpflichtende und unauflösbare Gemeinschaft mit der Welt versetzt.«[7]

C. G. Jungs Wirkung auf die zeitgenössischen Formen spiritueller Praxis war beträchtlich. Sein Konzept des kollektiven Unbewussten hat viele dazu ermuntert, Mythen, Märchen und Sagen nach Einsichten in die grundlegende Beschaffenheit des Menschen zu untersuchen und auch die Zyklen symbolischer Wiedergeburt, wie sie in vielen Weltreligionen zu finden ist, mit dem persönlichen Individuationsprozess in Beziehung zu setzen.

Ein anderer Aspekt von C. G. Jungs Ansatz ist seine Betonung der *individuellen* Transformation. Nach C. G. Jung sind wir für unser eigenes spirituelles Schicksal verantwortlich. Dies ist ein zutiefst gnostischer Standpunkt – etwas völlig anderes als die spirituelle Botschaft in den meisten Formen der institutionalisierten westlichen Religionen. Nach C. G. Jung bieten die Archetypen des kollektiven Unbewussten spirituelle Wegmarken entlang des Furcht erregenden Pfades, der zur Wiedervereinigung der Psyche führt. Wohin uns diese Reise führt, hängt von jedem Einzelnen ab.

Viele von C. G. Jungs Hauptideen stoßen auf große Resonanz bei den magischen und esoterischen Traditionen des Westens, in denen es ebenfalls um persönliches spirituelles Wachstum durch Selbsterkenntnis, Initiation und Übergangsriten geht. Den Polaritäten von *animus* und *anima* begegnen wir in der zweiten der drei Wicca-Initiationen ebenso wie in der mythischen Bilderwelt der Alchemie – C. G. Jung war bekanntlich fasziniert von solchen Beziehungen zur Alchemie. Auch das jungsche Konzept der Individuation hat seine Parallele in der magischen Reise durch die Archetypen wie auf dem kabbalistischen Lebensbaum – mit Tiph-

C. G. Jung faszinierte die Spiegelung der Polaritäten von *animus* und *anima* in der Bilderwelt der Alchemie. Der alchemistische Androgyn ist eine Metapher der Vereinigung der Gegensätze und der Transzendierung der Dualität. Hier eine Miniatur aus der Prunkhandschrift »Splendor Solis«, Deutschland, 1535.

areth, der symbolischen und spirituellen Wiedergeburt und Ganzheit, in seinem Zentrum. Die Okkultisten haben lange versucht, die visionären Potenziale ihres inneren Seins zu erforschen. Ihre Invokationen und Visualisierungen haben zum Ziel, die Götter in das Bewusstsein herabzurufen. In einem mystischen Sinn geht es in der Magie essenziell darum, das Feuer aus dem Himmel zu stehlen und mit der inneren Flamme des Menschen zu vereinen.

Das Entstehen der sakralen Psychologie

Seit der Entwicklung des »Personal Growth Movement« in den Sechzigerjahren, das im Wesentlichen auf den Selbstverwirklichungsideen des amerikanischen Psychologen Abraham Maslow (1908–70) basierte, interessierten sich viele Leute in der spirituellen Gegenkultur in zunehmendem Maße für die Idee einer inneren Mythologie – des Gottes oder der Göttin in uns. Einer derjenigen, die das direkte Erbe C. G. Jungs aufgriffen und der auch als spiritueller Mentor vieler Anhänger des »Personal Growth Movement« wirkte, war der amerikanische Autor und Lehrer Joseph Campbell (1904–87). Er hatte 1953 C. G. Jung in Zürich besucht und war begeistert von dessen Art, die universalen Themen der Weltmythologie zu interpretieren. Campbell war auch selbst ein renommierter Wissenschaftler und verfasste eine Reihe fundierter, doch leicht zugänglicher Studien zur Mythologie der östlichen, westlichen und indigenen Kulturen sowie zahlreiche aufschlussreiche Aufsätze zur vergleichenden Geschichte der Religionen und ihrer Symbole.

Campbells besondere Kunst war seine Fähigkeit, die Themen der Mythologie mit der Situation der Menschheit in Bezug zu setzen. In seinen Seminaren am berühmten kalifornischen Esalen Institute und an anderen Orten pflegte er zu erklären: »Die Mythologie hilft Ihnen, die Geheimnisse der Sie durchströmenden Energien zu entschlüsseln. [...] Die Mythologie ist eine Organisation metaphorischer Bilder von Erfahrung, Handlung und Erfüllung des menschlichen Geistes auf dem Gebiet einer bestimmten Kultur zu einer bestimmten Zeit.«[8] Fundamentalistische Konzepte von Schöpfergöttern lehnte er ab, da er sie als Archetypen unseres eigenen inneren Seins betrachtete. »Ihr Gott«, so Campbell, »ist eine Manifestation Ihrer eigenen Bewusstseinsebene. Alle Himmel und alle Höllen befinden sich in Ihnen selbst.«[9]

Campbell blieb während seiner langen Karriere in erster Linie Wissenschaftler und Lehrer und hätte sich wahrscheinlich nicht als Teil des »Personal Growth Movement« betrachtet, auch wenn er viele Schlüsselfiguren der Bewegung gut kannte. Und doch hatte ein Aspekt von Campbells Credo eine gewaltige Wirkung und wird weithin als Maxime in alternativen mystischen Zirkeln zitiert: »*Follow your bliss*« – wobei *bliss* hier gleichermaßen »Begabung«, »Begnadung«, ja sogar »Segen« bedeutet. Ständig vertrat Campbell voller Nachdruck den Gedanken, wir alle sollten dem folgen, was er einen »Pfad des Herzens« nannte, einen Weg, der unseren Ort im Kosmos und auf dieser Erde bestimmt.

Campbell war nicht der Einzige, der diesen Standpunkt vertrat, aber er förderte ihn besonders. Seit seiner Zeit tauchte ein gewaltig neues Interesse an der Frage auf, welche Rolle die Mythologie im Leben unserer Zeit spielen kann. Verschiedene Schlüsselfiguren der »Personal Growth«-Bewegung, darunter amerikanische Vertreterinnen wie Jean Shinoda Bolen und Jean Houston, haben Campbell bei der Entwicklung seines Ansatzes geholfen. Bei der Erforschung praktischer und inspiratorischer Wege, archetypisch-mythische Wirklichkeiten in das Alltagsbewusstsein einzuführen, spielten sie eine herausragende Rolle.

Jean S. Bolen ist jungianische Psychiaterin und Autorin von Werken wie »Goddesses in Every Woman« (1985), »Gods in Everyman« (1989) und »The Tao of Psychology« (1982). Viele Jahre unterstützte sie die Ansicht, dass jeder Einzelne die archetypischen Energien der Götter und Göttinnen in seinem alltäglichen Leben anwenden kann. In den Sechzigerjahren war Jean Bolen stark von der Frauenbewegung beeinflusst; an der University of California in San Francisco hielt sie eine Vorlesung über Psychologie der Frauen. Heute ist sie Professorin für klinische Psychiatrie am University of California Medical Center und vertritt wie Jung die Auffassung, dass Mythen einen Weg zu den tieferen Ebenen des Bewusstseins weisen: »Der Mythos ist eine Art Metapher. Er ist die Metapher, die den Menschen wirklich Kraft gibt. Er gibt uns die Möglichkeit, unser gewöhnliches Leben aus einer anderen Perspektive zu betrachten, ein intuitives Gespür dafür zu erlangen, wer wir sind und was für uns wichtig ist. [...] Mythen bilden die Brücke zum kollektiven Unbewussten. Sie schöpfen aus Bildern, Symbolen, Gefühlen, Möglichkeiten und Mustern – aus inhärentem, ererbtem Potenzial, das wir alle gemeinsam besitzen.«[10]

Obwohl den Mythen zuweilen etwas Archaisches, von der Alltagswelt weit Entrücktes anhaftet, kann mythisches Bewusstsein, so argumentiert Jean Bolen, einen echten Sinn in das Alltagsleben einbringen: »Wenn Sie aus Ihren eigenen Tiefen heraus leben – d.h. wenn es für das, was Sie tun, eine archetypische Basis gibt –, dann gibt es dort eine Sinnebene, die ansonsten fehlen würde. [...] Wenn die Menschen ›ihrer Begnadung [*bliss*] folgen‹, wie Joseph Campbell es nennt, dann geht ihr Herz in dem, was sie tun, voll und ganz auf. Menschen, die auf eine engagierte, tief empfundene Art arbeiten, tun etwas, was ihnen bereits als solches wichtig ist, und nicht für die Gehaltsabrechnung, nicht dafür, dass einer zu ihnen sagt: ›Was für eine tolle Arbeit, die Sie da leisten.‹ «[11]

Jean Shinoda Bolen identifizierte sich trotz ihrer japanischen Vorfahren mit der Göttin des antiken Hellas. 1989 erzählte sie Mirka Kastner in einem Interview, dass die Göttinnen, die sich am meisten in ihrem Leben widerspiegeln, jene drei seien, die die »unabhängigen, selbstgenügsamen Eigenschaften in den Frauen« repräsentieren: Artemis, die Göttin der Jagd, verkörperte das Umherziehen ihrer Familie durch die USA in den Vierzigerjahren, um der Einsperrung in einem US-Konzentrationslager zu entgehen; Athene, die Göttin der Weisheit, schien bei ihrer Entscheidung für eine Ausbildung als Ärztin zugegen gewesen zu sein; und Hestia, die Göttin der Gesundheit, schien ihre Liebe zu »Komfort in Einsamkeit« zu verkörpern. Als Autorin und Dozentin habe sie sich jedoch auch von Hermes als Archetyp der Kommunikation angezogen gefühlt. Jean Bolen insistiert darauf, dass wir alle gleichermaßen die Götter *und* die Göttinnen in unserem Leben verkörpern und nicht nur die Archetypen unseres jeweiligen Geschlechts. Zudem betrachtet sie eine solche mythische Einstimmung als Öffnung zu einem größeren, einem planetarischen Bewusstsein hin.

Damit gibt Bolen die Gefühle der Wicca-Anhängerinnen Margot Adler und Starhawk wieder: »Das derzeit dringend Notwendige ist eine Rückkehr zur Erde als Quelle der heiligen Energie. Ich habe ein Konzept, das ich mit anderen teile: dass wir uns dahin entwickeln, nach der Erde und unserer Verbundenheit mit allen auf ihr zu suchen. Frauen scheinen mehr darauf eingestimmt zu sein, aber in zunehmendem Maße sind es auch Männer. Ich glaube, dass sich die menschliche Psyche kollektiv verändert, sobald sich genügend viele Individuen ändern. Im Grunde ist es ja der Kernpunkt des Lebens, zu überleben und sich weiterzuentwickeln. Für beides ist notwendig, dass wir unsere planetarische Gemeinschaft anerkennen und uns bewusst ist, dass wir unseren Feinden nichts Negatives antun können, ohne uns selbst zu schaden.«[12]

Jean Houston, ebenfalls eine führende Vertreterin der Göttinnen-Psychologie, vertritt praktisch die gleiche Position und ist in ähnlicher Weise auf das neue »Gaia-Bewusstsein« eingestimmt. »Die Erde ist ein lebendes System«, stellt sie fest. »Deshalb werden die Frauen heute von der Ausschließlichkeit ihrer Kinder gebärenden, Kinder ernährenden Rolle befreit. Unsere Epoche ist auch eine Zeit, in der die Erde mit dringender Notwendigkeit die Denk- und Seinsarten braucht, die die Frauen im Laufe von Jahrtausenden entwickelt haben.« Jean Houston ist die ehemalige Präsidentin der Association of Humanistic Psychology (»Gesell-

»Heilung des verwundeten Königs«: die Sage vom Heiligen Gral. Italienische Schule, um 1380–1400. Die amerikanische Psychologin Jean Houston vertritt die These, dass die mythischen Sagenzyklen die Transformation des Individuums beschreiben.

schaft für humanistische Psychologie«), aber ihre Begabungen erstrecken sich auch auf viele kreative Ausdrucksformen. Als gefeierte Schauspielerin am Off-Broadway Theatre hat sie Trainingsprogramme spiritueller Forschung entwickelt, unter anderem durch szenisches Darstellen von Themen aus den antiken Mysterientraditionen. Zu ihren Arbeitsmethoden gehören Visualisierung, Singen, Geschichtenerzählen und Rituale – und sie ist fest davon überzeugt, dass Mythen das Bewusstsein gestalten und transformieren können. In einem Interview, veröffentlicht in »Magical Blend« 1988, erklärte sie ihre eigene Rolle dabei: »Meine Aufgabe ist es, Leute zu dem Punkt zu bringen, wo sie die jeweiligen Götter, Göttinnen oder Archetypen identifizieren, die mit ihnen persönlich zu tun haben, und wo dieses Wesen für sie sprechen kann.«[13]

Jean Houston interessiert sich besonders für solche Mythen, die heilige Transformationsreisen beschreiben, sowie für Archetypen wie Parzival und den Heiligen Gral, Franz von Assisi, Odysseus, Christus, Isis und Osiris, da sie alle nach spiritueller Erneuerung streben. »Mythen sind vielleicht die fundamentalsten Muster der menschlichen Existenz. Sie sind Quellenmuster, die, so glaube ich, unterhalb von uns, hinter uns, im transpersonalen Raum entstehen [...], und doch sind sie der Schlüssel zu unserer persönlichen und historischen Existenz. Daher sage ich oft, dass sie die DNS der menschlichen Psyche sind.«[14]

Sie erinnert uns auch daran, dass unsere Ursprünge nicht nur im Mythologischen, sondern auch ganz real im Kosmos liegen: »Frühere Völker sahen Archetypen in der Natur und am besternten Himmelszelt – in der Sonne, im Mond, in der Erde, in den riesigen Ozeanen –, da sie implizit unsere Abstammung von diesen Ur-Entitäten erkannten. Alles und jedes stammt von den Sternen ab – jenen feurigen Solargeneratoren der Urelemente des Seins. Unsere Zellen bestehen aus den Sedimenten der Erde, und unsere Adern und Gewebe sind durchströmt von der

Gegenüber: Der Huichol-Schamane Don José Rios (Matsuwa) aus El Colorin, Municipio del Nayar, Nayarit, Mexiko, während einer Trommelzeremonie.

Salzflut der Meere. Dieses tiefe Wissen haben unsere Vorfahren in Geschichten von der Gemeinschaft der Natur gespeichert: von der Hochzeit zwischen Himmel und Erde, vom Aufschäumen des Meeres, um den Nektar des Lebens zu erschaffen, von der Wirkung des Windes auf das Wasser, um aus dem Chaos Form zu bilden. In diesen mythischen Erzählungen lokalisierten unsere Vorläufer die höhere Wirklichkeit und ihre Werte in der größeren Gemeinschaft – in den Dingen dieser Welt, den leuchtenden Spiegelungen der Gemeinschaft der Archetypen. Sie erkannten deutlich, dass das Muster, das die Welt und den Archetypus miteinander verbindet, das essenzielle Gewebe ist, das alles Leben zusammenhält.«[15]

Gerade weil Mythen und Archetypen so ursprünglich sind und uns unsere Beziehung zum Kosmos definieren helfen, sind sie heute von so entscheidender Bedeutung. Für Jean Houston ist unsere eigene Epoche, die von einer Art existenzieller Krise befallen ist, nicht nur von einem Gefühl des »Paradigmenwechsels«, sondern eines »ganzen Systemwechsels, eines Wechsels der Wirklichkeit an sich« gekennzeichnet. Wir leben in der Zeit einer »sich radikal verändernden Geschichte«, und die heilige Psychologie, mit ihren Lektionen der Transformation und Erneuerung, wird in diesem Übergang eine entscheidende Rolle spielen. Für Jean Houston sind die charakteristischen Zeichen der Zeit eine zunehmende »Planetarisierung«, die Wiedergeburt des archetypisch Weiblichen, das Aufkommen neuer Wissenschaftsformen, neue Einsichten in das Potenzial der Erweiterung menschlicher Fähigkeiten, die »Ökologie des Bewusstseins« und vor allem das Auftauchen einer weltweiten spirituellen Sensibilität.[16]

In den frühen Achtzigerjahren begann Jean Houston verschiedene experimentelle Techniken heranzuziehen, um die Teilnehmer ihrer Seminare in mythische Seinszustände zu versetzen. Eine davon bestand darin, durch Entspannung und Identifikation mit verschiedenen Gott- oder Göttin-Figuren *shapeshiftings,* »Gestaltverwandlungen«, hervorzurufen, was dazu verhilft, archetypische Wahrnehmungen zu erlangen. Dabei konnte z.B. über Figuren wie die »Große Mutter«, den »weisen alten König«, den »jungen Erlöser«, den »Listenreichen« oder das »Göttliche Kind« meditiert werden. Heute ist Jean Houston der Ansicht, dass Visualisierungen allein, so hilfreich sie auch sind, nicht genügen. Es ist durchaus möglich, dass ein gewisser persönlicher Konflikt notwendig ist, um den Funken zur Suche auszulösen. Häufig kann persönliches Wachstum, so ihr Gefühl, von einem Gefühl des »Verwundetseins«, einem Gefühl, in irgendeiner Weise verlassen oder verletzt zu sein, ausgelöst werden. »Gott«, sagt sie, »kann uns durch unsere Not erreichen [...], wir können geadelt werden und psychisch wachsen, wenn wir diese Verwundung so betrachten, dass wir uns vom persönlich Besonderen ab- und zum persönlich Universalen hinwenden.«[17]

»Die Suche des Schamanen«: Wolle und Bienenwachs-Gemälde des Huichol-Schamanen Ramón Medina.

Die Wiederentdeckung des Schamanismus

Als Teil der Suche nach dem Verstehen universaler Weisheitstraditionen wurde inzwischen auch der Schamanismus als visionärer Zugang zum Kosmos in das »Personal Growth Movement« integriert. Der Schamanismus erregte erstmals in

Huichol-Zeremonie im nördlichen Zentral-Mexiko: Willkommen für die Rückkehr von Pilgern aus Wirikuta, dem mythischen Ursprungsland ihres Volkes.

den späten Sechziger- und frühen Siebzigerjahren ein breit gestreutes neues Interesse, und zwar weitgehend durch die Schriften des südamerikanischen Autors Carlos Castaneda (1925–98). Für viele Anhänger des neuen spirituellen Bewusstseins in der westlichen Gegenkultur waren Castaneda und sein »Lehrer«, der Yaqui-Schamane Don Juan Matus, der erste Berührungspunkt mit dem Schamanischen. Sogar noch nach seinem Tod breitet sich Castanedas Einfluss und Ruf ständig weiter aus.[18] Castanedas spätere Werke werden heute im Wesentlichen als »Fiktion« betrachtet, aber seine frühen Schriften scheinen ein gewisses Maß an Authentizität gehabt zu haben.

Castanedas persönliche Geschichte ist nur bruchstückhaft bekannt. Es wurde nachgewiesen, dass er zwischen 1959 und 1973 an der University of California in Los Angeles mehrere Seminare in Anthropologie absolviert hatte. Obwohl sein richtiger Name vermutlich Carlos Arana (oder Aranha) lautete und er entweder aus Lima, São Paulo oder Buenos Aires stammte, nahm er den Namen Carlos Castaneda an, als er 1959 die amerikanische Staatsbürgerschaft erhielt. Im folgenden Jahr reiste er offenbar in den amerikanischen Südwesten, um die Verwendung der Heilpflanzen bei den Ureinwohnern zu studieren. Seiner Erzählung nach machte ihn ein Freund mit einem alten Yaqui-Indianer in Arizona, jenem Don Juan Matus, bekannt, von dem die Kunde ging, er sei ein Experte auf dem Gebiet des halluzinogenen Peyote. Don Juan sagte, er sein ein *brujo*, »Zauberer« bzw. jemand, der mithilfe von magischen Techniken heilt. Er wurde 1891 in Sonora, Mexico, geboren, sprach »bemerkenswert gut« Spanisch, schien aber von Castanedas Überheblichkeit zunächst wenig beeindruckt. Er meinte jedoch, Castaneda solle ihn wieder besuchen, und so entwickelte sich eine immer engere Freundschaft, während der junge Akademiker seine »Lehre« in schamanischer Magie begann.

Carlos Castaneda fand viele von Don Juans Ideen und Techniken befremdend und irrational. Die Welt dieses Zauberers enthielt rätselhafte, unerklärliche Kräfte, die er gezwungen war zu akzeptieren. Der Zauberlehrling begann nun zu »sehen«, während er zuvor nur »geschaut« hatte. Schließlich wurde er ein »Mann des Wissens«. Nach Castanedas Darstellung der Ideen Don Juans ist die vertraute Welt, die wir wahrnehmen, nur eine in einer ganzen Reihe von Welten. Sie ist eine Beschreibung der Beziehung zwischen den Gegenständen, die wir von Geburt an und verstärkt durch Sprache und Kommunikation nach gegenseitig akzeptablen Konzepten als signifikant zu betrachten gelernt haben. Diese Welt ist aber nicht die gleiche wie die des Zauberers. Sein Universum ist ein endloses und kontinuierliches Geheimnis, das mit rationalen Kategorien und Denkmustern nicht erfassbar ist.

Peyote-Kaktus: Radierung aus »Curtis' Botanical Magazine«, 1874.

Um die Wahrnehmung aus der gewöhnlichen in die magische Wirklichkeit zu wandeln, muss der Lehrling lernen, das, was er früher »getan« hat, »nicht zu tun«. Er muss lernen, seine früheren Vorstellungskategorien zu transzendieren und vorübergehend zwischen den zwei Universen, dem »wirklichen« und dem »magisch wirklichen«, innezuhalten. Mit Don Juans Worten: Er muss »die Welt anhalten«. Von diesem Moment an kann er anfangen zu *sehen*, immer mehr Wissen und Macht über die geheimnisvollen Kräfte zu erlangen, die in der Umgebung wirken, die die meisten Menschen aus ihrer alltäglichen Wahrnehmung ausschließen.

»Sehen«, sagte Don Juan, könne oft durch halluzinogene Drogen – darunter *mescalito* (Peyote), *yerba del diablo* (Stechapfel oder *datura*) und *humito* (Psilocybin-Pilze) – hervorgerufen werden. Über sie könne der Brujo einen magischen Verbündeten erhalten, der ihm weitere Macht verleihe und auch die Fähigkeit, leichter in »nicht gewöhnliche Wirklichkeitszustände« einzutreten. Dann sei der Brujo in der Lage, die »Lichtfasern« und Energiemuster zu sehen, die die Menschen und andere lebende Organismen aussenden, den Kräften innerhalb des Windes und heiliger Wasserstellen zu begegnen und die Ereignisse des früheren Lebens eines Menschen und ihren Einfluss auf die Entwicklung seiner Persönlichkeit als visionäre Erfahrungen – wie in einem Film – wahrzunehmen und zu isolieren. Ein solches Wissen befähige den Brujo, seine Abwehrkräfte als »Krieger« zu stärken. Dann würde er sich selbst kennen und vollkommene Herrschaft über sein physisches Instumentarium besitzen. Außerdem sei er dann fähig, sein Bewusstsein aus seinem Körper heraus in Bilder von Vögeln und anderen Tieren hineinzuprojizieren und sich dann während der folgenden geistigen Visionsreise in unendlich viele magische Formen und Gestalten zu verwandeln.[19]

Obwohl Castanedas Büchern von Kritikern wie Weston La Barre und Richard de Mille vorgeworfen wurde, sie enthielten an den Haaren herbeigezogene und möglicherweise selbst zusammengebraute Elemente, beruhen die frühen Bände sehr wahrscheinlich in ihrer Substanz auf schamanischen Traditionen – auch wenn wohl einiges Material anderen Quellen entliehen wurde. Eine von Castanedas Freundinnen, die Anthropologin Barbara Myerhoff, studierte die Huichol-Indianer zur gleichen Zeit, in der Castaneda behauptete, die Zauberkunst der Yaqui studiert zu haben, und sie machte Castaneda mit einem Huichol-Schamanen namens Ramón Medina bekannt. In einer Begebenheit, die in Castanedas

Die amerikanische Anthropologin Joan Halifax ist der Meinung, dass heilige Geheimnisse heute zugänglich gemacht werden sollten: »Heute wird der Schleier von vielen jener Traditionen fortgezogen, die ihre Lehren geheim hielten.«

Schamanen »reiten« auf dem rhythmischen Trommelschlag, um in heilige Räume einzutreten.

Buch »A Separate Reality« (1971; deutsch »Eine andere Wirklichkeit«) erzählt wird, geht es um Don Genaro, Don Juans schamanischen Freund, und wie er über den steilen Abgrund eines Wasserfalls sprang und sich dabei mit magischen »Krafttentakeln« festhielt. Dies könnte aus den Beobachtungen von Myerhoff und einem anderen berühmten Anthropologen, Peter Furst, entliehen sein, denn dieser hatte Ramón Medina dabei beobachtet, wie er einem Vogel gleich über einen Wasserfall sprang, der fast 300 Meter tief über glatte Felsen in die Tiefe stürzte. Medina zeigte dabei den Gleichgewichtssinn des Schamanen beim »Überqueren der schmalen Brücke in die Anderswelt«. Myerhoff erzählte Richard de Mille, wie sehr sie sich bestätigt fühlte, als Castaneda ihr erzählte, dass der Zauberer Don Genaro zu ähnlichen Dingen fähig sei. Heute hat es den Anschein, als sei Castaneda wie ein Spiegel gewesen, d.h., seine eigenen Berichte reflektieren ausgeborgte Fakten aus allen möglichen Quellen. So stammte z.B. das Schnellrennen, »der Gang der Macht«, wahrscheinlich aus Berichten aus der tibetischen Mystik, und es gibt unendlich viele Parallelen zwischen Don Juans Fähigkeiten und Berichten aus anderen anthropologischen, psychedelischen und okkulten Quellen.[20]

Sogar nach seinem Tod bleibt Carlos Castaneda weiter umstritten. Während die von Castaneda gelehrte Form von schamanischer Zauberei stets relativ schwer zu fassen war, gab es jedoch auch einen besser belegbaren Zugang zum praktischen Schamanismus, der in die »Personal Growth«-Bewegung integriert wurde, und zwar von Michael Harner, einem amerikanischen Anthropologen, dessen akademische Befähigungsnachweise nie in Zweifel gezogen wurden.

Der amerikanische Anthropologe Michael Harner hat wesentlich zu der Wiederbelebung des Interesses am Schamanismus in der westlichen Welt beigetragen.

Harner war früher Gastprofessor an der Columbia und an der Yale University sowie an der University of California und ist heute der Direktor der »Foundation for Shamanic Studies« (FFS) in Mill Valley, Kalifornien. Er wurde 1929 in Washington, D.C., geboren, verbrachte seine frühen Kindheitsjahre aber in Südamerika. 1956 kehrte er dorthin zu Feldforschungungen unter den Jivaro-Indianern der ecuadorianischen Anden zurück und besuchte 1960 und 1961 die Conibos des Oberen Amazonas in Peru. In der ersten Periode seiner Feldforschung arbeitete er als »ein außenstehender Beobachter der Welt des Schamanen«, aber sein zweiter Versuch, bei dem es auch zu seiner psychedelischen Initiation bei den Conibos kam, führte ihn dazu, den Schamanismus aus erster Hand zu erforschen. 1964 kehrte noch einmal nach Ecuador zurück, um die übernatürliche Welt der Jivaros noch umfassender zu erleben.

Harner kam mit seinem Jivaro-Führer Akachu in der ehemals spanischen Siedlung Macas in Kontakt. Sie zogen nordwärts, überquerten den Rio Upano und stießen in den Urwald vor. Dort erzählte er Akachu, dass er Geisthelfer zu erwerben wünschte, die bei den Jivaros *tsentsak* genannt wurden. Harner bot Akachu Geschenke an und erfuhr so, dass die erste Aufgabe darin bestand, in dem heiligen Wasserfall zu baden. Später bekam er einen magischen Stab geschenkt, um Dämonen abzuwehren. Dann wurde Harner nach einer anstrengenden Reise zu dem Wasserfall in eine Nische hinter der Wasserwand, eine »Haus des Großvaters« genannte Höhle, geführt, wo er laut rufen musste, um die Aufmerksamkeit der Ahnengeister zu wecken. Nun machte er seine ersten magischen Erfahrungen: Der Wasserfall wurde zu einem Sturzbach flüssiger Prismen. »Während sie vorüberstürzten«, sagte Harner, »hatte ich das ständige Gefühl, aufwärts zu treiben, als ob sie feststanden und ich derjenige war, der sich bewegte. [...] Es war wie ein Fliegen innerhalb eines Berges.«

Tiefer im Wald presste Akachu den Saft einiger psychedelischer *datura*-Sprösslinge aus, die er mitgenommen hatte, und forderte Harner auf, ihn in der folgenden Nacht zu trinken. Um ihm Mut zu machen, sagte Akachu, er solle sich vor nichts fürchten, was er vielleicht zu sehen bekäme, und wenn irgendetwas Erschreckendes auftauchte, so sollte er darauf zulaufen und es berühren. Jene Nacht war ohnehin besonders dramatisch, denn es gab heftigen Regen, Donner und Blitze, aber nach einer Weile zeigten sich die Wirkungen des *datura*-Safts. Harner sah eine leuchtende, buntfarbige Schlange, die auf ihn zugekrochen kam. Er erinnerte sich an Akachus Rat und stürzte, mit einem Knüppel bewaffnet, auf die visionäre Schlange zu. Plötzlich war der Wald leer und still und das Monster verschwunden. Akachu erklärte später, diese übernatürliche Begegnung sei eine bedeutende Vorstufe zum Erlangen von Geisthelfern, und sein Triumph über die Schlange habe bestätigt, dass er nun ein akzeptabler Kandidat für den Weg des Schamanen sei.

Harner glaubt wie die Jivaros, dass die Energie spendende Kraft in jedem Menschen durch ein »Krafttier« dargestellt werden kann. Eine der wichtigsten Aufgaben des Schamanen ist es, während der Trance das Krafttier herbeizurufen und mit dem Tier als Verbündetem visionäre Reisen zu unternehmen, um die »oberen« und »unteren« Welten des Universums zu erkunden. Auch lernt der Schamane Heiltechniken, bei denen normalerweise Reisen in die Geisterwelt notwendig sind, um zu Quellen »magischer Energie« zu gelangen. Diese Energie kann anschließend in einem zeremoniellen Heilritual auf kranke oder *ent*-geisterte Menschen übertragen werden.[21]

Nachdem er bei den Conibos und Jivaros gelebt hatte, unternahm Michael Harner weitere Feldforschungen bei den Wintun- und Pomo-Indianern in Kalifornien, den Lakota-Sioux in South Dakota und den Coast-Salish im Staat Washington. Die Techniken des angewandten Schamanismus, die er heute in seinen Workshops lehrt und in seinem Buch »The Way of the Shaman« (1980; deutsch »Der Weg des Schamanen«, 1982) beschrieben hat, sind eine Synthese aus vielen Kulturen, doch sind sie der Essenz der Tradition treu. »Der Schamanismus«, sagt Harner, »führt uns in die Reiche des Mythos und der Traumzeit [...] und in diesen Erfahrungen können wir mit Quellen der Kraft in Kontakt treten und sie im täglichen Leben nutzen.«[22]

Heute befasst sich Harner intensiv mit schamanistischer Forschung und trainiert Stammesvölker in schamanischen Techniken, die aus ihren eigenen indigenen Kulturen verschwunden sind. Mehrere Gruppen, darunter die Samen (früher Lappen genannt) und die Inuit (früher als Eskimos bezeichnet), haben sich an ihn gewandt, damit er ihnen helfe, das heilige Wissen wiederzuerlangen, das infolge von Missionstätigkeit oder westlicher Kolonialisierung verloren gegangen ist. Harner und seine Kollegen der Foundation for Shamanic Studies waren in der Lage, ihnen mit dem zu helfen, was er als »Kernschamanismus« bezeichnet und worunter er Methoden versteht, die mit jenen übereinstimmen, die einst ihre Vorfahren benutzten. Auf diese Weise, so glaubt er, »können die Mitglieder dieser Stammesgesellschaften die Praktiken im Kontext ihrer traditionellen Kulturen auf ihre eigene Art weiterentwickeln und integrieren«. So kann den Eingeborenentraditionen wieder ihr schamanisches Wissen zurückgegeben werden.

Kapitel 13

Technoheiden und Digitalmagie

Heute, zu Beginn des 21. Jahrhunderts, ist es möglich geworden, die überraschende und faszinierende Verbindung zwischen der archaischen Tradition des Schamanismus und der technologischen Welt des Computers und des Cyberspace zu erforschen. Für Cyber-Forscher wie Terence McKenna (1946–2000), der überzeugt war, dass archaische Kulturformen und moderne Technologie nicht nur vereinbar, sondern auch kräftemäßig ergänzend sind, sah in einer Fusion dieser Art kein Problem. McKenna war schamanischer Abenteurer und zugleich international anerkannter Wortführer der Metaphysik des Cyberspace. Für ihn ging es in der schamanischen Tradition essenziell um das »Externalisieren der Seele«, was sowohl den menschlichen Geist als auch den »Logos des Planeten« erfassbar machte. Außerdem glaubte er, dass uns Computer-Netzwerke wie das World Wide Web zu einem globalen kollektiven Bewusstsein führen können.

McKennas ursprüngliches Interesse galt dem zentralasiatischen Schamanismus. Daher ging er Ende der Sechzigerjahre nach Nepal, um die tibetische Sprache zu lernen und den indigenen Bönpo-Schamanismus zu studieren. Eine Zeit lang lebte er zugleich in Indien und auf den Seychellen, bevor er sich entschloss, die Regionen der Welt zu besuchen, in denen noch Schamanismus praktiziert wurde. Dies führte ihn zu verschiedenen Inseln Indonesiens, darunter Sumatra, Sumba, Flores, die Molukken und Ceram, und später nach Südamerika, wo er native schamanische Praktiken aus erster Hand beobachtete.

Der Cyberspace-Erforscher Terence McKenna glaubte, dass der Schamanismus einen Zugang zum »Geist« des Planeten eröffnet.

Im oberen Amazonasbecken (Kolumbien, Peru und Ecuador) machen die Schamanen starken Gebrauch von *ayahuasca*, einem psychedelischen Getränk aus der Baumkletterpflanze *Banisteriopis caapi*. Nach der Einnahme dieses Sakraments kann der Schamane die übernatürliche Welt betreten, initiatische Visionen erhalten und mit Vorfahren und Helfer-Geistern in Kontakt treten. McKenna interessierte sich besonders für die Tatsache, dass aus biochemischer Sicht Ayahuasca dem Psilocybin oder aktiven Prinzip in den heiligen Pilzen zu entsprechen scheint, die die Schamanen der Hochländer Zentral-Mexicos verwenden. Er glaubte auch – und hier begab er sich auf das Gebiet der anthropologischen Kontroverse –, dass die Einnahme von Psilocybin die ersten Menschen, die in den afrikanischen Savannenländern lebten, zu den Ursprüngen der menschlichen Sprache gebracht haben könnte. Psilocybin-Pilze rufen nämlich einen mystischen Zustand hervor, in dem die Seele zum Geist bzw. zum Verstand »spricht«. Diese Pilze gedeihen besonders gut in Viehdung, und so argumentierte McKenna, dass das Eindringen von Psilocybin in die Nahrungskette in Afrika vor 15 000 bis 20 000 Jahren und die darauf folgende Domestizierung von Hornvieh zu der ersten altsteinzeitlichen Religion geführt haben könnte – nämlich zu der der Großen Gehörnten Göttin.[2] Ferner behauptete er, dass Psilocybin selbst in der menschlichen Kultur eine ein-

Banisteriopsis caapi: eine im oberen Amazonas-Becken zu findende Waldschlingpflanze. Aus dieser Pflanze stellen Schamanen das psychedelische Getränk *ayahuasca* her.

zigartige Rolle spielt: »Unter Psilocybin-Einfluss kommt es zum Erlebnis der Kontaktaufnahme mit einer sprechenden Wesenheit – einer verinnerlichten Stimme, die ich den *logos* nenne. Wenn wir nicht bis zur hellenisch-griechischen Terminologie zurückgehen, so bleibt uns nur das Vokabular der Psychopathologie. Wenn man heutzutage ›Stimmen‹ hört, dann heißt das, dass man ernsthaft gestört ist. [...] Wenn wir bis zur Literatur der Antike zurückgehen, stellen wir jedoch fest, dass das gesamte Ziel der hellenischen Esoterik darin bestand, Zugang zu jenem so genannten Logos zu erlangen. Der Logos sprach die Wahrheit – eine unumgängliche Wahrheit. Sokrates besaß etwas, was er seinen *daimon* nannte – seinen Auskunft erteilenden ›Anderen‹. Und die Leichtigkeit, mit der Psilocybin dieses Phänomen hervorruft, macht es in den Augen eines in der wissenschaftlichen Tradition verwurzelten Materialisten oder Reduktionisten zu etwas nahezu Wunderwirkendem.«[3]

Für Terence McKenna war die Psilocybin-Erfahrung für das Verstehen der Ursprünge des spirituellen Bewusstseins von zentraler Bedeutung und auch verantwortlich für die Entwicklung archaischer religiöser Strukturen: »Was meiner Ansicht nach passierte, ist, dass in der Welt der Vorzeit alle Religion auf Erfahrung beruhte und auf der Suche nach Ekstase mithilfe von Pflanzen basierte. Und sehr früh schob sich dann zu einem bestimmten Zeitpunkt eine Gruppe zwischen die Menschen und die unmittelbare Erfahrung des ›Anderen‹. Dies führte zu Hierarchien, Priesterschaften, theologischen Systemen, Kasten, Ritualen, Tabus. Der Schamanismus ist dagegen eine experimentelle, d.h. auf Erfahrung basierende Wissenschaft, die sich mit einem Gebiet befasst, über das wir nichts wissen. [...] Daher ist das wesentliche Element des ›Human Potential Movement‹ und des New Age, so glaube ich, die Wiederermächtigung des Rituals, die Wiederentdeckung des Schamanismus, die Wiederanerkennung der psychedelischen Drogen und die Bedeutung der Göttin.«[4]

Psilocybin-Pilze. Nach Terence McKenna liefern sie den Schlüssel zum Hören der inneren Stimme des Logos.

Diesen Gedanken fortführend, behauptete McKenna, dass wie bei den südamerikanischen und mexikanischen Schamanen, die visionären Sakramenten mit Respekt begegnen, Psychedelika das Individuum buchstäblich mit dem »Geist« des Planeten in Kontakt bringen: »Ich nehme den Gedanken sehr ernst, dass der Logos real ist, dass es einen führenden ›Geist‹ – eine Überseele – gibt, die das Biom des Planeten bewohnt, und dass das Gleichgewicht, die Würde und die Religiosität des Menschen von der Möglichkeit eines direkten Kontakts mit jener Welt abhängen. Diesen Kontakt vermittelt der Schamanismus. Er stand im Westen – für manche Menschen – bis zum Untergang vom Eleusis und den Mysterientraditionen zur Verfügung, aber dann wurde er von Barbaren ausgetreten, die nicht erkannten, was sie zerstört hatten.«[5] Von dort zu der heutigen post-industriellen Ära übergehend – was zugegebenermaßen ein riesiger Zeitsprung ist –, glaubte McKenna, dass es eine Parallele zwischen der Überseele des Planeten und dem auftauchenden Bewusstsein gibt, von dem der Cyberspace über das Medium Internet durchdrungen ist.

Nach McKenna hat uns die neue Cyberkultur gezwungen, unser lineares Denken und unser Verhältnis zum Kosmos neu zu überprüfen.

1997 erklärte McKenna in einem Interview mit dem Kulturkritiker Mark Dery, dass seiner Ansicht nach die Zukunft der Menschheit in ihrer Fähigkeit liegt, sich einen technologischen oder wissenschaftlichen Schamanismus zu Eigen zu machen: »Ich gehe davon aus, dass die kommenden Jahrzehnte den Planeten in eine Kunstform verwandeln werden; der neue Mensch, eingebunden in eine kosmische Harmonie, die Zeit und Raum transzendiert: [...] Ich glaube an das, was ich als Flucht nach vorn bezeichne, und das bedeutet, dass ein Zurückschreiten und Stehenbleiben nicht möglich ist, so dass Sie voranschreiten müssen, und die Technologie ist der Weg dazu. Die Technologie ist eine Erweiterung der mentalen Welt des Menschen, und von ihr her wird sicher unsere Erlösung kommen; wir können einfach nicht zur Jäger-, Sammler- und Hirtenkultur von vor 15 000 Jahren zurückkehren.«[6] Nach McKenna werden diese neuen technoschamanischen Richtungen im Wesentlichen metaphysischer Art sein, denn sie werden uns über Vorstellungen des linearen Fortschritts hinausführen: »Mein Standpunkt ist der, dass es das Kennzeichen aller Geschichte ist, den Logos immer konkreter zu machen. Genauso, wie McLuhan die Buchdruck-Kultur als ersetzende Nachfolge einer früheren, auf das Auge ausgerichteten Handschriften-Kultur betrachtete, ist es meine Hoffnung, dass die cyberdelische Kultur den linearen, uniformen Aspekt des Drucks überwinden und uns in die Welt des sichtbaren Logos bringen wird [...], was diese neuen Technologien bewirken, ist ein Auflösen von Grenzen.«[7]

Technovisionäre Wirklichkeiten

Was hat also die schamanische Sichtweise mit der Welt des Cyberspace zu tun? Inwiefern stellt also die Welt der Cyberkultur unsere Vorstellungen des rationalen und linearen Denkens in Frage? Das Begriff »Cyberspace« wurde von William Gibson in seinem Roman »Neuromancer« von 1984 geprägt. Gibson beschrieb darin ein Szenario, in dem »Konsolen-Cowboys« ihre Cyberspace-Helme aufsetzen und ihr Bewusstsein in dreidimensionale »virtuelle« Umgebungen projizieren können. Hier antizipierte Gibson, dass die menschliche Fantasie einmal ihre eigenen Wahrnehmungs-»Wirklichkeiten« innerhalb eines technologischen Rahmens erschaffen könnte.

Tatsächlich hatte sich weniger als zwanzig Jahre nach der Veröffentlichung von Gibsons Roman die Welt der virtuellen Realität bereits als wertvolles Instrument auf Gebieten wie Architektur und Medizin etabliert. Inzwischen wird das Internet zusehends zum bevorzugten Kommunikationsmittel auf dem Planeten, und Vorstöße in den Cyberspace sind etwas Alltägliches geworden. Dies hat eine interessante philosophische Konnotation. In »The Pearly Gates of Cyberspace« (1984) argumentiert die Wissenschaftsautorin Margaret Wertheim, dass das Internet uns eine neue Vorstellung von Raum liefert, die es bisher nicht gegeben hatte – vom kontinuierlich vernetzten »Raum« des globalen Computer-Netzwerks.[8] Und dies, so betont sie, ist ein völlig neues Phänomen. Während der frühen Achtzigerjahre des 20. Jahrhunderts hätten nur wenige Menschen außerhalb des militärischen und akademischen Bereichs der Computer-Wissenschaft einen Netzwerkzugang gehabt, aber im nächsten Jahrzehnt wird nahezu eine Milliarde Menschen online sein. Das alles sei innerhalb von vierundzwanzig Jahren aus dem Nichts entstanden, was es zu dem am schnellsten sich ausbreitenden Territorium der Geschichte mache. Was Margaret Wertheim so faszinierend findet, ist die Natur der Cyberspace-Erfahrung an sich. Wenn jemand mit einem anderen online kommuniziert, gibt es kein Gefühl des Physischen, da sich Cyberreisen nicht in einem linearen Sinn messen lassen. »Sobald ich ins Internet losgelassen bin«, sagt sie, »lässt sich meine ›Position‹ nicht mehr ausschließlich im physischen Raum fixieren. Allein schon, ›wo‹ ich mich befinde, wenn ich den Cyberspace betrete, ist eine Frage, deren Antwort noch aussteht, aber meine Position lässt sich eindeutig nicht exakt als mathematischer Ort definieren.« Somit ist alles, was wir über die Natur des Cyberspace behaupten können, die Tatsache, dass sie mit einer Form digitaler Kommunikation verbunden ist, in der zwischen einem Computer-Standort und einem anderen Information hin- und hergeschickt wird und wo Menschen die Äußerungen ihres Geistes miteinander teilen.

Wie viele Internet-Fans längst entdeckt haben, ist die Welt des Cyberspace auch eine Welt, in der man Fantasiepersonen in einer *virtuellen* Realität erschaffen kann, wo menschliche Wesen auf eine Art, die nur durch ihre Imagination begrenzt wird, miteinander interagieren können. Der Einzelne kann sich als Mitglied des anderen Geschlechts, als Fantasiewesen, ja sogar als dunkler oder böser Gott ausgeben, und dies hat sich zu einem zentralen Phänomen des Rollenspiels im Internet entwickelt. Das Internet ist zu einer Erweiterung der menschlichen Psyche, zu einem Forum für ihre Wirklichkeiten wie für ihre Fantasien geworden. Was jedoch aus esoterischer oder mystischer Sicht an diesem Zusammenspiel zwischen Technologie und menschlicher Imagination so faszinierend wie beunruhigend ist, ist die Tatsache, dass wir es hier mit der Gleichung zu tun haben: *Wie ich mich imaginiere, so werde ich* – und dies ist genau die Essenz der Magie.

Technoheiden und Digitalmagie

Daher ist es nicht verwunderlich, dass Neuheiden und Okkultisten schon bald das Internet für sich nutzten. Für viele bietet das World Wide Web einen Zugang zu den mythischen Beschwörungen auf weltweiter Ebene: eine attraktive und immer verführerischere Möglichkeit, mit der globalen Imagination zu arbeiten. Die Beziehung zwischen den Neuheiden und der Technologie scheint ihre Wurzeln direkt in der amerikanischen Gegenkultur zu haben, denn inzwischen wird weithin anerkannt, dass das heutige Computer-Ethos sein Entstehen in erheblichem Maße der psychedelischen Bewusstseinsbewegung verdankt. So brachte selbst das konservative »Wall Street Journal« im Januar 1990 auf seiner Titelseite einen Artikel mit der Frage, ob virtuelle Realität so viel wie »elektronisches LSD« sei.[9]

Es hat den Anschein, als sei es deshalb zu der eher unwahrscheinlichen Verbindung zwischen Paganismus und Cyberspace gekommen, weil Technoheiden nicht nur mystisch, sondern zugleich auch technologisch denken können. So schrieb der Cyberpunk-Romancier Bruce Sterling: »Für eine erstaunlich große Zahl von Leuten in ganz Amerika ist die angebliche Trennlinie zwischen dem Bohémien und dem Technikfreak heute einfach nicht mehr existent. Leute dieser Art haben vielleicht ein paar Windglocken im Zimmer und einen Hund mit einem um den Hals geknoteten Taschentuch, aber sie haben höchstwahrscheinlich auch einen multimegabytestarken Macintosh mit MIDI-Synthesizer-Software und trippigen Fraktalprogrammen.«[10]

In der amerikanischen »psychedelic culture« der späten Sechziger- und frühen Siebzigerjahre ging es im Wesentlichen um das Experimentieren mit der Psyche durch bewusstseinsverändernde Drogen – das Wort *psychedelisch* bedeutet »bewusstseinsöffnend« –, und diese Erforschung des Bewusstseins hatte unmittelbare Auswirkungen auf das Entstehen der neuen Technologie. Nach Mark Dery betrachtete Timothy Leary das Phänomen des Personal Computers als ein klares Postulat der Gegenkultur. »Es ist wohl bekannt«, erklärte er Dery, »dass die meisten schöpferischen Impulse in der Software-Industrie und sogar die meiste Hardware vor allem bei Apple Macintosh direkt aus der Bewusstseinsbewegung der Sechzigerjahre stammt. [...] Steve Jobs [der Mitgründer von Apple] ging nach Indien, zog sich jede Menge Acid rein, studierte Buddhismus, kam wieder zurück und sagte, Edison hätte mehr zur Beeinflussung der Spezies Mensch getan als Buddha. Und Bill Gates [der Microsoft-Gründer] war in Harvard ein schwer psychedelischer Typ. Für mich klingt es total logisch, dass man das, was herauskommt, wenn man sein Gehirn mit psychedelischen Drogen aktiviert, nur elektronisch beschreiben kann.«[11]

Für Timothy Leary wurde die Computertechnologie zum LSD der Neunzigerjahre. Hier ist er 1967 beim Mantra-Rezitieren (»Chanten«) zu sehen, mit den Fingern in Mudra-Haltung.

Die Wurzeln dessen, was Mark Dery als den »cyberdelischen Flügel« der Computer-Bewegung bezeichnet, liegen unverkennbar in der Gegenkultur der Sechzigerjahre. Die Wicca-Anhängerin Sara Reeder, die zugleich ein begeisterter Computer-Freak ist, kann sich noch gut an diese Zeit erinnern: »Das Silicon-Valley und das moderne Wicca-Revival sind in dem reichen schwarzen Lehmboden in der Umgebung der San Francisco Bay praktisch nebeneinander angewurzelt und aufgewachsen [...] und sind beide in den Sechzigerjahren aufgeblüht – das Valley durch das Wunder des Raumprogramms, die Pagan Community durch die Prominenz von der Haight Street, dem weltweiten Zentrum der Gegenkultur.«[12]

Zu dieser Zeit drängte Timothy Leary seine Anhänger »*to turn on, tune in and drop out*« durch LSD, eine synthetisch psychedelische Form des Mutterkorns. Eine Generation später wechselte er in das Lager der Computer-Generation und verkündete, der PC sei das LSD der Neunzigerjahre: »Das Faszinierende an unserer Zeit ist das Phänomen, dass das menschliche Streben nach Wissen und Verstehen in den letzten fünfundzwanzig Jahren eine erstaunliche Vermischung von schamanischen Techniken, psychedelischen Drogen und dem internationalen, globalen Boom der Wiedererweckung von vorchristlich heidnischen, totemistischen und hinduistischen Traditionen erlebt hat. Gleichzeitig befinden Sie sich mit diesen Computern [...] in einer Lage, wo Sie in Wirklichkeiten Ihrer eigenen Erfindung herumspazieren können. Somit stehen wir alle an einer großen Schwelle. Ich möchte dem, was ich sage, keinerlei Grenzen setzen, aber hier erleben wir, wie archaische Techniken mit den allermodernsten verschmelzen. Computer bieten uns die Möglichkeiten, mit der »Basic«-Sprache des Universums – die eine *quantenelektronische* ist – zu kommunizieren. Materie und Körper sind nur noch Elektronen, die beschlossen haben, sich miteinander zu treffen und mit Information durch den Raum zu schwirren.«[13]

In der Zwischenzeit entwickelte sich Stewart Brand, der einst Mitglied des psychedelischen Hippie-Clans der »Merry Pranksters« – im Umkreis von Ken Kesey, Timothy Leary und der Kultband »Grateful Dead« – und in den Sechzigerjahren der Schöpfer des »Whole Earth Catalogue« war, ebenfalls zu einer Ikone der »cyberdelischen Bewegung«. Als direkte Folge eines Artikels, den er 1972 in der Zeitschrift »Rolling Stone« veröffentlichte, wurde Brand die Erschaffung der Computer-Hacker-Kultur zugeschrieben.[14]

Nach Dery haben diese psychedelischen Wurzeln ihre Spur hinterlassen – inzwischen umfasst das »cyberdelische« Phänomen ein ganzes Bündel von Subkulturen, darunter die Deadhead Computer Hackers, die ›Ravers‹ (Fans von nächtlichen Nonstop-Techno-Dance-Partys, genannt *raves*) sowie Technoheiden und New-Age-Technophile. Die Cyberdelia oder cyberdelische Kultur versöhnt die transzendentalistischen Impulse der Gegenkultur der Sechzigerjahre mit der Infomanie der Neunzigerjahre. Und im Vorübergehen grüßt sie auch noch die Siebzigerjahre, von denen sie sich die millenaristische Mystik des New Age und die apolitische Selbstversenkung des Human Potential Movement borgt.«[15]

Der cyberkulturbegeisterte Eric Davis beschreibt die Technoheiden als »kleine, aber vitale Gruppe von Subkultur- oder Digitalspezialisten, die mit einem Bein in der auftauchenden Technosphäre und mit dem anderen in der wilden und wollenen Welt des Heidentums stehen«.[16] Inzwischen umfasst die Renaissance des Neopaganismus, so Douglas Rushkoff in seinem Buch »Cyberia – Life in the trenches of

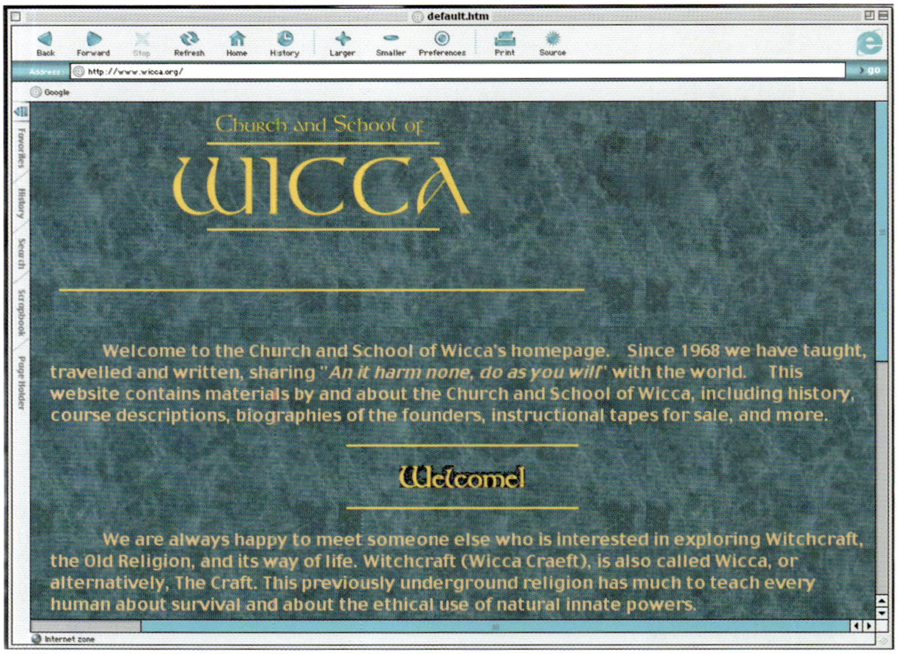

Nebenstehend und gegenüber: Auch die Wicca-Gruppen nutzten schon bald die Vorteile des Internet. Diese Webseiten zeugen von der Begeisterung der Neuen Heiden für die Technologie des Cyberspace.

Hyperspace« (1994), »archaische und moderne Techniken in einem für alle frei zugänglichen Sampling von allem, was funktioniert, und sie macht zwischen okkulter Magie und Hightech keinen Unterschied. Um mit den Worten eines Neuheiden zu sprechen: ›Die Magie von heute ist die Technologie von morgen. Alles ist Magie. Alles ist Technologie.‹ «[17]

Die Neuheiden betrachten Technologie und Magie im Allgemeinen als austauschbar. Stets pragmatisch, scheint sie in erster Linie ebendas zu interessieren, »was funktioniert«. Wenn Technologie für die Herstellung von etwas physisch Nützlichem effizient ist und wenn sich durch magische Beschwörungsformeln ein bestimmtes spirituelles oder psychologisches Ergebnis erzielen lässt, dann bedeutet dies für viele Neuheiden, dass beides miteinander kompatibel ist. »Diese pragmatisch-handwerkliche Instrumentalität«, so Erik Davis, »erlaubt es manchen Paganen, ›Technologie‹ sowohl als Metapher als auch als ›Tool‹ für spirituelles Arbeiten kraftvoll neu zu imaginieren.«[18]

Die urban-neopagane Hexe Green Fire meinte zu Douglas Rushkoff: »Hightech und die hohe Kunst der Magie sind dasselbe. Beide benutzen Instrumente aus inneren und äußeren Quellen. Magie aus frühester Vergangenheit und Technik aus der Zukunft sind in Wirklichkeit dasselbe. So erschaffen wir die Gegenwart; wir beschleunigen die Dinge, wir steigern das Tempo unserer Energien; Zeit und Raum sind nicht mehr so starr wie früher. [...] Jene von uns, die wissen, wie man sich durch Raum und Zeit arbeitet, benutzen unsere Fähigkeiten, Zeit und Raum in eine Wirklichkeit zu *biegen,* die den Leuten den größten Nutzen bringt. [...] Wir Menschen sind alle *shape-shifters* [schamanische »Gestaltverwandler«]. [...] Wir müssen einfach lernen, an unseren DNS-Code heranzukommen. [Das alles] ist ziemlich computerorientiert. Wir sind Computer, unsere Gehirne sind Computer, unsere kleinen Zellen sind Computer. Wir sind bioorganische Computer.«[19]

Der kalifornische Neuheide Tom Williams schreibt: »Technologie braucht beileibe nicht als Instrument des Unterdrückers betrachtet zu werden, sondern kann, wenn mit der geeigneten spirituellen Motivation ausgerüstet, der Lockruf der Freiheit sein. [...] Greift zum Athamen, zum Zauberstab und zum Light-Sound-Generator, zum Kelch, zum Pentakel, zum Oszilloskop und zum Computer. Stellt dies alles in den Dienst der Lebenskraft, der Unio Mystica und dem Lobpreis der Großen Mutter und verwebt die Kraft von alledem zu Ritual, Gesang und heiliger Vollbringung des Großen Werks!«[20]

Für Michael Hutchinson, den Autor des Bestsellers »Mega Brain Power – Transform Your Life with Mind Machines and Brain Nutrients« (1994), kommt die »Bewusstseinstechnologie« der Menschheit auf eine unerwartete Weise zu Hilfe: »Manchen mag es sonderbar und paradox erscheinen, dass Maschinen – synthetische, harte, materielle Mittel dieser elektronisch-temporären Wirklichkeit – als Tore zum Geist, als Instrumente der Transzendenz dienen können. Aber de facto ist diese Fusion von Spiritualität oder der ›inneren Suche‹ und Wissenschaft, der ›äußeren Suche‹, die zentrale Kraft des entstehenden neuen Paradigmas.«[21]

Viele neopagane Gruppen nutzen die Computertechnologie und das Internet zur Ankündigung von Jahreszeitenriten, Feiern, Workshops und Konferenzen und auch zur Verbreitung von Informationen über pagane Übergangsriten wie Handfastings (»Binden der Hände« = Hochzeiten), Kindersegnungen und Beerdigungen. Die 1971 gegründete Pagan Federation von London verwendet das Internet zur Werbung für Neopaganismus, Druiden-, Wicca- und Odin-Zirkel sowie für nordisch-, keltisch- und öko-magische und weiblich-spirituelle Gruppen, und ihre amerikanischen Entsprechungen wie Church of All Worlds, Circle Sanctuary und Church of Wicca sprachen ihre Mitglieder auf die gleiche Weise an. Neuheiden kommunizieren miteinander auch in »Newsgroups«, d.h. Diskussionsforen, in denen sie in Echtzeit über magische Zeremonien, Fluchzauber oder die okkulte Kraft von Pflanzen chatten können. Jem Dowse hebt auch hervor, dass die Neuheiden, die zufällig im so genannten »Bible Belt«[22] wohnen, diese neue Technologie in verstärktem Maße nutzen, damit sie Gleichgesinnte ohne Angst vor negativen Folgen erreichen können.[23]

Manche Technoheiden versuchen die Reichweite ihrer Digitalmagie noch weiter auszudehnen, indem sie Rituale über das Internet leiten und sogar »virtuelle« Tempel im Cyberspace errichten. »Während die Christen und andere Mainstream-Religionen«, so erklärt Sara Reeder, »jahrelang das Internet ignorierten – obwohl ihre Mitglieder bereits über ein bestehendes Netzwerk von Kirchengemeinden und Geistlichen verfügten –, wurden wir die erste religiöse Bewegung, deren Wachstum und Zusammenhalt ganz erheblich von ihm abhängig ist. Und der Cyberspace wurde wiederum zum ersten heidnischen Massenversammlungsort seit den archaischen Zeiten.« Ihrer Ansicht nach wird die Poesie der rituellen Erfahrung von der Computertechnologie in keiner Weise beeinträchtigt: »Unsere Rituale haben stets in der Welt der Imagination stattgefunden, daher können wir effiziente Rituale überall abhalten, wo wir unsere Liebe zu Poesie und Geschichtenerzählen verwirklichen können. Ich habe in Chat-Rooms, wo wir auf zwei Leitungen gleichzeitig miteinander reden konnten, Online-Rituale für dreißig Leute geleitet; manche davon waren so erinnernswert und kraftvoll wie alle, an denen ich persönlich teilgenommen habe. […] Da VRML und andere Technologien die sinnliche Bandbreite eröffnen, die es uns ermöglicht, Lieder, Bilder und sogar virtuelle Körper miteinander zu teilen, wird uns das Cyberspace-Ritual die Möglichkeit geben, unsere privaten Traumlandschaften zu öffnen und unsere inneren Visionen auf noch viel intimere Arten miteinander zu teilen. Die Konzentration des traditionellen Neopaganismus auf die Kreativität des Einzelnen in Verbindung mit unserem Wertlegen auf Poesie und fließende Ritualformen wird uns sicher zu den Pionieren machen, die als Erste Online-Altäre und heilige Webseiten errichten und damit ein weiteres Mal als Vorbild für andere nachfolgende Religionen wirken.«[24]

Dunkle Archetypen

Obwohl viele neopagane Reaktionen auf den Cyberspace innovativ und im Wesentlichen positiv sind, hat das Ganze auch eine Kehrseite: ein dunkleres Reich, das sich von der Angst und Machtlosigkeit in einer sich rapide verändernden Welt nährt. Einer der Archetypen, der diese Gefühle am mächtigsten verkörpert, ist der »Alien« ein Weltraumwesen, das von dem Künstler H. R. Giger kreiert wurde, in den gleichnamigen Oscar-prämierten Filmen die zentrale Rolle spielte und seither zu einer Ikone der Cyberkultur wurde. Inzwischen verfügt Giger über eine beeindruckende Homepage im Internet und damit über eine ständig zunehmende Einflusssphäre. »Cyberpunk-Bands wie *Cyberaktif* und *Front Line Assembly* zitieren ihn«, so Mark Dery, »routinemäßig als ihre Inspirationsquelle. Der höchste Tribut wird von modernen Primitiven entrichtet, die sich – als ein Übergangsritual – mit Gigers geiferndem, phallusschwänzigem Alien schmücken.«[25]

Viele von Gigers surrealsten Kunstwerken ist nun ständig in seinem Museum in der Schweiz auf Schloss St. Germain in Gruyères zu sehen, das im Juni 1998 eröffnet wurde. Die Gemälde schöpfen, wie etwa in seinem beeindruckenden Bildband »Necronomicon« (1978), intensiv aus dem linkshändigen Pfad der westlichen Magie sowie aus Fantasy- und Horrorromanen. Seine bio-mechanoiden Kreationen strahlen zweifellos eine ungeheure Kraft, ja sogar makabre Schönheit aus, doch seine alptraumhaften Verschmelzungen des Menschlichen mit dem Mechanischen verbreiten auch einen Hauch des Unentrinnbaren – ein Gefühl, dass wir alle in der Falle einer virtuellen Hölle unserer eigenen Erfindung sitzen. Vielleicht ist dies ein Omen unserer Zeit.

Es besteht jedoch kein Zweifel, dass Giger in seiner Kunst ein Magier ist – indem er dramatische Visionen heraufbeschwört, die uns in die düstersten Abgründe der Psyche stoßen. Seine Gemälde wurden von visionären Künstlern wie Ernst Fuchs und Salvador Dalí gepriesen, und sie sind von einer magischen Schlagkraft, wie sie in der modernen Kunst nur selten zu sehen ist. Außerdem ist Giger im Geiste mit früheren Meistern des Visionären wie Hieronymus Bosch und Lucas Cranach verbunden.

Hans Ruedi Giger wurde 1940 in der Schweizer Kleinstadt Chur geboren, die er als ein durch »die hohen Berge«, »das kleinbürgerliche Denken« bedrückendes

»Spießerkaff« und daher »unmögliche Bleibe« beschreibt. Als er dort aufwuchs, so schreibt Giger in seinem »Necronomicon«, hatte er Alpträume, in denen er alles »in ein gelblich fahles Licht getaucht« sah und darin »riesige, unendlich tiefe Schächte. Den Wänden entlang führten geländerlose, steile, halsbrecherische Holztreppen in diese gähnenden Abgründe«. In seiner Fantasie führten die unheimlichen, modrigen Kellergewölbe seines Elternhauses »in ein ungeheures Labyrinth, in dem alle möglichen Gefahren auf mich lauerten«.[26] Hin und wieder scheinen die Figuren in seinen Gemälden wie gefangen und gemartert in grauenhaften, gewundenen Tunnelgewölben, in denen keine Möglichkeit des Entrinnens zu sehen ist.

Obwohl er wie viele andere Cyberspace-Freaks die Werke von Aleister Crowley gelesen hat, ist er dennoch kein Magier im herkömmlichen Sinn. Er führt keine Rituale auf, macht keine Invokationen und beschwört keine Geister. Und doch ließe sich kein besserer Tempel der schwarzen Kunst als der Zauberraum im H.-R.-Giger-Museum finden, in dem mehrere seiner kraftvollsten Gemälde und Wandbilder zu sehen sind. Man hat den Eindruck, als würden, wenn man den Schleier vor Gigers Psyche nur ein wenig lüftet, gewaltige Visionen des Bösen und der Entfremdung (*alien*[!]*ation*) zum Vorschein kommen – als würden die dunklen Götter aus seinen Alpträumen auftauchen.

Die Zukunft der Magie

Was sind also die Folgen dieser *strange new world* des magischen Cyberspace und wohin treiben uns die magischen Untergrundströmungen der gegenwärtigen westlichen Kultur? Gibt es eine Suche nach neuen Mythologien, um unsere Zukunft zu definieren?

Mir scheint, dass sich die Anhänger der verschiedenen Traditionen westlicher Magie in zwei sehr unterschiedliche Richtungen bewegen werden. Die erste konzentriert sich primär auf die heiligen Dimensionen der Natur und befasst sich mit einer Magie der Erde und des Kosmos. Diese Option haben die Praktizierenden des Wicca- und Göttin-Kults gewählt. Der andere Weg führt noch tiefer in die archetypischen Welten des Cyberspace und der virtuellen Realität hinein, je weiter sich seine unendlichen Potenziale entfalten. Und obwohl der Technopaganismus beide Dimensionen zu erfassen versucht, glaube ich, dass sich die Hauptwege der westlichen Magie immer weiter verzweigen werden – mit anderen Worten, dass es zu einer grundsätzlichen Entscheidung zwischen Natur und Technologie kommen wird.

Seit der Renaissance und besonders während der letzten hundert Jahre hat sich die Magie auf die Suche nach persönlicher Transformation konzentriert. Okkultisten aller Couleurs rufen ihre Götter und Göttinnen als Archetypen des göttlichen Potenzials an, das sie in sich selbst suchen. Dies ist, wie Austin Spare bemerkte, der magische Akt, das Feuer aus dem Himmel zu stehlen. Dabei stellt sich aber die Frage: Kann dieses Feuer der heiligen Inspiration gleichzeitig in der natürlichen Welt und in den entferntesten Gefilden des Cyberspace gefunden werden?

Viele Anhänger der Magie fühlen sich mächtig von der neuen Technologie in all ihren Formen angezogen. Heilige Tempel und archetypische Symbole werden im Internet grafisch immer eindringlicher dargestellt und damit zu eigenständigen magischen Toren werden – zur Cyberspace-Version des »Magischen Theaters« in Hermann Hesses Roman »Der Steppenwolf« von 1927. Die Forscher, die durch diese Tore treten, werden in immer tiefere virtuelle Welten vorstoßen und technologische Motive mit mythischen Archetypen verschmelzen, um Fusionen zu erzeugen, die wir uns erst schemenhaft vorstellen können. Vielleicht wird diese Magie die Giger-Visionen der Zukunft erzeugen, in denen Elemente der mechanistischen Welt mit der menschlichen verschmelzen und bizarre Mutationen einer cybermagischen Mythologie schöpfen. Die Cyberschamanen der Zukunft werden diese neuen heiligen Bilder in sich aufnehmen und zu einem Sinn zusammenfügen müssen, denn wenn ihnen dies nicht gelingt, dann besteht die Gefahr, dass ihre Psyche von einem Mahlstrom virtueller magischer Bilder verschlungen wird.

Andere praktizierende Magier werden dagegen die Option wählen, sich nur mit den mythischen Archetypen der Vergangenheit zu identifizieren – und zwar mit solchen, die in Resonanz zur Gegenwart stehen. Inzwischen hat die moderne Renaissance der Magie nicht nur eine Rückkehr zur mittelalterlichen Esoterik und den mythischen Traditionen der Kelten sowie ein erneutes Interesse an den antiken Göttern und Göttinnen erlebt, sondern in bestimmten Kreisen auch zu einem ganz konkreten Wiederauftauchen von Traditionen wie dem Odinskult und dem Druidentum sowie der Magie der verschiedenen schamanischen Kulturen der Welt geführt. In vielen Fällen ist diese Rückkehr zur archaischen Vergangenheit mit einem Dürsten nach authentischer Einfachheit verbunden – und zwar nach Ritualen, die sich auf die Erde, die Sonne, den Mond und den Himmel beziehen, wie sie in der realen Welt, aber nicht in den virtuellen Welten des Cyberspace zu finden sind.

Der visionäre Künstler H. R. Giger – der Schöpfer des »Alien«.

Aus diesem Grund werden viele Anhänger der Magie ihre Verwendung der neuen Technologie auf den Austausch von Informationen beschränken. Andrew Siliar, ein Neuheide aus Arizona, betont dies in einem Brief, den er in der Wicca-Zeitschrift »Green Egg« veröffentlichte: »Paganismus ist eine Naturreligion, die tief in der Erde wurzelt, die Götter und Göttinnen verehrt, den Herzschlag von Mutter Erde fühlt und all ihre Geschöpfe liebt und verehrt. Und nun verfügen wir über diese wundervolle neue Technologie und Computergrafik. Wir können uns mit anderen Leuten online verbinden und können nun Technohexen und Cyberhexer sein. [...] Es tut mir Leid, aber das alles klingt für mich nicht mehr sehr nach einer Naturreligion. [...] Um die Kraft der Göttin zu fühlen, brauche ich keine Online-Verbindung, dazu berühre ich einfach die Erde und bin mit ihr verbunden.«[30]

Daher wird die Zukunft uns möglicherweise zwei völlig verschiedene Traditionen präsentieren, nämlich eine naturmagische und eine technocybermagische, gefolgt von all den entsprechenden Mythologien, die sie in ihrem Fahrwasser mit sich führen. Und doch wird die magische Suche für viele auch weiterhin eine eklek-

»Li I«: aus einer Edition handkolorierter Photogravüre-Drucke von H. R. Giger, 1974. Bieten Gigers visionäre Kunstformen erste Einblicke in die Mythologien der Zukunft?

tische Reise zu Selbsterfahrung und Transzendenz bleiben, die jedem Einzelnen die Fähigkeit verleiht, auf seine Art einen heiligen Sinn zu finden. Und die zwingende Attraktivität der Magie wird auch weiterhin darin bestehen, dass sie sowohl das Leben als auch die Natur bekräftigt – dass sie sowohl die Zyklen der Jahreszeiten und die Götter und Göttinnen der Schöpfung als auch die heilige Verbindung zwischen der Menschheit und dem Universum als Ganzem verehrt.

Anmerkungen

Einführung
1 Siehe Gareth Knight, *A History of White Magic*, S. 15.
Kapitel 1
1 »Schamane« kann sowohl ein Mann als auch eine Frau sein. In bestimmten Formen des Schamanismus spielt das spezifische Geschlecht keine, in anderen dagegen eine große Rolle. In Teilen Sibiriens z.B. wird eine Frau – quasi transsexuell – zum (männlichen) Schamanen, wenn sie sich männliche Attribute umhängt. Der Einfachheit halber wird im vorliegenden Buch immer von *dem* Schamanen gesprochen, worunter auch Schamaninnen gefasst werden (Anm. d. Verlages).
2 Als »indigen« werden Naturvölker bezeichnet bzw. solche, die noch ursprünglich, im Einklang mit der Natur, leben. Ihre Mitglieder wurden früher fälschlich bzw. missverständlich als »Eingeborene« bezeichnet (Anm. d. Verlages).
3 Abbé Henri Breuil, »L'âge paléolithique«, in: René Huyghe (Hrsg.), *Larousse Encyclopédie de l'Art préhistorique et ancienne*, S. 30.
4 Joan Halifax, *Schamanen - Zauberer, Medizinmänner, Heiler*, S. 6.
5 Ebenda, S. 14.
6 Ralph Linton, *Culture and Mental Disorders*, S. 124.
7 Halifax, *Schamanen*, S. 14.
8 Waldemar Bogoras, *The Chukchee*, S. 421.
9 Siehe H. S. Sullivan, *Conceptions of Modern Psychiatry*, S. 151f.
10 Mircea Eliade, *Schamanismus und archaische Ekstasetechnik*, S. 37.
11 Mircea Eliade, *Das Mysterium der Wiedergeburt*, S. 189.
12 Eliade, *Schamanismus*, S. 48-52.
13 Ebenda, S.85-88.
14 Adolphus P. Elkin, *Aboriginal Men of High Degree*, S. 20.
15 Ebenda, S. 142f.
16 Ebenda, S. 143.
17 W. A. Lessa u. E. Z. Vogt (Hrsg.), *Reader in Comparative Religion*, S. 389.
18 Eliade, *Schamanismus*, S. 185-195.
19 Joan Halifax, *Andere Wirklichkeiten der Schamanen*, S. 226.
20 H. L. Roth, *The Natives of Sarawak and British North Borneo*, Bd. 1, S. 281.
21 Sue Ingram, »Structures of Shamanism in Indonesia and Malaysia« (Diss.), S.127.
22 Larry G. Peters, »The Tamang Shamanism of Nepal«, S. 171.
Kapitel 2
1 Fritz Graf, *Gottesnähe und Schadenzauber*, S. 12.
2 Siehe Gideon Bohak, *Traditions of Magic in Late Antiquity.*
3 Geraldine Pinch, *Magic in Ancient Egypt*, S. 163.
4 Siehe Bohak, *Magic.*
5 Marie-Louise Thomsen, »Witchcraft and Magic in Ancient Mesopotamia«, S. 38.
6 Ebenda, S. 40.
7 Ebenda, S. 67.
8 J. S. Morrison, »The Classical World«, in: Michael Loewe und Carmen Blacker (Hrsg.), *Divination and Oracles*, S. 99.
9 Fritz Graf, *Gottesnähe und Schadenzauber*, S. 99.
10 Ebenda, S. 106.
11 Ebenda, S. 106f.
12 Walter Burkert, *Antike Mysterien*, S. 2.
13 Marvin W. Meyer (Hrsg.), *The Ancient Mysteries – A Sourcebook*, S. 7.
14 Ebenda, S. 7f.
15 John Pollard, *Seers, Shrines and Sirens*, S. 66.
16 Siehe R. Gordon Wasson u.a., *The Road to Eleusis*. Walter Burkert (*Ancient Mystery Cults*, S. 108) glaubt, dass eher der weiß blühende Schlafmohn (*Papaver somniferum album*), aus dem Opium gewonnen wird, und nicht Mutterkorn die visionären Halluzinationen in Eleusis verursacht haben könnte.
Kapitel 3
1 Siehe I. P. Couliano, *The Tree of Gnosis.*
2 Ebenda, S. 33.
3 Siehe James M. Robinson, Einführung zu *The Nag Hammadi Library in English*, S. 4.
4 Wallis Barnstone (Hrsg.), *The Other Bible*, S. 627.
5 Nach Robert M. Grant war Ptolemäus das Haupt der Valentinischen Schule in Italien und wurde um 160 n. Chr. Valentinus' Nachfolger.
6 Irenäus, *adversus haereticos* I,1,1, zit. in Robert Haardt, *Die Gnosis*, S. 107.
7 Ebenda, S. 107f.
8 Siehe Barnstone, *The Other Bible*, S. 669.
9 Zit. in Geo Widengren, *Mani und der Manichäismus*, S. 33.
10 Ebenda, S. 54ff.
11 So der Schluss von Plotins Vortrag über den Aufstieg zur Vereinigung mit dem Einen (*Enneade* VI,9) in: Plotin, *Ausgewählte Schriften*, hrsg. v. Walter Marg, S. 165.
12 Ioan S. Couliano war der Ansicht, dass Scholem die Verbindung zwischen der Kabbala und dem Gnostizismus überbewertete (s. Couliano, *The Tree of Gnosis*, S. 42 ff.). Scholem war jedoch fest davon überzeugt, dass aus dem kabbalistischen Text *Bahir*, der älter als der *Sohar* ist, deutlich hervorgeht, dass »die Kabbalisten des 13. Jahrhunderts die Erben mancher gnostischer Symbolik wurden« (*Die jüdische Mystik in ihren Hauptströmungen*, S. 234).
13 Daniel C. Matt, *The Essential Kabbalah*, S. 3.
14 Ebenda, S. 4f.
15 Gershom Scholem, *Die jüdische Mystik in ihren Hauptströmungen*, S. 228.
16 Zit. in: ebenda, S. 238.
17 Ebenda, S. 235.
18 Steven A. Fisdel, *The Practice of Kabbalah*, S. 100.
Kapitel 4
1 Joan O'Grady, *Heresy*, S. 69f.
2 Jeffrey B. Russell, *Witchcraft in the Middle Ages*, S. 123.
3 Ebenda, S. 175.
4 Ebenda, S. 230.
5 Ebenda, S. 127.
6 Rossel H. Robbins, *The Encyclopedia of Witchcraft & Demonology*, S. 179.
7 Jeffrey B. Russell, *A History of Witchcraft*, S. 113.
8 Zit. in: Peter Haining (Hrsg.), *The Witchcraft Papers*, S. 139.
9 Rosemary E. Guiley, *The Encyclopedia of Witches and Witchcraft*, S. 60.
10 Russell, *History of Witchcraft*, S. 103.
11 R. E. Guiley, *The Encyclopedia of Witches and Witchcraft*, S. 297.
12 Siehe Linnda R. Caporael, »Ergotism – The Satan Loosed in Salem?«, in: *Science*, Bd. 192, 2. April 1976.
13 Andrew McCall, *The Medieval Underworld*, S. 17f.
14 Henry M. Pachter, *Paracelsus – Magic Into Science*, S. 73.
15 Kurt Seligmann, *Das Weltreich der Magie*, S. 167.
16 Michael R. Best u. Frank H. Brightman (Hrsg.), *The Book of Secrets of Albertus Magnus*, S. xxiv–xxv.
17 *Das buch der versamlung / oder das buch der heimlikeiten Magni Alberti...*, S. 26 (unpaginiert).
18 Ebenda, S. 51 (unpaginiert).
19 Ebenda, S.48 (unpaginiert).
20 Frances Yates, *The Occult Philosophy in the Elizabethan Age*, S. 55.
21 Zit. in: A. M. Stoddart, *The Life of Paracelsus*, S. 269.
22 »Trithemius befürwortete«, so meint Henry M. Pachter, »alle Bemühungen, die verborgenen Kräfte von Gottes Natur zu nutzen, solange dazu keine Dämonen angerufen wurden. Dies war legitime 'Weiße Magie'«; H. M. Pachter, *Paracelsus: Magic Into Science*, S. 76.
23 Paracelsus, *Sämtliche Werke*, hrsg. v. K. Sudhoff, Bd. 14, S. 447.
24 Ebenda, S. 438.
25 Ebenda.
26 Die achtzehn »Enochischen Anrufe«, die Edward Kelley und John Dee empfangen hatten, wurden im frühen 20. Jahrhundert von dem englischen Okkultisten Aleister Crowley während einer Expedition in die algerische Wüste mit dem Dichter Victor Neuburg als rituelle Beschwörungsformeln verwendet (s. Kap. 9).
27 Zit. in: Derek u. Julia Parker, *A History of Astrology*, S. 136.
Kapitel 5
1 Zit. in: Wayne Shumaker, *The Occult Sciences in the Renaissance*, S. 202.
2 Ebenda, S. 203.
3 Tobias Churton, *The Gnostics*, S. 104.
4 Caitlín u. John Matthews, *Der westliche Weg*, Bd. 1, S. 44.
5 Zit. in Tobias Churton, *The Gnostics*, S. 113.
6 Pico de la Mirandola, *De dignitate hominis*. Zit. in M. Baigent, R. Leigh, *Verschlußsache Magie*, S. 77.
7 Churton, *Gnostics*, S. 115.
8 Ebenda, S. 112.
9 Matthews, *Weg*, Bd. 1, S. 46.
10 Siehe Kurt Seligmann, *Das Weltreich der Magie*, S. 105.
11 H. Stanley Redgrove, *Alchemy – Ancient and Modern*, S. 10f.
12 Zit. in: Marcellin Berthelot, *La Chimie au Moyen Age*, Bd. 2, S. 262.
13 E. J. Holmyard, *Alchemy*, S. 22.
14 Cherry Gilchrist, *The Elements of Alchemy*, S. 7.
15 Johann A. Siebmacher, *Wasserstein der Weisen*, S. 72f.
16 Gilchrist, *Alchemy*, S. 84f.
17 Siehe Titus Burckhardt, *Alchemie*, S. 80–83 (passim).
Kapitel 6
1 Fred Gettings, *Dictionary of Astrology*, S. 209.
2 Jacques Halbronn u. Serge Hutin, *Histoire de l'Astrologie*, S. 175.
3 Der Frühlingspunkt ist der Nullpunkt des Widders im Tierkreis.
4 Siehe Gettings, *Dictionary of Astrology*, S. 40.
5 Derek u. Julia Parker, *A History of Astrology*, S. 27.
6 »Stobaeus-Frament« VI,7-8, in: F. Siegert u. K.G. Eckart (Hrsg.), *Das Corpus Hermeticum*, S. 116.
7 Zit. in: Parker, *Astrology*, S. 15.
8 C. J. S. Thompson, *The Mystery and Romance of Astrology*, S. 61f.
9 Halbronn/Hutin, *Astrologie*, S. 192f.
10 Siehe Gettings, *Astrology*, S. 260.
11 Siehe Henry Corbin, *Histoire de la Philosophie Islamique*, Bd. 1, Paris 1964.
12 Wayne Shumaker, *The Occult Sciences in the Renaissance*, S. 16.
13 Zit. in: Parker, *Astrology*, S. 134.
14 Siehe Serge Hutin, *History of Astrology – Science or Superstition?* S. 98.
15 Richard Cavendish, *The Tarot*, S. 11.
16 Ronald Decker, Thierry Depaulis u. Michael Dummett, *A Wicked Pack of Cards – The Origins of the Occult Tarot*, S. 28.
17 Ebenda, S. 27.
18 Siehe Stuart R. Kaplan, *Tarot Classic*, S. 8 u. S. 35.
19 Fred Gettings, *The Book of Tarot*, S. 140.
20 Siehe Ishbel, *Ishbel's Temple of Isis Egyptian Tarot.*
21 Eliphas Lévi, *Transzendentale Magie*, S. 530.
Kapitel 7
1 Joseph F. Newton, *The Builders*, S. 17f.
2 Siehe Charles W. Heckethorn, *The Secret Societies of All Ages and Countries*, Bd. 2, S. 16f.
3 Newton, *Builders*, S. 192.
4 Ebenda, S. 211.
5 Ebenda, S. 130.
6 Siehe Gerhard Wehr (Hrsg.), *Die Bruderschaft der Rosenkreuzer*, S. 70.
7 Zit. in: Francis King, *Modern Ritual Magic*, S. 15–16.
8 Siehe Wehr, *Rosenkreuzer*, S. 72.
9 Siehe Frances A. Yates, *The Rosicrucian Enlightenment*, S. 45.
10 Kurt Seligmann, *Das Weltreich der Magie*, S. 350.
11 Siehe Yates, *The Rosicrucian Enlightenment*, S. 52f.
12 Siehe Newton, *Builders*, S. 53.
13 Ebenda, S. 53.
14 Ebenda, S. 58.
Kapitel 8
1 Zit. in: Ellic Howe, *The Magicians of the Golden Dawn*, S. 12.
2 Sogar manche Golden-Dawn-Mitglieder zweifelten an der Authentizität jener Anna Sprengel. Siehe R. A. Gilbert, *Revelations of the Golden Dawn*, S. 30.
3 Eingehendere Darstellungen zur Geschichte des Golden-Dawn-Ordens bieten die Werke von Ellic Howe, Ithell Colquhuon, R. A. Gilbert und Mary K. Greer (s. Literatur).
4 Siehe Howe, *Golden Dawn*, S. 127.
5 Ebenda.
6 Francis King, *Modern Ritual Magic*, S. 97.
7 George M. Harper, *Yeats's Golden Dawn*, S. 77. Der vollständige Text von Yeats' Aufsatz ist als Anhang in Harpers Buch abgedruckt.
8 Am 10.7.1912, elf Jahre nachdem er seinen Aufsatz geschrieben hatte, wurde Yeats in den Grad des Adeptus Minor initiiert.
9 King, *Magic*, S. 57.
10 Zu vollständigen Details über die Golden-Dawn-Rituale siehe Israel Regardie (Hrsg.), *The Golden Dawn*, 4 Bde.
11 Mathers' Manuskript *The Book of Correspondences* zirkulierte Ende der Neunzigerjahre des 19. Jahrhunderts unter den höheren Adepten des Golden Dawn. Ithell Colquhoun, Verfasser der Mathers-Biografie *Sword of Wisdom* ist der Ansicht, dass sich Crowley und Allan Bennett, ein weiteres Golden-Dawn-Mitglied, viel von dem in *777* enthaltenen Material von ihrem Lehrmeister geborgt hatten.
12 Franz Bardon, *Die Praxis der magischen Evokation*, S. 20.
13 Aleister Crowley, *Book Four*, Ausg. 1972, S. 42.
14 Dion Fortune, *Applied Magic*, S. 56–57.
15 In manchen Ritualen der Golden-Dawn-Tradition wird das magische Dreieck verwendet, aber dieses Symbol hat eine ganz andere Bedeutung als der Kreis (der das Unendliche symbolisiert). Siehe auch die praktischen Schriften und magischen Tagebücher von Aleister Crowley sowie Franz Bardons Standardwerk *Die Praxis der magischen Evokation.*
16 Im Golden-Dawn-Orden wurde der Zauberstab ursprünglich dem Element Feuer und das Schwert dem Element Luft zugeschrieben; wie Francis King und Stephen Skinner in *Techniques of High Magic*, S. 60, nachweisen, ist es sinnvoller, diese symbolischen Zuordnungen zu vertauschen.
17 Zur Aktivierung ihres inneren Bewusstseins verwendeten die Golden-Dawn-Magier eine Visualisierungstechnik, die als »Mittelsäule«-Übung bezeichnet wurde. Diese bestand im Visualisieren verschiedener Sphären auf der Zentralachse des kabbalistischen Lebensbaums, wobei man mit Kether begann und schließlich zu Malkuth gelangte. Diese Visualisierungen waren auch mit Meditationen über bestimmte symbolische Farben und dem Aussprechen geeigneter Götternamen verbunden. Siehe Israel Regardie, *The Middle Pillar.*
18 Zit. in: Francis King (Hrsg.), *Astral Projection, Magic and Alchemy*, Ausg. 1971, S. 73f.
19 *Tattva* bedeutet im Sanskrit und in den Veden »wahres Wesen«, »Istheit« oder »wirkliches Sein« (Anm. d. Übers.).
20 Siehe V. H. Soror, V. N. R., »Of Skrying and Travelling in the Spirit-Vision«, in: Francis King (Hrsg.), *Astral Projection*, überarb. u. erweit. Ausg. 1987.
21 Siehe Francis King (Hrsg.), *Astral Projection, Magic and Alchemy*, 1971, S. 69.
22 Zit. in: Israel Regardie (Hrsg.), *The Golden Dawn*, Bd. 4, 1940, S. 43. Der Name HCOMA ist kein kabbalistischer Gottesname, sondern stammt aus dem Enochischen, jener »Engelssprache«, die John Dee und Edward Kelley, die beiden Okkultisten der Elisabethanischen Zeit, transkribiert hatten (siehe Kap. 4) und die in den Ritualen und Visualisierungen der Golden-Dawn-Magier erneut verwendet wurde.
Kapitel 9
1 Aleister Crowley, *Magick in Theory and Practice*, London 1973), S. xv.

2 Ebenda, S. xvi.
3 Ebenda, S. xvii.
4 Ebenda, S. 4.
5 Ebenda.
6 John Symonds, *Aleister Crowley – Das Tier 666*, S. 48.
7 Aleister Crowley, *Das Buch des Gesetzes – Liver Al vel Legis* (übers. V. Phillip) II,5 (S.35).
8 Ebenda, I,15f (S.17).
9 Siehe Crowley, *Magick*, S. 12.
10 Siehe Kenneth Grant, *The Magical Revival*, S. 20.
11 Aleister Crowley, *Das Buch des Gesetze* (übers. v. Michael D. Eschner) III, 51–54, (S. 71).
12 Crowley, *Magick*, S. 11.]]
13 Siehe Grant, *Revival*, S. 45.
14 Ebenda, S. 144.
15 Siehe Colin Wilsons Darstellung von Crowleys unersättlicher Suche nach Sexpartnerinnen: *Aleister Crowley – The Nature of the Beast*, und auch Lawrence Sutins Biografie *Do What Thou Wilt – A Life of Aleister Crowley*.
16 Siehe Grant, *Revival*, S. 145.
17 Siehe John Symonds u. Kenneth Grant (Hrsg.), *The Confessions of Aleister Crowley*, S. 395. Crowleys Hinweis auf »A.·.A.·.« bezieht sich auf »Argenteum Astrum«, den magischen Orden, den er im Jahr 1907 gegründet hatte.
18 Ebenda, S. 396.
19 Ebenda, S. 399f.
20 Symonds, *Crowley*, S. 94.
21 Ebenda, S. 119.
22 Ebenda, S. 131.
23 Zit. in: John Symonds, *The Magic of Aleister Crowley*, S. 35.
24 Siehe Wilson, *Crowley*, S. 90.
25 Ebenda, S. 91. Wilson erwähnt einen Eintrag in Neuburgs magischem Tagebuch, worin beschrieben wird, wie Crowley ihn bei einer Gelegenheit züchtigte, indem er ihm 32 Schläge mit einer Stechginsterrute verabreichte, bis das Blut spritzte. »Er ist offensichtlich ein homosexueller Sadist«, schrieb Neuburg, »denn [...] er führte die Zeremonie mit unverkennbarer Befriedigung durch.«
26 Siehe Aleister Crowley, *Die Vision und die Stimme*, S. 61f.
27 Siehe Symonds, *Crowley*, S. 147.
28 Crowley, *Stimme*, S. 186f.
29 Ebenda, S. 189.
30 Ebenda, S. 190.
31 Zit. in: Symonds, *Crowley*, S. 153.
32 Verschiedenen Crowley-Biografen ist die Diskrepanz zwischen dem Datum von Crowleys Begegnung mit Theodor Reuss (Mai 1912) und dem angeblichen Datum der Veröffentlichung des *Book of Lies* (1913) aufgefallen. Francis King vermutet in *Sexuality, Magic and Perversion*, S. 94, dass das in der Erstausgabe angegebene Erscheinungsjahr ein Druckfehler ist. Anzeigen für Crowleys Tagebuch *The Equinox*, die hinten in *The Book of Lies* eingefügt sind, lassen auf das Erscheinungsjahr 1912 schließen.
33 Aleister Crowley, *Das Buch der Lügen*, S. 92.
34 Siehe Francis King, *Sexuality, Magic and Perversion*, S. 100.
35 Siehe Raoul Lovedays persönlichen Bericht in: Symonds, *Crowley*, S. 356.
36 Ebenda, S. 353.
37 Siehe Francis King (Hrsg.), *The Secret Rituals of the O.T.O.*, S. 29.
38 John Symonds war fasziniert von Crowleys phallischer Unterschrift und bemerkt in *Crowley*, S. 433, Crowley habe sich »schon lange mit dem Phallus identifiziert; so, wie er seine jeweilige Geliebte mit der Vagina gleichsetzte. Frauen sah er nicht als eigenständige Persönlichkeit an. Im Buch *777* definiert Crowley an einer Stelle die Schlüsselrollen der Frau als »Mutter, Ehefrau und Hure«.
39 Siehe in Sandy Robertsons faszinierender Sammlung crowleyscher Memorabilia *The Aleister Crowley Scrapbook*, S. 125.
40 Gerald Suster, *The Legacy of the Beast*, S. 204.

Kapitel 10

1 Bischof Latimer (1552), zit. in *Oxford Dictionary of English Folklore*: »(...) wir eilen hierhin und dorthin zu Hexen und Hexern, welche wir als weise Männer bezeichnen.«
2 Eine vollständige Beschreibung dieser Initiationen siehe in Janet u. Stewart Farrar, *The Witches' Way*.
3 Doreen Valiente, *An ABC of Witchcraft*, S. 108.
4 Zit. in: James R. Lewis (Hrsg.), *Magical Religion and Modern Witchcraft*, S. 62.
5 Siehe Janet u. Stewart Farrar, *Acht Sabbate für Hexen*, S. 40.
6 Ebenda, S. 57.
7 Lynne Hume, *Witchcraft and Paganism in Australia*, S. 123.
8 Siehe Doreen Valiente, »The Search for Old Dorothy«, in: Janet u. Stewart Farrar, *The Witches' Way*, S. 283 ff.
9 Valiente, *Witchcraft*, S. 155, und Rosemary E. Guiley, *The Encyclopedia of Witches and Witchcraft*, S. 69.
10 Valiente, *Witchcraft*, S. 156.
11 Francis King, *Ritual Magic in England*, S. 180.
12 Siehe Hume, *Witchcraft*, S. 28f. Sie fügt aber hinzu: »Sobald die Zeit dafür gekommen ist, d.h. nach der Initiation erhält die heutige Hexe jedoch vermutlich eher eine gebrannte CD oder den Ausdruck einer Computerversion des ›Buchs der Schatten‹ ihres Coven.«
13 Guiley, *Encyclopedia*, S. 134.
14 Persönliche Auskunft an den Autor. Andere, darunter June Johns, geben 1926 als Sanders' Geburtsjahr an.
15 Siehe *Man, Myth and Magic*, Nr. 40, London 1973.
16 Auch Patricia und Arnold Crowther hatten nichts gegen Medien-Publicity. Sie produzierten 1971 für Radio Sheffield *A Spell of Witchcraft*, die erste Rundfunk-Serie über Hexenkunst, und veröffentlichten 1974 das Buch *The Secrets of Ancient Witchcraft*. Nach dem Tod ihres Mannes im Jahr 1974 trat Patricia Crowther weiterhin im Radio und Fernsehen auf und publizierte noch weitere Bücher, darunter *One Witches World* und *Lid Off the Cauldron*, 1981.
17 Im Jahr 1970 wurde Janet Owen (Farrar) von Alex Sanders und Stewart Farrar von Sanders' Frau Maxine initiiert.
18 Persönliche Interviews mit Janet und Stewart Farrar im Dezember 1984 in Drogheda, Ireland, sowie mit Janet Farrar im März 2002 in Sydney, Australien.
19 Naomi Goldenberg, *Changing of the Gods – Feminism and the End of Traditional Religions*, S. 190.
20 Siehe Mary Daly, *Gyn/Ecology – the Metaethics of Radical Feminism*, S. 190.
21 Siehe Mary Farrell-Bednarowski, »Women in Occult America«, in: Howard Kerr u. Charles L. Crow (Hrsg.), *The Occult in America – New Historical Perspectives*, S. 190.
22 Judy Davis u. Juanita Weaver, »Dimensions of Spirituality« in: *Quest*, Nr. 1, 1975, S. 2.
23 Siehe Carol S. Christ u. Judith Plaskow (Hrsg.): *Womanspirit Rising – A Feminist Reader in Religion*, S. 272.
24 Persönliche Mitteilung an den Autor, Dez. 1984.
25 Cherie Lesh, »Goddess Worship: the Subversive Religion« in: *Twelve Together*, Los Angeles, Mai 1975.
26 Interview für den Dokumentarfilm *The Occult Experience*, produziert für Channel 10, Sydney, 1985, und in den USA als Sony Home Video veröffentlicht.
27 Infolge seiner Verbindung mit Starhawk gelangte Matthew Fox zu der Ansicht, dass es eine Verbindung zwischen der »Natur-Spiritualität« in der Wicca und dem Bewusstsein des »Ganzseins in Christus« (*wholeness-in-Christ*) gibt, das in seiner eigenen Schöpfungsspiritualität zum Ausdruck kommt. Für diese Auffassung wurde er jedoch von den Institutionen der römisch-katholischen Kirche schwer kritisiert; Kardinal Ratzinger bezeichnete Fox's Buch *Original Blessing* als »gefährlich und von der Lehre abweichend«. Siehe Ted Peters, *The Cosmic Self*, 126f.
28 Starhawk, »The Goddess«, in: Roger S. Gottlieb (Hrsg.), *A New Creation – America's Contemporary Spiritual Voices*, S. 213f.
29 Margot Adler, *Drawing Down the Moon*, (überarb. Ausg. 1986), S. 35.
30 Zit. in: Dennis D. Carpenter, »Emergent Nature Spirituality«, in: James R. Lewis (Hrsg.), *Magical Religion and Modern Witchcraft*, S. 57.
31 Siehe Starhawk, »The Goddess«, in: Roger S. Gottlieb (Hrsg.), *A New Creation*, S. 221.
32 Zit. in: Hume, *Witchcraft*, S. 70.
33 Siehe Aidan Kelly, *Crafting the Art of Magic*, S. 52 sowie Farrar, *Sabbate*, S. 27.
34 Siehe Graham Harvey, *Listening People, Speaking Earth*, S. 40.
35 Siehe Vivianne Crowley, »The Initiation«, in: Prudence Jones und Caitlín Matthews (Hrsg.), *Voices from the Circle – The Heritage of Western Paganism*, S. 77ff.
36 Farrar, *Sabbate*, S. 28f.
37 Zit. in: James R. Lewis (Hrsg.), *Magical Religion and Modern Witchcraft*, S. 62.
38 Deutsch: »[...] Silbern Mond und dunkle Nacht, / Ost, dann West, dann Süd, dann Nord; / Gehorcht der Hexenrune Macht – / Gehorchet fortan unser'm Wort! [...] Königin des Himmels und der Hölle, / Gehörnter Jäger in der Nacht – / Wirkt magisch wie es unser Wille! / Verleiht dem Zauber seine Macht! / Durch alle Kraft von Land und See, / durch alle Macht von Sonn' und Mond – / Unser Wille, er gescheh'! / Singt die Sprüche altgewohnt!« Übers. v. Thomas Wolf, in: Farrar, *Sabbate*, S. 31.

Kapitel 11

1 Einigen Kritikern zufolge wurden manche Details von LaVeys biografischem Hintergrund erfunden, um ihn exotischer darzustellen, als er in Wirklichkeit war. In einem Artikel »Sympathy for the Devil« in *Rolling Stone*, 5.9.1991, meinte Lawrence Wright, dass es keinerlei Belege für LaVeys Arbeit im Beatty Circus und auch nicht bei der Polizei von San Francisco gebe. In jüngerer Zeit veröffentlichten LaVeys Tochter Zeena LaVey-Schreck, die sich von ihrem Vater distanzierte, und ihr Mann Nikolas im Internet einen Artikel mit dem Titel »Anton LaVey – Legend and Reality«, worin sie feststellten, dass auch LaVeys angebliche Zigeunerabstammung erfunden sei und die Behauptungen seiner Affären mit Marilyn Monroe sowie Jayne Mansfield ebenfalls reine Fiktion seien (siehe http://www.churchofsatan.org/aslv.html). Inzwischen hat Blanche Barton jedoch die Richtigkeit ihrer »authorisierten Biografie« verteidigt.
2 Blanche Barton, *The Secret Life of a Satanist – The Authorized Biography of Anton La Vey*, S. 39f.
3 Arthur Lyons, *The Second Coming – Satanism in America*, S. 173.
4 Siehe Barton, *Satanist*, S. 78.
5 Lyons, *Coming*, S. 183f.
6 Ebenda, S. 184f.
7 Zit. in: Barton, *Satanist*, S. 243.
8 Ebenda, S. 244.
9 Siehe Michael Aquino, *The Crystal Tablet of Set*, S. 23.
10 Persönliche Mitteilung an den Autor.
11 Michael Aquino hat von dieser Universität inzwischen einen Doktortitel für Politische Wissenschaften erhalten.
12 Siehe Aquino, *Set*, S. 27.
13 Persönliche Mitteilung an den Autor.
14 Don Webb, »*Xeper* – Das Ewige Wort von Set« (2.6.1996), Internet-Text des Temple of Set, in: www.xeper.org/tsgerman/xeper.htm, S. 1.
15 Persönliche Mitteilung an den Autor.
16 Siehe Michael Aquino, *The Church of Satan*, 1983, S. 68.
17 Siehe Don Webb, »Das Pylonensystem«, in: www.xeper.org/tsgerman/pylsys.htm, S. 3.
18 Don Webb, »Das Schwarz jenseits von Schwarz: Der Temple of Set«, in: www.xeper.org/tsgerman/bbb.htm, S.4.
19 Dennoch geht die Mitgliederzahl des Temple of Set vermutlich eher in die Hunderte als in die Tausende. Obwohl behauptet wurde, dass die Church of Satan 50 000 eingeschriebene Mitglieder gehabt habe, zählte die ursprüngliche Gemeinde von San Francisco nur ca. 50 Mitglieder, während die landesweite Mitgliederzahl im Jahr 1975 einen Gipfel von 300 erreichte – worauf sich der Temple of Set als Splittergruppe der Church of Satan zu formieren begann.
20 Siehe Webb, Pylonensystem, S. 2.
21 Ebenda, S. 3.
22 Ebenda, S. 4.
23 Zeena Schreck diente in den Achtzigerjahren des 20. Jahrhunderts als Hohepriesterin in der Church of Satan, bevor sie sich von ihrem Vater und der Church of Satan trennte. Heute lebt sie in Berlin.
24 Persönliche Mitteilung an den Autor.
25 Persönliche Mitteilung an den Autor.
26 Siehe Nevill Drury, *Exploring the Labyrinth – Making Sense of the New Spirituality*, als Überblick über die »transpersonale« und »Personal Growth«-Bewegung.
27 Siehe Don Webb, »Seven of the Many Gateways«, in: Leon D. Wild (Hrsg.), *The Ninth Night*, Bd. I/2, Juni 1998 (veröff. im Internet).
28 Michael Aquino, *Runes*, Bd. II/6 (Hervorhebungen nicht im Original).
29 Isha Schwaller de Lubicz, *Her-Bak*, Bd. 2, »Disciple«, Paris 1992, S. 33 (Anm. d. Übers.),
30 Michael Aquino, *Runes* , Bd. II/6, San Francisco 1984.
31 Siehe Aquino, *Runes*, Bd. I/2, San Francisco 1983.
32 Persönliche Mitteilung an den Autor.
33 Siehe Anton La Vey, *The Satanic Bible*, S. 94.
34 Leon D. Wild, »An Introduction to the Left Hand Path«, in: *The Ninth Night*, Bd. I/1, Sydney, Juni 1998 (veröff. im Internet).
35 Ebenda.
36 Webb, Schwarz, S. 1, 3 u. 8.
37 Webb, Xeper, S. 1f.

Kapitel 12

1 Zit. in: *Starfire – A Magazine of the New Aeon*, Bd. 1, Nr. 3, London 1989, S. 89.
2 Interview mit dem Autor für die TV-Dokumentation *The Occult Experience*, New York, Dez. 1984 (in den USA als Sony Home Video veröff.)
3 C. G. Jung, *Der Mensch und seine Symbole*, S. 55.
4 C. G. Jung, »Zwei Schriften über Analytische Psychologie«, Gesammelte Werke, Bd. 7, S.77.
5 Ebenda, S. 74.
6 Ebenda, S. 78.
7 C. G. Jung, *Die Beziehungen zwischen dem Ich und dem Unbewussten*, S. 70.
8 Zit. in: Doiane K. Osbon (Hrsg.), *Reflections on the Art of Living – A Joseph Campbell Companion*, S. 40.
9 Ebenda, S. 123.
10 Siehe Mirka Knaster, »The Goddesses in Jean Shinoda Bolen«, in: *East West*, März 1989, S. 45. Ein bemerkenswertes Interview mit J. Bolen findet sich auch in: Alexander Blair-Ewart, *Mindfire: Dialogues in the Other Future*.
11 Knaster, Bolen, S. 44.
12 Ebenda, S. 73.
13 Siehe Richard Daab und Silma Smith, »Midwife of the Possible – An Interview with Jean Houston«, Teil III, in: *Magical Blend*, Herbst 1988, S. 22.
14 Siehe Interview von Alexander Blair-Ewart mit J. Houston in: *Mindfire*, S. 111.
15 Jean Houston, *The Hero and the Goddess*, S. 10.
16 Jean Houston, *The Search for the Beloved – Journeys in Sacred Psychology*, S. 13.
17 Siehe J. Houston, »Myth and Pathos in Sacred Psychology«, *Dromenon*, Bd. III/2, Frühjahr 1981, S. 33.
18 Zu einer eingehenderen Diskussion der Debatte um Carlos Castaneda und Lynn Andrews siehe das Kap. »Two Controversies«, in: Nevill Drury, *The Elements of Shamanism*.
19 Castanedas erste vier Bücher waren seine einflussreichsten gewesen: *The Teachings of Don Juan* (deutsch *Die Lehren des Don Juan*), *A Separate Reality* (deutsch *Eine andere Wirklichkeit*] , *Journey to Ixtlan* (deutsch *Die Reise nach Ixtlan*) und *Tales of Power* (deutsch *Der Ring der Kraft*).
20 Siehe Richard de Milles Interview mit Barbara Myerhoff in seinem faszinierenden Buch *The Don Juan Papers – Further Castaneda Controversies*, S. 336ff.
21 Wenn jemand »ent-geistert« (*dis-spirited*) ist, hat sich sein beseelender Geist von ihm getrennt. Dann ist es die Aufgabe des Schamanen, ihn wieder zurückzuholen.
22 Persönliche Mitteilung an den Autor.

Kapitel 13

1 Siehe »Magic Plants and the Logos – Terence McKenna in conversation with Alexander Blair-Ewart«, in: A. Blair-Ewart, *Mindfire – Dialogues in the Other Future*, S. 17.
2 Siehe »Sacred Plants and Mystic Realities: an Interview with Terence McKenna«, in: Nevill Drury, *Echoes from the Void* , S. 158ff. Dieses Interview erschien auch in Terence McKennas Anthologie *The Archaic Revival*.

3 Ebenda, S. 159f. u. 166.
4 Ebenda, S. 166.
5 Mark Dery, »The Inner Elf«, in: Ashley Crawford und Ray Edgar (Hrsg.), *Transit Lounge – Wake-up Calls and Travelers' Tales from the Future*, S. 94f.
6 Ebenda, S. 95.
7 Siehe Margaret Wertheim, *The Pearly Gates of Cyberspace*.
8 Howard Rheingold, *Virtual Reality*, S. 354.
9 Bruce Sterling, *The Hacker Crackdown – Law and Disorder on the Electronic Frontier*, S. 235.
10 Mark Dery, *Escape Velocity – Cyberspace at the End of the Century*, S. 28.
11 Sara Reeder, »Children of the Digital Gods«, in: *Green Egg*, Bd. XXIX/129, Aug.–Sept. 1997, S. 15.
12 Siehe »Computers, Consciousness and Creativity – An Interview with Dr Timothy Leary«, in: Drury, *Echoes*, S. 172.
13 Siehe Dery, *Velocity*, S. 22.
14 »Frantic Life and Symbolic Death among the Computer Bums«, zit. in: Dery, *Velocity*, S. 27.
15 Erik Davis, »Technopagans – May the Astral Plane be Reborn in Cyberspace«, in: *Wired*, Juli 1995, S. 128.
16 Siehe Douglas Rushkoff, *Cyberia – Life in the trenches of Hyperspace*, S. 143.
17 Davis, Technopagans, S. 4.
18 Douglas Rushkoff, *Cyberia – Von Hackern, Technoschamanen und Cyberpunks*, S. 209f.
19 Tom Williams, »Navigation Systems for the Spirit«, in: *Green Egg*, Bd. XXIX/129, Aug.–Sept. 1997, S. 39.
20 Michael Hutchison, *Mega Brain Power*, S. 431.
21 Mit »Bible Belt« ist der streng christlich-fundamentalistische Mittelwesten der USA gemeint (Anm. d. Übers.).
22 Siehe Jem Dowse, »Cyberpagans!«, in *Pagan Dawn*, Nr. 119, Beltane 1996, S. 11.
23 Sara Reeder, »Children of the Digital Gods«, in: *Green Egg*, Bd. 29, Nr. .129, Aug.–Sept. 1997, S.16.
24 Dery, *Velocity*, S. 280.
25 H. R. Giger, *Necronomicon*, S. 4ff.
26 Andrew Siliar, »Cyber-Space Cadets«, in: *Green Egg*, Bd. 29, Nr. 120, Aug.–Sept. 1997, S. 65.

Literatur

ADLER, Margot: *Drawing Down the Moon*. Boston 1981 (Erstausgabe New York 1979).
ALBERTUS MAGNUS (zugeschrieben): *Das buch der versamlung / oder das buch der heimlikeiten Magni Alberti (...)*. Straßburg 1519 (P. lat. 4 26m; Bayerische Staatsbibliothek, München).
ALVARADO, L.: *Psychology, Astrology and Western Magic. Image and Myth in Self-Discovery*, St Paul/Minnesota 1991.
ANKARLOO, Bengt, u. Stuart CLARK (Hrsg.): *Witchcraft and Magic in Europe. Biblical and Pagan Societies*. Philadelphia 2001.
AQUINO, Michael: *The Crystal Tablet of Set*. Temple of Set, San Francisco 1983.
AQUINO, Michael:*The Church of Satan*. Temple of Set, San Francisco 1983.
AQUINO, Michael: *Runes* , Bd. II/6. San Francisco 1984.
ARMSTRONG, A. H. (Hrsg.): *Plotinus*. London 1953.
ASHCROFT-NOWICKI, D.: *Highways of the Mind. The Art and History of Pathworking*. Wellingborough 1987.
ASHCROFT-NOWICKI, D.: *The Shining Paths. An Experiential Journey through the Tree of Life*. Wellingborough 1983.
BAIGENT, Michael u. LEIGH, Richard: *Verschlußsache Magie*. Übers. v. H. H. Reich. München 1997.
BANZHAF, Hajo: *Das Tarot-Handbuch*. München 1986.
BARDON, Franz: *Die Praxis der magischen Evokation*. Anleitung zur Anrufung von Wesen uns umgebender Sphären. Freiburg i. Br. 1956.
BARNSTONE, Wallis (Hrsg.): *The Other Bible*. San Francisco 1984.
BARTON, Blanche: *The Secret Life of a Satanist. The Authorized Biography of Anton La Vey*. Los Angeles 1990.
BERTHELOT, Marcellin: *La Chimie au Moyen Age*. Bd. 2, Paris 1893.
BEST, Michael R., u. Frank H. BRIGHTMAN: *The Book of Secrets of Albertus Magnus*. New York 1973.
BLACKER, Carmen: *The Catalpa Bow*. London 1975.
BLAIR-EWART, Alexander (Hrsg.): *Mindfire. Dialogues in the Other Future*. Toronto 1995.
BOGORAS, Wladimir G.: »The Chukchee«. In: *Memoirs of the American Museum of National History*, Bd. XI, o.O. 1909.
BOHAK, Gideon: *Traditions of Magic in Late Antiquity*. (Ausstellungskatalog) Ann Arbor/Michigan 1996.
BOLEN, Jean S.: *Goddesses in Everywoman*. New York 1985.
BOLEN, Jean S.: *Gods in Everyman*. New York 1989.
BOLEN, Jean S.: *The Tao of Psychology*. New York 1982.
BONNER, J.: *Qabalah*. London 1995.
BRACELIN, J. L.: *Gerald Gardner. Witch*. London 1960.
BREUIL, Abbé Henri: »L'Age paléolithique«. In: HUYGHE, Réné (Hrsg.): *Larousse Encyclopédie de l'Art préhistorique et ancien*. Paris 1962.
BUDAPEST, Zsuzsanna: *The Holy Book of Women's Mysteries*. Los Angeles 1989.
BUDAPEST, Zsuzsanna: *Herrin der Dunkelheit, Königin des Lichts*. Das praktische Anleitungsbuch für die neuen Hexen. Freiburg 2000.
BUDGE, E. A. (Hrsg.): *Lefefa Sedek. The Bandlet of Righteousness*. London 1929.
BURKERT, Walter: *Antike Mysterien*. München 1990 (Erstausgabe: Ancient Mystery Cults. Cambridge/Mass. 1987).
BURCKHARDT, Titus: *Alchemie. Sinn und Weltbild*. Andechs ²1992.
BURLAND, C. A.: *The Arts of the Alchemists*. London 1967.
BUTLER, W. E.: *Magic and the Qabalah*. London 1964.
BUTLER, W. E.: *Apprenticed to Magic*. London 1962.
BUTLER, W. E.: *The Magician. His Training and Work*. London 1959.
BUTLER, W. E.: *Magic. Its Ritual, Power and Purpose*. London 1952.
CAMPBELL, Joseph: *Die Mitte ist überall. Die Sprache von Mythos, Religion und Kunst*. Übers. v. Hans-Ulrich Möhring. München 1992.
CAMPBELL, Joseph: *Lebendiger Mythos*. Übers. v. Hans-Ulrich Möhring. München 1985.
CAMPBELL, Joseph: *Der Heros in tausend Gestalten*. Übers. v. Karl Koehne. Frankfurt a.M. 1953.
CASE, P. F.: *The Tarot*. New York 1947.
CASTANEDA, Carlos: *Eine andere Wirklichkeit*. Übers. v. Nils Lindquist. Frankfurt a.M. 1972.
CASTANEDA, Carlos: *Reise nach Ixtlan. Die Lehre des Don Juan*. Übers. v. Nils Lindquist. Frankfurt a.M. 1974.
CASTANEDA, Carlos: *Der Ring der Kraft*. Übers. v. Nils Lindquist. Frankfurt a.M. 1976.
CASTANEDA, Carlos: *Die Kunst des Träumens*. Übers. v. Thomas Lindquist. Frankfurt a.M. 1976.
CAVENDISH, Richard: *The Tarot*. London 1975.
CHRIST, Carol P., u. Judith PLASKOW (Hrsg.): *Womanspirit Rising. A Feminist Reader in Religion*. San Francisco 1979.
CHURTON, Tobias: *The Gnostics*. London 1987.
COLQUHOUN, Ithell: *Sword of Wisdom*. London 1975.
CORBIN, Henry: *Histoire de la Philosophie Islamique*, Bd. 1. Paris 1964.
Corpus Hermeticum. Einschließlich der Fragmente des Stobaeus. Hrsg. u. eingel. V. Folker Siegert, neu übers. v. Karl-Gottfried Eckart. Münster 1999.
COULIANO, I. [Ioan] P. [Petru]: *The Tree of Gnosis*. San Francisco 1992.
CRAWFORD, Ashley, u. Ray EDGAR (Hrsg.): *Transit Lounge. Wake-up Calls and Travelers' Tales from the Future*. Sydney 1997.
CROWLEY, Aleister: *Book Four*. Dallas 1972 (Erstausgabe 1913).
CROWLEY, Aleister: *The Confessions of Aleister Crowley*. Hrsg. v. John Symonds u. Kenneth Grant. London 1969, New York 1970.
CROWLEY, Aleister: *Confessions. Bekenntnisse des Aleister Crowley. Eine Autohagiographie*. Übers. v. Marcus Jungkurth. Bergen a. d. Dumme o.O.
CROWLEY, Aleister: *Liber AL vel Legis. Das Buch des Gesetzes. Mit Kommentaren von Aleister Crowley*. Übers. u. mit Anm. v. Michael D. Eschner. Bergen a.d. Dumme 1993.
CROWLEY, Aleister: *Das Buch des Gesetzes. Liver Al vel Legis. Sub figura CCXX wie es gegeben ward von XCII = 418 an DCLXVI*. Übers. v. Philip). Basel ²1985.
CROWLEY, Aleister: *Das Buch der Lügen, welches auch genannt wird Unterbrechungen*. Übers. v. Michael D. Eschner. Bergen a.d. Dumme 1986.
CROWLEY, Aleister: *Das Buch Thoth. Eine kurze Abhandlung über den Tarot der Ägypter*. Übers. v. Klaus Lemur-Esser. München 1981.
CROWLEY, Aleister: *Die Vision und die Stimme*. Übers. u. mit Kommentar v. Marcus M. Jungkurth. Bergen a.d. Dumme 1986.
CROWLEY, Aleister: *Liber 777 u. andere kabbalistische Schriften*. Übers. u. hrsg. v. Michael D. Eschner. Clenze 1985.
CROWLEY, Aleister: *Magick in Theory and Practice*. New York o.J. (Privat veröff. Paris 1929, diverse Neuausgaben).
CROWLEY, Aleister: *Magick*. Übers., hrsg. u. komm. v. Michael D. Eschner. Bergen a.d. Dumme 1989.
CROWLEY, Vivian: *Wicca. The Old Religion in the New Millennium*. London 1996.
CROWLEY, Viviane: *A Woman's Kabbalah*. London 2000.
CROWTHER, Patricia u. Arnold: *The Secrets of Ancient Witchcraft*. Secaucus/New Jersey 1974.
CROWTHER, Patricia: *Lid off the Cauldron*. London 1981.
CROWTHER, Patricia: *One Witch's World*. London 1998.
DAAB, Richard: »An Interview with Jean Houston«. In: *Magical Blend*, Nr. 18, 19 u. 20, Berkeley 1988.
DALY, Mary: *Gyn/Ecology. The Metaethics of Radical Feminism*. Boston 1978.
DAVIS, Eric: »TechnoPagans. The Roots of Digital Magick«. In: *Green Egg*, Bd. XXIX/129, Aug./Sept. 1997.
DAVIS, Eric: »Technopagans. May the Astral Plane be Reborn in Cyberspace«. In: *Wired*, Juli 1995.
DECKER, Ronald, Thierry DEPAULIS u. MIchael DUMMETT: *A Wicked Pack of Cards. The Origins of the Occult Tarot*. New York 1996.
DE MILLE, Richard: *Castaneda's Journey*. Santa Barbara 1976.
DE MILLE, Richard: *The Don Juan Papers. Further Castaneda Controversies*. Santa Barbara 1980.
DERY, Mark: *Escape Velocity. Cyberculture at the End of the Century*. London 1996.
DOWSE, Jem: »Cyberpagans !«. In: *Pagan Dawn*, Nr. 119, London 1996.
DRURY, Nevill: *Exploring the Labyrinth. Making Sense of the New Spirituality*. Sydney u. New York 1999.
DRURY, Nevill: *Echoes from the Void. Writings on Magic, Visionary Art and the New Consciousness*. Dorset 1994.
DRURY, Nevill: *The Elements of Shamanism*. Dorset 1989.
DRURY, Nevill: *The Occult Experience*. London 1987.
EDINGER, E.: *Ego and Archetype*. London 1973
ELIADE, Mircea: *Cosmos and History*. New York 1959.
ELIADE, Mircea: *The Sacred and the Profane*. New York 1961.
ELIADE, Mircea: *Schamanismus und archaische Ekstasetechnik*. Übers v. Inge Köck. Frankfurt a.M. 1975.
ELIADE, Mircea: *Das Mysterium der Wiedergeburt. Versuch über einige Initiationstypen*. Übers. v Eva Moldenhauer. Frankfurt a.M. 1997.
ELKIN, Adolphus P.: *Aboriginal Men of High Degree*. Sta. Lucia/Queensland 1977.
FARRAR, Janet u. Stewart: *The Witches' Goddess*. London 1987.
FARRAR, Janet u. Stewart: *The Witches' Bible*. New York 1985.
FARRAR, Janet u. Stewart: *The Witches' Way*. London 1984.
FARRAR, Janet u. Stewart: *Acht Sabbate für Hexen und Riten für Geburt, Heirat und Tod*. Übers. v. Thomas Wolf. Soltendieck ca. 1996.
FARRAR, Stewart: *What Witches Do*. Washington 1983.
FEINSTEIN, D., u. KRIPPNER, S.: *Personal Mythology*. Los Angeles 1988.
FELDMAN, D. H.: *Qabalah. The Mystical Heritage of the Children of Abraham*. Santa Cruz/Kal. 2001.
FERGUSON, J.: *An Illustrated Encyclopaedia of Mysticism and the Mystery Religions*. London 1976.
FINDEISEN, Hans, u. GEHRTS, Heino: *Die Schamanen. Jagdhelfer und Ratgeber, Seelenfahrer, Künder und Heiler*. München ⁴1996.
FISDEL Steven A.: *The Practice of Kabbalah*. Northvale/New Jersey 1996.
FORTUNE, Dion: *Applied Magic*. London 1962.
FORTUNE, Dion: *Psychic Self-Defence*. London 1930.
FULLER, J. O.: *The Magical Dilemma of Victor Neuburg*. London 1965.
FURST, P. T. (Hrsg.): *Flesh of the Gods*. London 1972.
GALLOWAY, B. (Hrsg.): *Fantasy and Wargaming*. Cambridge 1981.
GARDNER, Gerald B.: *Witchcraft Today*. London 1954.
GARDNER, Gerald B.: *High Magic's Aid*. London 1949.
GARDNER, Gerald B.: *The Meaning of Witchcraft*. London 1959.
GETTINGS, Fred: *Dictionary of Astrology*. London, New York 1985.
GETTINGS, Fred: *The Book of Tarot*. London 1973.
GIGER, H. [Hans] R. [Ruedi]: *Necronomicon*. Basel 1977.
GIGER, H. [Hans] R. [Ruedi]: *N.Y.City*. Zürich 1981.
GIGER, H. [Hans] R. [Ruedi]: *Retrospektive 1964–1984*. Zürich 1984.
GILBERT, R. A.: *Revelations of the Golden Dawn*. London 1997.
GILCHRIST, Cherry: *The Elements of Alchemy*. Dorset 1991.
GINSBURG, C.: *The Kabbalah. Its Doctrines, Development and Literature*. London 1956.
GLEADOW, R.: *The Origin of the Zodiac*. New York 1968.
GOLDENBERG, Naomi: *Changing the Gods. Feminism and the End of Traditional Religions*. Boston 1979.
GOTTLIEB, Roger S. (Hrsg.): *A New Creation. America's Contemporary Spiritual Voices*. New York 1990.
GRAF, Fritz: *Gottesnähe und Schadenzauber. Die Magie in der griechisch-römischen Antike*. München 1996.
GRANT, Kenneth: *Hecate's Fountain*. London 1992.
GRANT, Kenneth: *The Magical Revival*. London 1972.
GRANT, Robert M. (Hrsg.): *Gnosticism. An Anthology*. London 1961.
GRAY, W. G.: *Inner Traditions of Magic*. Weiser/Maine 1984.
GREER, Mary K.: *Women of the Golden Dawn*. Rochester/Vermont 1995.
GUILEY, Rosemary E.: *The Encyclopedia of Witches and Witchcraft*. New York 1989.
HAARDT, Robert: *Die Gnosis. Wesen und Zeugnisse*. Salzburg 1967.
HAINING, Peter (Hrsg.): *The Witchcraft Papers*. London 1974.
HALBRONN, Jacques, u. Serge HUTIN: *Histoire de l'Astrologie*. Paris 1986.
HALIFAX, Joan (Hrsg.): *Die andere Wirklichkeit der Schamanen. Erfahrungsberichte von Magiern, Medizinmännern und Visionären*. München 1985.

HALIFAX, Joan: *Schamanen. Zauberer, Medizinmänner und Heiler.* Übers. v. Ursula Richter. Frankfurt a. M. 1983.
HARNER, Michael: *Der Weg des Schamanen.* Interlaken 1982, München 1999.
HARNER, Michael: *The Jivaro.* Berkeley 1984.
HARPER, Georges M.: *Yeats's Golden Dawn.* London 1974.
HARVEY, Graham: *Listening People, Speaking Earth.* London 1997.
HARVEY, Graham, u. C. HARDMAN (Hrsg.): *Paganism Today.* London 1996.
HECKETHORN, Charles W.: *The Secret Societies of All Ages and Countries.* New York 1966 (Erstausgabe London 1875; überarb. Fassung 1897).
[HERMES TRISMEGISTOS]: *Die XVII Bücher des Hermes Trismegistos.* München 1997.
HÖRMANN, Werner (Hrsg. u. Übers.): *Gnosis. Das Buch der verborgenen Evangelien.* Augsburg 1994.
HOLMYARD, Eric J.: *Alchemy*, Harmondsworth, 1957
HOUSTON, Jean: *The Hero and the Goddess.* New York 1992.
HOUSTON, Jean: *The Search for the Beloved. Journeys in Sacred Psychology.* Wellingborough 1990.
HOUSTON, Jean: »Myth and Pathos in Sacred Psychology«. In: *Dromenon*, Bd. III/2, Frühjahr 1981.
HOWE, Ellic: *The Magicians of the Golden Dawn.* London 1972.
HUME, Lynne: *Witchcraft and Paganism in Australia.* Melbourne 1997.
HUTCHISON, Michael: *Mega Brain Power.* New York 1994.
HUTIN, Serge: *History of Astrology. Science or Superstition?* New York 1970.
HUTTON, R.: *The Triumph of the Moon.* Oxford 1999.
INGRAM, Sue: *Structures of Shamanism in Indonesia and Malaysia* (Diss., unveröff.). University of Sydney 1972.
ISHBEL: *Ishbel's Temple of Isis Egyptian Tarot.* St Paul/Minnesota 1989.
JAMAL, M.: *Shape Shifters.* New York, London 1987.
JOHNS, June: *King of the Witches. The World of Alex Sanders.* New York 1969.
JONES, Prudence, u. Caitlín MATTHEWS (Hrsg.): *Voices from the Circle.* London 1990.
JORDAN, M.: *Witches. An Encyclopedia of Paganism and Magic.* London 1996.
JUNG, C. [Carl] G. [Gustav]: *Die Beziehungen zwischen dem Ich und dem Unbewußten.* Olten, Freiburg i. Br. [11]1978.
JUNG, C. G.: *Symbols of Transformation.* New Jersey 1956.
JUNG, C. G.: *Memories, Dreams, Reflections.* New York 1961.
JUNG, C. G. u.a.: *Der Mensch und seine Symbole.* Übers. v. Klaus Thiele-Dormann. Olten, Freiburg i. Br. [9]1986.
KALWEIT, Holger: *Traumzeit und innerer Raum.* München 1990.
KAPLAN, A.: *Meditation and Kabbalah.* New York 1982.
KAPLAN, Stuart. R.: *Tarot Classic.* New York 1972.
KELLY, Aidan: *Crafting the Art of Magic.* St Paul/Minnesota 1991.
KEPLER, Johannes: *Tertium Interveniens.* Einführung, Erläuterungen u. Glossar v. Fritz Krafft. München 1971.
KERR, Howard, u. Charles L. CROW (Hrsg.): *The Occult in America. New Historical Perspectives.* Chicago 1983.
KIECKHEFER, R.: *Magic in the Middle Ages.* Cambridge 2000.
KING, Francis (Hrsg.): *The Secret Rituals of the O.T.O.* London 1973.
KING, Francis: *Sexuality, Magic and Perversion.* London 1972.
KING, Francis (Hrsg.): *Astral Projection, Magic and Alchemy.* London 1971.
KING, Francis: *Ritual Magic in England.* London 1970; Neuausgabe *Modern Ritual Magic.* Dorset 1989
KING, Francis, u. Stephen SKINNER: *Techniques of High Magic. A Manual of Self-Initiation.* London 1976.
KING, Francis, u. I. SUTHERLAND: *The Rebirth of Magic.* London 1982.
KNASTER, M.: »The Goddesses in Jean Shinoda Bolen«. In: *East West*, März 1989.
KNIGHT, Gareth: *A History of White Magic.* London, Oxford 1978.
LARSEN, S.: *The Shaman's Doorway.* New York 1976.
LARSEN, S. u. R.: *A Fire in the Mind. The Life of Joseph Campbell.* New York 1991.
LaVEY, Anton Szandor: *The Satanic Rituals.* New York 1972.
LaVEY, Anton Szandor: *The Satanic Bible.* New York 1969.
LEARY, Timothy: *Chaos and Cyberculture.* Berkeley/Kal. 1994.
LEARY, Timothy: *Flashbacks.* Los Angeles 1983.
LESH, Cherie: »Goddess Worship. The Subversive Religion«. In: *Twelve Together*, Los Angeles, Mai 1975.
LESSA, W. A., u. E. Z. VOGT (Hrsg.): *Reader in Comparative Religion.* New York 1972.
LÉVI, Eliphas: *The Key of the Mysteries.* London 1959.
LÉVI, Eliphas: *Transzendentale Magie. Dogma und Ritual.* München 2000.
LÉVI, Eliphas: *The History of Magic Rider.* London 1913.
LEWIS, James R. (Hrsg.): *Magical Religion and Modern Witchcraft.* Albany 1996.
LINTON, Ralph: *Culture and Mental Disorders.* Springfield/Illinois 1956.
LOEWE, Michael, u. Carmen BLACKER (Hrsg.): *Divination and Oracles.* London 1981.
LUHRMANN, T. M.: *Persuasions of the Witch's Craft.* Cambridge/Mass. 1989.
LYONS, Arthur: *The Second Coming. Satanism in America.* New York 1970.
MAJIDI, A.: »H. R. Giger. Night Visionary«. In: *Manhattan's Entertainment Magazine*, Bd.I/7, New York, September 1998.
MATHERS, Liddell S.: *The Grimoire of Armadel.* London 1980.
MATHERS, Liddell S.: *The Book of the Sacred Magic of Abramelin the Mage.* Chicago 1932.
MATHERS, Liddell S.: *The Lesser Key of Solomon.* Chicago 1916.
MATHERS, Liddell S.: *The Greater Key of Solomon.* Chicago 1914.
MATHERS, Liddell S.: *The Kabbalah Unveiled.* London 1887.
MATT, Daniel. C.: *The Essential Kabbalah.* New York 1995.
MATTHEWS, Caitlín u. John: *Der westliche Weg.* Übers. v. Malwine Blunck. 2 Bde., (Sonderausgabe) Reinbek 1999.
McCALL, Andrew: *The Medieval Underworld.* London 1979.
McKENNA, Terence: *True Hallucinations.* San Francisco 1993.
McKENNA, Terence: *The Archaic Revival.* San Francisco 1991.
MEYER, Marvin W. (Hrsg.): *The Ancient Mysteries. A Sourcebook.* San Francisco 1987.
MORRISON, J. S.: »The Classical World«. In: M. LOEWE u. C. BLACKER (Hrsg.): *Divination and Oracles.* London 1981.
MURRAY, M.: *The Witch-Cult in Western Europe.* Oxford, New York 1971 (Erstveröff. Oxford 1921).
NEWTON, Joseph Fort: *The Builders.* London 1924.
O'GRADY, Joan: *Heresy.* Dorset 1985.
O'HARE, G.: *Pagan Ways.* St Paul/Minnesota 1997.
OSBON, Doiane K. (Hrsg.): *Reflections on the Art of Living. A Joseph Campbell Companion.* New York 1991.
PACHTER, Henry M.: *Paracelsus. Magic into Science.* New York 1961.
PAGELS, E.: *The Gnostic Gospels.* London 1979.
PAPUS [= Gérard ENCAUSSE]: *Tarot der Zigeuner. Zum ausschließlichen Gebrauch für Eingeweihte. Der absolute Schlüssel zur Geheimwissenschaft.* Schwarzenberg 1979.
PARACELSUS [THEOPHRAST v. HOHENHEIM]: *Sämtliche Werke.* Hrsg. v. Karl Sudhoff. Bd. 14, München, Berlin 1933.
PARKER, Derek u. Julia: *A History of Astrology.* London 1983.
PATAI, R.: *The Hebrew Goddess.* Detroit/Michigan 1990.
PETERS, Larry G.: »The Tamang Shamanism of Nepal«. In: Shirley NICHOLSON (Hrsg.): *Shamanism.* Whaton/Illinois 1907.
PETERS, Larry G.: *The Middle Pillar.* Chicago 1945 (verschiedene Neuausgaben)
PETERS, Ted: *The Cosmic Self.* San Francisco 1991.
PINCH, Geraldine: *Magic in Ancient Egypt.* London 1994.
POLLARD, John: *Seers, Shrines and Sirens.* London 1965.
PLOTIN: *Ausgewählte Schriften.* Hrsg. v. Walter Marg. Übers. v. Richard Harder. Teilweise überarb. v. W. Theiler u. R. Beutler. Stuttgart 1973
REDGROVE, H. Stanley: *Alchemy. Ancient and Modern.* London 1922.
REEDER, Sara: »Children of the Digital Gods«. In: *Green Egg*, XXIX/129, Aug./Sept. 1997.
REGARDIE, Israel: *The Eye in the Triangle. An Interpretation of Aleister Crowley.* Phoenix/Arizona 1982.
REGARDIE, Israel: *The Middle Pillar.* Chicago 1945 (verschiedene Neuausgaben).
REGARDIE, Israel (Hrsg.): *The Golden Dawn.* 4 Bde. Chicago 1937-40.
REGARDIE, Israel: *The Tree of Life. A Study in Magic.* London 1932.
RHEINGOLD, Howard: *Virtual Reality.* London 1992.
RICHARDSON, A.: *Priestess. The Life and Magic of Dion Fortune.* Wellingborough 1987.
ROBBINS, Rossel H.: *The Encyclopedia of Witchcraft & Demonology.* New York 1981.
ROBERTSON, Sandy: *The Aleister Crowley Scrapbook.* London 1988.
ROBINSON, James M. (Hrsg.): *The Nag Hammadi Library in English.* San Francisco 1977.
ROSZAK, Theodore: *Unfinished Animal.* New York 1975.
ROSZAK, Theodore: *The Voice of the Earth.* New York 1992.
ROTH, H. L.: *The Natives of Sarawak and British North Borneo.* Bd. 1, Singapur 1968.
RUSHKOFF, Douglas: *Cyberia. Von Hackern, Technoschamanen und Cyberpunks.* Übers. v. Johannes Schwab. München 1995.
RUSSELL, Jeffrey B.: *A History of Witchcraft. Sorcerers, Heretics and Pagans.* London, New York 1980.
RUSSELL, Jeffrey B.: *Witchcraft in the Middle Ages.* Ithaca, London 1972.
SCHOLEM, Gershom: *On the Mystical Shape of the Godhead.* New York 1997.
SCHOLEM, Gershom: *Origins of the Kabbalah.* New Jersey 1990.
SCHOLEM, Gershom: *Die jüdische Mystik in ihren Hauptströmungen.* Frankfurt a.M. 1957.
SCHOLEM, Gershom: *Kabbalah.* New York 1974.
SCHOLEM, Gershom: *Zur Kabbala und ihrer Symbolik.* Frankfurt a.M. 1973.
SELIGMANN, Kurt: *Das Weltreich der Magie.* Übers. v. H. Kissling. Nachwort v. G. F. Hartlaub. Stuttgart 1958.
SHUMAKER, Wayne: *The Occult Sciences in the Renaissance.* Berkeley 1979.
SIEBMACHER, Johann Ambrosius: *Wasserstein der Weisen.* Freiburg i.Br. 1977 (Faksimile der Ausg. Frankfurt a.M. 1661).
SPARE, A. O.: *The Book of Pleasure.* Montreal 1975 (Erstausgabe: Privatdruck, London 1913).
STARHAWK: *Der Hexenkult als Ur-Religion der Großen Göttin. Magische Übungen, Rituale und Anrufungen.* Übers. v. Ulla Schuler. München 1992 (Erstausgabe: *The Spiral Dance.* New York 1979)
STARHAWK: *Wilde Kräfte. Sex und Magie für eine erfüllte Welt.* Übers. v. Angela Roethe. München 1993 (Erstausgabe: *Dreaming the Dark.* Boston 1982)
STERLING, Bruce: *The Hacker Crackdown. Law and Disorder on the Electronic Frontier.* New York 1992.
STEVENS, J.: *Storming Heaven. LSD and the American Dream.* New York 1987.
STODDART, A. M.: *The Life of Paracelsus.* London 1915.
SULLIVAN, H. S.: *Conceptions of Modern Psychiatry.* New York 1953.
SUSTER, Gerald: *The Legacy of the Beast.* Maine 1989.
SUTIN, Lawrence: *Do What Thou Wilt. A Life of Aleister Crowley.* New York 2000.
SYMONDS, John: *Aleister Crowley. Das Tier 666.* Hrsg. v. Wolfgang Bauer. Übers v. B. F. Netthow. München 1996.
SYMONDS, John: *The Magic of Aleister Crowley.* London 1958.
SYMONDS, John, u. Kenneth GRANT (Hrsg.): *The Magical Record of the Beast 666.* London 1972.
TAYLOR, F. S.: *The Alchemists.* London 1976.
THOMPSON, C. J. S.: *The Mystery and Romance of Astrology.* New York 1973 (Erstausgabe London 1929)
THOMSEN, Marie-Louise: »Witchcraft and Magic in Ancient Mesopotamia«. In: Bengt ANKARLOO u. Stuart CLARK (Hrsg.), *Witchcraft and Magic in Europe. Biblical and Pagan Societies.* Philadelphia 2001.
VALIENTE, Doreen: *Witchcraft for Tomorrow.* London 1978.
VALIENTE, Doreen: *An ABC of Witchcraft. Past and Present.* London 1984.
WAITE, Arthur Edward: *The Hermetic Museum Restored and Enlarged.* London 1893.
WAITE, Arthur Edward: *The Holy Kabbalah.* New York 1960 (Erstausgabe London 1929).
WALKER, B.: *Gnosticism. Its History and Influence.* Wellingborough 1983.
WALKER, D. P.: *Spiritual and Demonic Magic. From Ficino to Campanella.* Gloucestershire 2000 (Erstausgabe London 1958).
WASSON, Robert G. u.a.: *The Road to Eleusis.* New York 1968.
WEHR, Gerhard (Hrsg.): *Die Bruderschaft der Rosenkreuzer. Esoterische Texte.* München [6]1999.
WERTHEIM, Margaret: *The Pearly Gates of Cyberspace.* New York 1998.
WIDENGREN, Geo: *Mani und der Manichäismus.* Stuttgart 1961.
WILBY, B. (Hrsg.): *The New Dimensions Red Book.* Cheltenham 1968.
WILD, Leon D. (Hrsg.): *The Ninth Night.* Bd.I/1 u. I/2, Sydney 1998.
WILLIAMS, Tom: »Navigation Systems for the Spirit«. In: *Green Egg*, Bd. XXIX/120, Aug./Sept. 1997.
WILSON, Colin: *Aleister Crowley. The Nature of the Beast.* Wellingborough 1987.
YATES, Frances A.: *Giordano Bruno and the Hermetic Tradition.* London 1971.
YATES, Frances A.: *The Rosicrucian Enlightenment.* Boulder/Col. 1987 (Erstausgabe London 1972).
YATES, Frances A.: *Aufklärung im Zeichen des Rosenkreuzes.* Stuttgart 1975.
YATES, Frances A.: *The Occult Philosophy in the Elizabethan Age.* London, New York 2000 (Erstausgabe London 1979).

Abbildungsverzeichnis

(**o.** = oben, **m.** = Mitte, **u.** = unten, **r.** = rechts; **l.** = links)

Seiten 2–3 Der Schamane Mongush Lazo, Tuwa, südl. Zentralsibirien, Febr. 2002. Foto: Dimitri Beliakow. **4** »Liebeszauber«, flämische Schule, 15. Jh. Museum der bildenden Künste, Leipzig. **9** Rembrandt van Rijn, »Faust in seinem Studierzimmer«, Radierung, ca. 1652/53. **11** Mongush Lazo, Tuwa, südl. Zentralsibirien, Febr. 2002. Foto: Dimitri Beliakow. **12o.** Opferung eines Bisonstiers, Zchn. nach einer Höhlenmalerei von Lascaux (Frankreich), ca. 13 000 v. Chr. **12u.** Verkleideter Jäger, Zchn. von Abbé Henri Breuil nach einer Höhlenmalerei von Les Trois-Frères, Ariège (Frankreich), ca. 13 000 v. Chr. **13** Kultkessel von Gundestrup, Dänemark, Detail, 1./2. Jh. v. Chr. National Museet, Kopenhagen. **14** Fisch-Kopfschmuck der Aborigines, Torres-Straße, Australien, British Museum, London. **15** Aborigines mit totemistischer Körperbemalung, Zentralaustralien. Haddon Collection, University Museum of Archaeology and Anthropology, Cambridge/Mass. **16o.** Schamanische Geistreise, später Pueblo-Stil III, Zeichnung von Wellmann nach einer Felszeichnung, Inkom/Idaho, USA, 1979. **16u.** Die Unterwelt, ostjakisch-samojedisch, Sibirien, aus: *Asia* (Ztschr.) 1926. **19** Trittsiegel des mythischen Emus, Aborigines-Bodenzeichnung. Foto: The Mountford Sheard Coll., State Library of South Australia. **21o.** Zeichnung eines Wettflugs von Inuit-Schamanen; aus: Knud Rasmussen, *Eskimo Folk Tales*, 1921. **21u.** Sedna, Mutter der Meere, Inuit-Steindruck, 1961. Canadian Museum of Civilization, National Museum of Canada, Ottawa. **22** Schamanische Heilzeremonie, Sibirien. Foto: Joan Halifax. **23o.** Schamane und Anky-Kele, der Herr der Meere, Zchn. nach Lawrow, Tschuktschen, Nordsibirien, um 1945. **23u.** Maskierter Koyote-Tänzer auf einem Mumbres-Urnengefäß, New Mexico 1100–1250 n. Chr. Colorado Springs Fine Art Center, Taylor Museum Coll. **24o.** Holzmaske eines Schamanen, Nunivak, südl. Alaska, frühes 20. Jh. Thomas Burke Memorial Washington State Museum; University of Washington, Seattle. **24u.** Schamanischer Doppelgänger eines Maya-Herrschers, farbig bemalte Keramikvase, Tepeu Kultur, Altar de Sacrificios, Guatemala, 754 n. Chr. Museo Nacional de Arqueologia y Etnologia, Guatemala City. **25** Schamanin auf einem eingekerbten Pfahl, Mapuche-Region, Chile. Foto: Louis C. Faton. **26** Schamane in Geistgestalt eines Jaguars, Matto Grosso, Brasilien. The University Museum, University of Pennsylvania/Phil., USA. **28** Grimoire, »Zauberbuch«, Sumatra, Indonesien. British Museum, London. **29** Hexer und Medizinmann Rangda mit totem Kind; Tjalonarog-Tanz, Bali. **30** Maskierter Tänzer bei bönpo-buddhistischer Jahreszeiten-Zeremonie, Tibet. **32** Kirke und Odysseus, Detail eines böotischen Schwarzfiguren-Skyphos (Vase), Theben, spätes 5. Jh. v. Chr. Ashmolean Museum, Oxford. **33o.** Orpheus, Attischer Rotfiguren-Krater (Trinkschale), geschaffen von dem sog. Orpheus-Maler aus Gela, um 440 v. Chr. Foto: J. Beazley. **33u.** Das Orakel sprechende Haupt des Orpheus, mit Apoll und einem Schreiber, Rotfiguren-Schale/Teller, um 440 v. Chr. Corpus Christi College, Cambridge/Mass. **34** Bronzekopf, vermutl. Pythagoras darstellend, röm. Kopie eines griech. Originals, um 300 v. Chr., gefunden in der Villa dei Pisoni, Herculaneum. Museo Nazionale, Neapel. **35** Die Hl. Drei Könige, Mosaik, Detail, 5./6. Jh. n.Chr. Sant' Apollinare Nuovo, Ravenna. **36o.** Zeichnung einer *defixio*, Rom, spätes 4. Jh. n. Chr., aus: John G. Gager, *Curse Tablets and Binding Spells from the Ancient World*, New York 1992. **36u.** Weibliche Figur mit 13 Nadeln, hergestellt nach einem Rezept aus den *Papyri Graecae Magicae*, 2. Jh. n. Chr., zusammen mit einer Defixio in einem Tonkrug gefunden, Ägypten, 3./4. Jh. n. Chr. Louvre, Paris. **37o.** Abraxas, gnostische Gottheit, Zchn. v. Nevill Drury. **37u.** Amulett mit »Abracadabra«-Inschrift. British Museum, London. **38l.** Zwei Amulette, *Wedjat*, »Horusauge«, Ägypten, ca. 1000 v. Chr. British Museum. **38r.** Detail eines Grab-Textes, Hunefer-Papyrus, Ägypten, ca. 1350 v. Chr. British Museum, London. **39r.** Geflügelte Göttin Lilith, »Todesbringerin«, bemalt Terrakotta-Platte, Mesopotamien (Syrien), frühes 2. Jh. v. Chr. Foto: Sotheby's, London. **39l.** Schutzfiguren für Beisetzungen in Mauern und Böden, babylonisch (Irak). British Museum, London. **40** Bronzestatue des Zeus von Dodona, ca. 470 v. Chr. Staatliche Museen, Berlin. **41r.** Pythia auf dem »Dreifuß«-Hocker, attische Rotfiguren Vase, 440 v. Chr. Staatliche Museen, Berlin. **41l.** Apoll, auf Python schießend, Silber-Stater (Münze) aus Kroton, um 420 v. Chr. Foto: Hirmer. **42** Zeus und Typhon, Zchn. nach dem Bronzerelief einer Schild-Schmuckplatte aus Olympia. **43o.** Mithras, einen Stier schlachtend, Skulptur, Rom, frühes 2. Jh. n. Chr. British Museum, London. **43u.** Demeter und Persephone, attische Trinkschale, 490–480 v. Chr. British Museum, London. **44** Dionysischer Ritualtanz, Detail eines Wandgemäldes, römisch, 1. Jh. n. Chr. British Museum, London. **45** Persephone und Hades in der Unterwelt, attischer Rotfiguren-Kylix (Kelchschale); gemalt von dem sog. Kodros-Maler, um 430 v. Chr. British Museum, London. Foto: C. M. Dixon. **47** William Blake, »The Ancient of Days«, 1794, Radierung, koloriert mit Aquarellfarben, schwarzer Tusche u. Goldbronze. Witworth Art Gallery, University of Manchester. **48** Gustave Doré, »Vision de l'Empyrée«, Radierung, 19. Jh., Illustration zu Dantes *Vision des Paradieses*. **51** Angebliches Porträt von Mani und seinen Jüngern, Khocho (Turfan), China. Museum für Indische Kunst, Berlin. **52** Sargon II. und Hofbeamter, Relief aus dem Palast von Khorsabad, 742–705 v. Chr. Louvre, Paris. **53** Die gnostische Dreieinigkeit, Wandgemälde, Detail, aus dem Deckengewölbe des Aurelii-Mausoleums, Rom, 3. Jh. n. Chr. **54** Frontispiz von Ficinos *Leben und Werke des Plotin*, spätes 15. Jh. Uffizien, Florenz. **55** Nicolas de Verdun, »Melchisek und Abraham«, Altarplatte, Gold und Email; Klosterneuburg, Österreich, 12. Jh. Foto: Picture Point. **56u.** Engelsschrift und hebräische Transkription, *Buch des Engels Raziel*, Amsterdam 1701. **57** Gebetstext in Form des Adam Kadmon, 13/14. Jh. British Library, London. **58o.** Das Tetragrammaton JHVH in einem umgekehrten Herzen, aus: Jakob Böhme, *Libri apologetici*, nach einer Ausg. v. 1764. **60** Mesusa, Gebetskapsel für einen Türpfosten, Elfenbein, Italien, 16. Jh. Jewish Museum, London. Foto: University of London, Warburg Institute. **62** Andrea da Firenze, »Der hl. Domenicus disputiert mit Ketzern«, Wandfresko, Detail, Florenz, frühes 14. Jh. **63** Katharer (»Albigenser«) beim Verführen rechtgläubiger Christen, aus: *La Bible moralisée*, um 1230. Bodleian Library, Oxford. **64** Albrecht Dürer, »Die Hexe«, Radierung 1501/2. **65** Nächtlicher Hexen-Ausritt durch die Luft, Holzschnitt, aus: Ulrich Molitor, *Tractatus von den Bösen Weibern*, 15. Jh. Bibliothèque Nationale, Paris. **66** Waldensische Ketzer, Frontispiz der franz. Übersetzung von Johannes Tinctor, *Tractatus Contra Sectum Valdensium*, 15. Jh. Bibliothèque Nationale, Paris. **66u./67** Zwei Teufel, aus: Jakob Knoff, *Weingartenspiel*, Zürich 1539. Stadtbibliothek Vadiana, St. Gallen. **68** Hexen und ihre Schutzgeister, kolorierte Zchn., aus: *A Discourse on Witchcraft*, 1621. British Museum, London. **69o.** Verbrennung des Pater Urbain Grandier, nach einer zeitgenöss. Zchn., Loudun 1634. **69u.** Teufelspakt, angeblich unterzeichnet von Pater Urbain Grandier und sieben Teufeln, Loudun 1634. **70** »Schwämmen« einer angeklagten Hexe, Holzschnitt, England, 16. Jh. **71o.** Hinrichtung von 3 Hexen; Chelmsford, Essex 1589, Holzschnitt aus: *The Apprehension and Confession of three notorious Witches*. **71u.** Frontispiz des Traktats *Discoverie of Witches*, London 1647. **72** Prozeß gegen die Hexen von North Berwick vor James IV. von Schottland, Holzschnitt aus: *Newes from Scotland* 1591. **73** Titelseite aus: Cotton Mather, *Observations As well Historical as Theological, upon the Nature, the Number, and the Observations of the Devils*, Boston 1693. **74o.** Zchn. von Pieter Brueghel d. Ä., 16. Jh. Albertina, Wien. **74u.** Von der Pilzkrankheit »Mutterkorn« befallener Roggen. Foto: Arthur Brack. **76o.** Tommaso da Modena, Porträt des Albertus Magnus, Fresko, Detail, Treviso, um 1350. **76u.** Doppelseite aus: *Buch der heimligkeiten Alberti Magni*, Druckausgabe. British Library. **80** John Dees mexikanischer Spiegel aus schwarzem Obsidian mit Lederetui. British Museum, London. **81** Porträt von John Dee im Alter von 67 Jahren, um 1584. Ashmolean Museum, Oxford. **83** Hermes Trismegistos mit Isis und Moses, Detail eines Freskos von Pinturicchio aus den Borgia-Gemächern. Vatikanisches Museum, Rom. **84o.** Medaille mit Porträt von Cosimo I. de' Medici, florentinische Schule, um 1460. Foto: Sotheby's, London. **84m.** Niccolò Fiorentino (zugeschr.), Medaille mit dem Kopf von Marsilio Ficino, um 1495. British Museum, London. **84u.** Niccolò Fiorentino, Medaille mit Porträt von Pico della Mirandola, um 1495. British Museum, London. **87** Seite aus dem Theben-Papyrus, um 300 n. Chr. Rijksmuseum van Oudheden, Leiden. © RMO, Leiden. **90** Der arabische Alchemist Zadith, die »Tabula Smaragdina« des Hermes studierend, Miniatur aus: *Aurora Consurgens*, spätes 14. Jh. Zentralbibliothek, Zürich. **91** Äther, auch »Quintessenz«, Miniatur aus: *Sapientia veterum Philosophorum sive Doctrina eorundem de summa et universali Medicina*, 18. Jh. Bibliothèque de l'Arsenal, Paris. **92** Der merkurische Dämon der alchemistischen Philosophen, Holzschnitt aus: Giovanni Battista Nazari, *Della Transmutatione Metallica*, Brescia 1589. **93** Pieter Brueghel d. Ä.: *Der Alchemist*, Zchn., 1558. Kupferstichkabinett, Staatliche Museen, Berlin. **94** Kerberos verschlingt das Resultat des »Großen Werks«, Miniatur aus einem alchemistischen Traktat des 15. Jh. Bibliotheca Apostolica Vaticana, Rom. **95o.** Die Körper der Liebenden im volatilen Zustand der »Fermentatio«, Miniatur aus: Arnold von Villanova, *Rosarium philosophorum*, 16. Jh. Stadtbibliothek Vadiana, St. Gallen. **95u.** Venus, Detail einer Miniaturdarstellung der »Lady Alchimia« aus einem alchemistischen Traktat des 15. Jh. Bibliotheca Apostolica Vaticana, Rom. **97** Steintafel, Darstellung der Neugründung des Sonnengott-Tempels von Sippar, Babylonien, durch Nabuapal-idinna, um 870 v. Chr. British Museum, London. **99** Grabanlage von Seti I., Detail der Deckenmalerei, um 1300 v. Chr. Foto, Abdruck mit freundl. Genehmigung v. Richard Wilkinson, University of Arizona. **100u.** Münz-Porträt des Kaisers Augustus, um 20 v. Chr. British Museum, London. **101** Jupiter in der Mitte des Tierkreises, Plastik aus der Villa Albani, Rom, 2. Jh. n. Chr. Vatikanisches Museum, Rom. **102** Sonnengott Helios im Zentrum der Tierkreiszeichen, Illustration der ptolemäischen »Astronomie« in: Ptolemäus, *Tetrabiblos*, byzantinisch, 820 n. Chr. Bibliotheca Apostolica Vaticana, Rom. **103** Seite aus einem astrologischen Werk von Albumasar (Abu Mash'ar ar Balkhi), 9. Jh. n. Chr., aus einer Ausg. von um 1259. Bibliothèque Nationale, Paris. **106o.** Seite mit astrologischen Berechnungen zu alchemistischen Zwecken, aus: Norton, *Ordinall*; England 15. Jh. British Museum, London. **106u.** Michel de Nostredame und Cathérine des Médicis; kolorierte Tuschfederzeichnung, französische Schule, 1559. Bibliothèque Nationale, Paris. **107** Tierkreismensch, Miniatur aus: *Les Très Riches Heures du Duc de Berry*, Frankreich, frühes 15. Jh. **108** Kartenspieler; Holzschnitt, Deutschland, um 1470. **109o.** Italienische Tarocchi-Karten, 15. Jh. Palazzo Baglioni, Bergamo. **109u.** Darstellungen aus: Eliphas Lévi, *Clés majeures et clavicules de Salomon*, 1895. **110** Auswahl aus dem traditionellen Marseiller Tarotdeck. Mary Evans Picture Library, London. **111** »Der Teufel« aus dem Rider-Waite-Tarotdeck von Arthur E. Waite u. Pamela Colman Smith. US Games Systems Inc. u. Ebury Press, London. **113** Drei Karten aus einem Werk, entworfen von Aleister Crowley u. Lady Frieda Harris, um 1940. Aleister Crowley Thoth Tarot®, AGM AG Müller, CH-8212 Neuhausen, Schweiz, © AGM AG Müller/OTO, Nachdruck verboten. **117** Turmbau zu Babel, Miniatur aus einem flämischen Stundenbuch, Ende 15. Jh. British Library, London. **119** Das ägyptische Ritual, kolorierte Zchn., frühes 20. Jh. ©United Grand Lodge of England, Abdruck mit freundl. Genehmigung. **120o.** Gott als himmlischer Architekt und Baumeister, französische Miniatur, 15. Jh. British Library, London. **120u.** Freimaurerische Übungstafeln für den ersten, zweiten u. dritten Grad der Einweihung, handgemalt von J. Bowring 1819. Abdruck mit freundl. Genehmigung der United Grand Lodge of England. Fotos: Eileen Tweedy. **121** Versammlung einer Wiener Freimaurerloge, vermutl. der »Gekrönten Hoffnung«, um 1780. Historisches Museum der Stadt Wien. **123** Der Baum des Wissens, Radierung aus: *Geheime Figuren der Rosenkreuzer*, 1785. **125** Carloz Schwabe, Plakat für den Rosenkreuzersalon Paris 1892. Piccadilly Gallery, London. **126o.** Geflügeltes Stundenglas und Sense; aus einem Buch über Rosenkreuzer-Embleme, 17. Jh. **126u.** Freimaurerschmuck des 18. Grades des Alten und Akzeptierten Rituals, Deutschland, um 1800. Staatsbibliothek, Berlin. **127o.** Porträt von Helena Petrowna Blavatsky, frühes 20. Jh. Foto, Abdruck mit freundl. Genehmigung der Theosophical Society in England. **127u.** Porträtfotografie Arthur Waite, 1929. Foto: F. C. Stoate, Abdruck mit freundl. Genehmigung des Estate of A. F. Waite. **128o.** John B. Yeats, Porträt von W. B. Yeats, 1900. Abdruck mit freundl. Genehmigung der National Gallery of Ireland, Dublin. **128u.** Steffi Grant, »Symbol of the Rose & Cross«, kolorierte Tuschfederzeichnung 1959. © Kenneth Grant. **129o.** Maud Gonne, Foto, 1897. National Library of Ireland, Dublin. **130o.** Moina Bergson-Mathers, Porträt von Samuel Liddell McGregor Mathers, Öl auf Leinwand, um 1895. **130u.** Flora Lion, Porträt von Annie Horniman, um 1912. National Portrait Gallery, London. **131** Florence Farr im Vaudeville Theatre, London 1891. Foto: V. & A. Enthoven Collection, London. **135** Diagramm aus: Israel Regardie, *Relation between the Tree of Life and the Tarot: The Golden Dawn*, 1937–40. **138** Aleister Crowley, um 1910. Foto: Fortean Picture Library. **139** Instrumente der Magie, Radierung von Eliphas Lévy in seinem Buch *Transcendental Magic*, 1896. **141** Tattva-Karten, gemalt von Miranda Paine, 1974. **144** Crowley und Gefährten während der K2-Expedition, Himalaja, 1902. Foto: Getty Images/Hulton Archive. **145** Allan Bennett, Frater Iehi Aour (»Es werde Licht«), der Adept I.A. **147** Albert Power, Büste von W.B. Yeats, Gips-Ausführung, 1939. National Gallery of Ireland, Dublin. Abdruck mit freundl. Genehmigung des Estate of Albert Power. **148** Re-Herakhty und Thoth, Zchn. nach dem Greenfield-Papyrus, Ägypten, um 1305–1080 v. Chr. British Museum, London. **150o.** Aleister Crowley, Selbstporträt mit phallischer Signatur. **154** Aleister Crowley, Foto, um 1910. Mary Evans Picture Library, London. **155** Leila Waddell, Foto aus: *Occult Review*, um 1920. Mary Evans Picture Library, London. **156** Austin Osman Spare, »The Ascension of the Ego from Ecstasy to Ecstasy«, Radierung, um 1910. Abdruck mit freundl. Genehmigung von Kenneth Grant. **158** Leah Hirsig in Crowleys Studio, mit Crowleys Porträt von ihr als »Toter Seele«, Foto, um 1920. Getty Images/Hulton Archive. **159** Raoul Loveday, Foto, vor 1918. Getty Images/Hulton Archive. **160** Kenneth Anger und Alfred Kinsey in der ehemaligen Thelema-Abtei in Cefalù. Foto: Fosco Maraini für *Picture Post*, 3. Dez. 1955. Getty Images/Hulton Archive. **163** »Der Gehörnte«, England, um 1990/2000. Foto: Sally Griffyn. **166o.** Wintersonnenwende, England, um 1990/2000. Foto: Sally Griffyn. **166u.** Lammas, England, um 1990/2000. Foto: Sally Griffyn. **167** Handfasting, England, um 1990/2000. Foto: Sally Griffyn. **168** Gerald Gardner mit Aleister Crowleys Spazierstock auf einer Hexenkunst-Ausstellung 1951. **170o.** Doreen Valiente, New Forest, Ende Siebzigerjahre 20.Jh. Foto: Ron Cook. Abdruck mit freundl. Genehmigung von Janet Farrar u. Gavin Bone. **170u.** Doreen Valientes Altar, frühe Achtzigerjahre 20. Jh. Foto: Stewart Farrar, Abdruck mit freundl. Genehmigung von Janet Farrar u. Gavin Bone. **171** Gerald Gardner im Castletown Museum, Witches' Hill, Isle of Man. Foto: Stewart Farrar. Abdruck mit freundl. Genehmigung von Janet Farrar u. Gavin Bone. **173** Maxine und Alex Sanders, die Initiation ersten Grades von Janet Farrar leitend, 1970. Foto: Stewart Farrar. Abdruck mit freundl. Genehmigung von Janet Farrar u. Gavin Bone. **175** Janet und Stewart Farrar in Irland, 1984. Foto: Wolfgang Knochell. **177** Z. Budapest, Berkeley/Kal., USA 1984. Foto: Wolfgang Knochell. **178** Starhawk, Twin Peaks, San Francisco. Foto: Elizabeth Gorelik. **179** Margot Adler, New York, 1984. Foto: Wolfgang Knochell. **180** »Herabziehen des Mondes«, England, um 1990/2000. Foto: Sally Griffyn. **184** Francesca Howell, Erdheilungsritual, in der Nähe von Boulder/Col. 2001. Foto: Sally Griffyn. **185** Altar eines Hexen-Coven, 1984. Foto: Wolfgang Knochell. **186** Einweihung ersten Grades von Janet Farrar, 1970. Foto: Stewart Farrar, Abdruck mit freundl. Genehmigung von Janet Farrar u. Gavin Bone. **187** »Hexenhochzeit«. Foto: John Moss, Camera Press. **189** Jayne Mansfield mit Anton LaVey, San Francisco 1966. **190** Anton LaVey. Foto, Abdruck mit freundl. Genehmigung von Anton LaVey. **192** Michael Aquino, Hohepriester des Temple of Set, 1984. Foto: Wolfgang Knochell. **194** Wandgemälde für den Temple of Set, San Francisco, 1984. Foto: Wolfgang Knochell. **198** Torbau und Pylon des Amen-Ra-Tempels von

Luxor, Lithographie aus: David Roberts: *Egypt and Nubia*, London 1846–49. **201** Heinrich Himmler, um 1940. Foto: Getty Images/Hulton Archive. **202** »Gralshalle«, Bühnenbild von Alfred Roller für Wagners »Parsifal«, Bayreuth 1934/36. Foto: Richard-Wagner-Museum, Bayreuth. **204–205** Nächtliche Reise des Re-Horakhty, Detail aus dem »Herubes-Papyrus«, 21. Dynastie. Ägyptisches Museum, Kairo. Foto: Andrea Jemolo. **207** Lakota-Medizinmann und -Schamane während des Sonnentanzes. Foto: Richard Erdoes. **208** Geflügelter babylonischer Heros, zwei wilde Tiere bändigend. Vorderasiatisches Museum, Berlin. **209o.** »Der philosophische Baum« aus: C. G. Jung, *Alchemical Studies*, London u. New York 1967. **209u.** Mandala eines Patienten in: C. G. Jung, *Archetypes and the Collective Unconscious*, London 1969. **210** Alchemistischer Androgyn, Miniatur aus: *Splendor Solis*, Deutschland, 16. Jh. British Library, London. **213** »Heilung des verwundeten Königs«, Zchn., italienische Schule, um 1380–1400. Bibliothèque Nationale, Paris. **214** »Die Suche des Schamanen«, Wolle- und Bienenwachsgemälde von Ramón Medina, Huichol, 20. Jh.. Foto: Peter T. Furst. **215** Don José Rios (Matsuwa) aus El Colorin, Municipio del Nayar, Nayarit, Mexiko. Foto: Prem Das. **216** Huichol-Zeremonie zur Begrüßung von Pilgern bei ihrer Rückkehr aus dem heiligen Peyote-Land Wirikuta, Mexiko. **218** Die amerikanische Anthropologin Joan Halifax, 1984. Foto: Wolfgang Knochell. **219** Schamanentrommel. Foto: Michael Ney. **220** Der amerikanische Anthropologe Michael Harner. Foto: Nevill Drury. **222** Ethnobotaniker Terence McKenna. Foto, Abdruck mit freundl. Genehmigung v. Dennis J. McKenna. **223o.** »Banisteriopsis caapi«, Ayahuasca-Pflanze. Oberes Amazonasbecken. Foto: Christian Rätsch. **223u.** »Psilocybe cubensis«, magische Rausch-Pilze; Mexiko 1996. Foto: Christin Rätsch. **226** Timothy Leary, vor seiner Farm in Millwood, New York, 1967. Getty Images/Hulton Archive. **228–229** Wicca-Homepage, USA. www.wicca.org.com. ©Church & School of Wicca, 1997. **232** H. R. Giger, 1984. Foto: Wolfgang Knochell. **233** H. R. Giger, »Li I«, Werk-Nr. 250, 70x100 cm, aus einer Edition handkolorierter Fotogravüren. ©H. R. Giger, 1974, www.hrgigermuseum.com, mit freundl. Genehmigung des Künstlers.

Register

Kursiv gesetzte Seitenzahlen verweisen auf *Abbildungen*